汉冶萍公司志

主　编　湖北省冶金志编纂委员会　编
副主编　刘明汉
　　　　马景源

荆楚文库编纂出版委员会
华中科技大学出版社

汉冶萍公司志
HAN-YE-PING GONGSI ZHI

图书在版编目（CIP）数据

汉冶萍公司志 / 湖北省冶金志编纂委员会 编．
—武汉：华中科技大学出版社，2017.1
ISBN 978-7-5680-2311-5

Ⅰ．①汉…
Ⅱ．①湖…
Ⅲ．①钢铁企业－联合企业－企业史－中国－近现代
Ⅳ．① F426.31

中国版本图书馆 CIP 数据核字（2016）第 258824 号

策划编辑：李东明
责任编辑：李东明
整体设计：范汉成　曾显惠　思　蒙
责任校对：李　琴
责任印制：周治超

出版发行：华中科技大学出版社（中国·武汉）
　　　　　地　址：武汉市东湖新技术开发区华工科技园
　　　　　电　话：(027)81321913　邮政编码：430223

录排：华中科技大学惠友文印中心
印刷：湖北新华印务有限公司
开本：720mm×1000mm　1/16
印张：30.5　插页：18
字数：468 千字
版次：2017 年 1 月第 1 版第 1 次印刷
定价：198.00 元

《荆楚文库》工作委员会

主　　任：李鸿忠

第一副主任：王国生

副　主　任：梁伟年　尹汉宁　郭生练

成　　员：韩　进　肖伏清　姚中凯　刘仲初　喻立平
　　　　　王文童　雷文洁　张良成　马　敏　尚　钢
　　　　　刘建凡　黄国雄　熊承家　潘启胜　文坤斗

办公室

主　　任：张良成

副　主　任：胡　伟　马　莉　何大春　李耀华　周百义

《荆楚文库》编纂出版委员会

顾　　问：罗清泉

主　　任：李鸿忠

第一副主任：王国生

副　主　任：梁伟年　尹汉宁　郭生练

总　编　辑：章开沅　冯天瑜

副总编辑：熊召政　张良成

编委（以姓氏笔画为序）：　朱　英　刘玉堂　汤旭岩
　　　　　阳海清　邱久钦　何晓明　陈　伟　陈　锋
　　　　　张建民　周百义　周国林　周积明　宗福邦
　　　　　赵德馨　郭齐勇　彭南生

《荆楚文库》编辑部

主　　任：周百义

副　主　任：周凤荣　胡　磊　冯芳华　周国林　胡国祥

成　　员：李尔钢　邹华清　蔡夏初　邹典佐　梁莹雪
　　　　　胡　瑾　朱金波

美术总监：王开元

湖北省冶金志编纂委员会成员名单

名誉主任：周永柏
主任委员：刘明汉
副主任委员：袁建国　文必聪　罗家炳
委　　　员：黄金海　吕相堂　黄志华　潘印生　曾博才
　　　　　　陈　浩　毛玉善　曾冬祥　李福德　杨孚金
　　　　　　伍涤环　李和奎　杨建山　张远恕　吴成联
　　　　　　程　剑　晏明超　邹万泰　姚庆林　蒋荣生
　　　　　　邢新田　丁永昌　宋广玳　袁从国　李光植
　　　　　　杨洪君　朱端仁　钟礼师　杨振国　魏德善
　　　　　　欧子政　韩慎余　周心善　姜应昌　陆少琳
　　　　　　杨国彦

冶金志办公室

主　　任：陆少琳
副主任：杨国彦

《汉冶萍公司志》审稿人员名单

刘明汉　赵德馨　官本涛　袁建国
袁从国　马景源　孙昌智　胡　晖
吴德金　陆少琳　杨国彦　陶爱民

出版说明

湖北乃九省通衢，北学南学交会融通之地，文明昌盛，历代文献丰厚。守望传统，编纂荆楚文献，湖北渊源有自。清同治年间设立官书局，以整理乡邦文献为旨趣。光绪年间张之洞督鄂后，以崇文书局推进典籍集成，湖北乡贤身体力行之，编纂《湖北文征》，集元明清三代湖北先哲遗作，收两千七百余作者文八千余篇，洋洋六百万言。卢氏兄弟辑录湖北先贤之作而成《湖北先正遗书》。至当代，武汉多所大学、图书馆在乡邦典籍整理方面亦多所用力。为传承和弘扬优秀传统文化，湖北省委、省政府决定编纂大型历史文献丛书《荆楚文库》。

《荆楚文库》以"抢救、保护、整理、出版"湖北文献为宗旨，分三编集藏。

甲、文献编。收录历代鄂籍人士著述，长期寓居湖北人士著述，省外人士探究湖北著述。包括传世文献、出土文献和民间文献。

乙、方志编。收录历代省志、府县志等。

丙、研究编。收录今人研究评述荆楚人物、史地、风物的学术著作和工具书及图册。

文献编、方志编录籍以1949年为下限。

研究编简体横排，文献编繁体横排，方志编影印或点校出版。

《荆楚文库》编纂出版委员会
2015年11月

汉冶萍公司风貌

1. 1894年7月3日张之洞视察汉阳铁厂
2. 张之洞

一、总公司及其他

1. 盛宣怀
2. 蔡锡勇
3. 李维格
4. 吕 柏
5. 赖 伦

汉冶萍公司风貌

1. 贵州青溪铁厂全景
2. 公司总事务所
3. "汉平"号运矿轮船
4. 停泊在公司上海码头的轮船

一、总公司及其他

1. 江夏马鞍山煤矿全景
2. 江夏马鞍山煤矿洗煤台
3. 公司总工会成立
4. 公司驻京办事处

汉冶萍公司风貌

1. 1906年的汉阳铁厂全景
2. 建设中的3号高炉
3. 高炉一侧

二、汉阳铁厂

1	2
3	4
5	6

1. 高炉出铁
2. 铁水运送到炼钢炉炼钢情景
3. 高炉卧式鼓风机
4. 高炉热风炉
5. 高炉立式鼓风机
6. 高炉卸矿斜桥

汉冶萍公司风貌

1. 晴川阁矿砂码头
2. 卸矿砂机
3. 厂内铁道
4. 外洋轮船在东码头装载钢铁
5. 1894年比利时工匠合影
6. 1911年汉阳铁厂外籍工匠合影

二、汉阳铁厂

汉冶萍公司风貌

1. 轧辊厂
2. 锅炉厂
3. 机器厂
4. 电力转盘及剪机
5. 一万三千匹马力大汽机

二、汉阳铁厂

1	
2	3
4	5

1. 发电机
2. 起重机
3. 铁货厂
4. 东码头
5. 东码头起重机

汉冶萍公司风貌

1. 西门子马丁钢厂外景
2. 轧钢厂
3. 马丁钢厂内景
4. 钢轨压直机
5. 轧钢轨

二、汉阳铁厂

1. 轧钢厂汽炉
2. 轧钢板轧机
3. 轧钢厂地坑及电气起重车
4. 试验钢力机
5. 轧钢厂抽水机

汉冶萍公司风貌

1	5	6
2		7
3	4	8	9

三、大冶铁矿

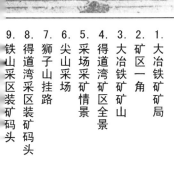

1. 大冶铁矿矿局
2. 矿区一角
3. 大冶铁矿矿山
4. 得道湾矿区全景
5. 采场采矿情景
6. 尖山采场
7. 狮子山挂路
8. 得道湾采区装矿码头
9. 铁山采区装矿码头

汉冶萍公司风貌

1. 得道湾狮子山中厂
2. 狮子山前厂
3. 老存厂架
4. 破矿机房外景
5. 矿石装车总站

三、大冶铁矿

1. 装运矿石情景
2. 得道湾发电所
3. 窿道采矿（1937年）
4. 工人凿岩情况
5. 下陆车站
6. 石堡车站

17

汉冶萍公司风貌

三、大冶铁矿

1. 石灰窑江岸码头
2. 日本军舰在大冶石灰窑江面游弋
3. "日铁"大冶矿业所石灰窑江岸卸矿机
4. 矿石运往日本的波址场

四、萍乡煤矿

1. 矿区全景
2. 萍乡煤矿矿局
3. 直井井口
4. 直井井口升降机侧面
5. 洗煤机

汉冶萍公司风貌

1	2	3
	4	5
6		7

四、萍乡煤矿

1. 炼焦炉
2. 火车房
3. 制造机器厂
4. 炼焦炉出焦
5. 压煤砖厂
6. 总平巷内运煤电机车
7. 医院

汉冶萍公司风貌

1. 大冶铁厂全貌
2. 大冶铁厂厂前街景
3. 450吨高炉

五、大冶铁厂

1	2
3	4

1. 蜂窝式土炼焦炉
2. 发电厂
3. 检验设备
4. 正在建设中的化铁厂汽炉厂房

汉冶萍公司风貌

五、大冶铁厂

1. 厂内运输机车
2. 俱乐部正在建筑中
3. 华式住宅
4. 大冶厂矿袁家湖小学外景

序　言

湖北省冶金志编纂委员会于1981年成立后,曾确定70多个冶金企事业单位编写本单位的志书,其中湖北省冶金工业志、武汉市冶金工业志、大冶钢厂志、武钢大冶铁矿志都要涉及汉冶萍煤铁厂矿有限公司的汉阳铁厂、大冶铁矿和大冶铁厂,这几个单位先后到湖北档案馆、重庆档案馆、中国第一历史档案馆、中国第二历史档案馆、北京图书馆、湖北省图书馆、武汉市图书馆、湖北省社会科学院图书馆等处收集了大量档案、文献资料以及图片,并分别编写了本单位的志书。由于湖北省冶金志、武汉市冶金志和大冶钢厂志、大冶铁矿志等志书受篇幅的限制,已收集到的资料没有得到充分的利用。加之武汉市冶金志只记述了汉阳铁厂,大冶钢厂志只记述了大冶铁厂,大冶铁矿志只记述了大冶铁矿,使汉冶萍公司这一整体得不到全面叙述。汉冶萍煤铁厂矿有限公司是中国近代最大的钢铁煤联营企业,它从1890年筹建,1894年投产,到1948年结束,前后经历58年。在1915年以前,该企业的钢铁产量几乎占中国钢铁产量的100％。1915年后,本溪湖煤铁公司钢铁厂、鞍山钢铁厂、汉口扬子铁厂相继投产,全国钢铁产量提高,但至1921年汉冶萍公司的钢铁产量仍占全国产量的65％以上。汉冶萍公司由创办、发展到衰落的历程是中国近代钢铁工业的缩影,它在引进技术、引进人才和经营管理等方面都有许多经验教训。为了发挥志书"存史、教化、资政"的作用,湖北省冶金工业总公司决定编修《汉冶萍公司志》。经过与大冶钢厂、武钢和武钢大冶铁矿等单位协商,组建了《汉冶萍公司志》编辑室。编辑室根据汉冶萍公司的状况拟定了篇目,并到江西萍乡等地进一步收集资料。同时,武钢科技情报所提供了曾任汉阳铁厂高炉工程师和汉阳铁厂总工程师的卢森堡人吕柏所写的《环球旅游》一书。

该书对汉阳铁厂早期生产情况作了详细记载,这又为《汉冶萍公司志》补充了一批可靠资料。《汉冶萍公司志》经过一年多时间的编写、整理,现已成书。我们仅以此书奉献给读者,作为汉阳铁厂、大冶铁矿创建 100 周年的纪念。

刘明汉

1989 年 9 月

凡　　例

一、本志以马克思列宁主义、毛泽东思想为指导,用历史唯物主义和辩证唯物主义的观点,本着实事求是的原则,客观地记述汉冶萍公司的创建、发展与没落的历史。

二、本志采用纲目体,以纲提要,以目叙事。

三、本志上自1890年汉冶萍公司事业开创起,下至1948年公司名称消亡止。

四、本志由记、志、传、图、表、录组成,以记述为主。

五、本志涉及的重大历史事件及重要人物,一律如实记叙。

六、本志采用中国历史朝代年号纪年,汉字书写,用阿拉伯数字加注公元年份。度量衡数据一律按原始资料数据单位书写,货币一律按原单位数据书写,但在书后附有关计量单位换算表及几种主要货币换算表,以备查考。

七、本志所涉及机器设备名称、型号一般以《中国大百科全书》(矿冶)为准,该书未提及的,仍按原来名称、型号书写。

八、本志所用资料有档案资料、图书资料、报刊资料、私人著述资料、口碑资料等,以档案资料为主,口碑资料一般以三人以上说法一致为准。

九、本志地名、路名、山名及外国地名、人名均采用当时名称,以当时翻译为准。

十、本志采用史料,不一一注明出处,仅在书末列出"参考资料要目",以供参考。"要目"中有些信息因年代久远难以查考,暂付阙如。

目 录

第一章 概述 ··· 1
  第一节 缘起 ·· 1
  第二节 创建 ·· 2
  第三节 发展 ·· 5
  第四节 没落 ·· 7

第二章 厂矿 ··· 10
  第一节 汉阳铁厂 ·· 10
  第二节 大冶铁矿 ·· 57
  第三节 萍乡煤矿 ·· 92
  第四节 大冶铁厂 ·· 126
  第五节 汉阳运输所 ·· 140
  第六节 附属厂矿与合资企业 ·· 148

第三章 管理体制与主要管理方式 ·· 158
  第一节 管理体制 ·· 158
  第二节 主要管理方式 ·· 168

第四章 劳动工资 ·· 171
  第一节 劳动用工及劳务管理 ·· 171
  第二节 工资 ·· 174

第五章 股本、产业、盈亏、债务 ·· 182
  第一节 股本与股息 ·· 182
  第二节 资产与折旧 ·· 190
  第三节 盈亏 ·· 191
  第四节 债务 ·· 194

第六章　教育、生活设施及福利待遇 ········· 205
　第一节　教育设施 ········· 205
　第二节　生活设施 ········· 206
　第三节　福利待遇 ········· 208

第七章　日本对汉冶萍公司的控制 ········· 211
　第一节　《煤铁互售合同》的签订 ········· 211
　第二节　《大冶购运矿石预借矿价合同》的签订 ········· 212
　第三节　预售生铁价款的商谈 ········· 215
　第四节　中日合办汉冶萍公司 ········· 215
　第五节　1 500万日元借款 ········· 216
　第六节　生铁、矿石交额与价格的商谈 ········· 218
　第七节　整理委员会与工务所的成立 ········· 220
　第八节　日本向汉冶萍公司转嫁经济负担 ········· 222

第八章　汉冶萍公司与中央政府和湖北、江西地方政府的关系 ········· 224
　第一节　汉冶萍公司与清政府的关系 ········· 224
　第二节　汉冶萍公司与南京民国临时政府的关系 ········· 225
　第三节　汉冶萍公司与北京民国政府的关系 ········· 227
　第四节　汉冶萍公司与武汉国民政府的关系 ········· 233
　第五节　汉冶萍公司与南京国民政府的关系 ········· 234
　第六节　汉冶萍公司与湖北地方政府的关系 ········· 238
　第七节　汉冶萍公司与江西地方政府的关系 ········· 245

第九章　工人运动 ········· 248
　第一节　工人状况 ········· 248
　第二节　工人的自发斗争 ········· 249
　第三节　中国共产党领导下的工人运动 ········· 253

第十章　抗战初期厂矿拆迁 ········· 266
　第一节　钢铁厂迁建委员会的成立 ········· 266
　第二节　汉阳铁厂的拆迁 ········· 266

第三节	大冶厂矿的拆迁	281
第四节	萍乡煤矿的拆迁	285

第十一章 资源委员会接管汉冶萍公司总事务所 287
  第一节 汉冶萍公司资产清理委员会的成立 287
  第二节 清理结果及汉冶萍公司名义的撤销 289

第十二章 人物 292
  第一节 人物略传 292
  第二节 人物录 310
  第三节 人物表 312

第十三章 大事记 322

附录 354
  A 日本制铁株式会社大冶矿业所 354
  B 华中钢铁有限公司 375
  C 重要文件及资料 387
  D 外国地名、工厂、人物名录 464
  E 有关计量单位换算表 469
  F 通用货币换算表 470

参考资料要目 472

编后记 476

修订后记 477

第一章 概 述

汉冶萍煤铁厂矿有限公司(简称汉冶萍公司),由汉阳铁厂、大冶铁矿、萍乡煤矿所组成,是中国近代第一家用新式机械设备进行大规模生产的钢铁煤联营企业。

汉冶萍公司从光绪十六年(1890年)湖广总督张之洞创办汉阳铁厂起,至民国三十七年(1948年)国民政府资源委员会组成汉冶萍公司资产清理委员会接收公司总事务所止,历时58年。

第一节 缘 起

鸦片战争后,资本主义国家的商品大量倾销中国,在"师夷长技"思想的影响下,清朝一部分官僚开始举办洋务企业。从19世纪60年代起,清廷花费7 200万两白银,先后举办江南制造局、福州船政局等10余所官办军事工业,70年代又先后投资1 700万两白银创办了轮船招商局、上海机器织布局、开平煤矿等20多家民用企业。当时这些企业所需钢铁原材料全仰进口。同治六年(1867年)进口铁11万担,到光绪十七年(1891年)进口铁达173万担,约增加14.7倍,造成白银大量外流。随着铁路的兴办,国内对钢铁原材料的需要量日益增大,兴办近代钢铁工业已成为当务之急。同治十三年(1874年)李鸿章曾拟开采河北磁州铁矿,并向英国购买炼铁机器,后因"煤铁运道艰远,又计购英国熔铁机器不全,未能成交,因而终止"。同年冬,李鸿章密谕盛宣怀饬即查复中国地面产煤铁之区。盛宣怀到湖北广济勘察煤矿,并访知兴国州(今阳新)有银、铁、铜等矿产。经过一段时间的筹划,于光绪元年十二月(1876年1月)在广济盘塘成立湖北开采煤铁总局。光绪三年(1877年)六月湖北开采煤铁总局雇聘的英国矿师郭师敦到大冶勘察铁山,取回铁样,经化验确认大冶铁矿含铁近62%,仅铁山、铁门坎储量就达500万吨以上,可以炼成上等生铁,兴国还产锰铁,矿质优良。光绪四年(1878年)正月初二,盛宣怀与郭师敦到武昌(今鄂州市)、黄冈沿江一带查勘设置炼铁炉的基地,又发现武昌滨江的西山、樊山等处有铁矿。接着,盛宣怀请郭师敦提出建设铁厂的报告,准备在大冶黄石港东安炉冶炼,但没有获得李鸿章的批准。光绪十一年(1885年)贵州巡抚潘霨奏准清廷在贵州开办矿业,并经清廷同意,委潘露(潘霨胞弟、曾任江南制造总局会办)督办贵州机器矿务局。潘露集股银30万两,派人到英国米德尔斯伯勒的谛塞德公司购买炉机,设厂于贵州青溪县小江口。铁厂安装高炉1座(高16.4米),1吨转炉2座,冲天炉2座;设有搅炼熟铁厂、可逆式三辊轧机以及机修车间和化验室等。经过5年多的建设,于光绪十六年(1890年)六月二十六日首次出铁。然而由于"矿山未探,机器先成,任用非人",加之运输不便、燃料缺乏、资金不足等原因,仅生产一个半月就停产。潘露畏惧追究,吞金而死。以后虽三易总办,接办15年,毫无成果。中国第一座近代炼铁厂在摇篮中就夭折了。光绪十五年(1889年)初,时任两广总督的张之洞认为"凡武备所资,枪炮、轮船、火车等项,以及民间日用和农家工作之需,无一不取资于铁,开办铁厂可以塞漏卮,开利源",曾委托驻英公使刘瑞芬购买英国谛塞德公司日产生铁100吨的高炉2座,以及炼熟铁、炼钢、压板、抽条等炉机,共花85 500英镑,先付定金27 833英镑,拟在广州省城珠江南岸的凤凰岗设厂。

第二节　创　　建

光绪十五年(1889年)清廷曾就修筑铁路问题发生一场大争论,张之洞提出的修筑芦汉铁路的建议得到醇亲王奕譞的支持。是年七月清廷调张之洞任湖广总督,督办芦汉铁路南段。接任两广总督的李翰章,以广东铁矿资源不足、建厂财力困难等理由,建议把铁厂移置湖北或直隶(今河北)。经清廷批准,张之洞决定把铁厂移到湖北,由户部拨款200万两库平银作建厂经费。光绪十六年四月十六日(1890年6月3日)成立湖北铁政局,委蔡锡勇为总办,并把在广东聘雇的外国工匠陆续调到湖北。为了进一步调查煤铁资源,张之洞先后组织15批30人次到湖北、湖南、陕西、四川等地查勘。经矿师、化验教习复勘大冶铁矿,确定矿石含铁64%,仅露天储量就达2 700万吨,百年不能采尽。兴国州有极好的锰铁,湖南、湖北还产白煤,也有一些烟煤可用。同年十月发现大冶王三石煤矿。

与此同时,张之洞还派员从大冶石灰窑、黄石港到江夏(今武昌)金口等沿长江两岸数百里选择厂址。李鸿章主张厂址应选在产煤的地方;盛宣怀主张设在大冶石灰窑下,说该地距煤、铁、锰矿产地近,可节省运费;张之洞从便于直接管理着眼,力主设在省城对江的汉阳,最后决定将铁厂建在汉阳大别山(今龟山)下。

汉阳铁厂基建工程于光绪十七年(1891年)八月正式动工。全部工程包括填基1.2丈,约9万方,建造了炼生铁厂(设日产100吨(248立方米)高炉2座)、贝塞麦钢厂(即转炉炼钢厂,设5.5吨酸性转炉2座)、马丁钢厂(即平炉炼钢厂,设10吨平炉1座)、造钢轨厂(设800毫米轧机)、造铁货厂、炼熟铁厂六大厂和机器厂、铸铁厂、打铁厂、造鱼片钩钉厂四小厂。从炉机到地脚螺栓全部从英国、比利时引进。经过两年十个月的施工,于光绪十九年(1893年)十月二十二日竣工。

同时施工的还有大冶铁矿和从大冶铁矿矿山到石灰窑江岸的35公里运矿铁路及运矿码头等,大冶王三石煤矿和江夏(武昌)马鞍山煤矿(王三石煤矿开采两年后被水淹,被迫停工。马鞍山煤矿设有洗煤机和近代焦炉,投产后发现磺多灰重,不适合冶炼)。这些工程也于光绪十九年(1893年)先后竣工。

光绪二十年(1894年)五月二十五日,汉阳铁厂先开一座高炉炼铁。开炉碰到的首要问题是焦炭不足,虽经购买英、比、德等国焦炭及开平焦,但是成本高,并且不能及时运到,不得不停炉。光绪二十一年(1895年)七月再次开炉,仍因煤焦问题无法解决,仅生产一个多月又停炉。

汉阳铁厂总计投资568万两库平银,加上广东垫付的预订金13万多两,及从广东调湖北运矿轮船 1 艘 10 万两,则在 588 万两以上,其中包括光绪二十年(1894 年)及二十一年(1895 年)两年的日常开支约 160 多万两(每月 6 万～7 万两),其余则为设备购置、保险运输和基建等费用。

汉阳铁厂从投产至光绪二十一年(1895 年),生产的钢铁共卖出银 24 825 两,占投产后两年开支 160 万两的 1.55%,时值中日甲午战争中国失败,清廷要负担 2 亿两战争赔偿费用,汉阳铁厂的出路只有招商承办。开始张之洞拟给外商承办,但遭到湖南巡抚陈宝箴、铁政局总办蔡锡勇的反对。此时盛宣怀在甲午战争中因贪污采购军粮的公款,为御史参劾,张之洞便保举他招商承办汉阳铁厂。经过盛宣怀与张之洞的磋商,订了招商承办的章程,主要内容有:从接办之日起划清官本,自铁路局购买钢轨之日起,每出一吨生铁提银一两以还官本,官本还足之后继续提取以为报效;先招商股 100 万两,年利 8 厘;商办之后,用人理事,均由督办一人经手,重要的随时报湖广总督考查等等。从光绪二十二年(1896 年)四月十一日起正式改为官督商办。为了保证铁厂产品销路,清廷又于同年九月任命盛宣怀督办铁路总公司,并要求全国所需钢铁料应向汉阳铁厂购买,还批准汉阳铁厂的产品减免厘税 5 年。

官督商办之后,最大难题仍然是缺煤缺焦,经过在安徽、湖南等地近两年的调查,于光绪二十四年(1898 年)三月,由张之洞、盛宣怀合奏,决定在萍乡采煤炼焦,并提出禁止另设公司,各小煤厂所产的煤由萍乡煤矿总局统一收购,委张赞宸为萍乡煤矿总局总办,并委德国矿师赖伦负责工程,择地安源施工。萍乡煤矿总局先后趁小井存煤过多、资金困难之机,并吞收买小井 265 口,使安源周围数十里内的煤井都为萍乡煤矿所有,并设有机焦炉、土焦炉以及辅助设备等厂。到光绪三十三年(1907 年),打通紫家冲大槽,基建工程完成,昼夜可出煤 1 300 余吨,出焦 780 吨左右,其中土焦 170～180 吨左右。

萍乡煤矿共投资计银 6 767 867 余两,由招商局、汉阳铁厂、铁路总公司陆续入股 100 万两,向德商礼和洋行借款 400 万马克,其余是向各钱庄借贷,辗转挪用,扯东补西,借款支付利息达银 150 万两。

燃料问题解决之后,另一个大问题是铁厂钢铁产品的质量问题。光绪三十年(1904年),盛宣怀派李维格带外籍工程师彭脱、赖伦到欧美考查,历时八个月,最后经英国化学家梭德化验汉阳铁厂所用的矿石、煤焦及钢铁产品,确认大冶铁矿含磷高,酸性转炉不能去磷,而鱼尾板等小件系平炉所炼,质量好。于是又购买4座容积30吨的平炉、轧机及相应的配套设备,设备保险运输费共16.3万英镑,还在德国聘请了工程师4人。以大冶铁矿矿山作抵押,向日本兴业银行借款300万日元,其中200万日元作为汉阳铁厂改造费用。光绪三十一年(1905年),盛宣怀委任李维格为汉阳铁厂总办,开始进行扩充改造,到光绪三十三年(1907年),建成容积30吨平炉2座,其他工程仍继续加紧施工。此时汉阳铁厂产品质量提高,产量增长,除向芦汉、正太等铁路提供钢轨外,并向美国、日本和南洋群岛出口钢货。在此期间,盛宣怀在大冶铁矿开辟了得道湾狮子山矿区。矿山生产规模扩大,年产铁矿石达30万吨。

汉阳铁厂扩充改造工程用商本银1 200余万两,萍乡煤矿基建工程(含购置轮驳)共用商本银740余万两。其中老商股350余万两,约合500万元,息金填给股票79.5万两,转50万两公债票,预支矿价、轨价300万两,欠债1 000余万两。为了解决资金不足的问题,盛宣怀于光绪三十四年(1908年)二月,申请将汉阳铁厂、大冶铁矿和萍乡煤矿合并组成汉冶萍煤铁厂矿有限公司,经清廷批准后,遂遵照商律股份有限公司条例,在农工商部注册,改官督商办为完全商办公司。拟招新股1 500万元,连同老股500万元,共2 000万元。到宣统三年(1911年)实收股本1 300多万元。

第三节 发 展

汉冶萍公司成立后,招募了一批商股,解决了部分资金短缺问题,厂矿生产规模逐年扩大。

宣统元年(1909年),汉冶萍公司召开第一次股东大会,选出权理董事和查账董事,设立董事会。到宣统三年(1911年),汉阳铁厂已建成3座高炉,其中 3 号高炉(477 立方米)日产生铁为 250 吨;6 座容积 30 吨的平炉,年产钢达 38 640 吨。萍乡煤矿年产煤达 1 115 614 吨,大冶铁矿年产铁矿石达 359 467 吨。连续三年盈利,初步改变了长期亏损的局面。

宣统三年八月十九日(1911 年 10 月 10 日),武昌首义成功,建立了中华民国。汉阳铁厂曾一度停产,民国元年(1912 年)即行恢复生产。

民国二年(1913 年)汉冶萍公司又向日本横滨正金银行借款 1 500 万日元,其中 900 万日元为扩充改良事业费,600 万日元为还高利旧债。扩充改良事业费主要用于兴建大冶铁厂(建日产 450 吨高炉 2 座),又建汉阳铁厂日产 250 吨 4 号高炉 1 座及容积 30 吨 7 号平炉 1 座,相应扩建大冶铁矿及萍乡煤矿。

民国三年(1914 年)爆发第一次世界大战,英、法、德、俄等国互相厮杀,无暇东顾,加之钢铁原料价格暴涨,汉冶萍公司出现短暂的"黄金时代"。大战期间,汉阳铁厂开日产 250 吨高炉 2 座,日产 100 吨高炉 2 座,开容积 30 吨的平炉 7 座,每日约产生铁 700 吨,钢 210 吨;大冶铁矿年产铁矿石 50 万~60 万吨;萍乡煤矿年产煤 90 多万吨,产焦 23 万~26 万吨。煤焦、铁矿石、生铁、钢材产量都大幅度增长,共获利 2 940 多万元。这一时期又购置开办了一批附属厂矿,投资兴办了一些合资企业。

民国五年(1916 年),大冶铁厂开始基本建设。其高炉及附属设备是向美国列干德利公司订购的,共花美金 26.35 万元。原定于民国五年(1916 年)底交货,时值第一次世界大战,美国禁止钢铁机件出口,经多方交涉,到民国九年(1920 年)才陆续交齐。民国六年(1917 年)大冶铁厂动工,建筑工程由日本最高工程顾问大岛道太郎负责,经过近 5 年的施工,基本建成。民国十年(1921 年)七月二十四日,水塔在抽水试压时崩塌,冲毁炉机、房屋,工人死伤多名,投产延期。1 号高炉于民国十一年(1922 年)六月二十四日开炼,七月五日又因事故停炼。2 号高炉于民国十二年(1923 年)四月四日投产,到民国十四年(1925 年)十月因煤焦不足而停产,两座日产 450 吨高炉,总共只生产了 26 个多月,共出铁 258 842 吨。

第四节 没　　落

　　第一次世界大战结束后,钢铁价格急剧下跌,汉冶萍公司迅速衰落。民国八年(1919年)汉阳铁厂1号、2号高炉停产。民国十年(1921年)民国政府(北京)改变钢轨标准,造成汉冶萍公司近5万吨钢轨无销路,汉阳铁厂炼钢全部停产。民国十三年(1924年)汉阳铁厂3号、4号高炉停产。民国十四年(1925年)大冶铁厂高炉全部停产。民国十七年(1928年)萍乡煤矿为江西省政府接管。至此,汉冶萍公司只剩下大冶铁矿一处继续生产,沦为日本制铁所的供矿单位。民国二十六年(1937年)国民政府军政部兵工署及资源委员会设立钢铁厂迁建委员会,将汉阳铁厂设备和大冶铁厂及大冶铁矿部分设备运往四川重庆大渡口另建新厂。民国二十七年(1938年)十月大冶沦陷,日本军部决定把大冶铁矿委托给日本制铁株式会社经营,成立"日铁大冶矿业所",进行掠夺性开采,先后运往日本的铁矿石达440多万吨(包括抗战爆发后汉冶萍公司采出未运销的23万吨)。抗日战争胜利后,国民政府资源委员会接收"日铁大冶矿业所",成立华中钢铁有限公司。资源委员会于民国三十七年(1948年)接收了汉冶萍公司上海总事务所,至此,前后经历了半个多世纪的汉冶萍公司遂告结束。

　　汉冶萍公司是近代中国最大的钢铁煤联营企业,采用近代技术,共生产铁矿石1 400多万吨,生铁240多万吨,钢60多万吨,煤1 500多万吨,焦炭400多万吨(煤统计到民国十七年、焦统计到民国十三年为止)。拥有3万名钢铁和采掘工人,培训了一批技术人员(张之洞办汉阳铁厂时曾先后派40人到比利时学习,商办以后又先后派出8人到欧美留学,曾任汉阳铁厂总办的吴健、萍乡煤矿的矿师金祖生都是公司派往英国、德国学习矿冶技术的专业人员),但是最终还是失败了。

　　李维格曾于民国初年写了《汉冶萍公司历史说略》一文,较详细地分析了公司困难的原因,他认为主要原因如下:

东亚创局,事非素习,自张盛二公以及二公前后所用之人,无一非门外汉,暗中摸索,何能入室升堂,此困难原因之一也;官款不继,后招商承办,……又以张公铸成大错,方且引为殷鉴,指摘之不遑,何来附股,其时全赖盛公与轮电两公司华商多有感情,慨然分其公积,作为创始股份,及至三十四年新厂告成,铁路渐兴,又值厂矿注册,成为公司……始有大批股份投入,然迄今仍债多股少,不但付利,兼须拨还债本,此困难原因之二也;事未办成何来余利,而华商股款附入,官利即起……岂有难如制铁事业,方在购机建厂,而即须付利……,此困难原因之三也;汉厂之大希望在路轨,……及各路开工而洋厂争竞,各国保其本国钢铁事业,加重进口税,使外铁不能侵入,中国不但不能加重,且并值百抽五之轻税亦豁免一,故若欲洋轨之来,以与汉厂斗者,洋厂得重税之保护,在本国获利丰厚,……且铁路洋工程司(师)于汉厂之轨种种留难,以达其外购目的,此困难原因之四也;萍矿之大希望在合兴公司之粤汉铁路,而当时赎路风潮剧烈,卒至废约,停顿十余年,萍矿间接直接之损失不知凡几,……此困难原因之五也。……

汉冶萍公司的没落,从公司内部来说,主要是经营管理不善。第一次世界大战时期,汉冶萍公司处于黄金时代,从民国三年(1914年)至民国八年(1919年)共盈利2 940多万元,其中发放股息就达920多万元,占全部盈余的31%,发放董事长、经理等办事人员酬劳奖金达100多万元。此外,还花了40万元修"盛公祠",而用于扩建的经费只420多万元,占14.28%。公司与厂矿办事人员营私舞弊层出不穷,公司曾发生四大贪污案,萍乡坐办林志熙侵吞公款银30万两,虽经起诉,但是不了了之。

日本财团先后贷款5 000多万日元给汉冶萍公司(即资本输出),一步步控制了汉冶萍公司。日本制铁所以低于国际市场的价格,在1911年—1925年期间,共购买生铁895 867吨,铁矿石9 475 556吨(包括大冶沦陷后运走原汉冶萍公司开采出的235 688吨),获得巨额利润。第一次世界大战期间,钢铁价格暴涨,而汉冶萍公司供给日本的生铁和矿石仍按合同规定价出售,虽经公司派人交涉,有所调整,但提高的幅度很小。

此外,民国年间,军阀混战,造成交通经常梗阻,煤焦运输中断,使汉阳铁厂和大冶铁厂被迫停产。汉、冶、萍间交通图见图1-1。

汉冶萍公司的失败,是中国近代工业化过程中的一个重大损失。

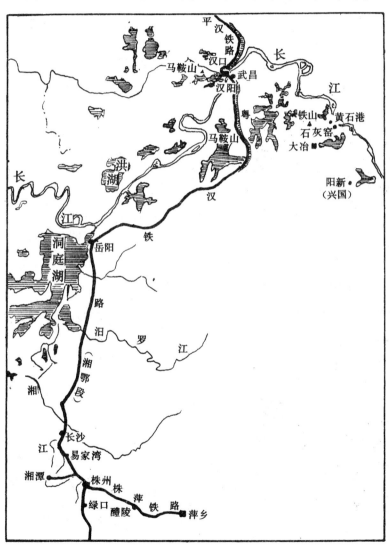

图1-1　汉、冶、萍间交通图

第二章 厂　矿

第一节　汉阳铁厂

一、位置与交通

汉阳铁厂坐落在湖北省汉阳县境（今武汉市汉阳区原国棉一厂处）的汉江与长江交汇处，沿汉江右岸和长江左岸的大别山（今龟山）纵向展开。厂区地处东经114°21′，北纬30°32′。东南与武昌隔江相望，北滨汉江与汉口闹市对峙，南靠大别山麓，西临汉阳兵工厂。初期厂区占地面积43 938.76方，后来又续购东码头及莲花湖通往江边一带的土地 7 104.52方，两次累计51 043.28方。厂区位置见图2-1。

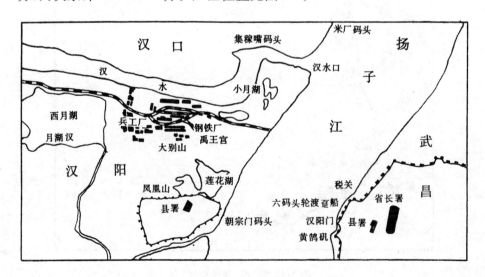

图 2-1　厂区位置

武汉三镇，地处华中腹地，江河交汇，素有五方杂处、"九省通衢"之称。内河航船沿长江下行可至南京、上海，上行可至巴东、万县、重庆。逆汉水上行可至樊城、老河口。远洋航线可到日本的大阪、横滨、神户及德国的汉堡、不来梅港。汉阳铁厂早期从大冶运进铁矿石，从萍乡等地运进煤焦，向国内和国外销售钢铁产品，主要依靠长江水上运输。厂区有铁路专线通往长江、汉水各码头。光绪三十二年（1906年）四月，京汉铁路通车，民国七年（1918年）粤汉铁路武昌至长沙段通车，民国二十五年（1936年）粤汉铁路全线通车，汉阳铁厂运输由以水上运输为主变为水陆并举。美国钢铁锡板公司经理马尔根在《中国汉阳钢铁厂、煤焦铁矿、制钢记略》一文中说："中国全国只有此一厂，襟江带河，河即汉河也。而在江河汇流之处，江面有1英里之阔，是以世界各国吃水颇深之轮船，可达此焉。"

二、基建

铁厂由广东移置湖北后，张之洞委湖北候补道蔡锡勇在武昌设立铁政局，总办局务及督率购机、设厂、采铁和开煤四大端。

1. 准备阶段

光绪十五年（1889年）三月，张之洞在广东筹建铁厂时，曾委驻英、德使臣刘瑞芬、洪钧代为订购机器炉座，开始确定每周产铁为200吨，随后又电告改为每周产铁600吨。七月，又要添购能兼造铁（钢）轨的机器。其整个订购设备，与贵州青溪铁厂大致相同，所改进的只是把某些特定设施的生产能力提高了一倍。

光绪十六年（1890年）二月，海军衙门与户部会奏，获准将铁厂移置湖北以后，张之洞除了将广东铁厂订购的设备改运到湖北外，在正式筹建汉阳铁厂时，又向英、比、德各国增购设备和材料。炼铁高炉原是向英国谛塞德厂订定的，后来因比利时科格里尔厂同意为中国培训40名工匠，夺得这笔生意。炼钢转炉、平炉及炼焦炉订自英国，但运回的贝塞麦转炉、马丁平炉和轧钢等设备，厂方应提供的图纸，不是缺总图就是缺分图，虽经张之洞多次电催，仍不按期提供，运回的40座炼焦炉，可用的只有18座，影响施工。张之洞不得不转向比、德两国补购。

光绪十五年(1889年)底,张之洞从广州赴汉,途经上海时,曾与盛宣怀面谈过铁矿事宜。对勘查煤矿,盛宣怀于光绪十六年(1890年)正月,在致张之洞的信中提出:"如大冶一带不得佳煤,闻兴山、巴东有好煤,须令白乃富赴上游查勘。职道于光绪二三年间督率郭师敦亲自履勘,……上游至归、巴等处,所见煤矿甚多,煤质无一可以炼铁者。宜昌之上,运道尤难,即有佳煤,运费断不合算。……应请宪台饬白乃富等只需在沿江寻觅,似不必拘定鄂界。凡不通水路之处,纵有好煤亦不足取。"为了探明矿产资源,张之洞委派中国官员和外籍矿师、工匠勘探湖北、湖南等省之后,又扩大了对长江两岸的煤铁勘查。详见表2-1。

表 2-1　湖广总督张之洞派员勘察各地矿产表

光绪十五年(1889年)—光绪二十年(1894年)

派员勘察年月	勘察地区	勘察人	备　考
光绪十五年(1889年)十二月	湖南省宝庆府所属各地	高培兰、王天爵	勘察煤铁。十六年八月复勘,并督劝商民自行开采
光绪十五年(1889年)十二月	湖南省衡州府、攸县、醴陵及江西萍乡接界等地	欧阳柄荣、欧阳苓	勘察煤铁矿
光绪十五年(1889年)十二月	湖南省辰州府、辰溪、浦市等地	杨湘云、蒋允元	勘察煤铁矿
光绪十五年(1889年)十二月	贵州省青溪县	杨秀观、张福元	勘察煤铁矿
光绪十五年(1889年)十二月	湖北省郧阳、兴山、巴东、当阳、京山等地	?	勘察煤铁矿
光绪十五年(1889年)十二月	陕西省汉中、兴安等地	?	勘察煤铁矿

续表

派员勘察年月	勘察地区	勘察人	备考
光绪十五年(1889年)十二月	四川省夔州府	?	勘察煤铁矿
光绪十六年(1890年)正月	湖北省大冶县	白乃富、毕盎希、巴庚生、札勒哈里、盛春颐、易象等	勘察铁矿
光绪十六年(1890年)正月	湖北省武昌、兴国州、广济、荆州、归州等地	白乃富、毕盎希、巴庚生、札勒哈里等	勘察煤矿,备汉阳铁厂之用。十七年正月复勘,督饬荆州、当阳等地商民集资采运
光绪十六年(1890年)二月	山西省泽州、潞安、平定、盂县等地	陈占鳌、周天麟	察勘铁价与运道情形
光绪十六年(1890年)三月	湖北省兴国州	梅冠林、毕盎希、柯克斯等	勘察锰铁。光绪三年英矿师郭师敦曾勘察,是年复勘
光绪十六年(1890年)八月	湖南省永州府祁阳县、衡州府各地	徐建寅、张金生、欧阳柄荣等	勘察煤矿
光绪十六年(1890年)九月	山东省	凌乡云	查勘煤矿出产情形
光绪十六年(1890年)十月	湖北省大冶、王三石等地	张飞鹏、毕盎希、柯克斯、王树藩、游学诗、黄建藩等	勘察煤矿
光绪十六年(1890年)十一月	湖北省黄安、麻城等地	朱滋澍、舒拜发、巴庚生、斯瓜滋	勘察煤矿、铅矿
光绪十六年(1890年)十二月 光绪十七年(1891年)五月	湖北省鹤峰	丁国桢、杨钧	勘察铜矿,以备枪炮厂、铸钱局之用

续表

派员勘察年月	勘察地区	勘察人	备考
光绪十七年（1891年）正月	湖南省益阳县	高培兰	勘察煤矿,令地方官督劝商民开采
光绪十七年（1891年）五月	湖南省石门县	铁政局	勘察铜矿,令铁政局开采
光绪十七年（1891年）八月	湖南省沅陵县	夏时泰	勘察金矿
光绪十七年（1891年）九月	湖北省兴国州富池口	汪彦份、元复	勘察银铅矿,令由官开采
光绪十八年（1892年）十月	湖北省大冶马叫堡等地	张飞鹏	勘察铅矿,以备枪炮厂之用
光绪十九年（1893年）三月	湖北省兴国州秀家湾等地	夏峻峰等	勘察煤矿
光绪十九年（1893年）三月	湖北省兴国大冶交界之百泉湾等地	欧阳柄荣、张金生等	勘察铅矿
光绪十九年（1893年）八月	湖北省兴国州富山头	欧阳柄荣	勘察煤矿
光绪十九年（1893年）九月	湖北省兴山千家坪	徐家干、池贞铨、查有铺	勘察铜矿

资料来源：张之洞《张文襄公全集》（公牍、电稿），张之洞《抄本督楚公牍》，抄本张之洞电稿。转引自孙毓棠《中国近代工业史资料第一辑》。

2. 厂址选择

关于铁厂厂址选择，李鸿章主张设在产煤地区，盛宣怀极力主张设在大冶黄石港一带，他除向张之洞"苦口力谏"外，并写信给庆亲王奕劻，要他"为西洋熟习矿务者之言以讽之"。比利时矿师白乃富主张把厂址设在武昌城，蔡锡勇则想在江夏县武昌府（今武汉市武昌区）和黄石港之间另觅高地。先是择地武昌城郊外武胜门塘角，后又选武昌城东南的汤生湖，均不宜建厂。复又履勘武昌府、黄冈县沿长江南北百余里及省城各门外和汉阳沌口、江夏县(今武昌县)所属金口、青山、金沙州、沙口一带,但这些地方不是地洼,即多坟墓,或距水较远。张之洞决定把铁厂建在汉阳。他电复李鸿章说:"详询矿师,外洋有移煤就铁者,但视所便,不拘一格。此间铁聚而煤散,铁近而煤远,铁逆水而煤顺水,且煤在鄂省上游及湘省内河,若运铁石往炼,炼好又须运下武汉,是煤一次而铁两次矣。故鄂事以运煤就铁为宜。"并提出了六条理由:第一,荆湘煤炭,皆在上游,若下运大冶,多三百余里,上水回船,没有货运,运脚必贵,设厂汉阳,商贩必争着运煤前来,货多价廉。第二,钢铁炼成,可在汉阳、汉口就地发售,且汉阳有枪炮厂,可节省运费。第三,铁厂、枪炮厂、布厂设在汉阳、武昌,谙通机器人才,可以统一调配使用。第四,汉阳和武昌仅一江之隔,可以随时督察,杜止工作人员偷懒舞弊的陋习。第五,可便利其他高级官员前往视察,以免铁厂因耗用巨款而被流言中伤,从而易于报销。第六,铁厂每年余下的矿渣、煤渣约三万吨,除填筑厂基外,可运往汉口后湖填筑湖身,防止涨水淹没居民之虞。他还致盛宣怀说:"黄石港地平者洼、高者窄。……大冶距省远,运煤至彼,运员收员短数掺假,厂中所用以少报多,以劣充优,繁琐难稽。……此则中法非西法,中法者,中国向有此类积习弊端,不能不防也。即使运费多二三万金,而工作物料虚实优劣所差不止数十万金矣。"最后经总理海军事务衙门复电同意在汉阳兴建铁厂。

3. 工程施工

厂址确定之后,张之洞即委汉阳县知事朱滋泽办理土地征用及民屋拆迁。先后共购买堤内、外房屋261户,其中民房113户,棚屋112户,孤寡贫户36户,总共付钱9 404串文。

光绪十六年(1890年)十二月,汉阳铁厂破土填基。原计划全部基建工程在两年内竣工,由于场地低洼,设计者英国人约翰逊不得不把地面标高提高3.7米,以防止洪水淹涝。厂基需填土1 804.56立方米。另外从汉阳晴川阁至赫山(今武汉钢铁公司汉阳钢厂附近)复经五显庙至厂前(今江汉一桥至原武汉国棉一厂前),沿汉水修筑一条长达5 000米,基宽15.24米,顶宽6.1米,平均宽10.67米,高3.7米的土堤,所需土方19

万余立方米，还不包括厂内一条防水横堤在内。基建工期因此稍有延长。按照张之洞光绪十六年（1890年）十一月提出的汉阳铁厂成本预算，修筑汉水一带堤工和厂内横堤共为38 000两库平银，填厂屋地基土工为50 000两库平银。但当时本地人不许用爆破法在龟山上采石取土，所需土石材料不能就地取用，要用船从很远的地方运来。实际支出远远超过预算。

厂区四周筑围墙，共设四个总门。一是北总门（即正大门，面对汉江），二是兴仁门（面临长江边），三是邻德门（在正门之右），四是大昌门（在正门之左）。另一便门绕汉阳兵工厂之后，直抵月湖。为便利施工和生产后的物料进出，首先在汉阳东码头筑有300英尺斜坡一条，从汉水岸边至厂内铺设2公里的轻便铁路，使各项材料直接运抵施工现场。

建筑施工和设备安装是交叉进行的。基建工程分为工业厂房、设备安装和民用建筑。

生产建设工程包括大小十个厂（外籍工程师和工匠称作车间），即炼生铁厂、炼熟铁厂、贝塞麦钢厂（转炉炼钢厂）、马丁钢厂（平炉炼钢厂）、造钢轨厂、造铁货厂六个大厂，机器厂、铸铁厂、打铁厂、鱼片钩钉厂四个小厂。建筑安装工程于光绪十七年（1891年）开工，光绪十八年（1892年）秋冬，机器厂、铸铁厂和打铁厂相继完工。光绪十九年（1893年）二月，炼铁厂完工；五月，贝塞麦钢厂、炼熟铁厂完工；七八月间，炼钢厂、造铁货厂、造钢轨厂先后完工；九月，鱼片钩钉厂完工。兴筑江边码头、斜坡，设置趸船，安装自动爪式吊杆等配套工程亦在光绪十九年（1893年）底完工。长江岸边建的码头，全部采用红砂石琢制砌成。码头中间预留一大缺口，可用钢木架成一条长300英尺的斜道，其斜度可依长江水位涨落而改变。在岸上设有大型卷扬机和起重机，在厂内修筑了6公里长普通轨距的铁路，并建筑有卸矿斜桥等设施。

厂房是英国人设计的。炼铁厂的出铁场长35米，宽30米。炼钢厂分为三跨：附跨（煤气间）宽50英尺；主跨（马丁炉部）宽60英尺；边跨（铸钢部）长宽与马丁炉部相同，三跨高度为41.40英尺。钢品制造厂房（轨钢厂房)长约220米,分为三段,第一段为轻便钢轨及小型型钢部,第二段为钢锭及钢板部,第三段为重钢板及大型型钢部。总宽为70米(分为三跨),高8米,全部采用钢铁结构。厂房所用的钢铁件、熟铁件,如底板、方垫、圆柱、扁柱、横梁、斜支撑、水溜、水管、螺钉、螺帽以及波纹铁皮都是从比利时购买的,直接在现场拼装组合。施工采用由起重机具与人工相结合的方法,进行整体或分段起吊安装。是当时中国最先使用钢结构的单层工业厂房。四个小厂的厂房,采用砖木混合结构,即砖砌墙体、拱券(门窗等建筑弧形部分)和木屋架等。此结构与中国传统的木结构相比,具有结构合理,取材方便,技术简便等特点。

员司住宅,以中国传统的民用建筑为主,居住房屋以栋或间为单位。

基建工程施工初期,以英国人亨利·贺伯生(英国巴麦厂冶炼首匠)为总监工,指挥铁政局的雇员逐一清点外购设备及建筑钢铁构件。光绪十七年(1891年)八月,张之洞委大桃知县王延龄为中方总监工,继又由比利时白乃富接任贺伯生。雇用3 000多名来自汉阳、黄陂、孝感和汉川等县的工人,以及张之洞从广东带来的石匠和木工,费时两年零十个月,完成全部施工任务。汉阳铁厂平面布置见图2-2,建筑物编号见表2-2。

表2-2 汉阳铁厂建筑物编号一览表

编号	名称	编号	名称	编号	名称	编号	名称
1	公事房	11	加热炉	21	栈房	31	化铁房
2	马力房	12	汽炉	22	修车处	32	化铁房
3	磅房	13	打风房	23	修理房	33	升降机
4	栈房	14	打风房	24	抽水房	34	清灰炉
5	批发厅	15	化铁炉	25	化铁股	35	清灰炉
6	修理房	16	化铁炉	26	汽炉	36	出铁场
7	栈房	17	出铁场	27	打风房	37	出铁场
8	抽水房	18	出铁场	28	洁凝	38	栈房
9	回龙管	19	升降机	29	电灯房	39	栈房
10	积煤处	20	升降机	30	打风房	40	物料库

续表

编号	名称	编号	名称	编号	名称	编号	名称
41	物料股	58	铁货房	75	20吨起重车	92	电料所
42	巡警处	59	磅房	76	钢轨厂	93	修理房
43	医药房	60	3吨起重车	77	30吨起重车	94	电机栈
44	监督处	61	3吨起重车	78	抽水房	95	试钢房
45	抽水房	62	20吨起重车	79	水池	96	栈房
46	车路处	63	烘钢炉	80	翻砂厂	97	机器股
47	煤务处	64	烘钢炉	81	锅炉厂	98	绘图房
48	电报房	65	30吨起重车	82	打铁厂	99	洋砖机
49	招待所	66	竣货厂	83	汽炉	100	升降栈
50	总公事房	67	铁板栈	84	修理厂	101	回龙管
51	废铁机	68	5吨起重车	85	打铜厂	102	汽炉
52	打铁厂	69	抽水房	86	钩钉厂	103	回龙管
53	木模房	70	竣货厂	87	柏油镬	104	汽炉
54	土木处	71	公事房	88	洋砖厂	105	加热炉
55	调和炉	72	栈房	89	作砖场	106	银钱股
56	钢厂	73	栈房	90	水力房	107	化验股
57	化验股	74	抽水房	91	电灯房		

资料来源：顾琅《中国十大矿厂调查记》。

4. 扩建改造

张之洞在广东筹建铁厂并向国外订购机炉时，只考虑在生产能力上要超过贵州青溪铁厂，但对机炉使用何种原料、燃料研究很少。汉阳铁厂投产后，产品质量不佳，轧制的钢轨容易脆裂。鉴于这种情况，盛宣怀从企业的长远利益着想，决定礼聘郎中李维格等赴欧美进行技术考察。李维格等先到日本、美国，后至欧洲。每到一地，广泛收集同行们的经验和建议。在英国期间，经英伦钢铁厂介绍，请化学专家梭德代为将携带出国的矿石、煤焦、生铁和钢材样品进行化验，得知大冶的矿石、萍乡的煤焦和汉阳铁厂马

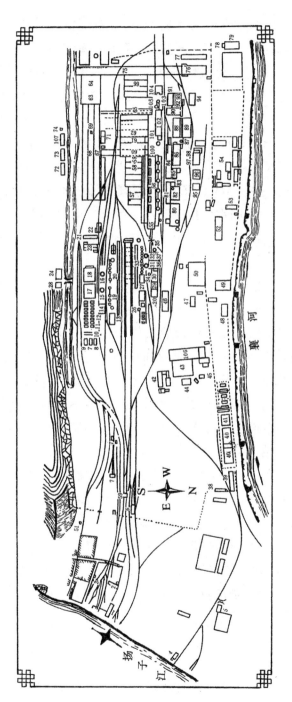

图 2-2 汉阳铁厂平面布置图

丁钢轧制的零件、鱼尾板等，都为优良产品，唯有钢轨含磷高，不合质量要求。经研究发现，大冶铁矿矿石虽含铁丰富，但含磷约占0.1%左右，冶炼的生铁，含磷约为0.25%，再将生铁送至不能去磷的贝塞麦转炉炼钢，钢中含磷约0.2%左右，用这种钢轧制成钢轨，含磷量超过了钢轨允许的含磷量标准，因此质量不高。

通过考察所得出的结论：一是要相应地扩大汉阳铁厂的生产能力，二是要引进碱性的马丁炉生产工艺，以取代酸性的贝塞麦炉生产工艺。

接着，在英、德、美等国的9家工厂分别购置新机炉及其所需附件。光绪三十一年(1905年)汉阳铁厂扩建改造工程开工。全部工程包括在炼铁厂新建477立方米(日产生铁250吨)高炉(3号高炉)1座，在炼钢厂将原有的2座贝塞麦酸性转炉拆除，先易以容积为30吨的碱性马丁平炉4座，并暂时保留原有10吨小马丁炉，直至建成7座平炉为止。新建用煤气加热的150吨混铁炉1座，配35吨电动钢水包吊车2台，10吨电动桥式吊车1台，50吨电动行车2台，立式钢锭脱模机1台。在轧钢厂新建煤气地坑(均热炉)1座，容积为80吨，用于钢锭加热，同时配有4吨电动行车1台，以便吊运钢锭。新建一台辊径为1 016毫米的全蒸汽可逆式初轧机及其辅助设施；一台轧辊直径为760毫米的全蒸汽可逆式钢板轧机及其辅助设施。在初轧机后面装设一条可逆式全蒸汽钢轨轧制线和一条钢梁轧制线，用于轧制钢轨和钢结构型材。兴建车辙厂、竣货厂，扩充机器修理厂、电机厂。改造江岸装卸码头，在码头上增设电动起卸装置和铁索道，使码头运输能力达到每小时运输铁矿石100吨，煤50吨，焦炭50吨。将厂区铁路由6公里增加到24公里。

光绪三十四年(1908年)扩建改造工程大部分完成。

民国二年(1913年)，再次兴工扩建，新建477立方米高炉(4号高炉)1座，容积30吨平炉(7号平炉)1座。民国六年(1917年)完工。

三、生产

1. 生产概况

汉阳铁厂基建工程于光绪十九年(1893年)完工后，既少资金，又缺焦炭。当时的高官阶层中,普遍认为张之洞办钢铁是浪费钱财,奏折一份份送到清廷,使清廷对铁厂作出了如不能在短期内出现新的进展,则拒绝继续提供款项的决定。在这种情况下,铁厂只好立即投入试生产。这时,铁厂并不具备试产条件,炼铁厂的2座日产100吨高炉,可以说是刚刚用黏土砌起来的,按工艺要求,根本无法进行试生产,也不能把它推倒重建。为了按时试生产,在外籍工程技术人员的指导下,先将炉底风口至炉身上的一般为20~30毫米的缝隙填死,采取放入风口冷却水套的方法,提高炉算的抗热性能,同时将风管、水管作相应的变更。又购买德国威斯伐利亚焦炭5 000吨,以满足试生产的需要。经过短暂的生产前准备之后,遂于光绪二十年五月二十五日(1894年6月28日)举行试产典礼。1号高炉、搅炼熟铁炉、炼钢、轧钢同时开工试生产,张之洞参加了开工典礼。二十七日(6月30日)开始出铁,六月初一(7月3日),张之洞到厂视察。高炉日夜出铁八次,日产生铁达50余吨。在正常情况下,高炉每24小时装料22次,鼓风机每分钟往复35~40次,风量为200~350立方米,风温400~500摄氏度,日产生铁可达到90~100吨。但因德国焦炭价格每吨需银20两,相当于1吨生铁的单价,铁厂无能力全部购买外国焦炭,在这种情况下,外籍工程师和工匠们,只好用国产的碎焦(即土焦)和德国威斯伐利亚焦炭掺合在一起,按3:7的比例使用。随后,又被迫用无烟煤掺欧洲焦炭进行试验。在这一试生产阶段里,工作日为102天,共产生铁4 635.9吨,日平均产量45.43吨,为设计能力的45.45%,利用率为81.6%。后因天气炎热,炼钢和轧钢的大多工匠病倒,暂时停止生产。

通过第一次试生产,发现炉砖的缝隙大,加之施工时没有严格按公差要求,导致高炉有些倾斜。经过修整,光绪二十一年七月二十八日(1895年9月16日)第二次开炉生产。生产前对高炉炉算和炉底的耐火砖进行了维修,特别对炉体碳带和上面炉身之间出现的不均匀圆形进行了调整和配合,使这次生产得以正常进行。这次连续生产93天,出铁4 360.25吨,平均日产为49.85吨,达到设计能力的50%,利用率为100%。生产所用焦炭仍购自外洋,因焦炭不能满足需要,于光绪二十一年(1895年)底再次停止生产。

在停炉期间,清政府令张之洞将铁厂招商承办。张之洞提出:"铁厂改归商办后,议将汉厂两炉齐开,并在大冶增设新炉四座,以便增产获利。"

光绪二十二年(1896年)初开始第三次生产。这次生产所用燃料一部分来自鞍山煤矿,一部分购自开平和日本。高炉出铁率平均为58%～60%,焦耗为95%～100%～140%,主要是使用焦炭、矿石和助熔剂的配比不同所造成的,平均日产在75～90吨左右波动。

由于焦炭不能满足生产要求,总办郑观应在取得盛宣怀同意之后,派卢洪昶去湖南等产煤区就地收购,就地炼焦,以应燃眉之急。一年以后,盛春颐接替郑观应总办职务,终因煤焦缺乏,仍然只能维持一座高炉生产,不过产量有了提高。

光绪二十四年(1898年)三月,盛宣怀奏请清廷,准予在萍乡安源开办煤矿,并委汉阳铁厂总稽核兼提调张赞宸为总办,以解决铁厂的焦炭供应问题。到1902年两座高炉才投入生产。

自光绪二十八年(1902年)起,随着冶炼技术的提高,高炉的焦比逐步降低。光绪二十八年(1902年)至宣统元年(1909年)的焦比见表2-3。

表2-3 汉阳铁厂清末历年焦比统计表　　　　　　单位:吨

年　份	出　铁　数	用　焦　数	平均焦比
光绪二十八年(1902年)	15 800	24 306.21	1∶1.54
光绪二十九年(1903年)	38 873.18	64 298.18	1∶1.65
光绪三十年(1904年)	38 770.57	67 727.7	1∶1.75
光绪三十一年(1905年)	32 314.35	50 889.710	1∶1.57
光绪三十二年(1906年)	50 622.175	73 508.670	1∶1.45
光绪三十三年(1907年)	62 148.250	74 514.250	1∶1.20
光绪三十四年(1908年)	66 409.775	76 450.20	1∶1.15
宣统元年(1909年)元月	5 548.64	6 185.30	1∶1.12

续表

年　份	出　铁　数	用　焦　数	平均焦比
宣统元年(1909年)二月	6 677.42	7 023.420	1∶1.85
宣统元年(1909年)闰二月	6 253.350	6 510.250	1∶1.04

资料来源:陈真《中国近代工业史资料第三辑》,第419～420页。

燃料解决后,设计能力为5.5吨(一说8吨)的贝塞麦炼钢炉,正常生产时,月产量应为2 000～2 500吨,在相对正常生产时,日产可达100～110吨钢。提高装料次数,可以达到设计能力。但铁厂所生产的钢轨,仍然容易脆裂,不宜使用。

光绪三十一年(1905年)春,李维格全权总办厂务,开始改良机炉设施。光绪三十四年(1908年)改建改造工程大部分完工,汉阳铁厂面貌一新。美国驻汉领事曾说:"登高下瞩,使人胆裂,斯奚翅美国制造之乡耶。烟囱凸起,插入云霄,层脊纵横,盖于平野。化铁炉之雄杰,辗轨机之森严,汽声隆隆,锤声丁丁,触于眼帘,轰于耳鼓者,是为中国二十世纪之雄厂耶。观于斯厂,即知研究西学之华人,经营布置,才略不下西人也。设厂之地,旧为洼区,潮涨之所浸,荆榛之所丛也,立厂以来,建筑巩固,变昔日之洼泽芜莽,为中国生利之名场,曾几何时,江山顿改,地灵人杰,岂虚语欤。"改造后的汉阳铁厂,产品质量提高,产量逐年增加。光绪二十八年(1902年)生铁产量为15 825吨,光绪三十年(1904年)增加到38 771吨,光绪三十四年(1908年)达66 410吨。钢产量光绪三十三年(1907年)为8 538吨,光绪三十四年(1908年)达到22 626吨。西方国家担心失掉市场,哀叹说:"中华铁市,将不胫而走各洋面,必与英美两帮,角胜于世界之商场,……呜呼,中国醒矣。"由于提高了钢货质量,国内外的销路日广。

光绪三十四年(1908年)二月,由于生产发展,经清廷批准,将汉阳铁厂、大冶铁矿和萍乡煤矿报请农工商部注册,合并组成汉冶萍煤铁厂矿有限公司。

宣统年间(1909—1911年)汉阳铁厂产品不仅行销澳大利亚、南洋诸岛及中国香港，美国西方钢铁公司也派代表来汉订购。国内的浙江、江苏、福建、广九、南浔、京汉等六大铁路所需钢轨和零件32 105吨，粤汉铁路8 000吨，津浦铁路18 404吨，都在铁厂订货，总共订货达58 509吨。仅此一项，就得银300万两。而上海、武汉等地的各翻砂（铸造）厂，也依赖汉阳铁厂的生铁维持生产。

辛亥革命爆发后，汉阳铁厂全厂停产，人员逃散和撤离，损失达60多万两银。

民国元年（1912年）十一月，汉阳铁厂生产恢复到革命前的生产水平时，由于其他行业还未全面恢复，致使钢铁产品销售量只达到产量的75%，其中生铁和钢货更为突出。

民国以后，4座高炉的焦比平均为1：1.05吨，1号、2号高炉焦比为1：1.10吨；3号、4号高炉焦比为1：1.00吨。扣除所含水分，实则不到1吨。

民国三年（1914年），第一次世界大战爆发，钢铁成为当时的紧俏物资，价格成十倍增长。为满足国内外市场需要，汉阳铁厂生产了方钢、圆钢、扁钢、等边和不等边角钢、工字钢、槽钢、丁字钢和八角钢等多种产品。并以低价供应日本生铁20 700吨，以抵还日本债款，约占生铁产量的30%。

第一次世界大战结束后，钢铁价格猛跌，加之受日债契约束缚，汉阳铁厂很快由兴盛进入衰落。民国八年（1919年）为适应国内铁路建设的需求，虽然恢复了钢轨生产，但这时1号、2号高炉已破旧不堪，不能再生产了。

民国十年（1921年），北京民国政府改变钢轨式样，库存48 000余吨重轨报废，汉阳铁厂被迫停止生产。民国十一年（1922年）生产185吨钢后，炼钢炉全部停止生产。第4号高炉于民国十二年（1923年）九月停炼。后一度修复的第3号高炉也于民国十三年（1924年）十月停炉熄火。至此，汉阳铁厂关闭，只留下200余人护厂。

2. 生产设备

汉阳铁厂的主要生产设备如下：

炼生铁厂：

炼生铁厂共有炼铁高炉4座，容积分别为248立方米和477立方米。因兴建年代不同，称为1~4号高炉。1号、2号高炉原订自英国，后改在比利时购买，两炉同形同体。于光绪十七年(1891年)八月动工兴建，光绪二十年(1894年)二月投产。炉高为19.82米，炉缸直径为2.25米，高2.51米，煤袋直径为4.88米。高炉颈口由一个闭锁装置锁闭，抽出的煤气由炉侧烟道进入地下通道，经6台热风机组，再输送到各锅炉生产蒸汽。每座高炉均配有3台高16.5米、直径6米的热风炉，风量由3台立式双全压式鼓风机供给，在4个大气压力下，每分钟可提供40~50次的往复蒸汽压力和300~400毫米的风压。气动缸直径为610毫米，吹风缸直径为1 280毫米，行程为1 200毫米。另外在鼓风机房还装有立式双柱活塞式供水泵2台，给贮水池供水，气动活塞直径为350毫米，柱塞直径为230毫米，行程为230毫米。为维持整个系统的平衡，还装有2台小泵，气动活塞直径为265毫米，柱塞直径为185毫米，行程为180毫米，往复数为每分钟50次。用8台单火管式锅炉，提供生产所需蒸汽。单火管式锅炉长度为38.9英尺，直径为5.6英尺和3英尺。此外还安装4台焙烧炉，用来焙烧磁铁矿。以后，由于焙烧燃料中的硫、磷含量高，焙烧的原料不利于生产，将焙烧炉改为石灰石的贮藏室。

3号高炉购自德国，于光绪三十一年(1905年)动工兴建，宣统二年(1910年)三月建成，四月正式投产。3号高炉容积为477立方米，炉高为22.45米，分为四大部：底层为炉缸，高2.2米，直径为3.39米，底砖厚2米，墙厚0.8米；炉腹高5米，下部直径与炉缸相同，上部直径为6.40米，靠近上部直径处厚0.95米，全用铸铁制成，内装水管；炉胸高2.25米，炉径与炉腹上部直径相同，砖墙底厚0.95米，顶部厚0.9米；炉颈高11米，下径与炉胸同，上径为4.79米，砖墙底厚0.9米，顶厚0.7米。炉胸及炉颈下部之内，均设置水箱，炉胸为钢板制造，炉颈束以钢带。炉缸容积为26立方米，炉腹容积为106立方米，炉胸为72立方米，炉颈为272立方米。第4号高炉，先于第3号炉建筑地基，民国四年(1915年)动工兴建，民国六年(1917年)四月落成,七月正式投入生产,其容积构造,与3号炉相同。3号、4号高炉炉盖升降,均用电力,并备有蒸汽以作辅助。4座高炉共有进风口16个,平均仅用一半。出渣口离炉底约1米,出铁口离炉底约0.25米,两者夹角为90°。其他设备有鼓风机3台,其中2台为英国巴生厂出品,每分钟2 400~2 800转,风量为28 000立方英尺,每平方英寸风压为11.75磅,气压为150磅。另一台为多而博厂出品,每分钟3 000转,风量同前。锅炉为1 120马力,此机有凝结器,用电力驱动。3号、4号高炉每座有二路可盘式热风炉4座,高32.61米,墙高28.70米,墙外直径为6.97米,墙厚0.57米,隔墙及顶砖均厚0.45米,每座传热面为6 330平方米。冷气送入后,可将温度升高华氏1 000余度。4座高炉共1座烟囱,烟囱高80米,内径为3.5米。此外每座高炉还有清灰炉3座,1号、2号清灰炉高21米,直径为5米;3号清灰炉高20米,直径4米。1号清灰炉炉底无水封,2号、3号炉底均用水封,煤气自清灰炉导出后,引入热风炉及锅炉,作燃料。

除以上主体设备外,炼生铁厂尚有德制浪克霞式锅炉16座,班不克式锅炉11座。浪克霞式锅炉有燃煤及燃气设备,传热面为100平方米,蒸汽压力每平方英寸为150磅。冷水进炉之前,经预热器2座,传热面为200平方英寸。11座班不克式锅炉中8座的传热面各为3 140平方英尺。另3座的传热面为3 580平方英尺,备有预热器,其传热面分别为427平方英寸和500平方英寸。蒸汽自锅炉发出后,复导至客伦式增热器,该装置有直径4英寸、长9英尺的铁管1 632条。

用英国雷式厂出产的离心抽水机4台供给高炉用水,每分钟抽水量为25立方米。用英国白利斯厂出产的每分钟抽水量为2.5立方米的高速蒸汽抽水机1台作备用。为保证有足够的用水,在第3号高炉炉顶设水箱2只,容积为80立方米和120立方米;在第4号高炉炉顶设水箱1只,容积为330立方米。均作冷却水用。两座高炉之间,装蓄水箱1个,容积为300立方米,该水箱的水供出铁场使用。此外,炼生铁厂还设有锻工、木工间。

炼生铁厂4座高炉齐开,日产生铁可达700吨,月产为21 000吨,年产量以生产 10 个月计算,可产生铁 21 万吨。

炼熟铁厂:

炼熟铁厂初期安装有搅炼炉 20 座,每 4 座连成 1 组,共分 5 组,炉箅面积为 1 200×900 毫米,炉底为 1 200×1 500 毫米,该炉所排出的废气进入一个立式的中等蒸汽锅炉。为了锻造熟铁,还装有 2 台 6 000 磅重的气动锤锻打熟铁块,然后在一条带立式蒸汽机的熟铁轧制线上轧成相应的扁铁,轧辊直径为 510 毫米。其后,又在这条熟铁轧制线上,轧制扁铁(钢)和圆坯、路轨连接板等。

炼熟铁厂搅炼炉设计能力不详,实际生产能力,一班制(12 小时)生产,可装料 6 次,每次 250 公斤,日产为 1 500 公斤,月产可达 45 000 公斤,由于生产费用高,后停止生产。

贝塞麦钢厂(转炉炼钢厂):

贝塞麦钢厂有 2 座 5.5 吨(一说 8 吨)的转炉,为液压驱动,两座转炉平行对置,炼出的钢放置在一台液压中心旋转吊车的钢水包中。转炉高 13 英尺,内径为 6.6 英尺,炉口口径为 3.6 英尺,炉衬厚 10 英寸。另外该厂还有冲天炉 1 座,直径为 1.2 米,炉底直径为 1.45 米,风从两台各为 210 毫米的喷嘴送入炉内,风压为 430 毫米,用于对镜铁(结晶的赤铁矿)进行再熔炼,并由 1 台罗茨式鼓风机送风。铸锭坑装有 1 台 7 吨的液压吊车和 3 台 3 吨的液压式英格特吊车,其液压系统工作水压为 40 个大气压。光绪二十三年(1897 年)为了扩大鼓风机能力,又增加了 1 台双作用卧式冷凝式鼓风机。装设 2 台卧式水泵给储水器供水,设 2 个储水池和 2 台复式柱塞式泵为房顶上储水池和 11 台生产蒸汽的锅炉供水。

两座贝塞麦转炉正常生产时,月产量保持在 2 000~2 500 吨之间。

马丁钢厂(平炉炼钢厂):

马丁钢厂建厂之初,有 1 台 12 吨(一说 10 吨)的马丁炉(平炉),有 4 台维尔松煤气发生器和附属再生还原器,以及移动式钢水包和平行铸锭坑,1 台英格特吊车等。光绪三十一年(1905 年)拆除,先后改建成构造相似、容量各为 30 吨的马丁碱性炉(平炉)7 座。新炉长 15.02 米,宽 3.20

米,高2.12米,每座炉有煤气进口各1个,长、宽均为0.7米。在煤气进口的两边,有空气进口2个,长、宽均为0.66米。空气暖室净长6.10米,宽3.20米,高5米,墙厚0.60米,顶厚0.46米,外以普通红砖包砌。煤气暖室的长、高均与空气暖室相同,净宽为2.4米。炉缸墙厚0.70米,顶厚0.23米。空气、煤气进口的外部,均用0.75英寸钢板包扎。前后两面各以13.5×13英寸两根钢柱紧束;炉的两端用4根13.5×13英寸铆制钢柱紧束。另用两根9×3英寸的槽钢,相距6英寸作拉杆拉紧(统称加固铁件)。炉的前面、门框和炉缸外皮,均用生铁铸成,厚度为3英寸,外加钢筋紧固。炉后炉缸外皮也用生铁铸成,上部有0.75英寸钢板保护。炉的前后两面还各有束柱3根,均以工字钢、槽钢2根,两边连以钢板铆制而成。炉底架于束柱之上,支柱为槽钢2根和0.5英寸钢板铆制,支柱之上,架有钢梁3排,宽16英寸,高22英寸。炉底厚为2.6英寸,分6块铸成。暖室四角,以三角生铁包裹,以圆钢拉杆紧固,生铁以外,又以钢梁拉固。

炉墙上部及炉顶,均以硅砖砌筑,墙的下部,以铬砖或镁砖砌成,炉底用镁砖砌成,厚为26英寸。

还设有混铁炉1座,熔积为150吨,可前后倾倒,下部有空气及煤气暖室各2个,作预热之用。炉长42.30英尺,宽14.70英尺,高10.75英尺,炉内砖底厚为18英寸,墙厚均为9英寸,炉的两边各有炉门4个,门宽2.6英尺。空气和煤气进口均为固定式,与炉身同一中心,当炉身倾倒时,空气和煤气可继续燃烧。

有煤气炉17座,其中8座为日本制造,9座来自美国。炉的直径为8英尺和9英尺两种。日本煤气炉为固定式,M式炉底有齿轮转动,炉底连接的空气管,直径为1英尺,蒸汽管径为2.5英寸,炉旁与外径为2.42厘米的煤气管连接,煤气经过此管后,即由煤气变向开关导入炉内。提煤设备位于厂的一端,有立式升降机1台,运煤小车由此提升上去后,经平台到达铁架上,架上有轨道,位于炉顶旁,小车经此铁架,即将煤漏下,由人工装入炉内。

铸钢部设备有盛钢液的桶8只,容重各为40吨,为英国都黑氏公司制造。有钢锭模 94 个,大头 21×21 英寸,小头 18×18 英寸(近似 20 英寸锭)。有装钢水车 3 辆、水力出钢坯机 1 台、大磅 1 架,以及 50 吨和 30 吨起重机(吊车)各 1 台,专供铁液倾于混铁炉或马丁炉生产用。新建炼钢炉及开工、完工时间见表 2-4。

表 2-4　新建炼钢炉及开工、完工时间表

名　称	建造年份	竣工时间	生产能力	备　注
混铁炉	光绪三十一年(1905 年)	光绪三十四年(1908 年)八月	150 吨	混铁炉不常使用,马丁炼钢炉 7 座,仅 6 座轮流生产,另留 1 座作为检修之用
1 号马丁炉	光绪三十一年(1905 年)	光绪三十三年(1907 年)九月	30 吨	
2 号马丁炉	光绪三十一年(1905 年)	光绪三十三年(1907 年)十一月	30 吨	
3 号马丁炉	光绪三十三年(1907 年)	宣统元年(1909 年)正月	30 吨	
4 号马丁炉	宣统元年(1909 年)	宣统元年(1909 年)十月	30 吨	
5 号马丁炉	宣统元年(1909 年)	宣统二年(1910 年)八月	30 吨	
6 号马丁炉	宣统二年(1910 年)	宣统三年(1911 年)三月	30 吨	
7 号马丁炉	民国四年(1915 年)	民国六年(1917 年)四月	30 吨	

资料来源:《汉冶萍公司事业纪要》。

轧钢:

轧钢为轧钢轨厂、造铁(钢)货厂和鱼片钩钉厂三厂的总称。初期的轧钢设施,共分为三条轧制生产线:一条是钢锭和钢轨轧制线,装有辊径为 760 毫米(一说 813 毫米)的轧机,用来轧制钢轨、钢坯和其他型材,动力为

3 630马力。另一条是薄板和钢板轧制线,用1台复式1 800马力电机由齿轮变速装置传动。钢板轧机在传动的一侧,辊径为500毫米,薄板轧机装在传动的另一侧,轧辊直径为360毫米。再一条是安装在炼熟铁厂的熟铁轧制线,辊径为510毫米,用来轧制扁钢、圆钢和钢坯,以及钢轨的连接板,由一台立式蒸汽机驱动。

光绪三十一年(1905年)至光绪三十四年(1908年),经过扩建改造,扩充的轧钢设备(连同改造)有:

轻轨及小型钢部。有中小型轧机2组共8架,横行排列,其中辊径为500毫米的二重式轧机2架,用英国谛赛德厂制造的400马力立式蒸汽机传动,用以轧制轻轨及鱼尾板等钢材。辊径为380毫米的三重式轧机4架,辊径为380毫米的二重式轧机1架和辊径为320毫米的二重式轧机1架,用来轧制轻轨夹板,方钢、圆钢和扁钢。以上6架轧机,用一卧式双筒蒸汽机传动,动力为400马力。有锯机1台,剪机2台,钻孔机4台,烘钢炉(加热炉)6座。6座烘钢炉中,2座小炉长15英尺、宽7英尺,4座大炉长40英尺,宽约12英尺。还有普通冷床2台,均以钢轨下支砖墙做成。

开坯及钢板部。有40英寸二重往返可逆式开坯轧机1架,辊径为30.31英寸,二重可逆式钢板轧机2架,各以英国代屋厂造的7 500马力卧式双筒变向蒸汽机传动。以上两列轧机,均为英国洛勃司厂制造。开坯轧机前后,设有辊道。在钢锭入辊道附近,有均热炉1座,可装钢锭20根。入炉出炉,均以电力吊车起吊。辊道末端,有剪机1台,用于剪切钢坯。此轧机还可轧制钢板扁坯。钢板轧机前后,设有辊道,有剪机3台,辊压平板机1台。

重轨及大型钢部。有辊径800毫米二重可逆式轧机5架,均以蒸汽机传动。其中3架为一端,以12 500马力三筒卧式高压变向蒸汽机传动,其他2架为另一端,以双筒复式变向蒸汽机传动,动力为6 500马力。前3架轧机,正反都有辊道,并在第二第三架辊道之前,有斜坡引钢道各1具,作为剪钢(轧件)运行之用。第一架辊道末端,有德制电剪1台,第二架辊道之中,有电锯2台,在第三架辊道上,设有蒸汽锯。其他两架轧机,前后辊道较短,辊道之前,仅有剪机1台。矫正设备有压鱼尾机板4台,直钢轨机4台,铣钢轨头机8台,钻轨孔机5台,直角钢机1部。还有均热炉2座,20吨吊车2部,仙鹤吊1部以及维修用的车床和钻床各1台,锅炉19台。

轧钢每日可轧制重轨80吨,钢条15～18吨,开坯150～200吨不等。每12小时可轧薄板12吨,二班制生产时,日产可达24吨,月产720吨,年产7 200吨。每小时可生产钢板10吨,日产为20吨,月产600吨,年产6 000吨。

机器厂：

机器厂主要设备有落地大圆车、龙门刨、圆锯、活塞横钻床、落地大车床、圆盘大铡床、锯料床、立式铣床、中钻床、牛头刨床、刮眼床、拨槽机、锯齿机、大磨刀机、起重机、卧式汽机、电焊车及大小车床多台。

电机厂：

电机厂主要设备有2 500千伏安交流发电机1台,2 350千伏安交流发电机1台,400千瓦汽机直流发电机2台,500千瓦直流发电机1台。

车路处：

车路处主要运输设备有重150吨的大火车头10辆,80吨的中火车头3辆,60吨的小火车头2辆,10吨的小斗车15辆,25吨的大斗车30辆,12吨的普通平车60辆,15吨的大平车20辆。此外,还有装钢料车20辆,客车2辆,载重吊车8辆。

3. 工艺流程

汉阳铁厂是以炼铁、炼钢、轧钢为主体的钢铁厂,配有机修、发电、运输等辅助设施和砖厂等。

炼铁：

汉阳铁厂炼铁的原料、燃料,均根据各自的化学成分,按比例配置。矿石来自大冶,依据所含铁、硅、硫、磷、锰、铜等区分。初期使用的矿石分为7号,以后又按成分分为5号。矿石规格,通常为2.5～5英寸,最大不得超过6英寸。初期使用的铁矿石成分平均值见表2-5,每吨矿石比重及体积见表2-6。

表 2-5 初期使用的铁矿石成分平均值表 单位：%

山　名	二氧化硅	三氧化二铝	铁	锰	磷	硫	铜	磁性率
铁山	3.10	0.66	66.07	0.191	0.123	0.107	0.068	1.02
纱帽翅	4.65	1.58	63.00	0.223	0.079	0.114	0.081	2.84
	7.20	1.88	61.45	0.254	0.051	0.088	0.049	2.48
狮子山（Ⅰ）	4.04	1.36	61.11	0.403	0.065	0.125	0.306	
狮子山（Ⅱ）	4.90	1.15	63.70	0.318	0.084	0.144	0.256	
管山	7.50	1.16	60.09	0.339	0.334	0.080	0.192	4.80
下陆区山脉	14.60	4.93	50.25	0.272	0.025	0.093	0.216	4.86

资料来源：吕柏《中国的采矿业和钢铁工业》。

表 2-6 每吨矿石比重及体积表

比　重		第一号矿石		第二号矿石	
		4.13		4.64	
体积		立方英尺	立方米	立方英尺	立方米
	一吨(成堆)	8.68	0.246	7.72	0.219
	一吨(分块)	17.53	0.497	17.53	0.497

资料来源：饶杰吾《中国经济评论》（湖北之矿业）。

冶炼熔剂分为白云石和石灰石两种，产地均在大冶铁山附近，其化学成分见表 2-7。

表 2-7 熔剂化学成分表 单位：%

品　名	化学成分				每立方米重量(吨)
	二氧化硅	氧化钾	氧化钙	氧化锰	
哆啰石（白云石）	3.43	1.47	37.71	13.51	2.78

续表

品　　名	化 学 成 分				每立方米重量(吨)
	二氧化硅	氧化钾	氧化钙	氧化锰	
白石(石灰石)	3.14	1.14	52.63	0.92	2.78

资料来源：同上表。

燃料先以欧洲威斯伐利亚焦炭为主，后又用国产的碎焦和欧洲焦炭混合使用，其比例为3∶7。由于马鞍山煤矿没有按时提供焦炭，被迫使用无烟煤进行试验，并把外国焦炭和无烟煤的混合比加大到1∶9。铁厂使用的焦炭化学成分见表2-8。

表2-8　铁厂使用的焦炭化学成分表　　　　　　　单位：%

产　　地	灰　　分	硫	磷	网状性
欧洲威斯伐利亚焦炭	7	0.7~1	0.1~2	
中国炭窑生产的焦炭(极软)	10~22	1~2	0.05~1	
马鞍山产焦炭(软)	15~25	5~6	0.02~0.04	
湖南产焦炭(软)	25~35	0.5~1	0.07	
无烟煤(脆)	18~20	1~2		4~7
开平焦炭(小块)	9~15	0.5~1	0.013	
日本焦炭(中等块)	15~20	2~3	0.01~0.02	
萍乡焦炭1号(小块)	7~14	0.7~0.8	0.07~0.1	
萍乡焦炭2号(小块)	15~25	0.8~0.9	0.1~0.13	

资料来源：吕柏《中国的采矿业和钢铁工业》。

汉阳铁厂在正常情况下，每24小时装料22次，鼓风机每分钟提供200~350毫米的风量，炉温一般在摄氏400~550度之间。3~4小时出铁一次，铁液流出，经过砂槽，流入模中，冷却后成生铁块。装入高炉的各种材料极限值见表2-9，新、旧炉座生产状况及出铁时间，所产各种生铁成分见表 2-10 至表 2-12,炼铁工艺流程见图 2-3。

表 2-9　装入高炉的各种材料极限值　　　单位:公斤

	磁铁矿	褐铁矿	矿渣堆料	废铁	石灰石	焦炭
铸造生铁	4 400		1 000	500		3 400～3 700
贝塞麦生铁	4 200	1 200		500	800	

资料来源:根据吕柏所撰《中国的采矿业和钢铁工业》整理。

表 2-10　新、旧炉座生产对比表

项目		老炉(1号、2号)	新炉(3号、4号)
容积		248 立方米	477 立方米
高度		19.82 米	22.45 米
生产吨位		(夏季)90 吨	(夏季)230 吨
		(冬季)100 吨	(冬季)250 吨
每吨生铁所需材料	矿石	1.70 吨	1.70 吨
	锰矿	0.88 吨	0.80 吨
	石灰石	0.46 吨	0.46 吨
	焦炭	1.10 吨	1.00 吨
热风温度		600～680 ℃	700 ℃
每日出铁次数		6 次	8 次

资料来源:顾琅《中国十大矿厂调查记》,第 31 页。

表 2-11　新、旧炉出铁时间表

	第 1 号炉		第 2 号炉		第 3、4 号炉
日班	7:00 时、11:00 时、3:00 时	日班	9:00 时、1:00 时、5:00 时	日班	7:45—9:00 时、11:15 时、2:30 时、5:30 时
夜班	7:00 时、11:00 时、3:00 时	夜班	9:00 时、1:00 时、5:00 时	夜班	8:30 时、11:30 时、2:30 时、5:30 时

资料来源:同上表,第 34 页。

表 2-12 各种生铁成分表　　　　　　　　单位:%

生铁名称	硅	碳	锰	磷	硫	附 注
1号	2.50~3.00	3.20~3.50	0.50~1.00	0.10	0.02~0.04	1~4号生铁全碳素包括:黑铅及化合碳素,而化合碳素为黑铅的1/6~1/5 1~4号翻砂生铁系按照星颗大小,以定号数,如每条生铁铁质内所含星颗最大者为1号,次大为2号和3号,小者为4号
2号	2.00~3.00	3.00~3.20	0.50~1.00	0.10	0.02~0.04	
3号	1.50~2.00	3.00~3.20	0.50~0.90	0.10~0.20	0.04~0.05	
4号	1.00~1.50	2.50~3.00	0.50	0.10~0.20	0.05~0.08	
贝塞麦生铁	2.00~2.50	3.00~3.50	1.50~2.50	0.08~0.80	0.02~0.04	
马丁生铁	0.60~1.12	3.50~4.60	1.20~2.50	0.15~0.20	0.01~0.05	
炼熟铁生铁	0.10~1.00	2.50~3.00	0.10~2.00	0.01~0.20	0.05~0.10	
锰铁	0.05~1.50	4.00~4.50	20~25	0.25	0.001	

资料来源:饶杰吾《中国经济评论》(湖北之矿业)。

炼熟铁:

汉阳铁厂炼熟铁是由矿石用炭直接还原,或由生铁经过熔化并将杂质氧化而成,熔炉所排出的废气经过一个立式的中等蒸汽锅炉。每12小时装料6次,每次250公斤。由于生产费用高,生产不久就停产了。

炼钢:

汉阳铁厂炼钢用两种方法,一为酸性,一为碱性。酸性为贝塞麦底吹转炉,碱性为马丁平炉。

贝塞麦炉所用原料为生铁、镜铁,以不同的比例组成,燃料用发生炉煤气、焦炉和高炉煤气。每日(24小时)投料20次。

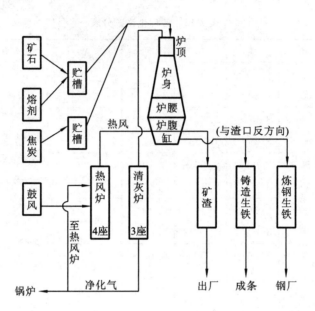

图 2-3　炼铁工艺流程示意图

马丁炉所用原料,为炼铁厂所炼生铁、废钢和石灰石等,燃料用发生炉煤气、高炉煤气,每24小时出钢2～3次。所产马丁钢种类及化学成分、30吨马丁炉炉前配合比及时间见表2-13至表2-14。炼钢工艺流程见图2-4。

表 2-13　马丁钢种类及化学成分表　　　　　　　　成分单位:%

试验号数	拉力		伸涨力	化学成分				
	公斤/平方毫米	吨/平方英寸	每200公厘长%	碳	硅	锰	硫	磷
特号	36	23	28～32	0.08	0.02	0.20～0.30	0.04～0.05	0.02～0.03
1	36～40	23～25	25～30	0.08～0.11	0.01～0.01	0.30～0.40	0.05～0.06	0.03～0.05
2	40～45	25.5～29	21～27	0.11～0.17	0.04～0.06	0.40～0.50	0.06～0.07	0.03～0.05

续表

试验号数	拉力		伸涨力	化学成分				
	公斤/平方毫米	吨/平方英寸	每200公厘长%	碳	硅	锰	硫	磷
3	45～50	29～32	19～24	0.17～0.24	0.04～0.06	0.40～0.50	0.05～0.07	0.03～0.05
4	50～60	31～38.5	16～21	0.24～0.30	0.05～0.07	0.40～0.50	0.05～0.07	0.04～0.06
5	60～70	38.5～45	12～17	0.30～0.40	0.06～0.08	0.60～0.70	0.05～0.07	0.03～0.06
6	70～80	45～51	8～12	0.40～0.65	0.06～0.10	0.70～0.90	0.05～0.07	0.03～0.06
7	80～90	51～57.4	4～8	0.65～0.75	0.07～0.10	0.70～0.90	0.04～0.06	0.03～0.07

资料来源：饶杰吾《中国经济评论》(湖北之矿业)。

表 2-14　30吨马丁炉炉前配合比及时间表

	白石	废钢	生铁	铁液	全化	加矿
重量(公斤)	2 800	10 200	3 000	20 500		400
时刻	11:04	8:20	8:30	12:00	9:00	7:15
午后	11:08	8:28	8:34	12:00		10:05

资料来源：顾琅《中国十大矿厂记》，第43页。

轧钢：

汉阳铁厂轧钢是按产品用途选定钢种，然后依其形状和规格尺寸，准备所需坯料。其轧制程序是：加热。将钢锭或坯加热到1 000～1 100 ℃，使之具有一定的可塑性。轧制。每轧制一个品种，首先设计孔型，确定总延伸系数、轧制道次、压下量和展宽量，以及孔型在轧辊上的配置、样板制作、轧辊车削、导卫装置等。其次是安装轧辊，将准备好的轧辊，按孔型要

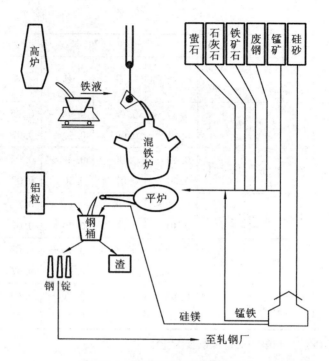

图 2-4 炼钢工艺流程示意图

求顺序安装在轧机牌坊上,再装上横梁(或称平台)和导卫装置(即进出口),再检查油、水管及各种辅助设备情况,试车、调整、正式轧制。精整。轧出的成品采用人工或机械能力推向床面冷却,然后在常温下按规定长度进行剪切。生产型钢则进行一次调直矫正。

4. 产品品种

汉阳铁厂以钢铁生产为主,品种除生铁、钢轨以外,尚有钢锭(坯)和多种规格的方、扁、角、工字、槽形、丁字、八角钢和板材。

生铁:共有 8 种,其中 1～4 号为普通生铁,另外 4 种为贝塞麦生铁、马丁生铁、炼熟铁的生铁和锰铁。号数划分以硅、碳、锰、硫、磷等化学成分的比例而定。在生铁中,又分为灰口和白口两种。熔点 1 100～1 250 ℃的为铸造生铁,一般灰口铁作铸造用,白口生铁用作炼钢原料。

钢:初期有贝塞麦钢和马丁钢(亦称酸性和碱性)两大类,因酸性钢含磷高,影响钢轨质量,而小型马丁平炉钢是制造钢货的佳品。光绪三十三年(1907年)汉阳铁厂技术改造工程完成以后,只生产平炉(碱性)钢,其规格共分8种,1~3号为马丁软钢,4~5号为马丁钢,6~7号为马丁硬钢,8号为特号马丁软钢。

钢轨:分轻、重两类。产品品种有:42.16公斤/米,37.7公斤/米,37.20公斤/米,36.20公斤/米,33.40公斤/米,29.80公斤/米,16.50公斤/米,14.90公斤/米,12.42公斤/米,8公斤/米。共10种规格,其式样分中国、美国、英国、法国、比利时式。另外为上海淞沪铁路轧制了一种特殊钢轨,取名为淞沪式。

钢货:即鱼尾板、螺钉、螺母、钩钉、夹板等钢轨配件,规格按钢轨式样和轻重而定。

钢锭(坯):分大、小两种。一种为2.5~4英寸,一种为5~12英寸。

扁钢锭(亦称板坯):宽度为4~12英寸,长度为24~49英寸。

方钢:0.31~4英寸。

圆钢:0.31~4英寸。

扁钢:厚0.5~1.3英寸,宽4~9英寸。

等边角钢:3~6英寸,近似现在的7.6~15号角钢。

不等边角钢:3×2~6×36英寸,近似现在的7.5~15号不等边角钢。

工字钢:4×3~12×6英寸,近似现在的10~30号工字钢。

槽钢:6×25~12×4英寸,近似现在的15~30号槽钢。

丁字钢:3/8×1/4英寸,3×3英寸,3×6英寸。

八角钢:1/2~1/8英寸。

钢板:长24~40英寸,宽2~7英寸,厚0.25~1.5英寸。

5. 产品产量

官办时期:自光绪二十年(1894年)五月二十五日举火开炉,二十七日正式出铁,至光绪二十一年(1895年),汉阳铁厂由于煤焦困难,生产极不正常,只生产铁8 996吨,贝塞麦钢和马丁钢1 360吨,钢板、钢条1 700吨,熟铁110吨。

官督商办时期:自光绪二十二年至三十三年(1896—1907年),汉阳铁厂生产生铁 374 302.5 吨,钢 118 446 吨。钢材:光绪二十三年至二十八年(1897—1902 年),生产钢锭和钢轨 63 345 吨,小型材和钢板 20 635 吨。

商办时期:光绪三十四年(1908 年),汉冶萍煤铁厂矿有限公司成立,汉阳铁厂扩充改造工程竣工,生产日趋正常,自光绪三十四年至民国十三年止(1908—1924 年)的 27 年中,共生产生铁 1 831 079 吨,钢 500 748 吨。累计汉阳铁厂共生产生铁 2 214 377.5 吨,钢 620 554 吨。历年钢铁产量见表 2-15。

表 2-15　汉阳铁厂历年钢铁产量统计表　　　　单位:吨

年　份	全国钢铁产量	汉阳铁厂钢铁产量		
		生铁	钢	合计
光绪二十年(1894 年)	5 316	4 636	680	5 316
光绪二十一年(1895 年)	5 040	4 360	680	5 040
光绪二十二年(1896 年)	12 292	11 055	1 236	12 291
光绪二十三年(1897 年)	32 440	24 022	8 418	32 440
光绪二十四年(1898 年)	42 996.5	20 490.5	22 506	42 996.5
光绪二十五年(1899 年)	45 740	25 483	20 257	45 740
光绪二十六年(1900 年)	48 026	25 892	22 134	48 026
光绪二十七年(1901 年)	41 256	28 805	12 451	41 256
光绪二十八年(1902 年)	38 731	15 825	22 906	38 731
光绪二十九年(1903 年)	38 875	38 875	—	38 875
光绪三十年(1904 年)	38 771	38 771	—	38 771
光绪三十一年(1905 年)	32 314	32 314	—	32 314
光绪三十二年(1906 年)	50 622	50 622	—	50 622
光绪三十三年(1907 年)	70 686	62 148	8 538	70 686
光绪三十四年(1908 年)	89 036	66 410	22 626	89 036
宣统元年(1909 年)	113 406	74 406	39 000	113 406
宣统二年(1910 年)	169 509	119 396	50 113	169 509
宣统三年(1911 年)	131 977	93 336	38 640	131 976

续表

年 份	全国钢铁产量	汉阳铁厂钢铁产量		
		生铁	钢	合计
民国元年(1912年)	180 510	7 989	3 321	11 310
民国二年(1913年)	310 150	67 512	42 637	110 149
民国三年(1914年)	355 850	130 846	51 252	182 098
民国四年(1915年)	385 016	136 531	48 369	184 900
民国五年(1916年)	414 858	146 624	45 045	191 669
民国六年(1917年)	400 966	149 929	42 653	192 582
民国七年(1918年)	385 794	139 152	26 996	166 148
民国八年(1919年)	442 594	166 096	4 851	170 947
民国九年(1920年)	497 808	124 947	38 760	163 707
民国十年(1921年)	476 213	124 360	46 300	170 660
民国十一年(1922年)	431 844	148 525	185	148 710
民国十二年(1923年)	371 487	73 752		73 752
民国十三年(1924年)		61 268		61 268

资料来源：光绪二十六年(1900年)以前来自吕柏所撰《中国的采矿业和钢铁工业》，以后来自严中平《中国近代经济史统计资料选辑》和抄本《汉冶萍公司事业纪要》。

6. 产品质量

汉阳铁厂的产品质量，是在生产过程中逐步改善和提高的。

光绪二十年(1894年)，当钢铁产品第一次运往上海耶松和义昌成洋行试销时，熟铁、贝塞麦钢和马丁钢，其价格与洋货相同，唯生铁较洋铁次之，而马丁钢制造之钢货质量精良。

光绪二十二年(1896年)，盛宣怀接办汉阳铁厂后，炼铁炉仅开一炉生产，日产生铁只敷炼制成钢轨1里(约84吨)，不仅产量低，而且质量也差，据各处铁路公司外国工匠化验，钢轨含磷多，易脆裂，大大限制了生产。经过扩建和技术改造，汉阳铁厂钢铁质量明显上升，欧美行家均称为精品。上海各翻砂厂家，更是唯汉阳生铁是用。由于钢的质量提高，粤汉铁路所需钢轨及一切钢件,全向汉阳铁厂订购。正太铁路一次就订钢轨 3 000 吨。仅光绪三十三年至三十四年(1907—1908 年)两年间,已订未运出厂的钢轨就有 58 943 吨之多。

为了保证钢轨质量,汉阳铁厂规定了严格的检验制度。

化学成分:其化学成分必须符合:(1)含碳量小于 0.4%,不大于 0.6%;(2)含磷量小于 0.04%,不大于 0.075%;(3)含硫量不大于 0.06%;(4)含硅量不大于 0.10%;(5)含锰量不得大于 0.9%。

机械性能:机械性能是从 50 吨钢轨之中,取一段 6 英尺长的钢轨,放在相距为 3.6 英尺的支点上,两端距离相等,用一重为 28 吨的铁物悬挂 1.5 小时,其弯曲度不得超过 5/16 英寸,重物负荷取出后,钢轨不得有永久变形。再将同样长的钢轨,放在同样支点上,用 1 吨重的铁块,在中间上方 20 英尺高处落下,往返两次,钢轨不得有任何裂缝,如发现有裂缝时,则取样重新试验。第一次落锤后的永久变形不得超过 4 英寸,第二次落锤后,其总挠度不得超过 8 英寸。钢轨击断后,其断口为均匀完善的组织时,即为合格。

钢轨断面及加工:钢轨断面均匀,尺寸符合规定,又正又直,不得有裂缝、横裂、夹渣及其他任何种类的缺陷。对弯曲、卷曲的钢轨,用压力机压直。热锯后造成飞翅,即行消除。重量要接近 85 磅/码。如果超过或低于标准重量的 2%时,便不交货。全部总重量的平均单重,不超过或低于标准重量的 1%。

长度:钢轨长轨长度为 30 英尺,短轨长度为长轨长度的 15%(其中 5%为 29.11 英尺,作曲线轨,10%为 27 英尺和 24 英尺)。其长度在摄氏 15.5 度温度下不得比规定的长或短 1/4 英寸。

螺孔:在钢轨两端的腰部,钻有鱼尾板用孔两个,直径为 1.125 英寸。第一孔的中心至端头距离为 1.91 英寸;第二孔中心与第一孔中心的距离为 9 英寸,孔光滑且与轨腰垂直,不得有飞翅。若其位置在任何方向上或孔的尺寸有大于 1/32 英寸的偏差,为不合格。

标志:在每根钢轨上轧出钢轨的重量(磅/码)及制造者——汉阳钢铁

厂造,用 3/2 英寸高的文字标出"奏定 85 磅轨"字样。不合格的钢轨,两端需涂以红色堆放在另一处,以示区别。对钢轨、鱼尾板所使用的钢坯,规定要在两端切去足够的端头。

民国三年(1914 年)一月三十日,汉冶萍公司参加在意大利首都举办的世界博览会,其所产铁矿石、煤、钢铁制品获得最优等奖,火砖获银牌奖。并奖李一琴(维格)、张君督文凭两张。

民国八年(1919 年)汉冶萍公司专门铅印了《钢铁煤焦样本》,分中、英两种文字印行,封面上印有一花纹文框,内有轧钢手钳一把,平头锤和探矿尖头锤各一把,成交叉形,以示对客户负责。

汉阳铁厂以生产钢轨为主,所产的工字钢、槽钢、角钢和钢板等质量并不佳。公司当局承认,汉阳铁厂的钢板,"厚薄不均,凹疤夹层,触目皆是","竟有同一大小厚薄之板,其轻重差异至 150～160 磅左右"。角钢的"宽度两头不同","一条角钢厚薄互见,实由人事之不臧"。民国七年(1918 年)上海求新钢厂致函厂方说:"去年向贵厂购办钢坯 60 余吨,含有夹灰,费工甚巨,费料尤多。"

7. 成本

汉阳铁厂自投产至光绪二十六年(1900 年),由于煤焦价格高昂,管理不善,连年亏损。

随着煤焦的解决和管理的加强,宣统元年(1909 年)和宣统二年(1910 年)扭亏为盈。自民国五年至民国八年间(1916—1919 年),年年盈余。

汉阳铁厂的生铁成本,光绪三十三年(1907 年)每吨为 27.61 元,宣统元年(1909 年)每吨为 28.04 元。民国初年每吨生铁的成本见表 2-16。

表 2-16　民国初年汉阳铁厂生铁成本表　　　单位:元/吨

项目	矿石	焦炭	锰矿	石灰石	制铁费	管理费	总计
成本	6.84	19.80	0.22	1.10	1.53	0.71	30.20

备注:矿石每吨运至汉阳需费 3.80 元,炼铁 1 吨需矿石 1.80 吨。

资料来源:胡庶华《汉冶萍营业小史》(载《时事月报》)。

以上数字不包括利息和折旧费,如加入,则成本更高。

民国七年(1918年),生铁成本为29.02元/吨。

民国四年(1915年)和民国九年(1920年),汉阳铁厂生铁成本见表2-17。民国八年(1919年)汉阳铁厂原料成本和生铁成本中的百分比见表2-18。

表 2-17　民国四年(1915年)及民国九年(1920年)汉阳铁厂生铁成本表　　　单位:两/吨

项目	焦煤	铁砂	石灰石	薪水	工资	化铁股自销杂费及杂料等	汽炉用煤	通常费用(机器股修理、材料电费等均摊在内)	铁捐	总计
民国四年	11.2	1.6	0.6	0.4	0.5	0.6	3.2	1.1	1.0	20.2
民国九年	15.5	3.2	1.2	0.4	0.5	0.9	2.4	6.0	1.0	31.1

资料来源:丁格兰《中国铁矿志》,第256页。

表 2-18　民国八年(1919年)汉阳铁厂原料成本和生铁成本中的百分比表　　单位:%

月　份	焦煤	铁砂	本地白铁	锰矿、石灰石等	各种原料合计
正月	45.7	13.8	13.5	3.9	76.9
二月	48.1	14.7	5.2	4.7	72.7
三月	47.0	12.2	9.7	4.7	73.6
四月	55.4	14.1	1.9	4.2	75.6
五月	51.8	13.4	8.1	4.3	77.6
六月	52.5	13.4	7.9	4.7	78.5
七月	53.7	12.7	8.4	50	79.8
平均	50.6	13.5	7.8	4.5	76.4

资料来源:全汉升《汉冶萍公司史略》,第251页。

表末附注说："此表所列之成本，均未包括利息及折耗，如再加入，则为数目更重矣。"

到民国十二年（1923年），汉阳铁厂的生铁成本上升为47.54元/吨。汉阳铁厂生铁4年成本与售价比较见表2-19，每吨生铁成本的三种估价见表2-20。

表2-19　汉阳铁厂生铁4年成本与售价比较表　　单位：元/吨

年　份	成　本	平均售价	其中交售日本制铁所平均价
光绪三十三年（1907年）	27.61	32.40	29.90
宣统元年（1909年）	28.14	36.05	29.90
民国七年（1918年）	29.02	116.63	
民国十二年（1923年）	47.54	43.52	36.50

资料来源：汉冶萍公司部分账簿记录。

表2-20　汉阳铁厂每吨生铁成本的三种估价表　　单位：元

项　目	民国八年（1919年）刘大钧估计	民国九年（1920年）王宠佑估计	民国十年（1921年）霍德估计
铁砂	6.55	6.66	9.14
锰矿	}2.18	0.66	}3.04
石灰石		0.92	
焦煤	24.55	26.52	37.20
废铁	3.78	0.36	/
工资	0.53	0.56	1.34
添置储存		0.24	
修理	}5.82	0.38	}8.90
器具补换		0.27	
动力		1.24	
办事费		1.92	
经销费	2.76	7.20	8.00
共计	48.50	47.38	

资料来源：全汉升《汉冶萍公司史略》，第250页。

汉阳铁厂钢货成本前期不详。民国五年(1916年)7号平炉建成后,全厂有炼钢炉7座,每座日出钢30吨,每吨成本见表2-21。

表2-21 民国五年(1916年)汉阳铁厂每吨钢成本表　　　　单位:元/吨

项目	原料(生铁、废钢、石灰石等)	配料(锰矿等)	炉料(各种砖料)	燃料(煤气炉、大吊车用煤)	杂料	钢锭模	薪工	杂费	总计
成本	31.00	2.00	4.50	14.00	1.00	0.50	2.00	4.00	59.00

资料来源:汉冶萍公司档案。

民国十年(1921年)前后,汉阳铁厂的钢铁产品平均每吨成本是:翻砂铁50元,马丁铁50元,钢锭100元,钢坯112元,钢轨、角钢、槽钢143元,钢板300元,方、扁钢190元,锅钉、钩钉335元。汉阳铁厂、本溪湖铁厂每吨生铁成本比较见表2-22。汉阳铁厂与日本八幡制铁所生产成本比较见表2-23。

表2-22 汉阳铁厂与本溪湖铁厂每吨生铁成本比较表

项　目	民国八年(1919年)汉阳铁厂		民国四年(1915年)本溪湖铁厂	
	成本(元)	占总成本的百分比	成本(元)	占总成本的百分比
各种原料	37.05	76.4	11.10	55.5
其中:焦煤	24.54	50.6	5.74	28.7
铁砂	6.55	13.5	5.10	25.5
工资	0.53	1.1	1.30	6.5
制造费	5.82	12.0	3.80	19.0
办事费	2.33	4.8	0.44	2.2
经济费	2.77	5.7	3.36	16.8
总成本	48.50	100.0	20.00	100.0

资料来源:全汉升《汉冶萍公司史略》,第252页。

表 2-23　汉阳铁厂与日本八幡制铁所生产成本比较表

项　目	汉阳铁厂（民国九年）		八幡制铁所（民国十九年）	
	金额（元）	比率（%）	金额（元）	比率（%）
铁矿	4.19	10.2	14.84	38.3
焦炭	20.27	49.4	14.40	37.3
石灰石	1.57	3.9	1.20	3.1
动力费	3.14	7.7	0.30	0.8
工资	0.65	1.6	3.85	9.9
管理费	1.70	4.1	1.60	4.1
修理费	7.85	19.2	0.12	0.3
捐税	1.57	3.9	/	/
折旧	/	/	2.40	6.2
合计	40.94	100.0	38.71	100.0

资料来源：同上表。

8. 产品销售

张之洞创办汉阳铁厂，其目的是为修筑芦汉铁路（今京汉铁路）。因此，汉阳铁厂以生产铁路钢轨为大宗。投产初期，所炼生铁除生产一小部分生铁、熟铁产品外，其余全部造轨。扩建改造后，其所产的钢铁产品则行销国内外。

销售国内市场：

汉阳铁厂国内销售以钢轨为主，京汉铁路，除芦保（北京至保定）一段外，其余 2 000 余里所用钢轨及配件，皆为汉阳铁厂制造。此外，正太（正定至太原）、淞沪（吴淞口至上海）、沪宁（上海至南京）、沪杭甬（上海、杭州至宁波）等铁路都购买了汉阳铁厂的钢轨。自光绪二十年（1894 年）至光绪三十四年(1908年),汉阳铁厂先后供应京汉铁路钢轨8万吨,鱼尾板、钩钉等6 000吨,得轨价银400多万两。光绪三十一年(1905年)供给正太铁路钢轨3 000吨,光绪三十二年(1906年)供给国内各铁路钢轨、鱼尾板等2 224吨。据统计,在官督商办时期(光绪二十二年至光绪三十三年),汉阳铁厂生铁共售洋例银333.2万两,钢轨连配件售洋例银587.2万两,钢料售洋例银176.9万两。

光绪三十四年(1908年)汉阳铁厂为扩大钢轨销售,公司总经理盛宣怀、协理兼汉阳铁厂总办李维格,与四川铁路总公司总理费道纯议订购轨合同,并预支轨价银100万两。盛宣怀又以邮传部名义,于宣统三年(1911年)四月,公布了《85磅钢轨及附属制品验收章程》(即标准),并通知全国各干路一律遵守。钢轨生产工艺标准化,使销售不再因规格不一遭到拒绝。此后3年,钢轨销售量连年增加,据不完全统计,光绪三十四年(1908年)为14 942吨,宣统元年(1909年)为31 220吨,宣统二年(1910年)一至十月为28 762吨,宣统三年(1911年)一至八月为23 491吨。从光绪二十六年至宣统三年(1900—1911年)生铁在国内的销售量也逐年增加,据统计,11年间共销售314 282吨。

民国元年(1912年)12月,汉阳铁厂1号、2号高炉修复生产,当年生产生铁7 989吨,钢3 321吨。民国二年(1913年)钢铁产量虽有增加,但是销售落后于生产,主要是国内市场需求量小,加之进口钢铁的竞争,销售困难,汉阳铁厂亏损洋例银125.6万两。

民国三年(1914年)第一次世界大战爆发,钢铁成为畅销的商品。汉阳铁厂于民国四年(1915年)十一月呈报公司,要求公司准予推广工字钢、角钢、钢板等。民国五年(1916年)一月,暂停钢轨生产,日夜加工赶制工字钢、槽钢和角钢等产品,以应国内外市场的需求。钢轨由民国三年(1914年)占销售比重的35.3%,下降到民国七年(1918年)的5.9%;而钢铁器件却由民国三年(1914年)占销售比重的3.4%,增加到民国七年(1918年)的21.8%。光绪三十四年(1908年)至民国七年(1918年)汉阳铁厂主要产品销售比重变化见表2-24。

表 2-24　光绪三十四年(1908年)至民国七年(1918年)
汉阳铁厂主要产品销售比重变化对照表　　　　　单位:%

年　份	汉阳铁厂销售额	其中钢轨销售比重	生铁销售比重	钢料销售比重	其他销售比重
光绪三十四年(1908年)	100	37.5	43.2	3.8	15.5
宣统元年(1909年)	100	49.5	37.7	4.7	8.1
宣统二年(1910年)	100	51.5	36.1	3.0	9.4
宣统三年(1911年)	100	35.0	52.0	0.2	12.8
民国元年(1912年)	100	11.3	24.0	10.2	54.5
民国二年(1913年)	100	20.2	51.5	5.3	23.0
民国三年(1914年)	100	35.3	41.0	3.4	20.3
民国四年(1915年)	100	27.3	41.4	9.4	21.9
民国五年(1916年)	100	20.7	41.3	26.4	11.6
民国六年(1917年)	100	15.5	42.3	31.9	10.3
民国七年(1918年)	100	5.9	66.0	21.8	6.3

资料来源:汉冶萍公司历届账略。

从表2-24可以看出,汉阳铁厂光绪三十四年(1908年)至宣统三年(1911年)以钢轨销售额占的比重较大,其次为生铁。民国以后钢轨销售逐渐降低,而生铁和钢料的比重逐渐上涨,超过钢轨的销售额。

第一次世界大战以后,钢铁价格猛跌,汉阳铁厂停止了钢货的生产,恢复了钢轨的生产,因销售停滞,钢轨大量积压。民国八年(1919年)底,库存钢轨30 000吨,民国九年(1920年)达到44 000吨,到民国十年(1921年)已增加到48 000吨,后因民国政府(北京)交通部改变轨式,库存钢轨全部报废。据《汉冶萍公司事业纪要》记载的平均销售数字统计,民国十年(1921年)销售钢轨8 200吨,桥梁用钢(工、槽钢)180吨,钢货22 537吨,市销生铁12 191吨。民国十一年(1922年)销售马丁铁505吨,钢货9 080吨,钢轨14 240吨,市销生铁26 958吨。这两年,汉阳兵工厂在此期内共买钢料340吨。民国十二年(1923年)以后,汉阳铁厂停产,在国内市场销售的产品以生铁和竹节钢为主,这些产品是库存旧货。民国十四年(1925年)汉阳铁厂钢铁在上海销售价格见表2-25。

表2-25　民国十四年(1925年)上海钢铁市价表　　　　单位:两/吨

月份	一月	二月	三月	四月	五月	六月	七月	八月
汉冶萍头号生铁	36.00	36.00	36.00	35.00	35.00	/	35.00	35.00
旧生铁	21.00	22.00	22.667	22.750	22.500	/	22.000	22.000
竹节钢①								

月份	九月	十月	十一月	十二月	平均(规元)	(海关银)	民国十三年(规元)	(海关银)
汉冶萍头号生铁	35.00	35.00	35.00	35.00	35.240	31.642	36.999	33.212
旧生铁	21.500	21.000	21.500	22.000	21.961	19.714	/	/
竹节钢		62.000	62.000	62.000	62.000	55.655	/	/

资料来源:谢家荣《第二次中国矿业纪要》,第135~136页。

销售国外市场:

汉阳铁厂销售国外的产品以生铁为主,光绪二十五年(1899年)运销日本八幡制铁所68 000担,光绪二十六年(1900年)又运销41 000担。光绪二十九年(1903年)三月,盛宣怀与日本三井洋行签订了数量为16 000吨的购铁合同,在汉阳和上海两地交货,分批运往长崎、大阪等地。光绪三十二年(1906年)二月,盛宣怀与三井洋行签订了100万日元的借款合同,条件是取得独家经营汉阳铁厂钢铁向国外销售的特权,并以所出生铁作抵,定期三年,利率7.5厘,使生铁出口数量激增。

宣统二年(1910年)二月十二日,汉冶萍公司与美国西雅图的西方钢

---

① 竹节钢:2.54~12.7厘米。

铁公司订立了出售生铁和矿石的合同。汉阳铁厂销售生铁 20 000 吨到美国,每吨价格为 13 美元。同年十一月初二,公司又与暨南公司总理梁柄农订立在南洋各埠推广生铁、焦炭销售合同。议定头号生铁在上海交货每吨付英镑合银元 32 元,二号生铁每吨付英镑合银元 30.75 元,三号生铁每吨付英镑合银元 29.40 元。汉阳铁厂的生铁通过暨南公司销售安南(现越南)、逻罗(泰国)、新加坡、吡噜、爪哇(印尼)、仰光(缅甸)等地。

第一次世界大战期间(1914—1918 年),汉阳铁厂生产生铁 706 382 吨,钢 219 913 吨,以低价交售日本制铁所的生铁达 206 600 吨,等于总产量的 29.2%。由于交售占销售的比重大,严重影响了汉阳铁厂的收入。

民国八年(1919 年)七月,公司在日本东京设立专门机构——东京事务所,承担向日本销售钢铁的任务,后将该所迁至大阪。其后又有钢锭(坯)运销八幡制铁所,每吨钢锭价格为 64 日元,头号大小钢坯每吨价格为 70 日元,2 号钢坯每吨价格为 63 日元。汉阳铁厂历年销售境外钢铁数量见表 2-26。

表 2-26　汉阳铁厂历年销售境外钢铁数量表　　　　单位:吨

年　份	生铁(含马丁铁)		钢　货		全国钢铁出口量
	国家或地区	数量	国家或地区	数量	
光绪二十年至二十一年(1894—1895 年)	?	2 965	?	52	
光绪二十二年至二十三年(1896—1897 年)	/	/	/	/	
光绪二十四年至二十五年(1898—1899 年)	日本	4 250			
光绪二十四年至二十五年(1898—1899 年)	日本	2 500			
光绪二十七年至二十八年(1901—1902 年)	/	/	/	/	
光绪二十九年(1903 年)	日本	138			138

续表

年　份	生铁(含马丁铁)		钢　货		全国钢铁出口量
	国家或地区	数量	国家或地区	数量	
光绪三十年(1904年)	日本	12 334			12 334
光绪三十一年(1905年)	日本	25 130			25 130
光绪三十二年(1906年)	日本	34 326			34 326
光绪三十三年(1907年)	日本	33 326			33 326
光绪三十四年(1908年)	日本	30 890			30 890
宣统元年(1909年)	日本	38 713			38 713
宣统二年(1910年)	日本	65 362			65 362
宣统三年(1911年)	日本	70 875			70 875
宣统三年(1911年)	美国	19 164			
民国元年(1912年)	日本	15 752			15 752
民国二年(1913年)	日本	14 800			65 954
民国三年(1914年)	日本	15 000			62 487
民国四年(1915年)	日本	50 936			100 186
民国五年(1916年)	日本	40 950			155 914
民国六年(1917年)	日本	49 684			164 516
民国七年(1918年)	日本	50 000			190 514
民国八年(1919年)	日本	60 000			167 681
民国九年(1920年)	日本	75 460			198 293
民国十年(1921年)	日本	65 400	中国香港	10	163 918
民国十年(1921年)	美国	2 965	?	340	
民国十年(1921年)	南洋	1 539			
民国十一年(1922年)	日本	121 252	日本	2 825	
民国十一年(1922年)	中国香港	630			
民国十二年(1923年)	日本	25 011			
民国十二年(1923年)	美国	2 150	日本	4 280	
民国十三年(1924年)	日本	4 446			

资料来源：汉口海关年报，汉冶萍公司董字卷36号。丁格兰《中国铁矿志》。陈真《中国近代工业史资料》，第397页。麓健一：日本市价。

四、管理机构与管理制度

1. 管理机构

官办时期汉阳铁厂隶属湖北铁政局，以候补道台蔡锡勇为总办，以外籍工程师及化铁、炼钢总监、总管分别管理各项工务。厂下设文案、银钱、采办、物料、化验和机器等部门，具体负责全厂的筹建和生产。

官督商办时期，汉阳铁厂改名为总厂，盛宣怀先任总办，后又改为督办。督办以下设总办，总办以下设银钱、制造和收发三股，每股设员董两个。以后又增设提调、稽核、翻译和化学等员和股。

汉冶萍煤铁厂矿有限公司成立后，总厂改名为汉阳钢铁厂，取消员董分任制，设总办。民国元年(1912年)汉厂总办改称坐办，并设立坐办处。坐办处下设十股一处。十股是：化铁、制钢、总务、收支、商务、化验、物料、稽核、卫生、机器。一处是：扩充工程监造处。

民国五年(1916年)，汉阳铁厂坐办处下设制钢股、收支股、物料股、化铁股、机器股、化验股、总务股、商务股、稽核股、卫生股。详见图2-5。

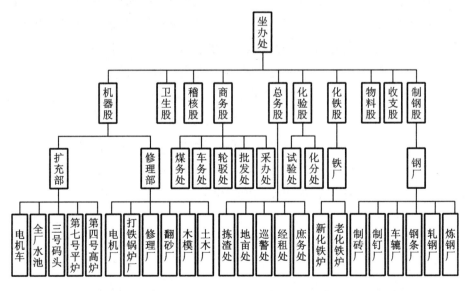

图2-5　民国五年(1916年)汉阳铁厂组织机构图

民国九年(1920年)以后,汉阳铁厂生产压缩,组织机构精简,厂长处下设物料股、商务股、制钢股、事务股、卫生股、化铁股、化验股、机器股。详见图2-6。

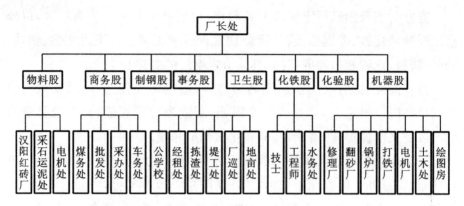

图2-6　民国九年(1920年)以后汉阳铁厂组织机构图

2. 管理制度

人事制度:在官办时期,无专一的管理制度,人事任免全由湖广总督一人掌管。官督商办时期,张之洞与盛宣怀商定,在汉阳铁厂设总办,但人事实权仍操在官员手中。汉冶萍公司成立后,情况更加复杂,不是机构臃肿,人浮于事,就是职务紊乱,彼此推诿,有的还争权夺利,相互攻讦。对于外籍人员,其方法是把人数控制在最小的限度内。低级职员进厂,不论来自何方,何人介绍,一律要有铺保或保证法人具保盖章,经派人核对无误后,方可到厂,工作如无成效,厂方明文规定可以随时解雇。

财务制度:官办时期是由湖北铁政局统收统支。官督商办以后,汉阳铁厂(包括大冶铁矿)成为独立的核算单位,有自己的资产、债务,股息和债息由本厂偿还,并摊一定费用供总公司开支。收入支出沿袭中国的传统记账方式。民国元年(1912年),上海总公司成立收支所,决定改变记账方式,规定各厂矿无论出入,须用凭条签字及账簿格式。民国二年(1913年)公司对各厂矿的财务再次进行改革,公司总事务所会计所扩大为款项、稽核、文书和统计四股,汉阳铁厂随之成立了收支、稽核和统计三处,财务人员由厂和公司会计所双重领导。

民国七年(1918年),汉冶萍公司又对财务进行改革,按照日本八幡制铁所的复式簿记的方法,把原有各厂矿的固定资产收为公司所有,再以年息8%作为公司向厂矿投资,各厂矿就不再摊付公司的费用了。当时核定的汉阳铁厂固定资产为2 028.77万元,并按固定资产提取折旧。汉阳铁厂的产品按照民国六年至七年(1917—1918年)平均价格(定价)售与公司,由公司商务所统一销售。关于产品定价与实际成本差数,为厂矿盈亏,但仍由公司结算。大冶铁矿改为单独核算单位后,直接属公司总事务所,不再属汉阳铁厂,汉阳铁厂的会计处改属总事务所会计处管理。但仍兼办汉阳运输所会计业务。

工厂稽核:官督商办时期,盛宣怀任命宗德福为汉阳铁厂总稽核处处长,民国五年(1916年)三月五日汉冶萍公司正式成立稽核处,隶属董事会,下设三个分处,汉阳铁厂设一稽核处。任务为总核银钱费用、汇兑及出货售货、材料工程及各项账目表册。

五、员工

汉阳铁厂在官办时期,有工人3 000余人。官督商办时期,有工人3 440~3 450人,分为工头、工匠、长工和小工。

光绪三十四年(1908年)汉冶萍公司成立后,每座高炉使用工匠3人,长工(操作工)50人,其他工人约为150人,合计炼铁工人总数为800人。每座炼钢炉有长工(操作工或炉前工)20人,小工30人左右,加其他工人,炼钢工人总数为350人。轧钢工共分三段,每段500人左右,计有1 500人。机器股(不包括各分厂机修工在内)有机械工人840人,合计主要生产的工人数为3 490人,加上辅助工种总数为6 000余人。

辛亥革命前后,汉阳铁厂员司人数为坐办处8人,冶炼钢铁部分23人,总务股22人,稽核处9人,收支股7人,商务股55人(含东码头、采办处、批发处、煤务处和车务处),化铁股31人,制钢股11人,炼钢7人,轧钢(含车辘、铁货、钩针厂)9人,洋砖厂3人,机器股9人,修理厂3人,翻砂厂3人,打铁厂2人,木模厂1人,土木处3人,电机处9人,扩充处10人,绘图房20人,化验股9人,物料股(含电料、机械处)10人,卫生股9人,共273人。还有外籍人员5人。工人仍保持6 000余人。

民国九年(1920年),汉阳铁厂员司由273人减少到182人。厂长处8人,稽核处6人,会计处19人,收支科6人,事务股5人,堤工、查工、地亩、经理和厂巡处共17人,码头、学校5人,商务股7人,批发、采办9人,车务处4人,煤务处18人,挂号、排档(船舶靠岸)8人,煤焦船挂号1人,东码头煤务10人,化铁股12人,制钢股8人,炼钢厂3人,机械股21人,轧钢厂11人,砖厂2人,点长夫人名1人,炼钢厂领工喇师1人。

六、事故

光绪二十年(1894年),由于汉阳铁厂施工时没有严格按规定误差要求,致使高炉有些倾斜。第一次试产停炉后,炉体竟形成一个不均匀的圆体,只好对炭袋和上面的炉身之间进行调整,使炉体形状一致后,才能点火送风。

光绪二十三年(1897年),高炉多次停产熄火,造成炉内温度变化不均,致使试车时,为保障安全和保护砖体而挂入炉内的一根直径为3.44米、高1.48米的钢箍断裂,只得更换炉砖体,取消钢箍。

光绪二十四年(1898年),高炉炉内部分铁矿爆裂,使嵌在砖缝里的煤炭粉爆炸,引起高炉炉砖破碎,只得停产,重新砌筑$4\frac{1}{2}$的砖体和重新挂入钢箍。

光绪二十五年(1899年),由于高炉缺水,造成高炉炉颈过热,钢箍再次断裂掉入炉内,使炉体内的砖体受损,只好停炉修理。同年,高炉煤气管道损坏,停炉检修。

光绪二十八年(1902年),投产仅二年的2号高炉,因使用不当停产。

民国五年(1916年)四月,锅炉爆炸,工匠死伤6人,"沸铁(水)泼入皮肤,深刺骨髓,生命有虞者居多,其余锅炉机器,也有损坏,损失达万元以上"。

民国九年九月(1920年10月),汉阳铁厂炼铁工人要求实行与扬子铁厂同类工种工资时,厂方不予答复,800多工人遂举行罢工。厂方除出动大批厂警驱逐工人出厂外,又从河南招来一批新工人进厂。由于技术不熟练,生产不能正常进行,并将一台三筒倒顺蒸汽机烧坏,伤1人,损失在8万元以上。

七、厂警

汉阳铁厂建厂初期,自募护勇10人,用作巡更守栅、看守机器,并请派本省一候补委员驻局弹压,凡争殴细事,立即讯责。

官督商办后,盛宣怀又继续要求张之洞派军队驻扎汉阳铁厂"保护"。并在《招商承办议定章程折》中规定:"汉阳、大冶及马鞍山三处厂局,向派营勇驻扎弹压,由铁厂酌给偿犒,并请通饬有关州县营讯,照常保护。"国家军队仍可由铁厂调用。

民国元年(1912年),汉阳铁厂当局考虑在清朝时期建立的巡警处,组织机构不甚完善,于是重新招练成立厂巡队,设巡警处长1人,巡察1人,稽察2人,巡长3人,消防1人,书记1人,巡探5人,巡目6人,巡士129人,候补15人,火夫9人,合计173人,全年薪饷约2万元。

民国五年(1916年)厂巡警处改隶总务股领导。民国九年(1920年)总务股改称事务股,巡警处改名为厂巡处,仍属事务股管辖。

第二节 大 冶 铁 矿

一、位置与交通

大冶铁矿位于湖北省大冶县西北(今黄石市铁山区)。矿山地理坐标东经114°54′43″,北纬30°13′10″,东南距大冶县城15公里,东距石灰窑25公里,西距武昌省城(今武汉市)104公里,北界武昌县(今鄂州市)境。矿区从石灰窑至铁山,面积约200方里。矿区位置见图2-7。

大冶铁矿矿区有运矿铁路通往石灰窑。石灰窑位于长江南岸,其上三

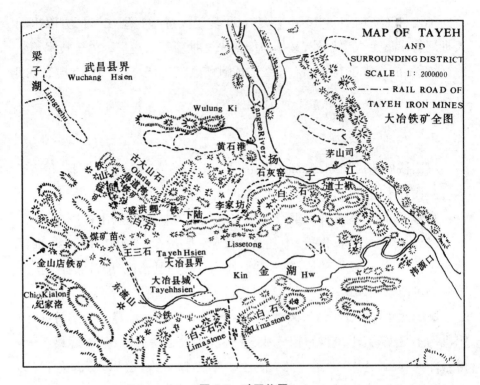

图 2-7 矿区位置

里多有黄石港,上下船只均在此停靠,交通便利。矿区各采场敷设有轻便铁路,各装矿码头有铁路支线与通往江岸的运矿铁路相联。矿区位置交通见图 2-8。

二、矿床地质

大冶铁矿矿区位于淮阳山字型前弧西翼、新华夏构造体系第二隆起带次级构造大幕山(大磨山)——鄂城隆起带铁山杂岩体的南缘,分布有二叠纪下统茅口组、上统龙潭组、大隆组至三叠纪下统大冶群(分六个岩性段)的地层。矿区内主要构造特征充分反映了区域构造背景:北西西向构造,有秀山向斜、铁山背斜、铁山向斜、狮子山-象鼻山卷曲背斜、棺材山压性断裂;北北东向的新华夏系构造,有麻雀垴背斜、尖山背斜等。由于受到构造(包括接触热动力变质构造)作用,裂隙张开和扭动,矿液沿接触带上升

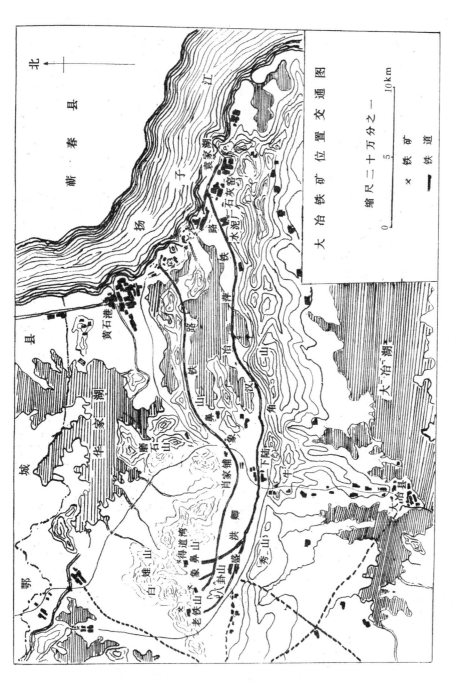

图 2-8 大冶铁矿位置交通图

赋存于中酸性闪长岩与大理岩(大冶灰岩变质而成)之间,形成北西西向的铁门坎、龙洞、尖林山、象鼻山、狮子山和尖山等6个矿体,略成复瓦状,一脉相连。除尖林山为潜伏矿体外,其他5个矿体均出露地表。矿体产状均受构造控制,除龙洞矿体向南倾斜,其上盘为大理岩,下盘为闪长岩外,其他5个矿体上部均向北东倾斜,下部由于地层侧转而倾向南西,故上部矿体上盘为闪长岩,下盘为大理岩,深部则相反。

矿体与大理岩接触面清晰,与矽卡岩常见交代现象相符,如铁门坎的交代成矿作用;狮子山矿体上部大片层状矿石与大理岩的层理产状一致;象鼻山矿体下部有气孔(管)状构造矿石。经研究属矿浆贯入充填型,故大冶铁矿矿床属多成因的大型铁铜矿床,称大冶式铁矿床。

三、资源勘探

1. 踏勘

大冶铁矿的地质调查始于光绪三年(1877年),是年六月十三日,盛宣怀聘请英国矿师郭师敦及其副手谭克、派克等人赴铁山踏勘,取回铁样。八月二十一日,郭师敦在宜昌化验铁矿矿样多种,十二月十二日(1878年1月14日)在武昌写出第一篇勘矿报告,其要点如下:"大冶县属铁矿较多,各山矿脉之大,惟铁山及铁门坎二山为最。合将所勘该山矿形,开列于左:(一)铁山及铁门坎铁矿形势整齐,山北所倚尽是坚石,山南石色俱系灰石所变。两山铁脉长半英里有奇,阔十五丈至五十丈不等,由平地起算,约高三十丈,平地以下铁层尚未探悉。现就探见铁层铁脉约有五百余万吨之数。若以两座熔炉化之,足供一百余年之用。(二)该山上下四周矿石分别化验,统计净铁质六十分至六十六分,通计净质有六十三分之多。(三)铁矿净质七十分为最佳,然其间每夹硫磺杂质,不能净化。该矿铁质分化极净,净质之内并无硫磺杂质。以之熔化,洵称上等佳铁,足与英美各国所产上等铁矿相提并论。"

光绪十五年(1889年)十二月下旬,湖广总督张之洞聘比利时矿师白乃富和在粤募来的英国矿师巴庚生、德国矿师毕盎希、斯瓜滋等再到大冶铁矿详勘。并提出了比较明确的勘查要求:钻取铁砂,分化成数,详求矿苗层次,占地几何,分绘细图。并委札勒哈里负责组织此次勘查工作。

光绪十六年(1890年)二月,勘查结束,矿师们报称:大冶铁矿"铁质可得六十四分有奇,实为中西最上之矿。其铁矿露出山面者约二千七百万吨,在地中者尚不计"。

光绪三十一年(1905年),上海矿务局派外籍矿师乐路氏至铁山测量汉冶萍公司所属各矿区,填制详图。其所测结果(专指可以露天开采者而言)见表2-27。

表2-27 大冶铁矿矿量表(乐路氏) 单位:万吨

矿区	铁门坎	纱帽翅(上部)	纱帽翅(下部)	龙洞	狮子山	大石门、野鸡坪	共计
储量	340	6	5	90	800	550	1 791

宣统二年(1910年),汉冶萍公司派其聘请的总矿师赖伦勘测大冶铁矿矿量。测得结果见表2-28。

表2-28 大冶铁矿矿量表(赖氏)

矿 区	长(米)	宽(米)	高(米)	水平以上矿量(吨)	水平以下矿量(吨)
铁山	700	50	75	6 562 500	6 125 000
纱帽翅及龙洞	700	50	180	15 750 000	6 125 000
象鼻山	425	50	150	7 968 750	3 718 750
狮子山	850	50	160	17 000 000	7 437 500
大石门及野鸡坪	675	50	195	16 453 125	5 906 250
管山	300	50	85	3 187 500	2 625 000
下陆	350	50	46	2 012 500	3 062 500

续表

矿 区	长(米)	宽(米)	高(米)	水平以上矿量(吨)	水平以下矿量(吨)
共计	4 000			68 934 375	35 000 000
总数				103 934 375	

资料来源：丁格兰《中国铁矿志》。

赖伦在宣统三年（1911年）所著《查勘大冶铁矿》一书（未出版），谓大冶铁矿属于接触矿床。北京民国政府农商部技师丁格兰博士对赖伦的勘测评论说："惟渠之所计，除象鼻山官矿外，均言过其实。盖赖氏之矿图，颇为潦草，故矿床面积俱较实在者为大，且其假定可以露天开采之深度，亦过于低下，以铁矿之比重为五，似亦过高……此数之不足信，不待言矣。"

在这个时期，先后到矿调查研究的地质专家还有美国人李特、赛尔斯、卫尔特和日本人西泽。

民国四年（1915年），丁格兰以乐路氏之地图为根据，进行测勘。以铁矿比重4.5计算，计得矿量3 260万吨。减去已采矿和劣矿，可资利用的矿量约2 000万吨。详见表2-29。

表2-29　大冶铁矿矿量表（丁氏）

矿 体	延长(米)	宽 度		面积(米²)	平均高度(米)	容积(米³)	矿量(吨)
		最大(米)	平均(米)				
铁门坎	419	68	45	18 700	49	916 300	4 120 000
纱帽翅（上部）	81	42	22	1 800			
纱帽翅（下部）	103	24	15	1 500	20	30 000	135 000
龙洞	252	45	31	7 800	33	257 000	1 158 000
象鼻山	678	120	90	50 000	49	2 450 000	11 000 000
狮子山及得道湾	444	73	57	25 500	46	1 173 000	5 278 000
大石门	234	89	72	16 800	29	487 200	2 192 000

续表

矿　体	延长（米）	宽　度		面积（米²）	平均高度（米）	容积（米³）	矿量（吨）
		最大（米）	平均（米）				
野鸡坪（汉冶萍公司）	354	86	61	21 700	60	1 302 000	5 859 000
野鸡坪（官矿局）	252	102	33	21 000	30	630 000	2 835 000
共计							32 577 000
减去已采							8 500 000
减去废石							4 815 000
净存							19 262 000

资料来源：丁格兰《中国铁矿志》。

丁格兰化验大冶铁矿矿石的化学成分为：铁60%～66%，锰约0.2%，氧化硅3%～10%，磷0.1%～0.5%，铜0.1%～1%～2%（大石门之矿含铜1%～2%），硫0.1%。认为大冶铁矿是浅成低温热液矿床。

民国十年（1921年），汉冶萍公司大冶铁矿采矿股股长周子建计算矿石储量为1 770万吨。后有王宠佑、王恒升、叶良辅、谢家荣诸氏的调查。各有论著，散见于群籍。

民国十八年（1929年），汉冶萍公司经少量钻探，并就矿床表露状况，测得其地面及地腹的储量和矿石的化学成分。详见表2-30和表2-31。

表2-30　汉冶萍公司测算大冶铁矿矿量表　　　　单位：吨

矿体名称	狮子山	大石门	野鸡坪	尖山	铁门坎	黄家山	纱帽翅	龙洞	共计
储量	8 160 000	3 960 000	2 140 000	190 000	2 130 000	240 000	90 000	320 000	17 230 000

资料来源：饶杰吾《中国经济评论》（湖北之矿业），第3页。

表 2-31　汉冶萍公司测得大冶铁矿矿石化学成分表　　　　单位:%

矿体名称	化学成分			
	铁	硅酸	磷	硫
铁门坎	65.80	3.92	0.10	0.06
狮子山	63.53	6.70	0.06	0.07
纱帽翅	65.40	4.10	0.58	0.12
龙洞	61.00	6.95	0.52	0.20
大石门	62.10	6.60	0.10	0.67

资料来源:同上表。

民国二十四年(1935年),中央大学教授郑厚怀、助教汤克成从岩矿研究上,根据矿床的形态、产状、成分、组织和岩石蚀变,肯定大冶铁矿为热液矿床。

民国二十五年(1936年),地质学家孙健初奉国民政府实业部地质调查所之命,来大冶铁山勘察,发表了《湖北大冶铁矿》一文,详细描述了大冶铁矿矿物的分布、矿物的组织和围岩蚀变。按平均比重4.5计算,得出大冶铁矿矿量为2 660万吨,说大冶铁矿是中温裂隙填充矿床。野鸡坪、大石门、狮子山、龙洞、纱帽翅、铁门坎等处铁矿,含铁60%~62%,含二氧化硅4%~8%,含硫酸为万分之数,含铜0.1%~0.6%;象鼻山、老鼠尾、尖山儿铁矿,含铁约60%,含二氧化硅7%,含硫0.03%,含磷0.04%,含铜0.2%。他根据矿脉走向,推断象鼻山和龙洞间、纱帽翅与铁门坎间应当有潜伏矿体存在,并拟定了四个钻孔。由于受客观条件限制,未予施钻。

2. 钻探

民国九年(1920年)三月,汉冶萍公司新购钻机2部,并派技术课课员工程师邵逸周到铁山指导安装。大冶铁矿向日本工程顾问大岛道太郎函询办法,大岛道太郎告以二钻并用,先探铁门坎,再移至得道湾。

因在铁门坎已采至最低矿体,首先安装一台钻机进行试探。六月初,美籍钻机师华德哈凡到铁山指导钻探施工。由于该钻机原用于江西鄱乐煤矿勘煤,功力(汽磅)不足,钻头磨损大,后改易锅炉,钻至80英尺尚在矿层中。十一月,另以探查矿床边界为目的钻孔,钻至90多英尺已见花岗岩(闪长岩),又钻30英尺仍非矿质,认为矿体边界线大约探定,地腹矿量已尽。

汉冶萍公司指令将钻机移往得道湾钻探,因采矿与钻探矛盾和经费不足,钻机师华德哈凡离去,钻机人员遣散。大冶铁矿首次钻探草草结束。

四、开采历史

大冶铁矿的开采,始于三国(吴)黄武五年(226年)。梁人陶弘景所纂《古今刀剑录》记述:"吴王孙权以黄武五年,采武昌铜铁,作千口剑,万口刀,各长三尺九寸,刀方头,皆是南铜越炭作之。"当时的武昌,包括现在的大冶与鄂城,所指"采武昌铜铁",即指大冶、鄂城等地矿山而言。《太平寰宇记》古逸本载:"大冶县白雉山,山高一百一十五丈,其山有芙蓉峰,前有狮子岭,后有金鸡石,西南出铜矿,自晋、宋、梁、陈已来置炉烹炼。"《方舆纪要》云:"大冶县铁山,县北四十里有铁矿,唐、宋时于此置炉,烧炼金铁。"宋设磁湖铁务于铁山。淳熙七年(1183年)南宋政府还在铁山设置铁山寨。可见自三国至两宋,铁山开采未停,山边冶炼炉火未熄。

相传唐末农民起义领袖黄巢率部攻下鄂州以后,在铁山安营扎寨,冶炼过兵器。南宋抗金将领岳飞于绍兴四年(1134年)奉命屯鄂,在铁山炼制了"大冶之剑",用"大冶之剑"战胜了金兵。

明洪武七年(1374年)朱元璋置兴国冶,铁山又是兴国冶官铁的主要产地,年产额在100万斤以上。明洪武十八年(1385年),因存铁过多,明朝政府下令停办各地官铁冶,铁山官铁采炼遂停。

铁山南面,从得道湾至土桥一线,古炉渣累累,外国专家丁格兰曾采旧渣化验,其成分如下:四氧化三铁60%,三氧化二铁6.9%,纯铁为51.5%,二氧化硅23.63%,磷酸0.33%。

古代在铁山采矿和冶炼的劳动人民,被编成"矿丁"和"坑冶户",长期从事采炼。

光绪三年(1877年)六月初七日,湖北开采煤铁总局聘请英国矿师郭师敦到兴国勘矿后回广济盘塘，向盛宣怀面禀，说龙港地方"其铁苗皆从大冶而来，请向大冶所属一验来脉"。盛宣怀查旧志，知大冶县北铁山、白雉山皆产铁，遂准郭师敦等到大冶查验。六月十三日，郭师敦等人登铁山勘察，并取回矿样。后经化验，得知大冶铁矿矿石含铁近62％，可炼成上等生铁。十一月十三日至二十三日，盛宣怀率同郭师敦等同大冶知县林佐到大冶详勘铁矿，履察水道，周历大冶县沿江一带，寻觅安炉基地。随后，郭师敦建议用当阳窝子沟的煤炼铁，安炉于黄石港东首半英里处。十二月十九日，盛宣怀向李鸿章禀报关于履勘大冶铁山及安炉基地情况，随即率领矿师郭师敦赴上海，筹议定购铁炉机器，并借江南制造局铁炉试炼大冶铁矿矿石。李鸿章委其部属盛宣怀、周锐到大冶会同知县林佐，筹议租买民山民田章规，计划第二年春设局开办。周锐等到铁山，得知铁门坎为潘姓山地，遂与知县林佐密商，乘潘姓结讼之时，令将山地报效矿局（即湖北开采煤铁总局）。湖北开采煤铁总局偿钱350千文，其中320千文作山价，30千文买树。光绪四年（1878年）三月下旬，盛宣怀请李鸿章再由直隶、湖北筹本25万串充作开办大冶铁矿和兴建铁厂的资本，试办两年免息，余利即还官本。此议未获李鸿章批准，开办大冶铁矿一事被搁置。

光绪十五年（1889年）八月二十六日，张之洞从广州致电湖北巡抚奎斌，要奎斌详询大冶、兴国一带州县，调查大冶铁矿的情况。盛宣怀听说张之洞注意到了大冶铁矿，即向醇亲王奕譞条陈开办大冶铁矿，并致电张之洞，说该矿是他在光绪三年（1877年）请英矿师郭师敦勘得的，如果开办，应请原来的矿师复勘。

同年十一月，张之洞从广州赴汉口经过上海时，特约盛宣怀面商铁矿事宜。盛宣怀说："矿务为洋务商务中最无把握之事，稍一草率，恐堕半途，无可推广，自应将应办数端先行核定，方可循序以进，期其必成。"并提出四条建议：一曰责成，即派大员督办；二曰择地，即选择离铁矿近便之煤矿开办一处，炼制焦炭；三曰筹本，即要有经费来源；四曰储料，即生产钢货要考虑销路，购制机器要有目的。商谈结果，由张之洞组织外籍矿师扩大勘查。张遂即将比国矿师白乃富、英国矿师巴庚生、德国矿师毕益希、司瓜兹、匠目戈阿士等一齐派到大冶铁山，还派去了德国铁路工程师时维礼。

同年十二月三十日，张之洞令知府札勒哈里等查勘大冶等处煤矿，以供大冶铁矿之需。

光绪十六年（1890年）二月底，勘查结束。矿师们报称：大冶铁矿"百年开采亦不能尽"。如"每年开采 10 000 吨，可供开采两千年"。"矿石系海麦太德（即赤铁矿）与麦泥太德（即磁铁矿）相和之质，内含硫磺一百分一百分之六（即一百分之六厘），磷光一百分一百分之十二（即一百分之一分二厘）"，"红铜百分之二十七"。看到如此丰富的埋藏量，外籍矿师们都想为本国政府谋求大冶铁山的开采权。德国矿师勘查铁矿后，在向张之洞禀报之前，先已直接打电报报告了德国政府。德国政府获悉大冶铁矿矿石蕴藏丰富以后，即向清政府的北京总理衙门交涉，要求把大冶铁山的开采权让给德国政府。张之洞拒绝了德国人的无理要求。德国政府鉴于铁路工程师时维礼参加了大冶矿山运道的勘查工作，转而向中国政府要求铁路、矿山技师以及所有机械设备均由德国协助或从德国采购，企图从这里获得实际利益。这一策动，得到了张之洞的允许。接着，德国"专家"帕德波古、帕司儿、赖伦、马克斯等人和德国的机器及铁路器材一齐到达大冶。比利时财团极力运动，欲借款给中国，让张之洞辞退德国工程师，而代以比利时人。后因德国反抗甚力，比利时国计划失败。

同年二月二十九日，经总理海军事务衙门奏请，清廷批准开采。五月，张之洞派委员 5 人驻扎铁山铺，筹备建矿事宜。矿山采矿工程及运矿铁路竣工以后，调来补用知县李增荣，设运道矿务总局于大冶石灰窑，任命林佐、李增荣为总办，统辖李士墩煤局、王三石煤局、铁山分局和运道。聘德国人帕德波古、帕司儿、赖伦、马克斯 4 人为矿山技师，协助矿局组织指挥矿山生产。光绪十九年（1893年）八月二十四日，张之洞乘兵船"沂江"号由大冶石灰窑登岸，乘车抵达铁山铺，听取了矿局铁山巡检朱沛的禀报，视察铁山之后，又到王三石煤矿勘视煤井。此时，大冶铁矿已形成年产铁矿石 30 000 吨的生产能力。

光绪二十二年（1896年）三月初六日，张之洞再次到铁山视察铁矿各项工程及开采设施,全面了解矿山生产情况。四月,盛宣怀接办大冶铁矿。盛在改造汉阳铁厂的同时,在大冶铁矿开辟了新采区,大冶铁矿的年采矿能力增加到17万～18万吨。汉冶萍公司成立后,又对大冶铁矿进行了一次扩建,到宣统三年(1911年),年产铁矿石能力已达35万多吨。民国二年(1913年)汉冶萍公司向日本借款900万日元,作为公司扩充工程的经费,在兴建大冶铁厂和在汉阳铁厂兴建4号高炉和7号平炉的同时,相应扩充了大冶铁矿。主要是提高矿山机械作业程度,先后安装了压风机、破碎机,用汽压凿岩机取代手工凿岩,用破碎机械碎矿取代手工捶矿,以增加铁矿石产量。民国九年(1920年)大冶铁矿年产矿石已达82万多吨。民国十六年(1927年)以后,汉冶萍公司在大冶铁矿投资828 368元,兴建了发电所,开辟了得道湾地下采场,使年采矿量稳定在60万吨水平。

五、基建

光绪十六年(1890年)夏,派驻铁山铺的筹建人员开始圈购矿山山地及山厂工程用地。购地一般给官价,如业主不欲领价,情愿入股者,由官府给领凭据,每年领息,三年一派花红。由于地方政府的支持,很快购得铁山寺、纱帽翅、大冶庙、老虎垱、白杨林等矿区。并在铁山铺购得2 000余亩民田、民地。随着山地的圈定,矿局在铁山营造了办公室、机房、电报房、宿舍、营房。

同年十月,张之洞委候补知县张飞鹏兼办铁山运道事宜,并委派候补同知施启华、候选州同沈锰、候补府经历倪涛带同德国工程师时维礼,勘查铁山运道。

光绪十七年(1891年)三月,张之洞委补用知县林佐(曾在大冶当过三任知县)会同大冶陆署令祐勤及德籍工程师时维礼等兴修铁山至石灰窑的运矿铁路。铁路所用路轨、枕木、客车、货车、车头全部从德国进口。在兴修运道的同时,下陆机车修理厂、江边装卸矿石码头、矿山开路及开矿机器安装工程亦相继开工。并委派张飞鹏开办大冶王三石煤矿。

光绪十八年(1892年)八月,运矿铁路竣工通车,该路全长35公里左右,有桥梁和涵洞 50 余座,沿途有支路 6 条,设铁山、盛洪卿、下陆、石堡四车站。年底,下陆机车修理厂、采矿、运矿、机修及其他基建工程亦竣工。此时,汉阳铁厂部分基建工程完工。

大冶铁矿于光绪十九年(1893 年)完成基建任务,自铁山至石灰窑码头,计修长堤 1 道,铺路 35 公里,沿路修铁桥 27 座,车厂 1 处,车站 4 处,运矿石小铁路 2.30 公里,装矿码头 1 所,打铁厂 1 所,石灰窑运矿码头 1 座,铁路电线 35 公里及石灰窑、谢家畈铁路局屋各 1 所和外籍工匠及中国工匠住房。全部基建工程预算总费用为银 437 000 两,其中运矿铁路约 350 000 两(以 35 公里每公里约费 10 000 两计),运矿分局房屋杂费约 5 000 两,江边修筑木码头 1 座约 12 000 两,开矿机器 10 000 两,买山、修路、买地等费约共 60 000 两。竣工决算却大大超过此数。

光绪二十六年(1900 年)以后,由于《煤铁互售合同》的签订,矿石运销日本,铁山一个采区生产的矿石已不能满足需要,盛宣怀决定扩充大冶铁矿。于是责成矿局总办元廷荣、张世祁二人向徐、郭、李、张、王、刘等姓购买狮子山等矿山,开辟了得道湾采区。得道湾采区的基建工程完工以后,大冶铁矿矿石产量逐年提高。

六、生产

1. 矿区

据民国十三年(1924 年)汉冶萍公司编的《汉冶萍公司事业纪要》记载:"冶矿在大冶县城外,起自石灰窑至得、铁两山,周围约二百方里。"购地面积合 108 000 亩,每年缴纳税金 32 400~33 177.6 元。

光绪十六年(1890 年),张之洞设局铁山铺,圈购矿山山地及山厂工程用地。监生潘景星及业主潘名琚、方太和等将己业售与矿局,李增荣又以给资重修铁山寺,取得了一部分铁山寺庙产。盛宣怀在上海与张之洞就开办大冶铁矿进行磋商之后,将光绪三年(1877 年)在湖北开采煤铁总局时所索取的潘姓中房产业至铁门坎西一段山地交给了张之洞。到光绪十七年(1891 年),矿局拥有铁子山(铁门坎、老虎垱、油花脸、陈家湾)全座,纱帽翅（朝南1嶂）龙洞全座、白石山1座等山域及附近田地2 000余亩。光绪三十四年（1908年），汉冶萍公司成立后，又陆续购进黄家山3段，纱帽翅朝北1嶂，走马山1座，毛家山1座，潘家山1段，金银坡铅矿山2段，白杨林锰矿2段，银牛山白石山4段，石鼓山白石山1嶂。到民国二十二年（1933年）9月，湖北省建设厅与汉冶萍公司经测量，绘图订界，铁山采区面积有63公顷25公亩。

光绪二十二年（1896年），盛宣怀接办汉阳铁厂、大冶铁矿及江夏、兴国各矿后，遂着手扩充汉阳铁厂，并与日本签订了《煤铁互售合同》。光绪二十六年（1900年），大冶铁矿矿石开始运销日本，矿石需用量增大，铁山矿区已不能满足需要，盛宣怀令当时的矿局总办，自民间购狮子山正面1嶂及老鼠尾一部分，大石门1嶂，野鸡坪尖山儿西南面1嶂，后又续买尖山儿东面1嶂，开辟得道湾采区。民国二十二年（1933年）九月，经湖北省建设厅与汉冶萍公司测量，得道湾采区面积为69公顷67公亩。

铁山采区东侧，有白石山、石鼓山、牛铁山灰石矿，矿局在生产铁矿石的同时，亦生产白石、哆啰石（白云石），以供汉阳铁厂炼铁之用。其石鼓山白石已于宣统年间采尽。民国九年（1920年），矿局成立采石处，开采未采尽之山的灰石。后又开辟老龙垱、中窑两座白石山，采哆啰石供大冶铁厂冶炼之需。

距离铁山铺8公里，有一煤山，名王三石，光绪十七年（1891年）三月，张之洞委候补知县张飞鹏、矿学生候选知县游学诗设分局开办，又令大冶县陆署令祐勤协同办理购买山地及工程用地。光绪十八年（1892年）出煤，煤层较厚，煤质亦佳。有大煤井2处，小煤井2处，运煤铁车30辆，卸煤趸船1只，开煤大小机器齐备。矿工最多时达1 000人左右，所采原煤均用独轮车运到铁山盛洪卿车站装火车外运。煤井开至数十丈，煤层忽然脱节中断，冒出大水。光绪二十年（1894年）夏，开采停止，将其机器设备移于江夏马鞍山煤矿。王三石煤矿前后经营了三年，花费了大约不下50万两——还不包括运煤的铁路和驳船的费用。此后，拟筹白银10万两，修筑矿井至铁山的运煤铁道。由于经费不支，未恢复生产，余基共有

23.62亩。

光绪十七年(1891年)三月,张之洞委补用知县林佐同时维礼及洋匠等驰往大冶,"会同大冶陆署令祐勤,将铁山起至石灰窑江岸止,除官山官地外,所有道内应购民房、民地,迅速拣派公正绅耆,查明原契据,妥为照价购买,限期迁徙",以兴修大冶铁山运道。此次购得土地1 043亩。

光绪二十二年(1896年)以后,矿局又陆续在铁路两侧购得一些田地,到民国二十七年(1938年),铁山至石灰窑沿线土地面积增至1 577.7亩。石灰窑江边自矿局起至菜园头止,计667米,系官办时期购置的码头用地。盛宣怀接办大冶铁矿后,又购置上段自菜园头起至胜洋港止,长9.5米,下段自矿局起至殷家山、黄家山二山江岸止,长183米的江岸作为码头用地。

光绪十七年至光绪二十二年(1891—1896年),矿局购置了道士袱煤矿、李士墩煤矿、石灰窑王家山灰石矿。光绪二十三年(1897年)以后,矿局又购置了换涤堡铁矿(柯家山、向家山等)、土桥堡铁矿(金鸡岭)、石灰堡灰石矿(殷家山、黄家山)、申明堡哆石矿(老龙垱)、康中煤矿(在土桥堡)、中山垴株树下煤矿(在保安堡)、华兴窿煤矿(在申明堡)。并在金山店向陈、朱二姓购置铁山1嶂(高93米,宽118米)。民国十三年(1924年),大冶铁矿与大冶铁厂合并,成立大冶厂矿管理机构以后,还代管阳新锰矿(即兴国锰矿)。其中有些煤矿、白石山已兴工开采。

2. 开采方式

大冶铁矿开采分两大区,一为铁山采区,一为得道湾采区。民国十八年(1929年)以前,全部采用露天开采。从民国十八年(1929年)开始,在得道湾采区开凿窿道,准备部分转入地腹开采。

露天开采:

系将每一山场,分为上、中、下数阶段,同时采掘。每阶段高低不一,有的几十米,有的一百多米。各段均敷有轻便铁路。采时先在矿石上凿以适当深孔,装上炸药爆破,矿块崩落之后,人工捶碎,装入小矿车内,由轻便铁路送至挂路,用自动引力机卸至下部装矿码头溜矿筛上,倾入承接的大矿车内,拖至石灰窑江岸码头,再用人工挑运上船,运往汉阳铁厂及日本。每阶段采掘到一定时候,底部掏空,矿体倒塌,俗称倒牌。每倒一次牌,可以采相当一段时间。倒牌垮下的大矿块,再凿孔放炮,将其改小。随矿石一同倒下的泥土,用人挑,或用小矿车送至堆土场堆放。

得道湾采区到民国二十二年（1933年）,分狮子山上层、狮子山中层、狮子山前二层、狮子山后二层、狮子山三层、大石门、野鸡坪等采场开采。日产矿石见表2-32。

表2-32　得道湾采区各采场日产矿石量表　　　　　　　　　单位:吨

采场名称	狮子山上层	狮子山中层	狮子山前二层	狮子山后二层	狮子山三层	大石门	野鸡坪	合计
日产额	200	200	270	200	100	200	150	1 320

资料来源:《矿业周报》第327号。

所产矿石经各段轻便铁路和挂路运至得道湾装车外运。全区开采布置如图2-9。

铁山采区到民国二十二年（1933年）,分铁门坎（中层、下层、底层）、龙洞两采场开采,纱帽翅与龙洞合并,日产矿石量见表2-33。所产矿石通过轻便铁道、卷扬、挂路运至铁山存厂码头,再装车外运。全区开采布置如图2-10。

表2-33　铁山采区各采场日产矿石量表　　　　　　　　　单位:吨

采场名称	铁门坎	龙洞	合计
日产额	320	200	520

资料来源:同上表。

窿道开采:

民国十八年（1929年）,因地面矿层范围日渐狭小,汉冶萍公司和日本人不得不另筹采矿方式,于是决定在得道湾采区逐步转入地腹开采,并责令采矿股长周子健、得道湾采矿主任盛芷皋负责地腹开采的基建工程。计划从地平线向狮子山及大石门二处分别开凿平巷2条,直穿矿层,然后每隔40米开凿横巷1条。同年,窿道工程开工,正窿高7尺,上宽8尺,下宽10尺,窿道每进100尺,高1尺。横巷高6尺,上宽6尺,下宽7尺。民国二十四年(1935年)开窿基建工程基本完工,年生产矿石规模为30万吨。民国二十五年(1936年)部分出矿。

矿局在开凿窿道,准备地腹开采的同时,根据露天采场的需要,还开凿了几条运矿、放水涵洞,以缩短运距,排泄洪水。

3. 设施

局屋:

大冶铁矿开办之初,张之洞在大冶设大冶矿务运道总局,总局设在石灰窑江堤边,房屋坐南向北布展,"左设收支所、公馆、营房,前设电报房。堤左为堆机器厂(后改为营教厂及营官公馆),堤右为李士墩煤局炭厂。总局门前铺设有铁路回车支路,稍左为火车水台,左近为小轮船停泊所。"

铁山分局(后称采矿处)设在铁门坎,房屋坐南向北布展,"左后洋房、营房、机房、机匠房各一,东前电报房一、北首上机房二、铁门坎侧开矿机器房一。"下陆设车栈房,沿铁路线展开,"北前有电报房,专司铁山、石灰窑两局往来公件,并开车停车暂处,后有洋房二、营房一、南前机匠房二、又左整车机器铁房二。"王三石设煤局,"构房屋数十楹",四周建有栅栏,开东西二门。盛洪卿村前为王三石煤厂。

光绪二十六年(1900年),日本制铁所势力挤进大冶铁矿,在石灰窑总局附近设立"日铁"办事机构——大冶事务所。总局建筑面积亦扩大。

随着得道湾采区的开辟,原设在铁山的分局(采矿处)迁至得道湾,得道湾成为山厂中心。

采区设施:

轻便铁路:采场各层均敷设有轻便铁路,置以方车,担任出矿排土的运输任务。投产时,铺轻便铁路4里,后随着采场扩大而逐渐延长,到民国二十二年(1933年),得道湾敷设轻便铁路计用小钢轨4 514根,方车(载重1

吨)620 辆,转盘 197 副,瓢车 55 辆;铁山采区敷设轻便铁路计用小钢轨 2 051 根,方车(载重 1 吨)415 辆,转盘 121 副,瓢车 9 辆。

挂路:是采场矿石运往山下的通道。用钢轨斜道、无极钢丝绳敷成,无动力。有山厂挂路和存厂挂路两种。到民国二十二年(1933 年),得道湾采区共有山厂挂路 12 道、存厂挂路 6 道;铁山采区共有山厂挂路 6 道,存厂挂路 3 道。挂路全长 2 540 米(水平长度),实际长度大于此数。

卷扬:是下部矿石上运翻山的设施。始用于龙洞、纱帽翅。铁门坎开采至深部后亦采用卷扬运输。

码头:是矿石装车的集配站,早期的码头相当原始,一般用工人挑矿装车。后来经过改进,到民国初年,采场经挂路放下的重车,可直接倾入大矿车内,码头上装有隔筛,用以剔除矿石中所含泥沙及粉末,留下合乎规格的矿石。民国九年(1920 年),得道湾采区安装破矿机 2 部,以代替人力捶矿。在破矿机下设涵洞。山上采下的矿石运进破矿机,轧成一定规格的矿块,一般为 75 厘米见方,通过隔筛,倾入大矿车内。铁山采区未装破矿机,仍用人工捶碎,经隔筛筛选装车。

存厂:是贮存矿石的处所,采场采出矿石,除当天装车外运之外,余下的部分积存在存厂,以调剂出矿少的季节(因采矿多用临时工,农闲人多,出矿多,农忙人少,出矿少)。铁山、得道湾各设有 1 存厂,坐落在码头之侧。

修理房:早期的修理房以修理手锤、钢钎为主,主要设备是红炉,设在铁山。后又新建得道湾修理房。得道湾修理房有车床 2 部,钻床 3 部,红炉 6 座,修钎机 1 台。铁山采区修理房有板机钻 1 副,摇车 1 架,摇钻 1 副。

炸药库:铁山、得道湾各凿有峒室炸药库 1 座,用以存放炸药。

锅炉房:采场锅炉房设在铁山采区,有立式锅炉 3 座,卧式锅炉 2 座,压汽机 1 座,起重机 1 座,进水机 3 架。锅炉的蒸汽主要供卷扬机用。

运道:

运矿铁路于光绪十七年(1891 年)三月开工兴筑,光绪十八年(1892

年)七月竣工。起自铁山铺,终至石灰窑,全程 35 公里,用德国制造的 84 磅(38 公斤/米)钢轨铺成。有小支路 6 条,作为开车、歇车、屯车的场所。"其间明桥暗洞五十余道,以消水潦。"设有 4 个车站,下陆为中心站,该站装有自动称重机,过磅矿石;还设有煤栈、水塔,为机车添煤加水。有火车 3 辆,运矿车 36 辆,无上盖停慢机大车 2 辆、二等客车停慢机 1 辆。光绪三十四年(1908 年),汉冶萍公司成立时,机车发展到 11 辆。民国五年(1916 年),废李家坊车站,设龚家巷车站。民国八年(1919 年),废盛洪卿车站,设铜鼓地车站。民国十年(1921 年)前后,对铁路进行了改道,改直弯道,减少斜度。增加了车头。民国十三年(1924 年)前后,铁路发展到有车站 5 个,分路房 12 所,养路工房 7 所,桥梁 36 座,涵洞 109 个,分路 52 副。有大机车 3 辆,小机车 11 辆,四门大矿车 50 辆,小矿车 162 辆,花车 1 辆,客车 7 辆,水柜 2 辆,棚车 2 辆,煤院 4 所,车棚 1 所,水塔 2 座。每辆大矿车装矿石 13~14 吨,每一车头带大矿车 20 辆左右。日开数次,每次附带客车 2 辆,矿局要员出巡开花车。

机车修理厂:

矿局在兴修运道的同时,在下陆设机车修理厂,以修理矿山运输车辆。建厂之初,有修理、翻砂两部分,翻砂间安装熔铁炉 1 座,能熔 450 公斤,有工人 20 余人。后来随着矿石产量的提高,到民国五年(1916 年),机修厂设备有所增加,共用技工 20 余人,小工约 50 人。民国十二年(1923 年)前后,机修厂工人增至 200 多人。设有翻砂间、钳工间、修理间、车工间、轮箍间、锅炉房、木工房、工具房及待修机车车床。共有厂房 3 栋,一栋为翻砂间,一栋为锅炉房,一栋为综合房。

机修厂设备多来自德国,有马力机 1 架,风箱 1 座,水柜 1 架,大小车床 8 台,刨床 2 台,插床 1 台,钻床 2 台,起重吊车 2 台,水力顶 1 架,汽锤 1 台,剪铣机 1 台,人力铣床 1 台,熔铁炉 1 座。

民国十四年(1925 年)八月二十四日,汉冶萍公司总经理盛恩颐来大冶厂矿调查,察看袁家湖出铁场、得道湾采矿场及厂矿各项工程后,认为"下陆系属骈枝,机关仍旧设置,年耗巨费",遂"饬并归新厂机厂科管理,除酌留领工长工20名修理车辆外,其余员司工匠200余名一律遣散"。并于同年八月三十日发文。大冶厂矿遂将下陆机厂的监工4人、工匠42人、长工66人裁遣,被裁遣的监工给薪3个月,工匠、长工均给饷20天。留领工1人,大小工匠40名,将机厂改为修理房,仅司机车临时小修,机车大、中修进新厂(大冶铁厂)的机厂。

江岸装矿码头:

光绪十九年(1893年)矿局在石灰窑江边建筑下矿码头1座,后称老汉矿码头。① 光绪二十五年(1899年),矿局又在石灰窑江岸建筑下矿码头1座,称东矿码头(亦称日矿码头)。② 光绪三十四年(1908年),矿局再在汉矿码头之侧建筑1座下矿码头,称新汉矿码头。民国十三年(1924年),大冶铁矿清理资产,计有大铁趸船2艘,木趸船4艘,木跳趸船11艘,木舢板3艘,松木跳板260块,杉木跳板30块,另有差船"泰安"号小轮1艘,红船1艘。民国十九年(1930年)以后,又添"冶利"号差船1艘。

4. 动力

自光绪十六年(1890年)至宣统年间,采场开采多用手工掘凿岩石,无动力。

民国四年(1915年)二月,汉冶萍公司委托英国斐尔沙湛密斯厂为大冶铁矿制造发电机,但机器造成之后,被英国政府征作军用。

随后在铁山采区安装锅炉1座,购置汽压凿岩机数部,开始用蒸汽作动力,用汽压凿岩机代替手工凿岩。

民国八年(1919年)袁家湖大冶铁厂发电所建成。大冶铁矿是年在得道湾和铁山各兴建压风机房1座,得道湾安设400匹马力压气机2部,铁山安设400匹马力压气机1部。拟将袁家湖大冶铁厂的电力变成22 000伏,送至两山,再用变压器变成440伏,开动压气机。民国十四年(1925

---

① 铁门坎生产之矿石,因含磷等杂质较多,日本制铁所不要,只好运汉阳铁厂自炼,故称"汉矿"。为不与"东矿"混淆,在码头分开装船,把装"汉矿"的码头叫做"汉矿码头"。

② 得道湾采区生产之矿石,品位高、含磷等杂质少,专供日本制铁所用,故把这种矿叫"东矿",亦称"日矿"。为不与"汉矿"混淆,在码头要分开装运,故把下得道湾矿石的码头叫"东矿码头"或"日矿码头"。

年),大冶铁厂停炉,发电所的发电设备没有必要全部运转,铁山缺电,3台压气机长期搁置。

民国十八年(1929年)得道湾采区扩充,准备由单一露天开采逐步转入露天和窿道同时开采。开凿窿道不用凿岩机不足以攻其坚。于是采矿股在得道湾存厂前面择定电力房地址,并向瑞士苏尔寿公司订购500匹马力的柴油机3部,200匹马力的柴油机1部,420千瓦的发电机3部,150千瓦的发电机1部。

民国二十一年(1932年),发电所厂房建成,占地面积462.33平方米。民国二十三年(1934年)瑞士工匠到矿安装,同年发电。用80根电杆将电力分别送至得道湾压气机房、铁山压气机房和龙洞。此为铁山第一次用电。

5. 产品品种、品位

大冶铁矿以生产铁矿石为主,附带生产锰、铝、煤、白石、哆啰石(白云石)。

铁矿石分磁铁矿、褐铁矿、赤铁矿。磁铁矿含铁65%、锰0.1%、硅酸3.0%、硫0.6%、磷0.12%;褐铁矿含铁48%、锰0.7%、硅酸6.0%、硫0.01%、磷0.03%;赤铁矿含铁62%、锰0.3%、硅酸4%、矾土2%、硫0.02%、磷0.05%。按其化学成分分为两类,即一号矿石、二号矿石。一号矿石含硅5.42%、铁62.93%、硫0.029%、磷0.049%、紫铜0.238%;二号矿石含硅9.16%、铁59.45%、硫0.319%、磷0.109%、紫铜0.292%。矿石尺寸最大约150毫米,最小50毫米。哆啰石(白云石)含二氧化硅3.43%、氧化钾1.47%、氧化钙37.7%、氧化锰13.51%。白石含二氧化硅3.14%、氧化钾1.14%、氧化钙52.36%、氧化锰0.92%。

6. 产销

大冶铁矿主要生产铁矿石,其锰、铝矿产额较小。所产铁矿石,一部分运汉阳铁厂、大冶铁厂,大部分运销日本,还有24 000吨运销美国。运汉阳铁厂的矿石由楚强、楚富、汉顺、汉兴、汉通、汉利、汉发等7艘拖轮运至汉阳晴川阁卸矿码头下卸,然后由火车运进汉阳铁厂冶炼。拖轮日开一次,每艘拖船2只,每只装矿石350吨,下水船自汉阳至石灰窑行驶8小时,上水行驶28小时。

运日矿石早期由日本三菱公司备轮4艘,每艘装330吨,驶至日本波止场下卸,供八幡制铁所冶炼。后来运日矿石数额增多,日轮亦增加。民国十五年(1926年)以后,所产矿石全部运销日本。

运美矿石,由美商大来洋行的船只承运。

光绪十九年至民国二十七年(1893—1938年),铁矿石产销情况见表2-34,哆啰石(白云石)、白石产量见表2-35。

表2-34 汉冶萍公司大冶铁矿历年铁矿石产销表　　　　单位:吨

年　份	产　量	运销日本额	运销汉阳铁厂	运销大冶铁厂
光绪十七年(1891年)	开办,只去土未出矿			
光绪十八年(1892年)	开办,只去土未出矿			
光绪十九年(1893年)	3 000			
光绪二十年(1894年)	10 000			
光绪二十一年(1895年)	10 000			
光绪二十二年(1896年)	15 933		16 100	
光绪二十三年(1897年)	20 545		32 800	
光绪二十四年(1898年)	36 558		30 820	
光绪二十五年(1899年)	24 765		30 280	
光绪二十六年(1900年)	57 201	15 476	39 389	
光绪二十七年(1901年)	109 215	70 189	36 354	
光绪二十八年(1902年)	84 036	48 169	25 843	
光绪二十九年(1903年)	107 794	51 268	55 935	
光绪三十年(1904年)	106 378	59 990	55 033	
光绪三十一年(1905年)	151 168	72 000	50 194	

续表

年 份	产 量	运销日本额	运销汉阳铁厂	运销大冶铁厂
光绪三十二年(1906年)	185 610	105 800	69 868	
光绪三十三年(1907年)	174 630	100 000	85 195	
光绪三十四年(1908年)	171 934	127 000	100 159	
宣统元年(1909年)	309 399	95 600	142 142	
宣统二年(1910年)	343 097	96 210	244 359	
宣统三年(1911年)	359 467	121 000	189 465	
民国元年(1912年)	268 685	192 980	13 435	
民国二年(1913年)	416 342	273 900	164 025	
民国三年(1914年)	488 258	292 400	220 095	
民国四年(1915年)	546 789	298 350	229 658	
民国五年(1916年)	550 810	284 500	252 195	
民国六年(1917年)	542 519	323 495	251 749	
民国七年(1918年)	629 089	321 100	234 066	
民国八年(1919年)	696 935	356 730	279 389	
民国九年(1920年)	824 490	385 950	210 172	
民国十年(1921年)	384 286	249 900	209 185	
民国十一年(1922年)	345 631	294 144	249 790	2 000
民国十二年(1923年)	486 631	303 650	123 970	173 000
民国十三年(1924年)	448 921	246 139		235 360
民国十四年(1925年)	315 410	244 249		106 964
民国十五年(1926年)	85 732	105 215		
民国十六年(1927年)	243 632	153 719		
民国十七年(1928年)	419 950	399 410		
民国十八年(1929年)	350 623	391 140		

续表

年 份	产 量	运销日本额	运销汉阳铁厂	运销大冶铁厂
民国十九年(1930年)	379 712	391 380		
民国二十年(1931年)	314 359	254 515		
民国二十一年(1932年)	382 002	330 000		
民国二十二年(1933年)	388 757	368 170		
民国二十三年(1934年)	453 640	468 420		
民国二十四年(1935年)	545 120	536 690		
民国二十五年(1936年)	604 843	533 300		
民国二十六年(1937年)	376 093	277 720		
民国二十七年(1938年)	240 000			
总计	14 009 989	9 239 868	3 641 665	517 324

资料来源:《矿业周报》、《地质汇报》、《中国矿业纪要》、汉冶萍公司档案。

说明:宣统二年(1910年)运销美国24 000吨,未计入产销表。民国二十七年(1938年)大冶铁矿所产矿石,沦陷后,被日本运走235 688吨,计入"日铁大冶矿业所"运出矿石总额中。

表2-35 汉冶萍公司大冶铁矿白石、哆啰石(白云石)产量表　　单位:吨

年 份	白石	哆啰石	备注	年 份	白石	哆啰石	备注
光绪三十四年(1908年)	31 649	2 234		民国二年(1913年)	66 773	2 750	
宣统元年(1909年)	49 127	2 869		民国三年(1914年)	56 683	4 712	
宣统二年(1910年)	57 727	5 048		民国四年(1915年)	68 942	6 465	
宣统三年(1911年)	72 567	7 168		1916年	63 528		
民国元年(1912年)			停采	1917年	7 754	1 462	

续表

年　份	白石	哆啰石	备注	年　份	白石	哆啰石	备注
1918年	4 555	1 032		1922年	895	1 073	
1919年	6 050	404		1925年	560	31 470	
1921年	606	12 479		总计	487 416	79 166	

资料来源:《汉冶萍公司事业纪要》。

说明:光绪三十三年(1907年)以前无资料。

七、经营状况

大冶铁矿开办之初,设会计股、稽核员管理财务,后生产规模扩大,设立会计、稽核、收支三处管理财务。

民国八年(1919年)以前,大冶铁矿和汉阳铁厂合并核算。记账方法是采用中国传统的"旧管"、"新政"、"开除"、"实存"的"四柱清册"形式。

民国八年(1919年)十二月,汉冶萍公司商办第十二届账略,将大冶铁矿改为单独核算单位,记账方式改用新式簿记,用洋本单位统计出入。

资产:光绪十六年至民国八年(1890—1919年)大冶铁矿的固定资产值为 8 376 707.56 元。详见表 2-36。

表 2-36　民国八年(1919年)大冶铁矿财产表

(截至十二月三十一日)　　　　　　　　　　　　单位:元

财产名称	矿区及设备	铁　路	基地及房屋	其他	合　计
价值	6 196 675.89	1 552 016.13	370 020.59	257 995.05	8 376 707.56

资料来源:汉冶萍煤铁厂矿有限公司商办第十二届账略。

后又逐年增长,民国十二年(1923年)的固定资产如表 2-37。

表 2-37　民国十二年（1923 年）大冶铁矿财产表

（截至十二月三十一日）　　　　　　　　　　　单位：元

财产名称	矿区及设备	铁路	基地及房屋	机厂	码头及趸船	轮渡	其他	合计
价值	6 219 324.26	1 795 457.27	383 963.27	94 939.20	131 103.28	12 000.00	109 794.86	8 746 582.14

资料来源：汉冶萍煤铁厂矿有限公司商办第十六届账略。

到民国十六年（1927 年）五月，大冶铁矿固定资产增加到 9 370 637.02 元。民国十六年六月到民国二十六年（1927—1937 年），汉冶萍公司又在大冶铁矿投资 828 368 元，使其固定资产增加到 10 199 005.02 元。

成本：每吨矿石自采场运至石灰窑江岸，其成本随露天采场的下延，逐年提高。详见表 2-38 至表 2-40。

表 2-38　光绪三十四年（1908 年）每吨矿石成本表　　单位：元/吨

项目	挖土费	炸药钢材	采矿费	管理费	轻便铁道运矿费	上下火车及运矿上船	共计
金额	0.08	0.015	0.18	0.06	0.03	0.30	0.665

资料来源：丁格兰《中国铁矿志》，第 129~130 页。

表 2-39　民国元年（1912 年）每吨矿石成本表　　单位：元/吨

项目	采矿、挖土及搬运	上车等费	至石灰窑运费	卸矿费	运矿上船费	合计
金额	0.984		0.316	0.021	0.081	1.402

资料来源：丁格兰《中国铁矿志》，第 129~130 页。

表 2-40　民国二十一年（1932 年）每吨矿石成本表　　单位：元/吨

项目	总务费	采矿费	运务费	共计
金额	0.963	1.270	0.880	3.123

资料来源：《矿业周报》第 327 号。

以上计算,资本利息折息等项没有计入,加上所借债务的利息,每吨矿石成本将增加1.6元。

矿石售价:大冶铁矿所产矿石,民国十四年(1925年)以前,大部分销售日本,民国十四年以后,全部销售日本。其售价如表2-41。

表2-41 每吨矿石外售内销价目表

年 份	每吨外售价(日元)	每吨内销价(银元)	年 份	每吨外售价(日元)	每吨内销价(银元)
光绪二十六年至三十二年(1900—1906年)	3.00		民国八年(1919年)	6.00	2.47
光绪三十三年(1907年)	3.00	3.10	民国九年(1920年)	4.50	2.80
光绪三十四年(1908年)	3.00	2.80	民国十年(1921年)	3.50	3.19
宣统元年(1909年)	3.00	2.68	民国十一年(1922年)	3.50~3.80	3.18
宣统二年至民国二年(1910—1913年)	3.00		民国十二年(1923年)	3.52	3.14
民国三年(1914年)	3.00	2.50	民国十三年(1924年)	3.52~3.80	3.16
民国四年(1915年)	3.00	2.68	民国十四年(1925年)	4.50	3.34
民国五年(1916年)	3.00	2.17	民国十五年(1926年)	4.50	3.47
民国六年(1917年)	3.40	1.98	民国十六年(1927年)	5.50	5.48
民国七年(1918年)	3.80	1.78	民国十七年至十八年(1928—1929年)	5.50	5.50

续表

年　份	每吨外售价（日元）	每吨内销价（银元）	年　份	每吨外售价（日元）	每吨内销价（银元）
民国十九年（1930年）	5.00	8.50	民国二十四年（1935年）	6.00	6.16
民国二十年（1931年）	3.50	7.11	民国二十五年（1936年）	5.50	5.37
民国二十一年（1932年）	4.00	4.17	民国二十六年（1937年）		5.79
民国二十二年（1933年）	5.00	4.46	民国二十七年（1938年）	停销	
民国二十三年（1934年）	5.50	4.47			

资料来源：据《矿业周报》、汉冶萍公司档案整理。

从表2-41上看，光绪二十六年至民国二十一年（1900—1932年），售与日本的矿价按日元计算虽有所增加，但随着日元的贬值，矿价实际上越来越低。民国三年至民国八年（1914—1919年）日汇率见表2-42。

表2-42　日元兑换银元表

民国三年（1914年）至民国八年（1919年）

年　份	民国三年（1914年）	民国四年（1915年）	民国五年（1916年）	民国六年（1917年）	民国七年（1918年）	民国八年（1919年）
日汇率（全年平均100日元合现银）	83.38	88.77	72.20	58.11	46.92	41.09

资料来源：日汇率引自上海总商会月报2卷5号，1922年5月。

预算、决算：下面列举民国十二年（1923年）的数字，从一斑以观其全貌。见表2-43、表2-44。

表 2-43 民国十二年(1923年)年度预算表 单位:元

项目	管理费	采矿费	运输费	特别工作费	共计
费用	140 200.68	249 103.76	229 510.68	44 115.30	662 930.42

资料来源:1924年编《汉冶萍公司事业纪要》。

表 2-44 民国十二年(1923年)年度决算表 单位:元

项目	费用	项目	费用	项目	费用
总务费项下:	95 613.74	医院	2 964.24	行车费	77 078.29
矿长处	14 775.29	轮渡	11 064.63	起卸费	47 275.35
稽核处	3 467.55	杂项	34 172.33	维持费	57 432.53
会计处	5 509.32	采矿费项下:	473 273.33	杂项	134 090.88
材料股	6 635.52	管理费	22 734.67	财务费项下:	669 449.64
事务股	4 642.18	采矿费	450 538.66	利息	669 449.64
管磅股	2 104.57	车务费项下:	328 968.25		
矿巡处	10 278.33	管理费	13 091.20	总数	1 567 304.96

资料来源:1924年编《汉冶萍公司事业纪要》。

该年度开采费用预算为 662 930.42 元,决算为 1 567 304.96 元。

收支:光绪二十二年至光绪三十三年(1896—1907年)的 12 年间,汉冶厂矿(汉阳铁厂和大冶铁矿当时合并核算,无法分开)生产的产品销售总值为银 1 208.7 万两,其中铁矿石销售为 111.4 万两。支出总额大约为 1 479 万两,平均每年约支出 123 万两。12 年中汉冶厂矿所支付的"债息"总额为 158.8 万两,"股息"总额为 29.7 万两,分别占支出总额的 10.4% 和 2%。

八、管理机构

光绪十六年(1890年)湖广总督张之洞把大冶铁矿作为汉阳铁厂的原料基地,设在大冶石灰窑的运道矿务总局,隶属湖北铁政总局。矿局设总办1人,负责管理矿山一切事务。下设文案、会计、庶务三股及稽核、路工、运输、矿山等委员(相当于车间主任),各司其事。光绪二十二年(1896年)张之洞无法筹措官款解救企业的危机,奏派盛宣怀接办汉阳铁厂和大冶铁矿,改官办为官督商办。盛改汉阳铁厂为总厂,大冶铁矿则隶属总厂。矿局取消总办,改为员董制,设1员1董分任其事。光绪三十四年(1908年),盛宣怀合并汉阳铁厂、大冶铁矿、萍乡煤矿,成立"汉冶萍煤铁厂矿有限公司",改官督商办为完全商办。公司董事会下设经理处,在冶萍两矿设总办,与汉阳铁厂同属公司管辖。大冶铁矿矿局由总办总理其事,下设总务处、庶务处、巡务处、收支处、稽核处、转运处、轮渡处、得道湾矿务处、铁山矿务处、机厂材料处、车路电话处、采办机器处共12处,分别管理矿山各项事务。

辛亥革命爆发后,汉冶萍公司总理盛宣怀出走日本,公司董事会改组,大冶铁矿总办改为坐办,下属机构未变动,管理形式依旧。民国二年(1913年)盛宣怀从日本回国,重新担任汉冶萍公司董事会长,掌握汉冶萍公司大权。这时,由他选送到外国学习工程技术的留学生陆续回国。为安排这批人员,在大冶铁矿增设矿长,与坐办并列管理矿山事务。从此,矿山从由不懂生产技术的官僚管理逐步向由懂生产技术的专业人员管理过渡。不久,坐办和矿长互相攻讦,争夺权利,许多职员也卷入争权旋涡,并发生两次罢工,要求驱逐矿长。在这种情况下,盛宣怀采取"事工分治"的办法来缓和矛盾。所谓"事工分治",就是把矿山管理机构分为事务部和工务部两部分,坐办管事务,矿长管工务,各自为政,互不干涉。事务部下设总务处、统计处、稽核处、收支处、材料处、运转处、分局(原得道湾矿务处、铁山矿务处合并)、矿巡处;工务部下设计划处、采矿处。这种管理形式推行不久,事工两部由于不相统属,矛盾重重,发展到互相敌视,各自为对方设置障碍,使矿山生产受到很大的影响。

民国七年(1918年),汉冶萍公司为适应大规模扩充需要,建立统一的指挥系统,下令撤销大冶铁矿"事工分治"管理机构,取消坐办,建立矿长统一管理全矿事务和工务的管理体系,受公司董事会和总副经理的监督指挥。矿部下设总事务所、稽核处、收支处、统计处、事务股、采矿股、材料总栈、运务股、计划扩充工程处、得道湾采矿处、铁山采矿处。精简了机构,减少了冗员。处、股长多由懂业务的工程技术人员担任,与矿长步调一致,因而促进了矿山生产的发展。

不久,汉冶萍公司改革会计制度,将下属厂矿的稽核处收归公司总稽核处管辖,将下属厂矿的收支处改为会计处,由公司会计所管辖。大冶铁矿的财务及经营管理权完全控制在公司手中。民国十三年(1924年),大冶铁矿和大冶铁厂合并,成立"大冶厂矿"管理机构,厂矿设厂矿长,下设处、股,有的处、股下设科。此后10多年管理形式无多大变化。

九、员工

大冶铁矿的矿工队伍是中国近代产业工人的一个组成部分。这支矿工队伍中,本地贫苦农民大约占95%,来自上海、宁波、厦门等地近代工业发达较早地区的技术工人占4%～5%。后来随着采矿业的扩大,矿局又陆续从外地招募来一批工人,矿工大约增加一倍。详见表2-45。

表2-45　大冶铁矿各个时期职工人数表

年　份	人　数	说　明
光绪二十年(1894年)	1 500～1 700	估计
光绪三十年(1904年)	2 800～3 000	估计
宣统二年(1910年)	2 000	估计
民国八年(1919年)	3 000	固定工182人

续表

年　份	人　数	说　明
民国九年(1920年)	3 000	
民国十八年(1929年)	3 262～3 382	常工1 059人
民国十九年(1930年)	3 000	估计
民国二十年(1931年)	3 248～3 368	常工1 094人
民国二十一年(1932年)	2 809	采矿、运务、工务三股人数
民国二十二年(1933年)	3 035～3 195	常工1 128人
民国二十三年(1934年)	2 863	
民国二十四年(1935年)	3 130	

资料来源：1.孙毓棠《中国近代工业史资料第一辑》，下册。

2.汉冶萍公司档案。

大冶铁矿的在册工人的比例很小，民国八年(1919年)，固定工为182人，职工总数约3 000人，在册工人只占职工总数的6％左右，分布在机厂、铁路、码头、采场各修理间。其采矿、运输工人均为临时工，且人数不稳定，农闲人多，农忙人少。民国九年(1920年)五月，大冶铁矿有职员162人，职工总数约为3 000人，职员约占职工总数的5.4％。民国二十二年(1933年)十二月底，大冶铁矿共有职工3 035～3 195人，其中工人为2 900～3 060人，包工工人为1 772～1 932人，占工人总数的61.1％～63.1％，担任采掘、运土、装矿等工作；常工为1 128人，占工人总数的36.9％～38.9％，多在铁路、机厂、修理间、机力科及各股处担任技术工作及勤杂工作。职员为135人，占职工总数的4.4％。民国二十三年(1934年)，大冶铁矿职工总数为2 863人，其中工人2 726人，占职工总数的95.2％，职员137人，占职工总数的4.8％。详见表2-46。

表2-46 大冶铁矿职工构成分类统计表

民国二十三年（1934年）十二月

部　分	职（工）别	人　数	部　分	职（工）别	人　数
厂矿长处	职员	10	采矿股	职员	30
	工人	10		匠工	136
稽核处	职员	4		土工	660
	工人	3		矿工	600
会计处	职员	13		窿工	40
	工人	5		杂工	110
工程股	职员	16		工丁	19
	机动科工人	12	事务股	职员	12
	电机科工人	41		工人	54
	机厂科工人	86	材料股	职员	9
	土木科工人	20		工人	14
	工役	3	卫生股	职员	5
运务股	职员	26		工人	17
	起卸夫	200	巡查股	职员	12
	起卸科工人	58		工人	260
	机厂科工人	62	合计	职员	137
	车务科工人	309		工人	2 726
	工役	6			

资料来源：中华矿业学会《矿业周报》第327号。

十、事故

大冶铁矿采用倒牌法开采，其法甚险，而矿局又不采取必要的安全措施，因而伤亡事故累累。

据矿局向农商部地质调查所报称：大冶铁矿于民国六年（1917年）压毙工人1人，民国七年（1918年）压毙工人3人，民国八年（1919年）压毙工人2人,民国九年(1920年)压毙工人8人。

民国九年(1920年),王崇植在《武汉工厂纪略》一文中说:"汉冶萍公司包括矿山机匠等每天平均有1人死于非命,去年一石跌下,压毙9人之多。"

《中国矿业纪要》记载:"大冶铁矿从民国十年至民国十三年(1921—1924年),伤亡达1 206人,其中民国十年(1921年)伤亡367人,民国十一年(1922年)伤亡245人,民国十二年(1923年)伤亡293人,民国十三年(1924年)伤亡301人。"

民国十八年(1929年)大冶铁矿狮子山三层厂位倒塌,压毙工人4人。

民国十九年(1930年)七月十五日,狮子山采场倒牌,压毙工人1人。同年,狮子山二层厂位倒塌,压毙工人8人。

铁山附近的下邹村,20世纪20年代末到30年代初的9年间,在矿山做工的工人有2人被压毙,5人被打伤致残。有个叫邹成子的青年矿工在狮子山砸断了腿,被矿方踢开不管,他一气之下上吊自杀了。

民国二十三年(1934年),矿工刘福龙在山上打炮眼,采场塌方,将其右小腿打坏,矿上医治不了,刘只好回家治疗,等刘治好了伤回矿,矿方竟不要他了。

民国二十六年(1937年),有个叫耿小友的矿工被工头逼着到山腰打炮眼,突然山上滚下石头,将耿的一条腿砸断,矿上一脚把他踢开,耿只得卖地治伤。当时矿工中流传着一首歌谣:"上了狮子山,如进鬼门关,活人走进去,死人往外搬。"

民国三年(1914年),汉冶萍公司代经理王勋曾承认说:"查开矿工程,常有意外之损伤,原不致命者,因为无常驻医生,须远道延医,因待不及,以致身死。"

十一、驻军、矿警

张之洞从开办大冶铁矿之日起,就派省城的鸿字营营勇驻扎铁山、下陆、石灰窑。由卢姓营长率领,担任弹压工人的任务,后由张慎国接任营官一职。

盛宣怀接办汉阳铁厂、大冶铁矿以后,要求张之洞继续派军队驻扎汉阳铁厂和大冶铁矿"保护"。张之洞同意了盛宣怀的请求,在《铁厂招商承办议定章程折》中说:"汉阳、大冶及马鞍山三处厂局,向派营勇驻扎弹压,嗣后应仍请照章办理,由铁厂酌给偿犒。并请通饬有矿州县营讯,照常保护。"鄂省即派武胜练军巡防等营驻矿"保护",军饷由官发。

民国元年(1912年),湖北军务司派练队驻矿,彼时因军务未定,暂由大冶铁矿及湖北水泥厂承担饷项。民国二年(1913年),湖北省都督府派第五镇第十七团驻矿,军饷由省发给。不久,防营取消,矿局从营勇中"汰弱留强",挑出60人改编为矿巡队。同年八月,成立矿巡处,由张慎国任矿巡处处长。

民国四年(1915年),坐办徐增祚因自办矿巡不力,陈请汉冶萍公司董事会,请湖北巡按使拨派警备队5棚驻矿。民国五年(1916年),矿局以大冶铁矿矿区范围大,战线长,5棚警备队不敷填扎,复陈请汉冶萍公司董事会转湖北督军兼省长,再添拨警备队2棚,以资"保护"。7棚警备队饷项、服装及油煤等费均由大冶铁矿供给,每年支银6 000两。

民国八年(1919年)驻矿警备队改编,列入陆军第一旅二团第二营,一切经费由省筹给,每年换防的旅费由大冶铁矿担负。

民国九年(1920年),湖北陆军第一旅二团第二营第八连驻防大冶铁矿,此后大冶铁矿常驻军一个连,由矿负担军队饷项7 200串。这时,大冶铁矿有巡警40名,设石堡、下陆、得道湾、铁山四区。后将下陆归并石堡,存三区。

民国十三年(1924年)大冶铁矿和大冶钢铁厂合并,成立大冶厂矿管理机构,合并原矿巡与厂巡,设立巡查处。原巡区改名为分驻所,设巡查3人,书记1人,稽查1人,巡目5人,一等巡士6人,二等巡士11人,三等巡士20人,四等巡士11人,伙夫6人,清道夫2人,全年饷约洋6 700余元。

民国二十三年(1934年),大冶厂矿巡查处有职员12人,巡警260人,分驻袁家湖、石灰窑、下陆、铁山。

民国二十五年(1936年),巡查处辖甲、乙、丙、石堡、得道湾、铁山六区及下陆、李士墩两所和一个巡警中队,共有长枪60余支,驳壳枪4支。

民国二十六年(1937年),大冶厂矿巡查处改为警备股,设股长1人。

民国二十七年(1938年),大冶沦陷前夕,巡警编归大冶县政府节制。

第三节　萍乡煤矿

一、位置与交通

萍乡煤矿位于江西省萍乡县东南安源镇,距萍乡县城7.5公里,开采地点为天磁山支脉安源山,矿区占地约504方里零373亩,与湖南省的醴陵、浏阳、攸县等县接壤。

萍乡县境多峻岭,东距芦溪17.5公里,由芦溪可接袁江转赣江,达南昌、九江以至长江。运输煤焦,主要靠水道,即由萍河起运,经渌江转入湘江到湘潭,再转载汉阳。光绪二十五年(1899年)十一月,修通了从萍乡宋家坊萍河边至安源的萍安铁路,光绪三十年(1904年)冬,萍安铁路延至湖南株洲,运输大为改观。嗣后又与新筑的粤汉铁路接轨。南(昌)萍(乡)公路修通后,可由萍乡东经芦溪、宜春,北过万载,再东北行,经上高、高安以至南昌的牛行。萍乡由交通梗阻变为交通便利。

二、煤田地质

萍乡煤田为湘赣煤带的一部分,湘赣煤带属下侏罗纪。此煤带走向东北,由湖南的衡州东北经醴陵入江西萍乡,沿宜春、新余、清江至丰城、余江、迄乐平、鄱阳。萍乡煤田处此煤带中枢,煤田地质由夹有多层页岩板岩的硬石灰岩及砂岩角砾岩组成,矿区含煤地层占60%,煤层共有10层,主要的有5层,即小底板层、大底板层、夹槽、老夹槽、大槽板层。整个矿区共分三大煤系:一是三亿年前石炭纪含煤地层——测水煤系,分布在大安里、芦溪、宣风以南一带;二是二亿三千万年前的二叠纪含煤地层——龙潭煤系,分布全区,以无烟煤为主;三是一亿八千万年前的三叠纪含煤地层——安源煤系,主要以烟煤为主。

主要含煤层为古生界二叠系上统的龙潭煤系（又称乐平煤系），自上而下分为两段，共含可采及局部可采煤层3～4层，煤层厚度1～5米。中古界三叠系上统的安源煤组，自上而下可分三段。紫家冲段（俗称下煤组）：由灰、灰黑色煤岩、粉砂岩、砂岩、砾岩组成，含可采及局部可采煤层3～10层，总厚度3～30米，产中华叉羽叶、粗脉大网叶等植物化石。三家冲段：以灰色泥岩为主，夹粉砂岩及砂岩，产日置类克贝凡蛤等海相瓣鳃类化石。三丘田段：下部以灰、灰白色厚层状砂层、砾岩及泥岩为主，上部为灰白色中厚层状长石石英砂及石英砂岩，含煤3～5层，总厚度为3～7米。安源煤组地层厚度为348～1616米。煤质是适于炼焦的中级烟煤，高坑最佳，安源次之。而安源则以三夹槽的煤为最好（多块灰少），大槽次之（多粉灰重），其煤炭成分见表2-47。

表2-47　萍乡煤矿煤炭成分表　　　　　　　　　　单位：%

煤田	类别	水分	挥发分	固定炭分	灰分	硫磺
安源	统煤	1.35	23.75	62.75	11.80	
	大槽	1.35	23.72	55.02	19.50	0.45
	三夹槽		25.50	56.29	17.21	0.72
	小槽	3.40	26.85	46.63	23.12	0.63
	大底板	1.70	30.33	63.34	4.63	0.48
高坑	麻姑槽	1.30	29.70	63.60	5.40	0.63
	稍边槽	1.30	30.40	62.80	5.50	1.05
	花浪槽	1.20	31.80	60.80	6.20	0.75
	三夹槽	1.30	33.70	56.60	8.40	0.26

资料来源：《萍乡安源煤矿调查报告》。

三、资源勘探

最早到安源进行地质调查的是法国人葛拉夫，并作有安源煤田地质图及剖面图。

光绪二十二年八月（1896年9月），盛宣怀为解决汉阳铁厂冶炼的燃料问题，派德国矿师马克斯、赖伦等到萍乡勘探煤源。起初，遭到萍乡士绅的反对。经过一番周折，事态平息后，八月二十五日汉阳铁厂委员恽积勋陪同马克斯、赖伦从袁州到萍乡，勘查了安源天磁山、锡坑、紫家冲、高坑、王家源、大屏山、胡家坑和青山马岭等一带。十月，呈报查勘结果说："该处山质向产煤筋，计矿之大，约有四十五方基罗米得（平方公里）。在萍乡之东，土人早经开采，已显煤路五条。其中炼作焦炭者，均在山边一百尺至四百尺之高，此种煤苗有半米得至两米得之厚，统计有七米得半。矿之形势，区分三段：北一段阔九百米得，煤脉歆斜；中一段阔二千二百米得；南一段阔一千四百米得，该处脉较平直，最歆斜处约三十度。中一段及南一段较北段所蕴尤宏。据三十度歆斜之处核计，约有二万万吨。……核其油质约重二成半及三成半之数，硫磺约六分及一成，磷质约六厘四毫及八厘八毫，灰约八分及一成六。"建议采用近代技术法开采。认为安源天磁山、紫家冲等地煤炭储量最为丰富，煤质优良，距离县城萍河较近，是最理想的建矿地址。后来，有 N. Forake 及日本矿师井上到萍乡进行过勘探，对矿区煤炭储量进行了估算。对于萍矿的煤炭储量，各家估算不一，日本矿师估计为2亿吨以上，萍乡煤矿总矿师赖伦估计为5亿吨。

四、开采历史

早在汉朝，萍乡人民就发现了煤炭，并取炭代薪，用作燃料。到唐宋，煤业大兴，或官自卖，或税于官，与盐铁并重。据宋代祝穆所著《古今事类全书续集》记载："丰城、萍乡两县皆产石炭于山间，掘土黑色可燃，有火而无焰，作硫磺气，既销则成白灰。"宋诗人戴石屏回老家浙江，路过萍乡时，写下《萍乡客舍》一诗，诗中有"小阁无聊坐，征衣不耐寒。地炉燃石炭，强把故书看"之句。可见宋时萍乡不仅用煤炭做饭、烧火，而且用煤炭取暖了。初期开采时，以一家一户为单位，采取露头的煤。唐宋时开始建土窿小井进行浅部开挖。明朝时，已有人将煤炭批量运往长沙，远销湖北等地。

清代开采规模更大。到中期，已由一家一户发展为几家几户集股开采,或由资金雄厚的乡绅出面组织开采。康熙年间不仅大量开采煤炭,而且知道把煤炭炼成焦炭。据有关资料记载,雍正时,荷尧乡绅邓宗生曾在金鱼石开山办矿,取名为"洪字号"。嘉庆年间在小坑办矿的有李少白的福大煤井、福来煤井,甘成清的合顺煤井,宋志寿的福多煤井等等。这些煤井都生产烟煤,有的炼成焦炭。

同治、光绪时期,国内工厂增多,对煤炭的需求量增大,萍乡地区的土窿商井越来越多。据光绪年间的记载,萍乡的土井多达260口。最深的斜井达390多尺,有的直井达240多尺。地面运输,由肩挑小车推,发展到驴马拉运。这些土井多为山主所有,有安源的贾姓,紫家冲的文姓,王家源的张姓、钟姓、黄姓,高坑的欧阳姓,双凤冲的甘姓,天磁山的彭姓,锡坑的周姓,城北太平山的许姓,城西大屏山的邓姓,胡家坊的胡姓、甘姓等。有的是山主自开,有的是商人向山主付纳租金,租山开业,打井挖窿。为便于对外营业,有的单独设商号,如龙家冲的太和、安源的万盛、高坑的金利、紫家冲的福顺等;有的则几家联合成一个商号,如和茂福、同荣福、合和福等。

光绪十六年(1890年)张之洞为解决汉阳铁厂的燃料问题,除开办大冶王三石、江夏马鞍山煤矿外,又派人四处寻找煤源。光绪十八年(1892年)九月,张之洞派欧阳柄荣赴萍乡设煤务局,收买商井油煤,运往汉阳铁厂,与马鞍山的煤炭分别试炼焦炭,但由于船户途中偷去好煤,掺杂过重,未能成功。光绪二十二年(1896年)四月,盛宣怀接办汉阳铁厂,这时铁厂已无炼铁的煤焦。为保证生产,遂派江苏候补巡检文廷均、候补县丞许寅辉到萍乡,督促萍煤采运事宜。适逢清廷翰林院侍读学士文廷式(珍妃老师)因组织"强学会",支持光绪变法维新,触犯了慈禧太后,被贬回老家萍乡。文廷式回萍乡后,组织广泰福商号,经营煤炭。文主张萍煤采运由广泰福(文姓)商号承办,就地设炉炼焦,并议定每月办运煤焦数额。但由于广泰福"所包焦炭未能按月解厂,欠焦甚多",盛宣怀接受汉阳铁厂总办郑观应的建议,委派莫吟舫、卢洪昶另在萍乡设局,是为官局,与商分办。卢洪昶在萍乡拟定采运煤炭措施,又对采运、收煤人员进行整顿,革除弊端,派专人随船押送,以防船户沿途掺和杂煤。采运的萍煤大增,质量提高。

光绪二十三年(1897年)夏秋间,广泰福亏折过重,难以支持,于是将煤井、焦厂、轮驳各船、一切生财,全部归并官局。所亏款项,由官局认给,萍煤又归官局自行采运。

此时汉阳铁厂炼铁的焦炭,多购自英、德等国,后觉国外焦炭价格昂贵,改用开平煤矿的焦。而铁厂每座高炉年需焦炭 36 000 吨,两炉并开,年需焦炭 72 000 吨,炼钢轧轨的焦还不在内。对于铁厂这样大的消耗量,开平煤矿只能供应极小的部分。而开平焦炭的价格,每吨需银 15~16 两。汉阳铁厂官督商办不久,清政府开始大规模地修筑芦汉铁路,国内对钢轨的需求急剧增加,汉阳铁厂不能坐失其利。与汉阳铁厂同时开办的大冶王三石煤矿、江夏马鞍山煤矿,均已失败,铁厂的燃料来源成为当时的一大难题。不找到佳煤,铁厂便不能立足,盛宣怀决定分派委员带同外籍矿师沿长江上下暨江、皖、楚西各境,搜求钻试,于光绪二十四年(1898年)初勘得萍乡煤矿蕴藏量丰富,煤质"磺轻灰少,炼焦最佳"。盛宣怀会同张之洞上奏清廷开办萍乡煤矿,获准后,委派张赞宸主持开矿事宜。聘赖伦为总矿师,以三年为一期订立合同,聘德籍工程人员史密特等协助赖伦。同年三月初一,正式成立"萍乡等处煤矿总局",开工基建。光绪三十三年(1907年)建成,投入生产,每日出煤约 1 000 吨。

第一次世界大战爆发后,随着汉冶萍公司冶炼事业的发展,萍乡煤矿产量提高。战后,钢铁价格猛跌,汉冶萍公司事业逐步衰败,萍乡煤矿亏损严重。民国九年(1920年)六至八月各军驻扎萍乡,互相争夺铁路,造成交通断绝达 80 余天,使煤焦无法外运。民国十年(1921年)二月,江西省当局派员至萍乡拉夫,致使矿工减少,造成煤炭产量大减。同年十一月,湘鄂战事爆发,造成萍乡煤矿交通断绝达两个多月。民国十一年(1922年)六月,黔军过矿,索要军费,强拉民夫,又使矿山生产受到很大影响。民国十二年(1923年)九月湘战复起,萍乡煤矿又断绝交通 20 余日,损失甚大。民国十四年(1925年)大冶铁厂停产后,萍乡煤矿压缩生产规模,勉强维持,每日产煤量除矿厂自用外,仅供给粤汉、株萍两铁路。

民国十一年(1922年),萍乡煤矿工人在中国共产党的领导下,成立了路矿工人俱乐部,多次举行罢工,要求增加工资,改善待遇。民国十四年(1925年)汉冶萍公司派雷炳焜到矿担任矿长,整顿矿山,但无成效。九月,地方军事当局用武力封闭路矿工人俱乐部,打死、打伤、开除、逮捕工人,矿山生产停顿。民国十五年(1926年),北伐军到达萍乡,矿长及矿局主要职员纷纷去职,全矿一片混乱,武汉国民政府交通部整理汉冶萍公司委员会派谌湛溪到矿管理,谌在矿任职三个月,使萍乡煤矿每日平均出煤750吨,除自用外,约余600吨。谌离矿后,矿局无人管理,员工遂自动起来维持,开会公举负责人,自行采煤销售。

民国十六年(1927年)矿山全部停工,汉冶萍公司无力恢复矿山生产,湖南政府拟议加以整理,终因资本无着,无法进行。嗣后,矿山部分恢复生产,以维持5 590人的生计。此时每人每日仅领五分至一角钱的伙食费。民国十七年(1928年)五月,株萍铁路的湘东大桥被大水冲断,煤炭无法运出,每日产量减至500吨,员工生活无着。于是驻军团长肖希贤与萍乡县司法税收机关绅商及萍乡煤矿矿长、矿工代表举行联席会议,拟定暂时维持办法,组织保安储煤公司,定资本额为50万元。保安储煤公司成立后,招得现款7万元,并出票币约4万元,专事承销萍乡煤矿煤炭。并与萍乡煤矿订立两年合同,公司以款济矿,矿局出煤还款。由于双方未能履行合同,难以维持原议。十月,南京国民政府农矿部派员到萍乡煤矿调查,以萍乡煤矿是汉冶萍公司的一部分,应由整理汉冶萍公司委员会通盘筹划。农矿部又分电湖南、江西两省政府,要其就近设法维持。江西省政府遂在一五三次省务会议上通过了代建设厅长周贯虹的提议,决定派专员进驻萍乡煤矿,组织萍乡煤矿管理处,负责管理矿山。此时,农矿部又令汉冶萍公司将盛氏愚斋义庄所有股份一律扣押,不准过户转押取息及行使股权。十二月,江西省政府派专员何熙曾,携款50 000元到萍乡煤矿接收,继续开采。

五、基建

光绪二十二年(1896年)盛宣怀接办汉阳铁厂后,从轮船招商局、电报局、通商银行及纺织公司等官督商办和商办公司中先后集股银200万两

（库平银）作为商股，投入到汉阳铁厂，其中 100 万两用于开办萍乡煤矿。详见表 2-48。

表 2-48 萍乡煤矿股本银表　　　　　　　　　　　　　　　　单位：万两

入股者	轮船招商局	电报局	汉阳铁厂	香记等商户	铁路总公司	合计
款项（库平银）	23	22	20	20	15	100
比例（%）	23	22	20	20	15	100

资料来源：汉冶萍公司档案。

光绪二十四年三月初一（1898 年 3 月 22 日），正式颁布成立"萍乡等处煤矿总局"，委张赞宸为总办，李寿铨任机矿处处长，杨绍椿任煤务处处长，刘文炯任材料处处长，办理建矿事宜。又在宋家坊设转运栈，薛宜琳任转运栈栈长。并聘请文廷式以地方首绅地位，协同照料。

同年三月二十六日，盛宣怀又会同张之洞上奏清廷："萍乡煤矿，现筹大举开办"，"拟请嗣后萍乡县境援照开平，不准另立煤矿公司。土窿采出之煤，应尽厂局照时价收买，不准先令他商争售。广济厂用，而杜流弊。"四月十八日，清政府批准了盛宣怀与张之洞的会奏，七月，萍乡知事顾家相遵旨发布告示，保护机矿建设。由于地方政府的支持，萍乡煤矿的基建工程得以逐次顺利开展。但 100 万两银办一座新式煤矿，是远远不够的。为解决开办萍乡煤矿的资金问题，盛宣怀于光绪二十五年（1899 年）三月二十二日，以招商局在上海洋泾浜一带的产业作担保，与德商礼和洋行签订了 400 万马克的借款合同，借款长年利息 7 厘。现交 100 万马克，其余 300 万马克暂存礼和洋行，以购置萍乡煤矿所需各种机器材料。

解决部分资金问题之后，矿局先后购得宋家山、桐梓坡、大冲尾、蟹形嘴、罗家坡、栎树下等处 1 700 余亩山田。以县令顾家相发布的在矿区范围内"不准另开商井，已开商井全部封闭"的告示为依据，对圈定在矿区范围内的商井、商厂优价收买，对圈定在矿区范围外的商井、商厂，设保合公庄，举派董事，严令开井界限，订立章程，其生产之整齐焦炭，由矿局收买，按照灰磺轻重,分别价值等差,秉公办理。

基建工程开工之后,盛宣怀派德籍职员福克驻德采办机器材料。基建工程分为地下工程和地面工程两大部分。地下工程包括大煤槽、直井、平巷。萍乡境内煤田,因山势突兀,不便于全用直井开采,为避免翻山越岭、钻凿坚石的困难,选在地势平坦的安源,一面向山腹开凿平巷,在平巷内敷设轻便铁道,用电车运出所采的煤,一面向地下纵深开凿直井,逐层开横巷,所采的煤,利用卷扬机运出地面。地面工程包括局屋、宿舍、动力设备、机修设备及大小洗煤机、炼焦炉、汉阳运销局、岳州转运局、长沙分销局、株洲转运局、湘潭转运局、轮驳。修筑萍(乡)安(源)铁路7公里,使安源的煤焦可通过铁路运至宋家坊萍河边,再从萍河外运。在修筑萍安铁路的同时,聘请德籍总工程师李治、副工程师马克和中国副工程师罗国瑞等勘测展建萍乡至醴陵的铁路路基,并破土动工。光绪三十一年(1905年)底,萍安铁路延伸到株洲,称株萍铁路。宣统元年(1909年)与新建的粤汉铁路接轨。

除建设机矿外,矿局还在萍乡东南的天磁山、紫家冲、小坑、龙家冲、黄家源、铁炉冲、善竹岭、张公塘、高坑、锡坑、南木坑、坝善坑、五坡下、太平山一带开土井14条,皆产佳煤。

光绪二十九年(1903年),窿道渐次告成,近代炼焦炉亦渐次完备。

光绪三十三年(1907年),萍乡煤矿基本建设竣工。矿山工程、轮驳购置共耗白银约6 767 866两。其中:窿道工程、总平巷、直井、机修处计3 316 780两,大小洗煤机593 100两,电机处229 620两,炼焦处589 400两,煤砖机89 995两,制造处409 980两,造砖处68 190两,造筑木厂工程处9 131两,医院并化学处49 318两,各办公处公事房311 297两,全矿围墙20 215两,全矿生财15 280两,磅秤房54 520两,煤务处堆栈5 650两,新式锅炉8 670两,洗煤炼焦工厂6 110两,水池1 097两,土炉炼焦处推煤平车等2 220两,钢驳24只426 188两,木驳165只,计561 100两。加上购地、买山、修筑铁路、地质勘探等费用,全部基建工程共耗资740余万两银。

从此,萍乡煤矿成为中国早期采用机器采矿、运输、洗煤、炼焦的大型煤矿之一。萍乡煤矿地面建筑见图2-11。

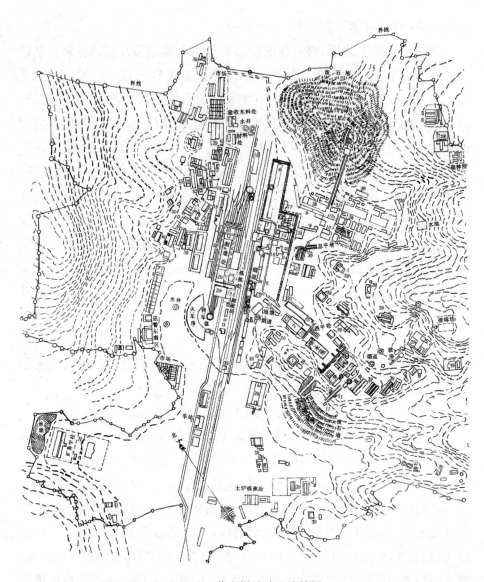

图 2-11　萍乡煤矿地面建筑图

说明：1.总局；2.总工程处；3.电灯房；4.大洗煤台；5.小洗煤台；6.洋焦炉；7.锅炉房；8.电车房；9.窗内木厂；10.窿工程处；11.吊车房；12.电机处；13.直井机器处；14.堆煤处；15.砖厂；16.木厂造筑处；17.窿内救火器具房；18.储蓄银行；19.警务公所；20.修理房；21.收支处；22.稽核处；23.煤务处；24.挂线路发动站；25.化验处；26.机料处；27.管仓处；28.巡警讲堂；29.护矿一团；30.护矿二团；31.司法课；32.印刷所；33.印字房；34.延龄筑局；35.初等第三级小学校；36.女学校；37.洗澡房；38.餐宿处；39.住宅

六、生产

1. 开采方法

萍乡煤矿采煤区域分为西区、东北区、西南区。采用地下开采,采煤之前,分别顺煤层走向开凿平巷,称为正窿(即平巷),由正窿上下分别沿倾斜面作斜巷,在正窿上的叫上山、跑巷、上叉;在正窿下的叫下山、下叉。再用小风巷贯通上下山,分成若干单位,然后采煤。煤层厚的则距正窿垂直50米以内,或斜坡100米以内,上下单开平巷,称为上一层平巷或正窿,下一层平巷或正窿,续开类推为上下二层平巷或正窿,上下三层平巷或正窿,正窿遇断层或褶皱,则前后曲折穿凿。

采煤方法有两种。煤层厚的,用残柱法分层开采,由最下层采取,所有夹石一律填塞挖空处。每隔20～24米,开一通风洞。煤层薄的,用长壁法分层揭采,自上而下,揭去一层夹石,再挖一层煤,夹石堆放在挖空处,如此层层揭采。

萍乡煤矿因其矿脉是自安源至小坑、紫家冲、黄家源、龙家冲、高坑,越向前则煤层越厚,煤质越佳,但山峦高耸,所采的煤无法外运。于是在平原和崇山交接处的安源掘直井二口,横井一条,直井甲深160余米,直径4.5米,通称八方井;直井乙深110米,直径4.04米,通称六方井。距直井6米处,另开小吊井一口(通称四方井),穿达西平巷,井深10米。六方井与横井相距25米,横井叫总平巷,长2 600米,高3.5米,宽4米。甲井距井口下60米,开第一层横巷,距第一层横巷下50米,开第二层横巷,第三层横巷距第二层亦50米。八方井和六方井内砌有砖墙,井口设有钢架、罐笼。每层横巷各设唧筒房(抽水房),安有唧筒架(抽水机架),巷口附近设打风机房(通风机房),每一打风机房安装两座空气打风机(通风机)和两座汽磅打风机。开凿上平巷、东平巷、西平巷三条平巷。向东延长1公里,南北倾斜25度,用二直井开采,为安源矿区;向南北延长7.5公里,西方倾斜10度至15度,用总平巷开采,为小坑采区。窿内用各号凿岩机钻石采煤。各平巷采出的煤,以东平巷为总出路,直井采出的煤,以西平巷为总出路。两平巷敷轻便铁路至大小洗煤台。大、小洗煤台各层都由汽力机或电力机运转,先开启闸门使煤块翻转,然后用水冲,使煤石分离,再冲击,让水筛把煤块打成粉末。分出的石块倾倒于山谷中。煤粉则送往炼焦炉炼焦。

2. 主要生产设备及设施

萍乡煤矿的生产设备,大都购自德国,用蒸汽和电力作动力。

矿井设施:

二直井井口设置 25 米高的卷扬机架,装卷扬机 3 部(包括钢缆、车笼),窿内各设汽力绞车、电力绞车及制动转车。直井下各层装有抽水机,以第三层为主,第三层平巷装设电力抽水机 2 台,附设汽力抽水机 3 台,其余各层,皆装设有汽力机。井下每分钟出水量少时 3~4 立方米,多时 5~6 立方米,每昼夜约 8 640 立方米,皆由抽水机抽出。其直井卷扬机能力、排水设备的排水量、各处汽力绞车、电力绞车及制动转车数量见表 2-49 至表 2-51。

表 2-49 直井卷扬机能力表

设置地点	功率（千瓦）	卷扬能力	卷筒形式	卷筒直径（毫米）	钢丝索直径（毫米）	钢丝索长度（米）	速度（米/分钟）	动力	动力接合法
六方井	55.93	二车煤	双筒	1 800	28.58	170	150	蒸汽	直接
八方井	55.93	二车煤	双筒	1 800	28.58	230	150	蒸汽	直接
备用	111.86	四车煤	双筒	2 800	28.58	310		蒸汽	直接

资料来源:《萍乡安源煤矿调查报告》。

表 2-50 井下排水设备排水量表

装机地点	抽水机种类	机数	出水管直径（毫米）	每座功率（千瓦）	每座排水量 米³/分钟
八方井第三层平巷	电力	2	203.2	201.34	4
	汽力	3	203.2	33.56	1.25

续表

装机地点	抽水机种类	机 数	出水管直径（毫米）	每座功率（千瓦）	每座排水量米^3/分钟
第二层平巷	汽力 汽力	1 3	203.2 152.4	18.64 11.19	1.35 0.65
第一层平巷	汽力	1		8.95	
六方井第二层平巷	汽力	2	203.2	33.56	1.35

资料来源：同上表。

表2-51 窿内汽力、电力绞车及制动转车数量表

设置地点	运道距离（米）	运道倾斜（度）	索径（毫米）	索长（米）	牵引力（吨）	动 力
一段	160	25	19.05	320	0.5	重力
一段	130	25	19.05	270	0.5	重力
二段	120	17	19.05	250	0.5	重力
三段	270	13	19.05	550	0.5	重力
四段	200	18	19.05	420	0.5	重力
六段	170	30	19.05	350	0.5	重力
七段	100	20	19.05	220	0.5	重力
八段	140	20	19.05	290	0.5	重力
八段	80	20	19.05	170	0.5	重力
九段	120	25	19.05	260	0.5～1.5	电力
二段	180	12	19.05	380	0.5	汽力
一、三段	120	20	19.05		0.5	汽力
一、四段	50	34	19.05	110	0.5	重力
一、四段	140	17	19.05	290	0.5	重力
一、五段	250	35	19.05	510	0.2	重力

资料来源：同上表。

直井下三层七、十一、十五段都设有水池。

隆井共用电力机车28辆,其中36马力的10辆,牵引力4~5吨,每小时速度9.5公里;30马力的6辆,牵引力30吨,每小时速度10公里;15马力的12辆,牵引力12吨,每小时速度8.5公里。电力机车行驶速度每秒钟4~5米。煤车用铁板制作,每辆可装煤0.5吨,最多时有4 000辆。

洗煤设施:

矿区共装洗煤机3组,分为大小洗煤台两部分。大洗煤台分新老2组,小洗煤台1组。小洗煤机是宣统三年(1911年)从江夏马鞍山煤矿移入的,专洗直井的煤,能力为每小时20吨,一昼夜洗480吨,民国十一年(1922年)停止使用。大洗煤台是建矿时安装的,当时只有洗煤机1组,能力为每小时50吨,一昼夜洗煤1 200吨,后来慈禧太后派铁良到萍乡煤矿视察,看到洗煤机洗煤,大加赞赏,矿局决定扩充。于是在原基址增设洗煤机1组,能力为每昼夜洗煤2 200吨。这样就有老洗煤部和新洗煤部的区分了。老洗煤部有振动筛1部,三分之二的筛眼为12毫米,三分之一的筛眼为20毫米。共有8座小提煤缸,筛眼为14毫米,4座大提煤缸,筛眼为3毫米。新洗煤部有12毫米及32毫米两种筛眼的振动筛1部,14毫米方眼小提煤缸10座,5毫米圆孔大提煤缸5座,另有12毫米方眼振动筛及3毫米长眼振动筛各1部。此外还有2座可装50吨的壁仓,1座可装70吨的洗块仓,3座可装400吨的洗煤仓(共装1 200吨),1座容水量为200吨的净煤池,1座容水量为80吨的提煤池,2座壁池,2座容水量为1 000吨的澄水池。洗煤部的动力为电力,有8部电动机,总容量为645马力。其中中段四层的第一层用50马力电动机4部,共200马力,抽水用电动机3部,共145马力。2部抽澄水池澄清的水,送至四层循环,供振动筛及各提煤缸用水,抽水扬程为18尺;1部专抽澄水池的浊水,排于泥煤池。全部循环水为每小时1 200立方米。

炼焦设备:

炼焦炉为比利时柯伯式,是长方格平形火砖炉,数十格连接成排,按次编号,以两排为一号,共有五号,计262格。

一号炉共24格,每格可装煤5吨,烧24小时。民国十五年(1926年)拆卸,预备改成副产炉,后因材料失散未改成。

二号炉共30格,每格可装煤4.8吨,共可装144吨,平均烧50小时,每格得焦3.4吨,每炉共得焦102吨,占装煤量的70.83%。

三号炉在大洗煤台西,共60格,烟囱高30米,每格可装煤4.8吨,共可装煤288吨,平均烧50小时,每格得焦3.4吨,每炉共得焦204吨,占装煤量的70.83%。

四号炉在发电所锅炉房旁,共88格,装煤出焦与二、三号炉同。

五号炉在小洗煤台西,共60格,装煤出焦亦与二、三号炉同。

土炼焦炉共有50座。

发电设备:

发电所原安装西门子直立式汽动直流发电机2部,后增设2 000千伏安交流发电机2部。发电所装设的发电机及辅助设施见表2-52。

表2-52　发电所装设的发电机及辅助设施表

电机号别	直流或交流	电压(伏)	电流(安)	功　率	使用目的
1	三相交流	5 250	3×220	2 000千伏安	发生三相交流电
1	直流	110	131.5	14.5千瓦	为1号发电机励磁
2	三相交流	525	3×220	2 000千伏安	发生三相交流电
2	直流	110	131.5	14.5千瓦	为2号发电机励磁
3	单相交流	220	1.5	-6.71千瓦	辅助
4	单相交流	220	1.5	-6.71千瓦	辅助
5	三相交流	200		20千瓦	辅助
6	三相交流	200		20千瓦	辅助
7	三相交流	380	92	50千瓦	辅助
8	三相交流	380	92	50千瓦	辅助
9	直流	260	950	247千瓦	发生直流电
10	直流	260	950	247千瓦	发生直流电
11	三相交流	5 000		150千瓦	变交流电为直流电

续表

电机号别	直流或交流	电压(伏)	电流(安)	功率	使用目的
12	直流	250	500	125千瓦	发生直流电
13	直流	250			辅助
14	三相交流	5 250		270千瓦	变交流电为直流电
15	直流	250	1 000	250千瓦	发生直流电
16	直流	110		35千瓦	励磁
17	三相交流	230		30千瓦	辅助
18	直流	250			辅助
19				800千瓦	变交流电为直流电
20	直流	110	4.8		辅助
21	直流	230	2.9		辅助

资料来源:《萍乡安源煤矿调查报告》。

此外,总平巷内装有125千瓦直流发电机1部,150千瓦变流机1部。全矿共有大小电动机30台。装设变压器5台,详见表2-53。

表 2-53 发电所装设变压器表

号 数	容量(千伏安)	电压(伏)		电流(安)		周 波
		一次	二次	一次	二次	
1	890	5 760	355	89.11	836	50
2	70	5 250	248	7.7	163	50
3	70	5 250	248	7.7	163	50
4	100	5 250	429	11.0	134.4	50
5	100	5 250	429	11.0	134.4	50

资料来源:同上表。

发电所共用锅炉8座,其中史得林人力炉4座,每座加热面积为3.224平方米,每平方英寸气压为125磅。史得林附加热器1座,加热面积为926

加 2.915 平方米,每平方英寸气压为 130 磅。拨布可克威尔可克司机炉 3 座,加热面积为 3.140 平方米,每平方英寸气压为 180 磅。

锅炉及空气压缩机:

矿区所用锅炉除发电所 8 座外,还有 32 座。详见表 2-54。

表 2-54 萍乡煤矿设置锅炉数量表

应用地点	锅炉种类	每座加热面积(米^2)	气压(公斤/厘米^2)	座 数
八方井锅炉厂	拨布可克威尔可克司	2.690	7.0	2
	史得林	2.022	6.3	3
	史得林	1.12	6.3	4
	兰卡夏	861		3
小洗煤台	煤气锅炉	2.088	0.07	
紫家冲风扇	拨布可克威尔可克司	1.426	0.14	
小坑风扇	孔尼什		17.29	3
壁窑废石堆卷扬机	孔尼什	370		3
	火车头小管式	148		1
	火车头小管式	130		1
	兰卡夏	861		2
四号抽水机	直立式	140		1
修理厂	直立式	85		1
	乌夫火管式	420		1
造砖厂	孔尼什	409		1
浴室	紫家冲直立式	88.5 及 80		2
	东平巷兰卡夏	861		1

资料来源:同上表。

矿区共有空气压缩机 3 台,立式和卧式空气收受机各 1 部。其中空气压缩机一号为 75 马力,排气量每分钟为 800 立方米;二号、三号各为 250 马力,排气量每分钟为 3 000 立方米。

修造厂：

修造厂分修理厂和制造厂，坐落在安源车站北面，与洗煤机炼焦炉相对。厂基占地约10 040平方米，厂房为钢梁铁柱，周围砌砖墙，厂内外均铺设轻便铁道。设有蒸汽机房、机器房、打铁房、翻砂房、木模房、修造平车锅炉厂。厂内设备完备，有双角抽水机、各式车床、各式刨床、各式钻床、插床、洗床、锯床、钳床、水力压轮机、转柱压力机、磨刀锉刀机、固定起重机、可动起重机、高大起重机、起重机、剪床、大风力机、双马力机、磨泥机、弯铁板机、剪机、凿床、水力压机等机械。还设有化铁炉、熔钢炉、捶铁火炉、炕模炉、汽锤、风箱等。可修理矿山各种开采、运输设备，自制较小的机器煤车，还可建造铁路钢桥。

造煤砖厂：

萍乡煤矿投产后，煤产量日益提高，除提块煤运出销售、洗煤末炼焦外，所余煤末尚多，矿局于是仿用国外技术，购制造煤砖设备，制造煤砖。主要设备见表2-55。

表2-55 煤砖机各层设备表

第一层机器	第二层机器	第三层机器
磨油机1部	大烘煤铁炉1座	螺旋送煤斗1具
和油机1部	生火炉1座	搅煤油盆2具
水力压砖机2部	送煤机2部	
马力机1部		

资料来源：《株萍旅行指南》丁编，萍矿纪要。

制造法是用可尔泰油与煤末调匀，搅拌烘烤，再用水力机压成砖块。每10小时可造煤砖200吨。产品可供军舰使用。后因制出的煤砖售价低于成本，遂停止生产。

造砖厂：

萍乡煤矿炼焦炉所用的耐火砖，初期均购自外洋，价格昂贵，运输时间长,损坏较多,不能满足造炉需要。后来在矿区附近找到一块火泥(耐火泥)田,泥质较好,遂购置机器设备,设造砖厂自造耐火砖。共建砖窑3座,烘砖炉1座,烧火泥炉1座,装设平置汽磅机1座,康华尔机1座,磨压机1具,磨刀机1部,转动筛盘1具,箕斗起重机1架,搅匀机1具,压力机1具,造花砖机1部,造大瓦机1部。每小时可造砖35吨。并能生产各种铺地花砖、盖屋花瓦。其产品除自用外,还外销各埠。

运输设施:

萍矿初期运输主要靠水路,公司备有深水轮船津通、萍富、萍强、祥临、振源大小共5号;浅水轮船萍允、萍亨、萍利、萍富共4号;钢驳4号,每号可装煤焦300余吨;小木驳船19号,其中可装煤焦100吨的2号,其余均可装30~60吨。

光绪三十一年(1905年)株萍铁路通车后,安源所出煤焦,经株萍铁路运至株洲,每日运2次。再由株洲转运局用汉冶萍公司特备的轮船30余艘(吃水1.07米),分期运至岳州,或分销他处,或直接运送汉阳铁厂。

3. 生产工艺

采掘:

窿道掘进是用空气及电气凿岩机打眼,用炸药、雷管、引爆线爆破。采煤则用六角钢筋、手锤打眼,用镐采挖。

窿道支护:

凡铺设电车道的窿道(称电车窿),除顶板极好的外,一律砌1米厚的砖拱。其他正窿则用木架支护,采煤场用木柱加板块支护。承受压力大的3~4个月更换一次砖拱。两个月更换一次木架。对于特殊地点,或用混凝土作拱,或用钢梁作架,或用钢梁以砖为柱,上铺木板。煤质酥软细碎的地段,则插边插顶。

排水:

井下各层都装设有抽水机,第三层装机较多,井内积水由直井抽至地面排除。与地面在一水平线上的总平巷以上的积水,则由东西两平巷顺沟流出。

通风：

在紫家冲、小坑各装设鼓风机1座，每分钟排气量为2 600立方米，最大为3 000立方米。西南区各巷口（如总平巷口）进入的空气经过窿内各处后，由紫家冲排出；西区直井区域各井口进入的空气，经过井下各层后，由小坑排出。在小坑山腹加设通气火炉2座，作为辅助的通风设备。

照明：

窿内工人普遍使用铁制手提茶油灯照明，职员则使用灯壶或安全灯照明。后来工人有使用本地制干电电灯的，职员大多使用手电筒。

搬运：

各采煤场由人力搬运，矮小煤层如一夹槽等，则沿上山铺设木轨，工人用元宝形长筐（篾箕），裸体在轨上爬行拖运。各上山口皆设煤斗，由斗装车，推出正窿，挂电车拖出总平巷。西平巷则挂于循环钢索上，在正窿有中横窿（离正窿50米）如十段，则单独设置重力斜坡，用钢索沿斜坡放下，推出挂于总平巷的电车。电车道所用钢轨有25磅和32磅两种规格，铁道轨距为600毫米，多为双道。窿内电车运道高3.8米，上宽3.4米，下宽3.6米；双轨人力运道高2.5米，上宽2.2米，下宽3.2米；单轨人力运道高2.5米，上宽1.4米，下宽2.0米，斜坡道，高2.5米，上宽2.2米，下宽3.2米。

提升：

八方和六方二直井，皆设置高25米的井架，装有卷扬机，煤自坑内卷出，装入0.5吨重的铁制车内，顺坑外循环钢索（长450米）送至洗煤台。

洗煤：

煤炭自窿内运出，存入生煤仓内，由循环转动的细孔钢斗捞上，经过检石部，倒入水冲振动筛上。筛的前后部筛眼大小不同，因水力冲击，分为筛上块煤、筛下中块与筛下粉煤三种，各随水流至大中小三种韝鞴（活塞）冲击筛粉方木桶（通称提煤缸）中。因一格内韝鞴（活塞）运动，使另一格的水往复冲起吸落。同体积煤石，在筛上因比重不同，降落先后不一。筛上置小块长石一薄层，比重小于石壁而大于煤，在水中随同起落，煤壁因此隔开，壁因吸落的力落于筛下，筛下有门，门开放入缸底螺旋机，随流进入壁池,由循环转动的细眼钢斗提起储于仓中,再用小车推出,拖至废石堆堆放。煤则随浮流集于净煤池,再由循环转动的细眼钢斗提起倒入螺旋推进筒,送至碎煤笼内粉碎,落到循环来往的推煤台上,归落煤仓中,再由仓下装入小车,运至炼焦炉。块煤分出后,过筛落入块煤仓中,分别装车外运。煤粉当中,煤石混杂不分的部分,则用小提煤缸区分为二部(筛孔各有大小,每部2格,加工筛称双提缸),第一部分出的壁石倒掉,第二部分出的杂壁(含煤60%以上),与大提煤缸细壁粉煤混合浮流沉淀于提煤池内,再以循环细眼钢斗提升置放于小提煤缸内重洗,称过提缸(经过提缸的占全量38%)。洗出的煤,送至净煤池,运出粉碎、储存。废石运出堆弃,所有污水,放入澄水池沉淀,所得油泥煤,充作员工炊事用。下面列举民国十四年(1925年)的洗煤数据,说明洗煤情形。详见表2-56。

表2-56 民国十四年(1925年)洗煤情形表

日产量(吨)	分　类	数量(吨)	所占比例/(%)
1 900	自用	150	7.9
	拣石	30	1.6
	付洗	1 720	90.5
	洗粉	750	43.6
	块煤	280	16.3
	泥煤	150	8.7
	粗壁	200	11.6
	细壁	340	19.8

资料来源:《萍乡安源煤矿调查报告》。

拣煤:

洗煤部以外,有拣石部。煤由窿内运出以后,用翻车架倾卸,或经辊筛(旋转的钢条筛)或不经筛(大块),都放在循环拖动的钢板台上,这就是拣煤带。人站在拣煤带两旁,见废石就拣出。纯净煤块由此卸入铁路货车,运出销售。筛下的煤,则储存于生煤仓中,随时捞起冲洗。拣石部一昼夜可拣煤3 000吨。

炼焦：

炼焦分近代炼焦和土法炼焦两种。

近代炼焦法是从国外引进的，用自造的坚硬耐火砖砌成多格炼焦炉，形如鸽笼，分列各洗煤台左右。炼焦炉炉膛前宽后窄，炉墙前窄后宽，炉的顶、底及炉墙内均有横直火路、风路旁通周绕，炉前后有铁门。以二格为一连，各连隔壁有小火道一排接通总火道，直通烟囱。炉上有小铁轨安放四轮起重车，炉顶有装煤铁圆门，炉后地坪有横轨路安放四轮出炭机，炉坪下靠车场，内安自来水管。装炉时，用机底车由洗煤仓将净煤运送到炉顶的圆门端机挨底，脱煤入炉。开炉之初，用块煤将炉烧红，以后续装续烧，不再生火。炼焦时以烟囱不见烟为准，炼成出炉则用起重车开前后铁门，用推焦机推出，用自来水喷淋。红炭见水，自裂成块，火熄成为焦炭，装车外运。自粉煤装炉至炼焦出炉，需48～50小时。用近代焦炉炼出的焦炭，坚光切响，灰磷俱轻。其成分如表2-57。

表2-57　萍乡煤矿机焦成分表　　　　　　单位：%

水分	挥发分	固定炭分	灰分	硫	磷	分析时间
		84.14	15.20	0.66		民国十四年（1925年）以前
			18.83	0.55	0.09	民国十三年至十四年（1924—1925年）
4.00	2.00	76.00	18.00			时间不详

资料来源：同表2-56。

土法炼焦是用土炼焦炉来炼焦，一般设置在井厂附近较高的干燥处，设在平地的要开挖排水沟，但炉座一定要比炉外地面高。炉底为长方形，以砖铺平，四周均版筑土墙，脚深0.32米，高约1米，厚0.448米，中空2.56米，长从10余米至28米不等。版筑孔均先砌塞炉底，墙相接处用黄土筑成小斜坡火门，两面对开，距离都在0.96米以内，火门外方内圆，外大内小。内层土墙遍开圆孔，孔径192毫米，形式倾斜，上通入炉中，上沿与外火门相齐。每炉一排，相间处各留隧道，用于装煤出煤。装煤前，先用人工区分块末，捶碎过筛洗净。每炉约装煤28吨，一般深0.45米左右，略掩内火门一半，装毕上铺干茅草，加覆约32毫米的壁末，然后以砖坯叠成火路、烟囱。火路砖上盖毛煤128毫米，叫汽面，再覆盖一层灰，然后升火。若遇大雨结紧，过后须起松。另盖另装，方可升火，火力不可间断。升火以后，约12小时，各烟囱即一齐火上红透，火门就停烧，用砖封固，再过两天，见炉边烟尽，已无明火，去其边气门，将砖夹开，然后用细灰密盖，等到烟尽，见烟囱内白光飘漾呈微绿色，焦炭即炼成。于是将汽面完全拆去，将烟囱火路用细灰密盖，等到熄透，便可以出炉装车外运。从升火至出炉大约须三昼夜，最长不超过六天。采用土法炼焦的同时，还可将烟囱火路的砖坯烧成红砖，除断砖外，可得好砖70%。

萍乡煤矿的焦炭品种分翻砂焦、化炼焦两种。其成分见表2-58。

表2-58 焦炭成分表

项　　目	成　　分	翻砂焦炭	化炼焦炭
熔化炉分化	炭	87.941%	88.060%
	煤气		
	水	1.119%	0.840%
	灰	10.940%	11.100%
物质分化	炭	83.520%	78.425%
	氢素	1.067%	0.744%
	硫磺	0.506%	0.618%
	氧素	1.833%	1.480%
	氮气	1.015%	0.966%
	水	1.119%	0.840%
	灰	10.940%	11.100%
灰分化	硅	62.040%	60.820%
	矾	26.360%	27.640%
	铁酸	5.960%	6.100%

续表

项　　目	成　　分	翻砂焦炭	化炼焦炭
	石灰	3.410%	3.200%
	锰	1.770%	1.850%
灰熔点		1 350 ℃	1 450 ℃

资料来源：汉冶萍公司档案，经理卷132-7-1。

4. 生产规模

萍乡煤矿矿区包括天磁山、紫家冲、小冲、黄家源、铁炉冲、善竹岭、张公塘、高坑、锡坑、南木坑、坝善冲、五坡下、太平山等周围数十里。还有湖南、江西两省的小花石煤矿、上洙岭铁矿、白茅锰矿、盆头岭锑矿、白竺铝矿等附属矿山。

光绪三十三年（1907年），萍乡煤矿建成以后，直井每日出生煤300多吨，上、东、西三条平巷每日出生煤300～400吨。一号、二号炼焦炉每日炼焦60多吨，三号炼焦炉每日可炼焦100吨，土炼焦炉每月炼焦3 000多吨。此外，各土井土厂，每月炼焦5 000吨，总计每月产焦炭13 000吨左右。宣统二年（1910年）以后，生煤产量随着巷道的延伸，日产额逐渐增至1 000～2 500吨。近代炼焦炉每日产焦达650多吨，土炼焦炉每月产焦达到1万多吨。

5. 产销

萍乡煤矿主要生产煤炭和焦炭两种产品。

在基建工程竣工之前，萍乡煤矿边基建，边产煤焦，从光绪二十四年（1898年）起，至光绪三十二年（1906年）闰四月底止，除直接销售外，运送到汉阳铁厂冶炼钢铁的焦炭共388 000余吨，生煤204 000余吨。光绪三十三年（1907年）基建工程竣工之后，煤、焦产额逐年增长，宣统三年（1911年）生煤产量高达111.6万吨，民国五年（1916年）焦炭产额高达26.6万吨。历年煤焦产额见表2-59。从光绪二十四年（1898年）起至民国十七年（1928年）止，萍乡煤矿共生产生煤15 171 200吨，焦炭4 095 716吨。

表 2-59　萍乡煤矿历年煤焦产额表　　　　　　　　　单位：吨

年　　份	煤炭产量	焦炭产量
光绪二十四年(1898年)	10 000	29 000
光绪二十五年(1899年)	18 000	32 000
光绪二十六年(1900年)	25 000	43 000
光绪二十七年(1901年)	31 000	63 000
光绪二十八年(1902年)	56 000	82 000
光绪二十九年(1903年)	122 000	93 000
光绪三十年(1904年)	154 000	107 000
光绪三十一年(1905年)	194 000	114 000
光绪三十二年(1906年)	347 000	82 000
光绪三十三年(1907年)	402 000	119 000
光绪三十四年(1908年)	702 447	105 281
宣统元年(1909年)	1 017 843	118 134
宣统二年(1910年)	332 914	215 765
宣统三年(1911年)	1 115 614	166 062
民国元年(1912年)	243 923	29 834
民国二年(1913年)	693 411	176 824
民国三年(1914年)	687 956	194 413
民国四年(1915年)	927 463	249 164
民国五年(1916年)	992 494	266 418
民国六年(1917年)	946 080	239 797
民国七年(1918年)	694 433	216 012
民国八年(1919年)	794 999	249 015
民国九年(1920年)	806 331	244 919
民国十年(1921年)	772 971	206 087
民国十一年(1922年)	827 870	254 973
民国十二年(1923年)	666 739	208 918
民国十三年(1924年)	648 527	190 100

续表

年　份	煤炭产量	焦炭产量
民国十四年(1925年)	512 300	
民国十五年(1926年)	75 715	
民国十六年(1927年)	183 349	
民国十七年(1928年)	168 821	

资料来源：汉冶萍公司档案。

萍乡煤矿所产的煤，除自用，供给株萍、粤汉两铁路用煤外，大都付洗煤焦，炼出焦炭，大部分运汉阳铁厂，供炼铁炼钢。民国初年供给株萍、粤汉两路用煤所占成数甚少，无足轻重。民国十二年(1923年)以后，汉阳铁厂、大冶铁厂相继停产，萍乡煤矿所产煤炭，除自用外，便以供给株萍、粤汉两路为主。

6. 煤焦成本及售价

萍乡煤矿投产以后，所产生煤，从窿内采掘到运出，每吨成本约需银2两，洗煤费每吨计银7钱，拣废石每吨拣去15%，计银1钱，由安源至株洲运费计银5钱3分，由株洲至汉口运费及各项经费每吨计银2两3钱，进出口税捐计银3钱，矿产利息每吨计银1钱3分。合计每吨生煤运至汉口的成本为银6两以上。汉冶萍公司与汉口运销处所订的价，头号煤每吨价银5两2钱5分，二号煤每吨价银5两，三号煤每吨价银4两7钱5分。三种煤平均，每吨购得的价银约5两，与成本6两以上相较，亏损1两多。萍乡煤矿每年约运出生煤30万吨，每年约亏本银30余万两。

土法炼焦每吨焦炭成本计银5两4钱，新式炼焦每吨成本计银4两8钱。焦炭在汉口的售价每吨约银9两5钱。每吨盈利4两4钱。

七、资产

萍乡煤矿的产业甚多，大致可分矿产基地、矿区各项工程、矿外房栈码头、轮驳等四大类。光绪三十二年(1906年)闰四月至民国三年(1914年)各年资产价值见表2-60至表2-63。

表 2-60 矿产基地价值表

单位：两

年别	资产								总数
	本矿基地（本矿潭境东南各土窑周围九十余堡里又银矿锡锰各矿山并小花石煤矿等）	汉口黄鹤洲基地	汉口大智门基地	汉阳南岸嘴基地	岳州城陵矶基地	湘潭杨梅洲基地	长沙基地	株洲基地	
光绪三十二年(1906年)闰四月	1 017 959.184	52 913.270	15 261.478	6 107.755		6 781.623	1 950.76		3 081.521	1 104 055.591
光绪三十二年(1906年)五至十二月		19 381.213								19 381.213
光绪三十三年(1907年)		633.159			3 031.374					3 664.533
光绪三十四年(1908年)		969.817		11 782.08						12 751.897
宣统元年(1909年)		2 057.886								2 057.886

续表

年别	资产								共数
	本矿萍乡境东南各土垄周围九十余华里又银矿锰矿各矿山井小花石煤矿等	本矿基地	汉口黄鹤洲基地	汉口大智门基地	汉阳南岸嘴基地	岳州城陵矶基地	湘潭杨梅洲基地	长沙基地	株洲基地	
宣统二年(1910年)		8 714.306						4 206.167		12 920.473
宣统三年(1911年)								368.017		368.017
民国元年(1912年)										
民国二年(1913年)		8 705.741								8 705.741
民国三年(1914年)		4 451.482								4 451.482
共数	1 017 959.184	97 826.874	15 261.478	6 107.755	11 782.08	9 812.997	1 950.76	4 574.184	3 081.521	1 168 356.833

资料来源:《萍乡安源煤矿调查报告》。

表 2-61 矿外房栈码头价值表

单位:两

年 别	汉阳运局新添房屋生财	武昌复兴洲堆栈房屋	汉口谌家矶码头工程	岳州城陵埠堆栈房屋生财	长沙局生财	株洲转运局房屋生财	各土矿房屋生财	土炉炼焦房屋生财	共 数
光绪三十二年(1906年)闰四月移支	3 348.130	15 111.487		7 502.513	163.938	10 209.173	11 079.61	619.442	48 034.293
光绪三十二年(1906年)五至十二月									
光绪三十三年(1907年)									
光绪三十四年(1908年)									
宣统元年(1909年)	1 506.406	3 685.965	17 490.72	4 371.337					27 054.428
宣统二年(1910年)	1 269.387	6 209.403		522.736		2 999.493			11 001.019
宣统三年(1911年)				939.558					939.558
民国元年(1912年)									
民国二年(1913年)									
民国三年(1914年)									
共数	6 123.923	25 006.855	17 490.72	13 336.144	163.938	13 208.666	11 079.61	619.442	87 029.298

资料来源:同上表。

表 2-62 矿区各项工程价值表

单位：两

年 别	隧工内外开直井总平巷等处成本	大小洗煤机成本	炼焦炉并推焦机成本	制造处各机器成本	煤砖机成本	火砖厂成本	各办公房屋及住屋成本
光绪三十二年（1906年）闰四月移支	1 526 938.685	407 183.674	325 746.939	366 465.306	30 538.776	61 077.551	279 938.775
光绪三十二年（1906年）五至十二月	312 796.269			8 059.281			11 311.685
光绪三十三年（1907年）	744 897.100	2 617.483	137 270.607	4 298.733	36 654.969	6 307.618	
光绪三十四年（1908年）	764 736.648	46 281.960	108 245.757	30 887.097	22 800.970	724.370	5 025.540
宣统元年（1909年）	222 308.306（收 500 000.000 两）	113 669.061	4 298.659				15 029.055
宣统二年（1910年）	151 202.252	33 951.946	8 681.522				
宣统三年（1911年）	39 128.704	526.234					
民国元年（1912年）	3 413.711						
民国二年（1913年）	48 158.269	1 035.634	13 806.534				
民国三年（1914年）	148 560.772	14 099.448	2 240.429	4 821.182		831.759	2 656.145
共数	3 962 140.716	619 365.440	600 290.447	414 525.599	89 994.715	68 941.298	313 961.200

续表

年 别	资产					共 数
	毗连铁路及磅秤房成本	化学医院及全矿卫生财成本	电机处并新锅炉房工程	全矿围墙工程	水工厂工程	
光绪三十二年(1906年)闰四月移支	50 897.956	59 041.632				3 107 829.294
光绪三十二年(1906年)五至十二月	3 592.233			1 912.056		337 671.524
光绪三十三年(1907年)				12 877.480		944 923.990
光绪三十四年(1908年)		5 545.111	9 320.437	5 424.616	8 486.930	1 007 473.436
宣统元年(1909年)			137 417.042		650.529	493 372.652
宣统二年(1910年)			15 671.620			209 507.340
宣统三年(1911年)		2 159.429	5 739.363			47 553.730
民国元年(1912年)			62 480.056			3 413.711
民国二年(1913年)			16 436.685			125 480.493
民国三年(1914年)		2 514.705				192 161.125
共数	54 490.189	69 260.877	247 065.203	20 214.152	9 137.459	6 469 387.308 (收 500 000 两)

表2-63 轮驳价值表

单位：两

年别	轮船(只)	价银	钢驳(只)	价银	木驳(只)	价银	夏船(只)	价银	共数
光绪三十二年(1906年)闰四月移支	9	213 305.800	4	94 283.995	21	19 476.509			327 066.304
光绪三十二年(1906年)五至十二月	找款	16 092.310							16 092.310
光绪三十三年(1907年)	添2	98 534.529			添12	49 179.478			147 714.007
光绪三十四年(1908年)	找款	14 984.434			添5	42 782.910	2	1 360.756	59 128.100
宣统元年(1909年)	添2	42 680.000			添24	73 177.180	添2	2 098.912	117 956.092
宣统二年(1910年)	添1	6 000.000	添20	339 892.083	添95	303 759.652	添1	1 975.744	651 627.479
宣统三年(1911年)	添1	20 661.990	找款	4 495.380	添3	9 816.169	添1	784.400	35 757.939
民国元年(1912年)	添2	105 599.868	找款	3 713.592					109 313.460
民国二年(1913年)									
民国三年(1914年)									
共数	17	517 858.931	24	442 385.050	160	498 191.898	6	6 219.812	1 464 655.691

资料来源：同上表。

到民国三年(1914年),萍乡煤矿资产总共值银 9 188 915 两 0 钱 9 分 7 厘。

八、管理机构

萍乡煤矿建矿初期,矿局下设三处一栈:即机矿、煤务、材料处和转运栈,处理购山、购地及基建工程施工等事宜。基建工程完工以后,随着煤焦产量的提高和业务的发展,管理机构扩大,总局下设 12 处:即总稽核处(稽核各处各外局银钱材料)、收支处(总管银钱出纳)、机矿处(专管专察工程炼焦,约束工匠夫役)、铁路处(专管全路行车一切事务)、煤务处(专管考验收发炼焦,并洗煤机、炼焦炉出入数目)、材料处(专管机器、钢铁、杂料出纳)、制造处(专管机器制造修理)、造砖处(专管炕制火砖)、化学处(专管化验煤焦及火砖矿质)、巡警处(专管巡缉保卫矿山)、餐宿处(专管矿工餐宿)、杂务处(专管矿路产业房屋器具及一切杂务)。设紫家冲、小坑、高坑等分矿。民国二年(1913 年)九月七日,会办李寿铨被矿局职员推举为临时矿长(因江西省地方当局派员接管矿山,矿山一片混乱,坐办林志熙辞职)。李寿铨根据生产需要,对矿局进行了改组,在总局下设稽核处、收支处、材料处、煤务处、洗煤台、炼焦处、土炉炼焦处、化学分析处、窿工程处、制造处、餐宿处、机料处、电机处、总工程处、绘图处。到民国四年(1915 年),管理机构演变为稽核处、账房、窿工处、收发煤处、采办木料处、土材料处、洋材料处、土窑炼焦处、机炉炼焦处、机器化验处、洗煤台、火砖厂、巡警局、房屋段、收捐租股、窿工餐宿处、畜牧处、米仓卫队、华建筑处、官银号等。还设有转运局、驻株洲轮驳处、驻汉销售煤焦处、驻汉堆煤处、驻长沙、城陵矶、武昌处等。每处员司,自数名至十六七名不等,夫役亦相同,增加了冗员。到民国八年(1919 年),矿局变盈为亏,于是合并机关,裁减冗员。将土炉处并入洋炉处,餐宿处并入窿工处,化学处并入矿师公事房,两材料处合并成物料处。民国十五年(1926 年)以后的管理机构见图 2-12。

萍乡煤矿的管理形式是由汉冶萍公司董事会任命的"萍乡等处煤矿总局"总办,管理矿山生产及经营事宜,各处股及分矿负责人悉受总办节制。

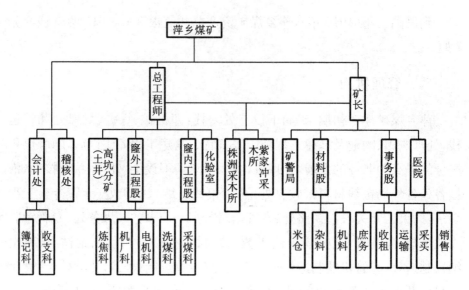

图 2-12　民国十五年(1926年)后的管理机构图

光绪三十四年(1908年)后,设会办协助总办工作。民国元年(1912年)新选出的汉冶萍公司董事会改矿局总办为坐办,坐办的职责与总办相同,只是改了一个名称。民国二年(1913年)盛宣怀重掌汉冶萍公司后,改坐办为矿长,从此一直由矿长管理矿山事务。后增设副矿长协助矿长工作。矿山的技术工作由汉冶萍公司任命的总矿司负责。

为保证银、洋、钱(银两、银元、铜钱)的远近流通,萍乡煤矿于光绪二十五年(1899年)仿照开平矿局定制,创办萍乡矿局钱号,统管矿局进出各款及兑换等有关事宜。先由矿局拨出湘平银 10 000 两作为资本,按长年 7 厘起息。上海、汉阳等外地汇来的银款统存官钱号,矿局日需各款及意外急需全由官钱号负责支付。官钱号发行钱票三种:即一千文、五千文、十千文;洋票三种:即一元、五元、十元。还发行一百文的竹筹,用于市面找零。银两来往,由官钱号临时填发,5 两以上用条票两联编号,随收随销,只限当地使用,远处则用三联票,合根兑付。为划拨灵便,官钱号在湘潭转运局、醴陵稽查局两处设立官钱分号。官钱号设总董事 1 人,主持用人理财,经理总账 1 人,经理各路生产 1 人,经理银钱洋各票 1 人,柜内现兑交易 4 人。所有办事人员由总董选用。账目实行月结月总,每年正月初五结送红账两份,一呈督办,一送矿局备查。

九、员工

萍乡煤矿的员工多来自江西、湖南、湖北三省,据光绪三十二年(1906年)调查,萍乡煤矿员工中本地人约占50%,湖南人占30%,湖北人占20%。工人多为农民和手工业者,职员多自其他企业转来。

官督商办时期,萍乡煤矿员工约3 600余人。汉冶萍公司成立以后,萍乡煤矿员工逐渐增多,到民国三年(1914年)时,员工人数增加到9 000～10 000人,其中职员约400人。到民国十二年(1923年),员工人数达到12 000余人(其中窿内矿工6 000余人,机械工人1 000余人)。

民国十四年(1925年)以后,员工人数大减,到民国十七年(1928年),仅剩员工5 590人,其中内工3 200人,外工1 460人,事务工人800人。

十、事故

萍乡煤矿井下劳动条件恶劣,安全设施很少,工伤事故较多。

据曾任萍乡煤矿机矿处处长李寿铨(后任萍乡煤矿矿长)在所著《药石轩日记》中记载:光绪三十一年(1905年)十一月四日,直井二层穿水,淹死矿工1人。光绪三十三年(1907年)七月十三日,连日窿内出险,火伤工人2人,石伤工人1人,均因伤重死亡。同年九月二十日,窿内三段发火,伤工人8人。

据《时报》记载:光绪三十四年(1908年)十二月间,萍乡煤矿发生大火灾,"焚毙人口百余,损失约值数十万,此条隧道(即起火之处)现尚泥封,火之息否,亦不得知"。

民国六年(1917年)八月十八日井下平巷发生瓦斯爆炸,引起大火,仅九段就死亡90余人。

民国九年(1920年)初,大槽八、九段发生瓦斯爆炸,窿道好几处被震坏、倒塌,压死工人39人,所幸只爆炸而未起火。

十一、矿警

光绪三十二年(1906年),萍乡煤矿招练成立矿警局。矿警局设局长1人,勤务长1人,司法课长1人,文牍1人,支应1人,分东西南北四区又两队,每区设区长1人,每队设队长1人,排长3人,司务长1人。到民国十三年(1924年),全矿共有警官、警佐32人,长警目兵400人,长夫76人,全年发薪饷约6万元。主要职责是保护矿山资产,维护矿山生产秩序。后来工潮兴起时,矿警又配合当地驻军镇压工人运动。

第四节 大冶铁厂

一、位置与交通

大冶铁厂位于湖北大冶(今黄石市)石灰窑镇以东的袁家湖地区。厂区以两座高炉(原称化铁炉)为中心点,即东经115°07′,北纬30°12′。厂区东起西塞山,西止石灰窑镇,长7.5公里;南抵黄荆山北麓,北至长江江心,宽达1公里,占地面积4 186亩。

大冶铁厂交通便利。厂区濒临长江,在江边建有专用码头,置有自备船舶,上可达汉口,下可到上海,水上运输十分方便。有铁路连通铁山,有公路直达汉口和大冶县城。

二、建厂的由来及经过

光绪二十二年(1896年)湖广总督张之洞上奏清廷,请将汉阳铁厂改为官督商办,同时提出在大冶添设新式高炉来增加生产。

光绪三十四年(1908年)组成汉冶萍煤铁厂矿有限公司以后,钢铁的生产和销售有所增长。汉冶萍公司一度出现盈余。为扩大生产,决定向日本借款1 200万日元,除在汉阳铁厂添建第4号高炉和7号平炉外,拟在大冶铁矿附近另设新厂,以补充汉阳铁厂的不足。但这一计划未能实现。从宣统三年(1911年)到民国二年(1913年),汉冶萍公司受到一系列挫折,亏损洋例银320万两,到了"非扩充出货不足以挽救"的地步。时值第一次世界大战前夕,国际市场上的钢铁价格猛涨,为汉冶萍公司发展生产提供了良机,于是公司决定"大举扩充",以图事业发展。

汉冶萍公司的扩充计划主要是在大冶建一座新式炼铁厂,同时对汉阳铁厂、大冶铁矿、萍乡煤矿相应地扩充改良。

民国二年(1913年)五月,汉冶萍公司在上海召开股东大会,通过了借款议案和扩建计划,在大冶创建新厂一事被正式定下来。股东大会闭会后,汉冶萍公司一面编制扩充预算,一面委派孙德全赴日洽谈借款事宜。

同年七月,汉冶萍公司董事会常会正式委托公司"驻日商务代表"日本人高木陆郎代表汉冶萍公司向日本提出借款1 500万日元的要求。日本政府于十月召开内阁会议,通过了向汉冶萍公司贷款的决定,同时提出4项苛刻条件。十二月,汉冶萍公司以全部财产作抵押,与日本八幡制铁所、横滨正金银行签订了借款合同,并拟订用借款中的大部分(900万日元)作为在大冶建设新厂的费用。

三、基本建设规划与实施

1. 建厂规划

汉冶萍公司委派公司高等顾问、经理李维格全面负责扩充工程。民国二年(1913年)五月,李维格亲赴汉阳、大冶、萍乡等地考察,与各厂矿工程师筹划扩充方案。同年七月,李维格向汉冶萍公司董事会呈报《筹建汉冶萍厂矿事宜清折》,提出"拟就大冶添设两炉,每炉日出铁250至300吨,约需银450万两"。具体建厂方案是:(1)建高炉2座及附属机件需银350万两。(2)厂基2 000亩,每亩50两,共需银10万两。(3)填土500亩,需土15万方,每方土需银1两,共计约银15万两。(4)铁路车辆、挂线、趸船、修理厂、栈房、房屋驳岸等共需银约75万两。

汉冶萍公司董事会批准了建设大冶新厂的计划和扩充其他厂矿的方

案。并设想大冶新厂于民国三年(1914年)动工,民国五年(1916年)底建成,民国七年(1918年)正式投产,年产铁40万吨。

民国二年(1913年)冬,汉冶萍公司董事会会长盛宣怀令汉阳铁厂坐办(厂长)吴健负责大冶新厂的筹建事宜。吴健受命后即与美国专业设计公司麦基公司接洽,拟请代为规划招标。同时,吴健派员与美国麦基公司人员一起到大冶进行了为期6个月的实地考察,制订出工程一年完竣的建厂方案。但是,这个方案被汉冶萍公司以"索酬过巨"而被否定。

美国麦基公司方案被否定后,汉冶萍公司将大冶新厂的建设事宜改交公司最高工程顾问日本人大岛道太郎全面负责。大岛受命后,即从日本招聘了14名技师到大冶实地勘察。为加快扩建速度,公司一面采取招标法向欧美一些国家购置机炉,一面在大冶着手建厂准备工作。

2. 厂址选择

早在清光绪三年(1877年),时任湖北煤铁开采总局总办的盛宣怀曾选择大冶黄石港镇东吴王庙地方设厂炼铁,因未获李鸿章同意,未能举办。光绪十六年(1890年)张之洞筹办炼铁厂,盛宣怀又建议在大冶江边设厂,未被张之洞采纳。光绪二十二年(1896年)盛宣怀接办汉阳铁厂后,多次派人到大冶、武昌县一带江边选择厂址。这次建设新厂,汉冶萍公司决定把厂址选在大冶江边。其主要理由:一是矿石近取,无轮驳转运之费;二是萍乡煤焦运大冶比运汉阳只多半日路程,并可从大冶带矿石回汉。同时,日本制铁所驻大冶代表西泽公雄极力赞成在大冶设厂,因为大冶沿江水深,大船可全年通航,直达外洋,便于矿石和生铁运往日本。

在大冶江边设厂,汉冶萍公司当时考虑的方案有三个:(1)石灰窑镇以上(今黄石市区);(2)石灰窑镇以下(今大冶钢厂厂区);(3)石灰窑车站(今黄石市上窑天桥处)。民国二年(1913年)五月,李维格到大冶考察时,将三处建厂地址进行比较,最后决定将新厂设在石灰窑镇下1公里处的袁家湖地方(今大冶钢厂厂址)。

3. 圈购土地

厂址确定以后,汉冶萍公司立即着手在袁家湖圈购土地。当时袁家湖沿江一带多沼泽水塘,靠近黄荆山边错落着20多个自然村,长约4 000米,宽100多米～2 000多米不等,但可向西塞山方向发展,鉴于汉阳铁厂圈地过小的教训,汉冶萍公司计划在袁家湖圈地3 000亩,以达到一劳永逸的目的。

民国三年(1914年)十一月,汉冶萍公司令大冶铁矿坐办(矿长)徐增祚负责与地方和平议价,尽快圈购土地。随后,汉冶萍公司又派孙德全为特派员会同大冶县知事进行圈地,并于年内在石灰窑镇设立购地局,由当地绅士徐龙光任局长,专门负责圈购土地事宜。圈地用一只三尺长的弓丈量,靠近山坡以姓氏为界,外面一直丈量至长江江心。由于袁家湖一带居民多以烧石灰为业,土地被圈购后,业主将会破产失业,加上汉冶萍公司购地出价过低,"乡民群起拦阻"。民国四年(1915年)三月,汉冶萍公司致函湖北上将军、巡按使段芝贵,请求协助,同时呈文民国政府(北京)。同年四月,湖北巡按使公署委派余观海为委员,到石灰窑协助汉冶萍公司圈购土地。与此同时,大冶县知事发布告示,严令业主"遵照办理"。最后,由余观海委员、大冶县知事、汉冶萍公司购地局和乡绅代表会同议定:按照公用征收办法,一律以每亩94串钱的官价圈地。到民国七年(1918年)底,汉冶萍公司大冶新厂厂基征购完毕,东起西塞山,西达石灰窑镇,南抵黄荆山北麓,北至长江中心,共计4 186亩。立地契4 862张,印照2张。同年底,汉冶萍公司所设购地局撤销。

4. 出国考察与订购机炉

汉冶萍公司在大冶建厂,计划安装"最新最良之化铁炉",把新厂建成一座新式钢铁厂。为此,民国三年(1914年)九月,汉冶萍公司委派吴健与大岛道太郎前往英、美两国考察炼铁新法和招标订购机炉。吴健、大岛详细考察了格利、多勒两家工厂,收到了美、英两国五家制造公司的标单,其中以美国摩尔根制造公司价格为廉,而且所投的标单并图样最为精详。根据吴健、大岛的建议,汉冶萍公司决定向摩尔根制造公司订购机炉。不料日本三井洋行从中插手,串通汉冶萍公司董事王子展,打乱了订购机炉的计划。最后,汉冶萍公司改由三井洋行出面经手,于民国四年(1915年)十月转向美国列德干利制造公司订购了日产450吨生铁的高炉2座,造价为22.35万美元。

时过不久,列德干利制造公司以"料价增涨"为理由,以取消合同为要挟,向汉冶萍公司提出了加价的要求。经多方交涉,公司还是被迫追加了4万美元,重新修订了合同,确定全部机炉料件于民国五年(1916年)底在美国纽约港交货。时值第一次世界大战,列德干利制造公司又借口美国政府禁止钢铁机件出口,一再推延交货时间。民国六年(1917年)九月,汉冶萍公司致函北京民国政府外交部,请求出面向美国政府交涉,并委派大岛为全权代表赴美查催。经多方交涉,两座日产450吨高炉的机件才于民国九年(1920年)底陆续交齐。但仍缺少部分零配件,汉冶萍公司只好自行铸造配置。

5. 建厂设计与预算

民国四年(1915年),吴健、大岛道太郎从英、美两国考察回国后,即开始着手工程设计和预算建厂经费。工程设计是以建一座新式钢铁厂为宗旨;经费预算以李维格拟订的方案为基础。当年八月,大岛拿出工程预算方案,估算建厂经费需银约 5 094 600 两。这个预算方案经吴健复核后上报汉冶萍公司审核。公司以预算"耗资过巨,筹措艰难"为由,削减了部分建设项目,最后核定为 4 332 000 两。

当年九月,在大岛的主持下,设计绘制了一份 1∶2 400 的《大冶钢铁厂工程布置总图》,厂区内分为炼铁厂、炼钢厂、轧钢厂三大片。主要工程项目如下:(1)日产生铁450吨的高炉2座及其附属设施;(2)日产 200 吨钢和75吨钢的炼钢炉各2座及附属设施;(3)1 600 吨混铁炉3座;(4)100吨炼焦炉2座;(5)发电机2台;(6)2 600 吨煤仓2座;(7)炉渣水泥机、炉渣大砖机各1台。此外,还有机械修理厂、废钢料场、火砖厂等。

对于建设这样一座大型的新式钢铁厂,汉冶萍公司因经费困难而无力一气呵成,只得按计划选建炼铁厂。炼钢厂、轧钢厂作为发展规划,预留厂基,图日后再建。

6. 工程建筑与设备安装

民国五年(1916年)十月,大冶新厂组织机构陆续建立,人员配齐,建厂施工也随即开始。

民国六年(1917年),2座日产450吨高炉的建设工程同时破土动工,各项附属工程相继施工,厂区至石堡车站的铁路也开始修建,以便与大冶铁矿运矿铁道连接起来。

大冶铁厂的建筑工程由厂总工程师大岛道太郎总负责。工程项目大部分由日本各洋行总承包,再转包给日本包工头或中国包工头负责施工。日本大仓洋行承包的工程项目最多,2座日产450吨的高炉工程和其他钢筋混凝土结构建筑均由该洋行总承包。仅大仓洋行一家,就雇有4 000多名中国工人。中国包工头承包的多是一些土木建筑,如机修厂房、木模房、厂门、栈桥、住宅、公事房等。

指挥施工的主要技术人员大多是由大岛推荐的日本人,然后由汉冶萍公司聘用。日本技术人员还担任了大冶铁厂部分处、股、科负责人和监工。

民国八年(1919年)四月一日,大冶铁厂至石堡车站铁路修通。同年十二月八日,1号高炉砌安第一块砖,民国十年(1921年)五月,炉身建成。同期,高炉各项附属工程建成竣工。1号高炉炉身建成后,汉冶萍公司即电大冶铁厂抓紧施工,争取早日出铁。民国十年(1921年)六月一日,大冶铁厂设置开炉筹备处,负责开炉出铁事宜。根据施工进度,汉冶萍公司拟订了本年秋季1号高炉出铁的计划。但是,七月二十四日,供应化铁炉生产用水的1 500吨水塔,因大岛领导的工程设计的失误,在抽水试压时崩塌,除冲毁机器房屋外,还死伤工匠多名,致使开炉计划落空。年底,大冶铁厂主要工程项目陆续竣工,工厂初具规模。完工的主要工程项目有:(1)日产450吨高炉建设工程及附属设施;(2)修理厂、发电厂、水厂等辅助生产设施;(3)炼焦炉、热风机、压风机等设备;(4)驳岸、码头、趸船、拖轮、小火轮等水运设施;(5)铁路、公路、机车、吊车、货车、装卸煤机、起矿机等运输装卸设施;(6)库房、楼房、员工俱乐部、宿舍、住房等;(7)试验室、医院等。

民国十一年（1922年）初，汉冶萍公司严令大冶铁厂抓紧完成结尾工程，尽早开炉出铁。同年三月一日，公司总经理夏偕复亲到大冶铁厂查催开炉，并设立"开炉特别奖金"。规定能在三月份开炉，凡于炉事有直接关系的员司、工匠均照本薪加薪两个月，有间接关系的加薪一个月。又拨洋2 000元作为开炉典礼的费用。决定在三月二十七日公司第一届股东大会召开的纪念日举火开炉，以示祝贺。三月二十七日，汉冶萍公司从上海函致颂词，祝贺开炉。可是当日夜晚吊车出轨，经检查非大修不可，开炉日期再度推延。

民国十一年（1922年）六月二十二日，1号高炉才正式举火开炉。但到七月五日，因炉盖开关失灵，导致炉子下部铁水凝结而停炉，仅出铁1 000余吨。1号高炉停炉后，公司令2号高炉加紧施工。于是，大冶铁厂全力以赴，日夜赶工。民国十二年（1923年）四月四日，2号高炉举火开炉，到五日晨出铁达152吨。生产比较正常。

7. 建厂经费

大冶钢铁厂建厂经费因诸多原因，屡次追加，最后超过预算很多。

民国二年（1913年）七月，李维格在大冶实地考察后提出了在"大冶添设两炉，每炉日出铁250至300吨，约需银450万两"的建厂方案。

民国四年（1915年）八月，吴健与大岛从英、美考察回国后拟订的建厂预算为银5 094 600两。汉冶萍公司审核后，缩减为银4 794 600两。对于这个预算，公司董事会仍认为"耗资过巨，筹措艰难"。经过反复筹划，压缩与缓建了炉渣机、冷风祛湿机、生铁栈、装卸煤机、装生铁机和机车、车辆等，这样，核定建厂预算为银4 332 000两。

由于大冶铁厂建厂经费受日币支配，到民国七年（1918年）日币贬值，由借款时的1日元合洋例银9钱降低至5钱，再加上施工管理不善等原因，原核定了的大冶铁厂建厂经费，将预算追加至银5 811 320两。

但是，到民国十年（1921年）底，大冶铁厂已实用银达5 692 000两，占汉冶萍公司借日债扩建厂矿总经费的64.2%。其中机械设备用银1 732 000两，运输装卸设备用银1 155 000两，建筑厂房用银660 000两，码头工程用银 217 000 两,购地用银 642 000 两,其他开支计银 1 286 000 两。

民国十一年(1922年)七月,1号高炉停炉后,汉冶萍公司令大冶铁厂抓紧2号高炉的施工,但当时大冶铁厂建设经费已大大超出预算,要使2号高炉投产,还需银120多万两。虽然公司财力拮据,但2号高炉出铁迟早,事关"公司生死问题",只好压缩其他工程的开支来保2号高炉的如期开工,建炉经费如数照拨。这样,大冶铁厂从民国六年(1917年)动工兴建,到民国十二年(1923年)四月建成投产,共用银 6 894 950 两。

四、生产

1. 原材料及燃料来源

大冶铁厂以炼生铁为主,炼铁原材料、燃料主要是铁矿石、焦炭、石灰石。铁矿石产于大冶铁山,首先由机车牵引的火车车厢装运进厂,卸于高架料仓。然后由人工将矿石装入料斗,再由斜式上料机运至炉顶,按比例与焦炭、石灰石分层次从炉顶加料。

焦炭产自江西萍乡煤矿,经水路运至厂内。因运输途中破损过大,加上萍乡煤矿焦炭产量逐减,只够汉阳铁厂使用,故大冶铁厂自建蜂巢式土焦炉数座,用萍乡煤炼焦供高炉使用。

石灰石就近取于工厂附近的石灰窑。

每一炉生铁需冶炼一昼夜,铁水沿出铁沙沟流至出铁场,冷却凝固的毛铁用人工或打铁机打断后再用起重机吊运走。

2. 主要生产设备及设施

大冶铁厂的主要生产设备有:(1)2座日产450吨生铁的美国固定式高炉,炉高27.44米,每座容积为800立方米,两炉相距40米,并列而立,炉顶由钢桥相连接。(2)斜式上料机1套,为两座高炉共用,上矿石车为泥兰式。(3)热风炉3座。每座热风炉直径为6.71米,高30.48米,为德国式三通中心燃烧炉。3座热风炉共用一根烟囱,所发瓦斯气经一系列循环后,可再入热风炉或汽炉供燃烧用。但由于大岛在技术设计上的失误,热风炉没有安装电力洗滤等设备,以至瓦斯气杂有灰屑,使热风炉的火孔常常闭塞,风热日减,平均温度仅有650℃。(4)汽炉5座,每座1 000马力,均系B和W式,可燃煤或瓦斯。(5)旋转送风机3座。附用凝汽器,形状为长方形,外套为铸铁。(6)1 500吨贮水塔1座,塔高27米,由6根水泥柱托住水箱。(7)铸铁场1处,配有打铁机和电动起铁机各1台。(8)蜂巢式土煤焦炉数座。(9)洗煤场1处。(10)500马力柴油机3部及附属设施。(11)1 500千瓦透平汽轮发电机2座及附属设施。(12)拔柏葛锅炉6台。

3. 产品产量、质量

大冶铁厂两座450吨高炉只有一座正常投入生产,设计每炉日产铁450吨,实际平均每日只出铁300吨左右,最高日产量也只达433吨。全厂有员司工人共计1 300余名。2号高炉于民国十二年(1923年)四月四日开炼,从此进入生产时期。2号高炉平均日出铁335吨。民国十三年(1924年)底因焦炭供应不上而停产,共出铁204 004吨。民国十四年(1925年)五月十五日重开1号高炉,平均日产铁350吨,同年十月十八日,又因焦炭供应断绝而停炼,共出铁54 482吨。2座高炉共生产两年零两个月(包括小修时间),总共生产生铁258 486吨。生铁品种基本上以日本制铁所的需要而定,主要有马丁铁和翻砂铁。所产生铁大部分按借款合同交售给日本,少量在国内销售。其生铁成分及产量详见表2-64、表2-65。

表 2-64　大冶铁厂生铁成分分析表　　　　单位:%

船　名	炭素	硅	锰	磷	硫	铜
若松丸	3.66	2.45	0.86	0.279	0.038	0.71
若松丸	3.55	2.2	0.79	0.339	0.078	0.694
万荣丸	3.64	2.6	1.07	0.289	0.047	0.726

资料来源:大冶钢厂厂志办档案,第103卷。

表 2-65 大冶铁厂历年生铁产量表

年　份	炉　号	开炉日期	停炉日期	产量(吨)
民国十一年(1922年)	1号	六月二十四日	七月五日	1 000
民国十二年(1923年)	2号	四月四日	八月三十日	86 144
	2号	九月五日	—	
民国十三年(1924年)	2号	—	十二月三十一日	117 860
民国十四年(1925年)	1号	五月十五日	十月十八日	53 482
合　计				258 486

资料来源:综合汉冶萍公司档案资料。

4. 技术状况

大冶铁厂两座高炉,设计年产生铁32万吨。每炉每天在100～433吨之间。每炼1吨铁,成本为56元,每炼1吨生铁需要铁矿石1.7吨,白石0.6吨,锰矿石0.05吨,焦比为1∶1.06～1∶1.25。详见表2-66。

表 2-66 大冶铁厂2号高炉民国十三年(1924年)六月出品日报表　　单位:吨

日期	共出铁	用料				
		共用料	焦炭	白石	铁矿	锰矿
一	433.302	1 360.714	482.143	192.857	669.643	16.071
二	400.882	1 204.619	421.875	170.022	598.660	14.062
三	398.314	1 251.161	433.929	175.982	626.786	14.464
四	306.7	887.411	313.393	125.625	437.947	10.446
五	391.033	1 270	450	180	625	15
六	385.562	1 179.286	417.857	167.143	580.357	13.929

续表

日期	共出铁	用料				
		共用料	焦炭	白石	铁矿	锰矿
七	189.209	680.355	241.071	96.428	334.821	8.035

资料来源：同上表。

五、修复工程

大冶铁厂建成投产后，只生产了两年多时间。民国十四年（1925年）十月二十八日因时局关系和焦炭供应断绝等原因闭炉停产。

民国二十六年（1937年）初，由于东西方各国竞相扩充军备，钢铁价格上涨。汉冶萍公司决定将已停炉10多年的大冶铁厂高炉修复开炼。计划先修复1号高炉，日出铁400吨。为此，汉冶萍公司令大冶厂矿代理厂矿长翁德銮考察高炉锈损情况。随后，聘请陈廷纪为炼铁工程师，专程到大冶详细检查各生产设备。紧接着，汉冶萍公司一面派人赴日本购买焦炭，一面在大冶等地招聘工程技术人员，添用工匠，开始动工修复高炉。除修复高炉外，还安装水塔柜，移建新出铁场、修理发电机、汽炉、吊车等。正值修复工程顺利进行之际，抗日战争全面爆发，日本侵略军大举进攻中国。八月三日，汉冶萍公司向大冶铁厂下达了"因时局严重，除化铁炉（高炉）继续修理外，其余各项工程应酌量徐步缓图；未经进行者，暂行停止"的指令。这样，除1号高炉砌砖工程继续进行外，其他大部分修复工程都停止了。民国二十六年（1937年）十一月上旬，1号高炉砌砖工程完毕。高炉水管、风管、炉管、炉门、清灰炉、热风炉、汽炉、鼓风炉、吊车、炉渣车、发电机等也先后完工。民国二十七年（1938年）一月二十七日，出铁场移建、水塔水柜安装等工程完工。

民国二十七年（1938年）六月三日，因日军日渐逼近大冶，大冶铁厂设备封存，人员遣散，文卷等转移。

六、管理机构

大冶铁厂建厂初期,各项建筑工程均采取承包形式,由日本各洋行和国内包工头承接。为了建厂工程顺利进行,民国五年(1916年)十月成立了组织机构,正式定厂名为"大冶钢铁厂"并制定了厂长、副厂长及各处、股、科首领的办事权限和管理章程。

厂设立工程、事务两部,大岛道太郎为总工程师,主管工程部各项事宜,孙德全为事务部主任。汉阳铁厂厂长吴健兼任厂长。不久,汉冶萍公司董事会又应吴健请求,同意其辞去厂长职务,任命李维格为厂长。厂下设厂长处、厂巡处、稽核处、采石处、材料股、会计股、文牍股、事务股、医院、购地局等。各处设处长,各股设主任,有的处、股下设科。各处、股、科首领及管理人员均陆续配齐到职。民国五年(1916年)机构设置详见图2-13。

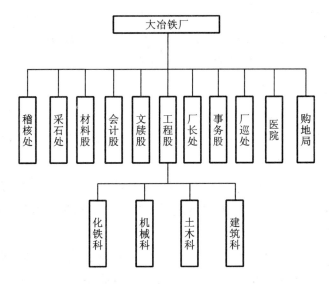

图2-13 民国五年(1916年)大冶铁厂机构设置图

民国十年(1921年)六月,大冶铁厂1号高炉竣工前夕,厂部增设开炉筹备处,负责筹备开炉炼铁事宜。

大冶铁厂投产后，因各种原因，不但没有盈利，反而亏损。民国十一年至民国十二年(1922—1923年)的两年时间里，亏洋700余万元。汉冶萍公司从节约开支方面考虑，于民国十三年(1924年)三月十五日将同在大冶地区的大冶铁厂和大冶铁矿合并为一个机构，定名为"大冶厂矿"。委任大冶铁矿矿长季厚垫为厂矿长，副厂长、副矿长两职裁撤。厂、矿两处原有机构撤销，重新成立一套办事职能机构，设立冶炼股、工程股、采矿股、事务股、运输股、厂材料股、矿材料股、巡查股、医院等。详见图2-14。

大冶厂矿的会计处、稽核处则直接归汉冶萍公司总事务所管辖。

各股、处下设科、所。各股(处)设股(处)长1人，医院设主任1人。

民国十四年(1925年)十月以后，大冶铁厂高炉闭炉停产，接着大量裁减人员，冶炼管理机构撤销，全厂只留少数员工看管设备和负责维修运矿设施。

民国二十六年(1937年)初，汉冶萍公司决定重新开1号高炉，设立冶炼股负责重新开炉事宜。民国二十七年(1938年)四月，大冶厂矿全部停产。随即于六月成立大冶厂矿保管处，负责看守大冶厂矿的文卷、设备等。保管处设处长1人，另有少数员工、警卫等。

七、事故

大冶铁厂由于设计、施工上存在着许多问题，造成一系列设备事故及人身伤亡，损失惨重。

民国十年(1921年)七月二十四日，刚建成的1 500吨水塔在抽水试压中，水箱崩塌，数百吨水从20多米高的空中压下，除冲毁机器房屋外，还伤亡工人多人。

民国十一年(1922年)三月二十六日，1号高炉吊车出轨，造成1号高炉不能如期开工。二十八日，1号高炉吊车再次出轨，停产大修。同年六月二十五日，1号高炉炉盖链断，炉盖不能开启，造成炉中铁水凝结，以后盖链屡断，一直不能正常生产。

民国十二年(1923年)九月十日，2号高炉炉身炸裂，停产修理两天。

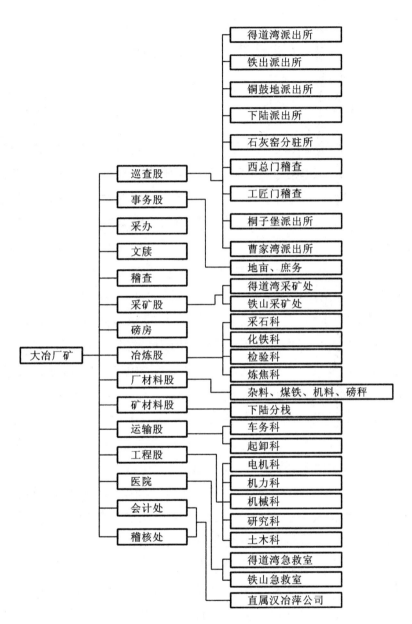

图 2-14　大冶厂矿系统图

九月十七日,2号高炉涤气机因气体爆发损坏,造成高炉停产。同年九月,出铁场吊车因地脚问题不能行驶,车轮经常损坏。

第五节 汉阳运输所

一、沿革

光绪十六年(1890年)湖北铁政局修筑大冶铁山至石灰窑的铁路,开辟了汉阳至大冶的运输线。江夏马鞍山煤矿建成投产后,又开辟了汉阳至西梁子湖的运输线。光绪十八年(1892年)九月,张之洞委试用知县欧阳柄荣赴萍乡设局,收购商煤,用来解决汉阳铁厂所需的燃料,萍乡煤炭开始通过水路运送汉阳铁厂。光绪二十二年(1896年)盛宣怀又派卢洪昶到江西上栗办炭,在湘潭设转运局,自办运输。萍乡煤矿开办后,为运送煤焦,首先修筑了安源至萍乡宋家坊萍河边的铁路,开辟了汉湘运输线。在汉阳设立萍乡煤矿转运局,先由卢洪昶任坐办、莫吟舫为会办,共有员司57人(含外籍人员在内),有收支所所长许恒、华商批发经理柴芬、洋商批发经理王文柏、煤焦收支及运单房主任胡希曾等。在湘潭县的窑弯地方,设转运局一处,管理过载事宜。在醴陵设稽查局。光绪二十六年(1900年)在长沙设立稽查局(后又改转运局兼稽查)。光绪二十七年(1901年),在岳州设稽核局,与湘、汉等局分段稽核,并分萍汉、潭汉两线,并且在城陵矶设局建站,以便在大水时节,将煤焦赶运上栈,再驳运汉阳铁厂。

光绪三十年(1904年),撤销了湘潭转运局和醴陵稽查局,改设株洲转运局,所有民船轮驳在株洲受载,又设立武昌轮驳修理处,委邬晋基为经理,傅逸为驻汉轮驳处统计。还设立分销机构多处。

汉冶萍公司成立后,萍乡煤焦产量提高,除供汉阳铁厂外,还在汉外销。为便利中外洽谈商务,汉阳转运局移设汉口,兼办外销业务。后萍煤改由宝华公司包销,转运局又撤回汉阳兴仁里旧址。

宣统年间,汉冶萍公司为统一运输起见,议定设一机关,管理汉冶、汉湘两线轮驳,于是设立汉冶萍公司轮驳处,统一管理两线轮驳。辛亥革命后,仍将汉冶、汉湘两线分办。

民国六年(1917年)三月,汉冶萍公司改组运输机构,设立汉阳运输所,委原汉阳铁厂商务股股长潘国英任所长,将汉冶、汉湘两线轮驳归并汉阳运输所。汉冶萍公司的运输业务从此统一。民国九年(1920年)三月,"汉冶萍公司汉阳运输所"铜质正方形钤记公章,正式启用。

民国十六年(1927年),因汉冶萍公司长期拖欠湖北省铁砂捐不缴,武汉国民政府湖北政务委员会决定,对汉阳运输所拥有的拖轮14艘、钢驳20余艘、木驳90只进行了查封。正式接管时,仅有拖轮4艘、钢驳25艘、木驳75只,其余均被军事机关借用。湖北省公矿局在汉设立管理汉冶萍运输所事务处,将轮驳交由振兴公司立约经营。同年二月,省政务委员会决定将轮驳开往宜昌、沙市一带装载货物。此事发生后,日本驻华使馆财政事务官公森、正金银行副总裁武内等一行8人到汉,声称奉内阁决议,对湖北省提出抗议,并要索还轮驳。国民政府驻汉交涉员甘介候、省政府主席张知本、公矿局局长金梁园对公森等人的言行进行了严厉驳斥。民国二十一年(1932年)五月,湖北省主席夏斗寅将运输事务处交给省建设厅管辖,并改为轮驳管理所,由范鸿太任所长。把青山、鲇鱼套的废钢驳改为小趸船,分泊在省内沿江各埠,招揽商运,扩大营业。直到民国二十二年(1933年)底,才将轮驳发还给汉冶萍公司,此时,公司已无煤焦、钢铁可运,运务宣告终结。

二、设施及设备

码头:汉阳运输所的码头分布在武昌、岳州、株洲、汉阳等地。武昌有码头1座,面临长江,建于光绪二十八年(1902年);岳州有码头4座,以1~4号命名,分别建于光绪二十九年至三十三年间(1903—1907年);株洲有码头12座,建于光绪三十年(1904年);汉阳有码头1座,面临汉水,于宣统元年(1909年)建成。

地亩和房屋:汉阳运输所在安源有山、田1300余亩;在湘潭有局房1栋、华洋员司办公房2栋;杨梅州栈基20余亩;在岳州和城陵矶有局屋及栈基70余亩;在汉口有栈基68亩和租赁湖北省城外复兴洲栈基20余亩等。

拖轮：汉阳铁厂计有拖轮 7 艘，分别为楚富、楚强、汉顺、汉兴、汉发、汉利、汉通；萍乡煤矿计有深、浅水拖轮 18 艘，即萍富、萍强、萍临、振源、萍元、萍亨、萍利、萍贞、萍福、萍寿、萍通、萍达、萍丰、萍安、萍顺、萍发、萍兴、运利。汉萍厂矿共有拖轮 25 艘，用以运送原材料和燃料。还有"汉平"货轮 1 艘和"汉源"小轮 1 艘，往返于沪汉之间，专为客户运送钢铁货物。

钢驳：用汉字编号的钢驳共有 7 艘，分别编为 5～8 和 11～13 号，其中 5～6 号各载重为 340 吨，7 号载重 540 吨，8 号载重为 600 吨，11～13 号各载重为 600 吨。用萍字编号的共 24 艘，其中编为 14～24 号的各载重 360 吨。其他 13 艘编号载重不详。

木驳：用汉字编号的木驳共有 6 艘，1～4 号和 9～10 号载重均为 200 吨（钢驳和木驳为统一编号）。用萍字编号的木驳总共为 176 艘，其中 25～59 号，载重各为 200 吨，60 号为 220 吨，81～82 号各为 260 吨，83～84 号各为 130 吨，85 号为 160 吨，87～88 号各为 300 吨，89～92 号、95～96 号各为 200 吨，97～98 号各为 320 吨，99～100 号各为 150 吨，101～104 号各为 100 吨，141～144 号、146～166 号、168～188 号、190～200 号各为 150 吨，201～204 号各为 80 吨，其他各艘编号载重不详。全部木驳总载重量为 36 820 吨。到民国十三年（1924 年），木驳因遭风沉没，或年久朽烂，或改为趸船，或兵燹被毁，共计损失 74 艘，剩下 108 艘。民国十六年（1927 年）只剩下 90 艘了。

三、运输简况

汉阳运输所成立前，大冶铁矿运往汉阳的矿石和白云石是用汉阳铁厂的 7 艘拖轮拖运，每艘轮带拖驳 2 只，平均可运载矿石 350 吨。日开一次，自汉阳至大冶石灰窑需 8 小时到达，上水则需 28 小时才能抵汉。萍乡煤矿建矿初期，所产煤焦运汉阳，汉阳的机器设备运至萍乡，须节节驳运。自萍河至渌口（渌水至湘江的出口），计程 150 公里，全系溪流，河道浅窄，且有土坝 100 余座，仅能行驶小船，名曰倒划，装载甚少。出渌口，达湘江，亦多浅滩。直至过洞庭湖,入长江,方畅通无阻。运输相当艰巨,其船只多为民船。株萍铁路通车,粤汉铁路未通之前,从株洲到芦林潭,有水道177公里,先由"萍元"、"萍员"等6艘浅水轮运送;从芦林潭到岳州城陵矶104.5公里,由吃水较深的"萍富"、"萍强"2艘拖轮运送;从城陵矶到汉阳201公里,由"萍福"、"萍寿"和"萍通"3艘拖轮带木驳运送。萍乡煤焦到汉后,除供应汉阳铁厂使用外,另有"振源"和"祥福"两艘小轮分送其他客户。

汉阳运输所成立后,运输工作以转运大冶铁矿矿石、萍乡煤焦,供应汉阳铁厂生产为主。分汉冶、汉沪和汉湘三线。汉沪线运输由"汉平"轮担任,主要是从汉装运钢铁产品赴沪销售,回驶时装些机器设备和材料,供应汉阳铁厂生产需用。这一线除自备船只外,还有江轮可供拖运。汉冶线主要从大冶装运铁矿石、石灰石等至汉阳铁厂冶炼,在这一线上,投入了轮驳5艘,拖运能力达4 500吨。

汉湘线运输分水、陆两部分。在粤汉铁路修筑之前,陆路运输从萍乡至株洲,从株洲转为水运。民国五年(1916年)粤汉铁路株洲至长沙段通车后,陆路运输展至长沙豹子岭,再装船经岳州转运汉阳。民国七年(1918年)粤汉铁路湘鄂段通车后,汉湘线当年陆运煤焦直达武昌货栈计69 000余吨。

水道运输采用轮驳和民船,轮驳为汉冶萍公司自备;民船招雇。总共投入拖运能力18 000吨。民国七年(1918年),岳(州)、长(沙)间轮驳常被军队征调差用,有时甚至被击毁,运输受阻,萍乡煤焦在场地积压,汉阳铁厂因缺煤而停产,只得高价购用外煤,直至冬天,运务工作才稍有好转。民国八年(1919年)虽无战争,但湖南省仍经常征用装煤民船。据汉冶萍公司经理向股东大会报告,这一年萍乡煤矿运出的煤仅204 300吨,焦炭267 900吨,合计不过472 200吨,除去由铁路运出的69 000吨外,水路运输数量约为403 200吨,这个数字与汉阳运输所所长潘国英所计划的584 000吨比较,只占69%,尚有31%的水运能力没有发挥。汉湘线水运效率低,主要是汉阳铁厂起卸迟缓,民船失事频繁。汉阳铁厂两个码头都在汉水内,大拖轮将煤焦由湖南拖到长江后,只能停泊在外江,再用小轮由外江逐一拖至汉水码头，每当水大流急时，船只不能驶入，只能停在外江守候，影响了轮驳的周转。据民国八年（1919年）一至六月统计，民船装运煤焦，每百吨平均失事4吨余，扣除捞获数量外，每百吨煤要损失1吨，每百吨焦要损失2吨余。

民国九年（1920年），湖南省军事叠兴，汉湘线运输经常停顿。先是第三师及混成各旅由衡阳撤防，水道大部停顿；继而战事发生，水陆两运全停。据统计，民国九年（1920年）共运煤16 800吨，焦249 800吨，较民国八年（1919年）少运煤187 500余吨，焦18 100余吨。民国十年（1921年）共运煤152 800余吨，焦179 100余吨，较民国八年（1919年）少运煤51 500余吨，焦88 800余吨。

民国十年（1921年），汉冶线由武昌转运焦炭45 400余吨至大冶，以备大冶铁厂新炉开炼用。再由大冶回带铁矿石到汉阳。民国九年（1920年）共运铁矿石21万余吨，民国十年（1921年）装运铁矿石20万吨左右，均较民国八年（1919年）为少，主要原因是汉厂1～2号高炉已经停炼。

民国八年至民国十四年（1919—1925年）的7年间，汉冶萍公司运输损失巨大。仅汉湘线汉阳至长沙段，地方军阀所欠轮驳租金和取用煤价，达27万余元。再加上摊派军饷，征调兵差，强借柴米用品不还，沿铁路被盗煤车、煤焦，借故敲诈巨款等现金达20余万元，兵差损失7万余元，煤焦损失在万吨以上。

四、经营方式

汉阳运输所经营方式为自运、联运和向外托运三种。

1. 自运

汉阳铁厂创建以来，所需矿石、白云石等料，均由大冶供给，其运务由厂方自理。开始有"楚富"、"楚强"两拖轮，后又购造了拖轮、钢驳和木驳10余艘，专作运输矿石等用。

光绪二十四年（1898年）萍乡煤矿开办，其时铁路未兴，运输十分艰难。由萍乡运煤到汉阳，由汉阳运机器到萍乡，途中节节盘点驳运，均由矿局自理。为便利煤焦和机器等物料的出入,萍乡煤矿总办张赞宸在开矿初期,即着手修筑了安源至宋家坊的铁路(安萍铁路)7公里。但是,萍乡距汉阳有500余公里,若要以廉价的运费把煤焦大量运往汉阳,非改良交通不可。光绪二十七年(1901年)四月,矿局把安萍铁路展至湖南醴陵(称萍醴铁路),光绪二十九年(1903年)又把萍醴铁路展至株洲,光绪三十一年(1905年)全线竣工通车,铁路全长90公里,先后共用去官款421万余元。自营这段铁路运输煤焦,运费每吨仅银0.56两。

2. 联运

萍乡煤矿建矿初期无轮驳,全靠民船运输煤焦。萍河用小船,到湘潭后再过大船转汉,水道绵长,船户盗卖煤焦甚多。为堵塞漏洞,与船户订立回赏章程,分萍汉、潭汉两线,定明往返时间,按期赏银,行驶愈速,赏银愈多。盗卖煤焦现象一度减少。后取消回赏章程,盗卖煤焦的事依然如故。

矿局自营的萍株铁路通车后,考虑株洲至洞庭湖浅滩甚多,秋冬水涸,不能畅行,在置购轮船时,置购吃水浅的轮船多艘,分深、浅两段行驶。同时招徕民船赶运,与轮驳并行运输。秋冬时节,湘江水浅(只有0.609 6米),浅水轮和轮驳不能过滩,只得另招小划(木船)专驶浅滩,行至深水处,再过轮驳,转运赴汉。采用这种联运方式,减少了煤焦在中途的被盗损失。矿局招雇民船,只认船主一人,船夫则由船主负责。由萍乡至株洲的运费(含出轮、起卸、装船)每吨力资为0.2两;由株洲至汉阳的水运单价为1.5两。

3. 托运

光绪三十四年(1908年)萍株铁路移交清政府邮传部管理,铁路运输由自运变为托运。民国五年(1916年)粤汉铁路株(洲)长(沙)段通车后,汉冶萍公司与该路订立了短期运输合同,约定每日运煤焦300～400吨。民国八年(1919年)粤汉铁路湘鄂段(长沙至武昌)通车。汉阳运输所与交通部订立了长期运输合同,实行株萍、粤汉联运,每日运煤焦600吨,自安源直达武昌鲇鱼套。至此,萍乡煤矿所产煤焦,多由铁路运输,只有少数由株洲装船运汉。

民国十二年(1923年),大冶铁厂开炉,又由武昌分运煤焦赴大冶。为便于核算盈亏,在向外托运的基础上,对自营运输的轮驳,另行作了分配,把原来属汉湘线的3艘拖轮中的"萍福"、"萍寿"两大拖轮,改归汉冶线上拖运矿石之用。由铁路运输煤焦,运费初期每吨为5.75元;以后降到4.60元,另加杂费每吨0.51元,合计为5.11元,加成本价每吨4.40元,平均每吨煤焦单价为9.51元。水运单价虽低于铁路运费,但周期长,效率较低。铁路运费详见表2-67。

表2-67　萍乡煤焦铁路运价表　　　　　　　　　　单位:元/吨

项目	安源至长沙		安源至武昌		备注
	煤	焦	煤	焦	
铁路运费	2.761	3.643 8	4.60	6.31	
调车费	0.030 0	0.030 0	0.03	0.03	
矿山上车力资	0.100 0	0.120 0	0.10	0.12	不包括煤焦成本在内。
运费	0.080 0	0.100 0	0.26	0.29	
下车力资	0.180 0	0.220 0	0.100	0.15	
矿产资			0.25	0.40	
合计	3.151 0	4.113 8	5.34	7.30	

资料来源:陈公博《中国经济年鉴续编》,民国二十四年版。

五、管理机构及制度

1. 管理机构

汉阳运输所民国六年(1917年)改组后,设所长1人,中西文牍、庶务等56人(其中译员1人),总管钢铁、煤焦运送分屯事宜。所下设稽核处、轮驳处、民运处、账务处、材料处、支贷处、收支所。并设立两股、六局栈、一处(原商务所船务股改名)、一栈、一轮。

两股:船务股,设工程师1人,监修若干人,专管轮驳修理分运等事。

材料股,设主任1人,员司2人。

六局栈:株洲郭家邃局栈,设局长1人,司事若干人。岳州城陵矶局栈,设局长1人,司事33人。长沙局栈,专管湖南省官厂购用煤焦及外销,设局长1人,司事14人。武昌复兴洲(鲇鱼套堆栈),设主任1人,司事若干人,专司煤焦堆运工作。汉阳南岸嘴东栈,设主任1人,司磅1人,还有2人为驻汉转运处所辖。湖南湘潭杨梅洲分栈,该栈已出租给木商堆放木料。

一处:上海转运处,设处长1人,员司若干人。

一栈:沪栈,配总管、员司14人。

一轮:汉平轮,设船长、大副等10人。

民国七年(1918年)增设湖南虞公庙萍煤堆栈处。

2. 管理制度

(1)运输计划管理:汉阳铁厂所需各种矿石煤焦,均由厂长在每年年终将明年应需之数详列清表,并每月终将存厂若干、下月应需若干,再列一表报知汉冶萍总事务所,运输所查照报表,订出供应计划,保证供应。汉阳铁厂所产钢铁产品,萍乡煤矿所产煤焦出售,由汉冶萍公司订明交货日期,先期知会运输所,由运输所预为妥筹,按期运交买主。运输所得到汉阳铁厂及商务所通告后,先期将自己轮驳力量估计能运若干,其多余之数,再雇商轮或民船转运。运输所只负责转运,码头装卸仍由厂矿负责,船到码头,厂矿不能如期装卸,厂矿应负完全责任。但煤在上游装载,由运输所负责。如厂矿不能如期交货,运输所要汉冶萍公司经理严催。运输前,运输所将各轮驳装载多寡,每次装卸须若干时间,均先与厂矿订妥,要厂矿保证按订妥时间装卸。水陆两路运送,如改动计划,运输所要先将计划陈明汉冶萍公司经理核定。运输所每月将各轮驳开行次数、装载吨数,造具表册,报告汉冶萍公司经理查阅。

各轮驳修理,由运输所先期估计修理费用,报告经汉冶萍公司经理核定后,再招商投标承修。

(2)办事条例:汉阳运输所所长,专司供应厂矿原料,筹划改良运道,节省运费及轮驳处一切运输事业,并督率所属员司经营各务;稽查经常往来长沙、岳州一带督理转运,并助理所长筹划改良运道及堆栈码头;船务司领、司事管理民船到埠挂号及核算水脚;交货司领、司事管理各处交货及过磅;译文书记管理报关及抄写洋文打字;华文书记管理抄写华文函版并造表册。

轮驳处主任,专司航行事业,支配轮驳装载及开行日期,督率各轮驳大副、水手等掌理职务;轮机技师管理各轮器械及节制各轮机匠;督修管理各驳船修理事项;材料司领、司事管理收发材料及核发各轮用煤;书记管理来往函版及抄写造册;庶务管理一切杂务。

第六节 附属厂矿与合资企业

一、简况

汉冶萍公司在经营汉阳铁厂、大冶铁矿、萍乡煤矿、大冶铁厂的同时,还购置经营了一批小型厂矿,这些小型厂矿有的已开办,有的未开办。还和其他公司合股经营了一些厂矿。其厂矿名称、坐落地区、开办时间、经营性质等见表2-68。

表 2-68 汉冶萍公司附属厂矿一览表

厂矿名称	坐落地区	开办时间	经营性质	备注
马鞍山煤矿	湖北江夏	1891年	自办	
兴国锰矿	湖北阳新	1890年	自办	
常耒锰矿	湖南常宁耒阳	1908年	自办	
龙山铁矿	安徽当涂	1921年	自办	
海城镁矿	辽宁海城	1919年1月	自办	
汉阳红砖厂	湖北汉阳	1909年	自办	
幕阜山煤矿	江苏南京		自办	

续表

厂矿名称	坐落地区	开办时间	经营性质	备注
武昌铁矿	湖北鄂城		自办	
王三石煤矿	湖北大冶	1891年	自办	隶大冶运道矿务总局（后改称大冶铁矿）
李士墩矿	湖北大冶	1891年	自办	
道士袱煤矿	湖北大冶		自办	
白杨林锰矿	湖北大冶		自办	隶大冶运道矿务总局
永和煤矿	江西萍乡	1921年7月	自办	
福宁门煤矿	江苏江宁	1920年6月	自办	
小花石煤矿	湖南湘潭		自办	隶萍乡煤矿
上沫铁矿	江西萍乡	1901年购置		隶萍乡煤矿
白茅锰矿	江西萍乡			隶萍乡煤矿
白竺铝矿	江西萍乡			隶萍乡煤矿
盆头岭锑矿	江西萍乡			隶萍乡煤矿
金山店铁矿	湖北大冶	未开采		隶大冶铁矿
株树下煤矿	湖北大冶	未开采		隶大冶铁矿
飞鹅尾煤矿	湖北大冶	未开采		隶大冶铁矿
华兴煤矿	湖北大冶	未开采		隶大冶铁矿
康中煤矿	湖北大冶	未开采		隶大冶铁矿
五福荫煤矿	湖北大冶	未开采		隶大冶铁矿
明家湾煤矿	湖北大冶	未开采		隶大冶铁矿
马头煤矿	湖北大冶	未开采		隶大冶铁矿
中山垴煤矿	湖北大冶	未开采		隶大冶铁矿
白峰尖煤矿	湖北大冶	未开采		隶大冶铁矿
陈家湾锰矿	湖北大冶			隶大冶铁矿
九州制钢所	日本九州	1915年	合资	
鄱乐煤矿	江西鄱阳	1919年	合资	

续表

厂矿名称	坐落地区	开办时间	经营性质	备注
龙烟铁矿	河北龙烟	1919年	合资	
扬子机器制造公司	湖北汉口	1907年	合资	
振冶铁矿	安徽当涂	1914年	租采	
城门山铁矿	江西德化	1919年	合资	

资料来源：汉冶萍公司档案。

二、附属厂矿

1. 江夏马鞍山煤矿

马鞍山煤矿坐落在湖北江夏县南乡，距武昌城47公里，水运方便。

煤田位于仙人湖背斜南翼，轴部为北东的嘉陵江灰岩组成。南翼为侏罗系地层，北翼为一不完整背斜断块，地层倾向南东，倾角由东向西为38°～65°。井田断裂构造少，仅中部有一条大致为北西南东向延伸的较大断层，伴生有两条小断层存在，对煤井有一定的破坏作用。

区内主要含煤地层产于侏罗系香溪组。含煤厚度为2.57米左右，从下至上含煤达11层，以1层和10层发育较好，其他煤层稳定性差。

光绪十六年（1890年）二月，张之洞派员随同中外矿师复勘大冶铁矿及湖北沿江各地煤矿，发现江夏南乡马鞍山有煤炭，随即指示江夏县勘定矿基。光绪十七年（1891年）五月二十九日，张委令湖北候补知县高培兰实地察看。高培兰即偕同矿学生守备池贞铨前往江夏马鞍山龙王庙等处，勘明煤层厚薄，煤度深浅，并采取煤样。经化验，认为可供炼铁之用，遂决定开办，作为汉阳铁厂的燃料基地，并购山购地，开工基建。

光绪十九年（1893年）八月，直井建成出煤。直井深120米，打在大冶灰岩中，从直井掘进7～10米入煤层，井口用砖砌。在垂直深40米、80米、120米作有三道水平开凿巷道，在第三水平西10米许的煤层中打一暗井，用手摇车提升，暗井下开5～6个小水库。在直井北面打一斜井通风。

所开煤层,为大冶灰岩上部烟煤(煤厚200~300米),东西方向有变薄趋势,产状直立。

井上有蒸汽锅炉3座(1立式、2卧式),在直井井底码头装抽水锅炉1座,井下水盛入煤罐推至井口,用卷扬机提升至地面。并建有洗煤台和35格焦炉1座。

光绪十九年(1893年)八月二十二日,张之洞乘兵船溯江至矿区视察。

马鞍山煤矿井下采用工人采挖,煤巷中铺设轻便铁路,采出的煤装入小矿车,用人力推运至直井码头,用卷扬机提升至地面,用一部分炼焦。然后将焦炭和所剩生煤用畜力拉运至西梁子湖边码头,装上木船,用小拖轮拖至金口,入长江运至汉阳。

光绪三十年(1904年)七月,马鞍山煤矿日产煤炭120吨,日炼焦炭20吨,工人达到2000人左右,每吨焦炭成本合白银4两。同年八月四日,三层北横窿塌方,压死工人80人。事故处理完毕之后,煤矿继续开采。但因马鞍山煤矿直层不能多取,生产规模小,而所产的煤硫含量为4.5%~7.5%,灰分含量为38%~52%,不符合化炼要求。张之洞于光绪二十二年(1896年)五月二十五日再次到马鞍山察看煤井后,向清廷上书说:"铁之兴废,国之强弱,贫富系焉。大冶铁矿之旺,甲于天下,实足取用不穷。惟冶铁炼钢,非煤不济,欲添炉座,必添煤井。湖北境内产煤之区,历经试验,灰多磺重,堪作焦炭者甚鲜。即江夏马鞍山自开之煤井,唯可炼焦炭,亦以磺气稍重,必须掺和湘煤,或搭用开平焦炭,方能炼成佳铁……"此时汉阳铁厂已交盛宣怀招商承办。

光绪二十四年(1898年)发现江西萍乡煤矿,盛宣怀筹措资金,建设萍乡煤矿。马鞍山煤矿的卷扬机、洗煤机等设备相继搬往萍乡。马鞍山煤矿因聚水量大,水患严重,并三次发生火灾,到宣统二年(1910年),将其房屋、物品就地变卖,宣告停办。

2. 阳新锰矿(兴国锰矿)

阳新锰矿坐落在湖北阳新县(原名兴国县)的银山,占地约1方里零296亩。

阳新锰矿的开采，始于宋代中叶，当时银山产铅铁，苏东坡由黄州调赴筠州时，曾游此，并题"铁壁"二字于石。元代于此采银。明万历年间，诏派中官杜茂复开兴国银场，后矿尽山崩，银场废弃。光绪十六年（1890 年），张之洞派矿师梅冠林、毕盎希、柯克斯等复勘，获得锰矿。该矿为二叠纪灰岩所成，其范围长约 4 000 尺，深约 100 尺。矿石含锰 24%，含铁 23%，矿床厚度约 33 米，呈不规则形状。遂设总局于银山，用土法进行露天开采。采矿主要地点为观音桥、螺丝湾、叶家坟、圣旨牌、上山头、笔架山、卢家岩，辛亥革命后停办。民国五年（1916 年）重开，民国十一年（1922 年）又停，民国十三年（1924 年）复开。

阳新锰矿民国五年（1916 年）以前因时办时停，所产锰砂无从考核。大约日产锰砂 10～30 吨不等，全年约产锰砂 7 000 吨左右。从民国五年（1916 年）三月起至民国十一年（1922 年）二月止，共生产锰砂 34 083 吨，最高年产量为 10 193 吨。

阳新锰矿所产锰砂，由人工挑运下山，堆存铁路码头（矿山建筑铁路 4 公里），分水陆两路运送。矿局设转运站于双港、富池口。由银山至双港用铁路运送，由双港至大冶、汉阳，用船经富水、长江运送。双港至阳新县城有一湖，每年夏秋水涨，与流入长江的富水沟通，用五六十吨的民船直接从双港装载，运往大冶、汉阳。春冬水涸，则用自备矿船，由双港载至县城，再装大船，运至富池口堆存，随时装运至大冶、汉阳。

汉阳铁厂停产后，阳新锰矿亦停产。仅设保管 2 人管理矿山。民国十七年（1928 年）划归大冶厂矿管理。

3. 常耒锰矿

常耒锰矿坐落在湖南省常宁、耒阳二县，面积约 6 方里，矿床无深远苗脉，且厚薄不一。全矿分甲、乙、丙、丁四厂。甲厂设耒阳城，矿区沿耒河展开，采矿以石头坳、麻拐石、纱帽岭、太平围等山为主。乙厂设常宁荫田，矿区在茭河东西两岸，采矿以老虎鍪、申家坳、泉圹尾、虎形山等为主。丙厂设常宁阳隔洲，矿区在茭河东岸，采地自茭源对河的凤形山起，至衡头对河蛇形山止，南北 30 里，与乙矿采地成一线。丁厂设常宁柏坊，矿区在湘河东岸，采地以大皂、矮岭、田尾、刘家山、一井山等为主。

光绪三十四年（1908年），汉冶萍公司决定开采常耒锰矿，设总局于衡阳县湘东镇，设转运处于耒河口，用土法进行露天开采。

常耒锰矿年产锰砂约 10 000 吨左右。民国元年（1912年）以前，因案卷散失，产量无从查考，从民国元年至民国十二年（1912—1923年），共产锰砂 85 117 吨，最高年产量为 13 749 吨。

常耒锰矿所采锰砂，用人工挑至河边收矿处，由小船运至转运处，再用 20 吨以上的大船直运汉阳。每船给予免税运单一纸，每吨运费 4 000 文，先付七成。待驶经岳阳城陵矶，赴萍乡煤矿稽查处挂号调查，抵汉交清后，补领其余三成运费。

民国十五年（1926年），常耒锰矿停止生产。

4. 龙山铁矿、海城镁矿

龙山铁矿：

龙山铁矿坐落在安徽省当涂县西南，距县城约 10 里，矿区面积约 281 亩。

民国十年（1921年）三月，汉冶萍公司呈准北京民国政府农商部领取矿照，决定开采。因龙山下有古墓，地方以保存古迹为辞，极力反对汉冶萍公司开采，经再三交涉，定矿区以内的地亩划归地方公有，争执始告平息。同年五月开工测探，因该矿矿脉断断续续，无开采价值，民国十一年（1922年）一月，筹建停止。

海城镁矿：

海城镁矿坐落在辽宁省海城县东乡杨家蒺及旬耳屿之间，矿区面积约 2 000 余亩。

民国八年（1919年）一月，汉冶萍公司呈准北京民国政府农商部，领取矿照，准备开采。当年试采 1 000 余吨，运往汉阳铁厂冶炼，成分极优。后因汉阳铁厂停止炼钢，海城镁矿开采遂停，后自动放弃。

5. 汉阳红砖厂

汉阳红砖厂坐落在汉阳琴断口，距汉阳铁厂约 10 公里。该厂为原有旧厂,汉冶萍公司于宣统元年(1909年)购进,用以生产红砖,供汉阳铁厂建筑工程用。其生产数量,视工程用砖的多少而定。辛亥革命以后,汉阳铁厂工程减少,用砖不多,外销亦有限,遂将红砖厂出租给明锠裕公司,年收租金7 000元。

6. 其他矿山

幕阜山煤矿:幕阜山煤矿坐落在江苏省南京市幕阜山南麓,未生产煤炭。

武昌铁矿:汉冶萍公司在清末曾设武昌铁矿局,准备开采。辛亥革命后,机构犹存,但铁矿始终未建成。

永和煤矿:坐落在江西省萍乡县,民国十年(1921年)七月,汉冶萍公司用60余万元购进,进行开采。民国十四年(1925年)五月停工保管。

三、合资企业

1. 日本九州制钢厂

九州制钢厂坐落在日本福冈县八幡市。

民国初年,汉冶萍公司筹划在大冶袁家湖新建高炉2座,预计高炉建成后,连同汉阳铁厂4座高炉,共有6座高炉。如6炉齐开,年产生铁约44万吨。除汉阳铁厂炼钢及按照新旧借款合同,年交日本制铁所生铁,同时应付中外销售外,尚有盈余。日本铁市因印度铁羼入和辽宁与日本合办的本溪湖铁厂的开办,而销路不畅,汉冶萍公司必须对所产生铁找一可靠的销路。民国四年(1915年),汉冶萍公司得知日商安川敬一郎拟在日本九州地方筹建钢铁厂,当即致函高木陆郎,托其商劝专办炼钢厂,购汉冶萍公司的生铁作为原料。不久安川的儿子松本来华游历,过沪时由正金银行介绍,与汉冶萍公司面商前议,双方表示赞同。汉冶萍公司董事会遂于民国五年(1916年)十月向股东大会提交报告书,请为决议,股东大会开会讨论表决,请董事会统筹兼顾,妥慎办理。汉冶萍公司董事会遂与日商安川议定"合办"章程和签订借款合同及生铁供给合同。

九州制钢厂股本定为日金500万元,中日各半。汉冶萍公司的股本日金250万元,由安川贷给,订妥年息7厘,自钢厂生产之日起,在5年内,由所交生铁价内每吨提日金15元及钢厂应分余利的一半抵还。汉冶萍公司每年供给九州制钢厂的生铁以6万吨为最低限度。生铁价格,在大冶船面交货,以伦敦三号克力郎生铁市价为准。

第一次世界大战结束后,世界钢铁市价低落,九州制钢厂议定缓办。民国十四年(1925年)七月,经双方同意解散合办组织,汉冶萍公司全部股份由安川承接,所借本金与利息约103万余元,全部免除。

2. 鄱乐煤矿有限公司

鄱乐煤矿有限公司在江西省鄱阳县属东乡的回源岭、老窑头、公孙岭、大吉张家洪门口炉田岭、瑞象峰、罗汉坑等6区;乐平县属西乡的鸣山、社令桥、底垴等3区及鄱阳县境内已测未领照的矿区有七八个区。距九江水路约450里,距大冶约700里。

鄱乐煤矿有限公司原为浙江商人谢天锡等所创办,矿区面积9 390余亩,其储量如年采60万吨,可供开采20年,煤质可用于炼焦及炼钢烧汽。民国初年,汉冶萍公司筹建大冶铁厂,预计建成之后,汉冶两厂6炉齐开,萍乡煤矿所产煤焦已不够用。民国八年(1919年)经董事会研究,决定与谢天锡等合办,换给新股票,另立公司,定名为鄱乐煤矿有限公司。同年四月,呈北京民国政府农商部注册,设董事会于上海,设总事务所于洪门口,并在九江、饶州两地各设转运处。

鄱乐煤矿有限公司股本洋共600万元,汉冶萍公司占三分之二,计洋400万元,谢天锡等商人占三分之一,计洋200万元。

鄱乐煤矿正准备施工之时,忽遭战乱,其总事务所及机料被毁劫。民国十年(1921年)夏,先将乐平县鸣山一部施工,民国十一年(1922年)五月,到达煤层,正当出煤之际,赣东又发生战事,工程停止。民国十三年(1924年)夏,再次从事开采,月产煤300吨。鄱阳方面因损失过大,一直未开工。民国二十四年(1935年)汉冶萍公司退出该矿。

3. 龙烟铁矿公司

龙烟铁矿公司在河北省龙开县的庞家堡、辛窑等处,原名龙开铁矿公司,后在宣化县的烟筒山寻获铁矿,改名为龙烟铁矿公司。据测探,该矿地质储量在5 000万吨以上。

龙烟铁矿公司为官商合办企业,额定股本500万元,官商各占半数,汉冶萍公司持有一部分股本。

民国八年(1919年),龙烟铁矿公司建成出矿,但铁矿石有无冶炼价值,尚无定论。其时因受第一次世界大战影响,铁价正贵,而龙烟铁矿公司的冶炼厂还在计划之中,无法冶炼其铁矿石,乃与汉冶萍公司商谈,借汉阳铁厂第4号新高炉试炼所产的铁矿石。用河南省安阳县六河沟煤矿的煤,由汉阳铁厂供给石灰石、锰矿石,在汉阳铁厂试炼生铁。共炼4个月,炼成生铁约20 000吨,成绩甚佳。

4. 扬子机器制造公司

扬子机器制造公司坐落汉口谌家矶。

扬子机器制造公司是由商人宋炜臣、顾润章等集银40万两,再由汉阳铁厂搬出旧机器,提银5万两作股本,以汉阳铁厂总办李维格名义,于光绪三十三年(1907年)在汉口谌家矶创办的机器厂。以制造铁路桥梁、车辆、车轨三宗为本。所用钢铁材料,购自汉阳铁厂。

第一次世界大战爆发之后,铁价飞涨,扬子机器制造公司乃于民国八年(1919年)下半年,增加资金100万元,建造高炉1座,高炉为美国人贝林马肖设计,容积为248立方米,高20.5米,可日产生铁100吨。高炉除炉体外,全部设施均为汉冶萍公司自行制造。民国九年(1920年)六月出铁,是当时国内八大铁厂之一。铁厂创办之初,矿石取自安徽当涂,后改用大冶象鼻山铁矿的矿石,锰矿取自湖南湘潭,石灰石取自大冶,焦炭取自中兴、六河沟、萍乡三处。

民国十年(1921年),因第一次世界大战结束,铁价低落,扬子机器制造公司炼出的铁,性质硬涩,不适宜翻砂,屡次改良,成本增重,所欠焦价,无法抵偿。民国十二年(1923年),将全厂出租给六河沟煤矿公司,议明出铁1吨,提回炉费2元。此后,由国民政府外交部的王正廷和李晋增资50万元,聘请原汉阳铁厂的陈廷纪为总工程师,不久恢复生产,改为六河沟铁厂。该厂总共生产生铁18.4万吨,头号铁占80%。且以铸造生铁为主,平均年产18 246吨,除自用外,供应汉口各厂商及上海等地厂家。该厂开炉炼铁之初,经营尚好,略有盈余。民国十三年(1924年)九月每吨生铁成本为37.34元,民国二十一年(1932年)三月每吨生铁成本上升到68.37元,经营十分困难,靠抵押资产借款维持。

抗日战争爆发后,国民政府经济部资源委员会用100万元购买其高炉,由钢铁厂迁建委员会负责,随汉阳铁厂内迁设备一同迁往重庆,全部设施及物料共重3 700吨。后利用这些设备在重庆大渡口兴建了一座新钢铁厂(即现在的重庆钢铁公司)。

5. 城门山铁矿

城门山铁矿坐落在江西省德化县(今九江市)金鸡岭城门山。光绪二十五年(1899年)三月,盛宣怀派大冶矿局总办解茂承带领德籍矿师斐礼,会同九江电报局委员汪承豫等勘得。民国八年(1919年)一月汉冶萍公司和民国政府(北京)、江西省官绅合股经营,汉冶萍公司投资1.1万余元。后因江西省议会反对,开采无法进行,终未开采。

6. 振冶铁矿

振冶铁矿坐落在安徽省当涂县境,有钓鱼山、钟山、和眭山、姑山、观音庵矿区,矿区总面积为824.97亩。

民国三年(1914年),安徽桐城人方履中租大姑山、钓鱼山、钟山等山域,创办振冶铁矿公司。民国五年(1916年)向北京民国政府农商部注册领取矿权执照,民国七年(1918年)七月汉冶萍公司投资14万元租采,民国八年(1919年)完成地质勘探,民国九年(1920年)开始采矿。因受各种因素影响,时采时停,民国十四年(1925年)停工保管。采矿共约30万吨,销售日本。民国二十六年(1937年)抗日战争爆发,汉冶萍公司租采结束。

第三章 管理体制与主要管理方式

第一节 管 理 体 制

一、前期管理体制

1. 湖北铁政局

光绪十六年(1890年)春,张之洞在武昌水陆街旧营务处公所设立湖北铁政局,四月十六日(6月3日)铁政局迁至武昌宝武局公所。委派布政使邓华熙、按察使觉罗允成、盐法道瞿廷韶、督粮道恽祖翼及湖北候补道蔡锡勇等总办局务,蔡锡勇为总办,赵渭清、徐建寅为会办。后又添札勒哈里、桑彬为提调。下设文案、收支、矿务、翻译、督幕奏折、郎中及大小班差共计60余人,负责汉阳铁厂(包括大冶铁矿、江夏马鞍山煤矿等)的炉机购置、厂址选择、采铁、开煤的筹建工作。此外,还负责筹建湖北枪炮厂以及纺、织、丝、麻四局。

铁政局的委员、司事都由张之洞委派,用款百串均须请示张之洞,总办不能专主,委员无丝毫之权。"名为蔡毅若(锡勇)观察为总办,而实则香帅(张之洞)自为总办……,蔡毅若仍不过充洋务幕府之职。""大率香帅用人喜用委员而不喜用司事,委员之中又视候选不及候补,视候补不及现任。每出一差,则委员必十位八委,爵秩相埒,并驾齐驱,以致事权不一,互相观望。"其结果什么事情也办不好。

光绪十八年(1892年)初,在汉阳铁厂快要建成的时候,经费开支改为"包干",汉阳铁厂"每月用至一万五千金,委员薪水、洋人辛工、匠目工食、添买物料尚不在内。大冶路工月定经费三千,大冶王三石煤矿月费五千,道士袱、李士墩月费二千,马鞍山煤矿月费三千,洋人辛工月费五千,委员司事月费二千五百金,局用杂费二百五十金,故每月经费总须五万"。"盖此间全用官场办法,习气太重,百弊丛生,不可穷诘。加以香帅之极力铺张……盖洋人只知劝买机器物料,多荐洋人,而局宪则唯命是从"。开支越来越大,以致难以支撑下去了。湖北铁政局机构设置见图3-1。

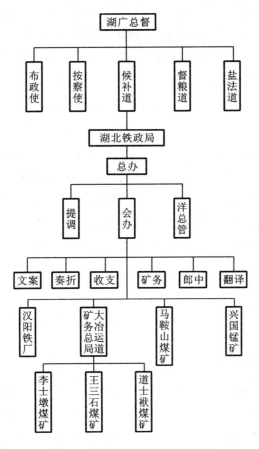

图3-1 湖北铁政局机构设置图

光绪十六年(1890年)三月至光绪二十二年(1896年)三月

2. 汉阳铁厂总厂

光绪二十二年四月初二日(1896年5月14日)张之洞委盛宣怀督办汉阳铁厂,盛宣怀将汉阳铁厂改为总厂。同年五月十六日(1896年6月26

日)的《铁厂承办议定章程折》中规定:"铁厂奉委商办之后,用人理材,筹划布置,机炉应否添设,款项如何筹措,委员司事、华洋工匠人等如何撤留,及应办一切事宜,悉照轮船、电报各公司章程,遵照湖广总督札饬,均由督办一手经理,酌量妥办。但随时择要禀报湖广总督考查。"从此,汉阳铁厂的管理权由张之洞的手里转到盛宣怀手里。至于"督办应由有股众商公举,湖广总督奏派;总办及委员应由督办禀派;办事商董、查账商董应由众商公举;司事由总办及驻局商董公举"的规定并没有执行,均由盛宣怀委派。盛宣怀除在汉阳铁厂总厂设总办外,并派总董三人,一司银钱、一司制造、一司收发,以后又增设稽核处、提调等职务。汉阳铁厂总厂所属大冶铁矿、马鞍山煤矿等,均设一员一董、分任其事。员董以下设委员,少则几人,多则10余人。

光绪二十二年六月二十六日(1897年7月25日)汉阳铁厂总办郑观应写信给盛宣怀说:"惟一国三公,呼应不灵,事多扞格,虽有管乐之才,亦无所施其技也。"光绪三十年(1904年)李维格出国考察炉机后,给盛宣怀的禀告中也提出事权问题,他说:"用人行政,须有专一全权。宫保(盛宣怀)既予之,则或有所设施,或有人请求,事无巨细,均须饬由司员议复,再定从违,以免纷歧之病。总办人可撤换,而事权不可不一。"盛宣怀在批复中表示,"至本厂用人办事,准如该郎中所禀,给予全权,本大臣必无丝毫掣肘"。此后,总办权限扩大,管理稍有改善。汉阳铁厂总厂机构设置见图3-2。

光绪二十四年(1898年)三月,张之洞、盛宣怀会奏《开办萍乡煤矿并筑造运煤铁路折》,提出建设萍乡煤矿。并委张赞宸为总办,陆续招股100万两库平银。萍乡煤矿从开办时起,至光绪三十四年(1908年)组成汉冶萍煤铁厂矿有限公司止,是独立于汉阳铁厂总厂的另一机构。萍乡煤矿的行政管理、生产经费均由萍乡煤矿总办对盛宣怀负责。

二、汉冶萍公司管理体制

1. 汉冶萍公司董事会

光绪三十四年(1908年)二月,盛宣怀奏请清廷批准并经农工商部注

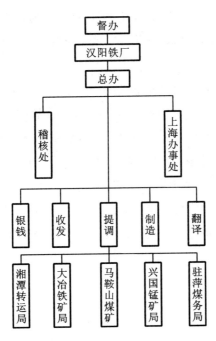

图 3-2　汉阳铁厂总厂机构设置图

光绪二十二年(1896年)三月至光绪三十四年(1908年)元月

册,成立"汉冶萍煤铁厂矿有限公司"。同年三月,拟定《商办汉冶萍煤铁厂矿股份有限公司推广加股章程》(简称加股章程)。

按《加股章程》规定:股东会分定期会及临时会两种,股东定期会为一年一次,临时会由总、协理及董事或查账人认为公司有紧要事件或由公司已集股十分之二以上股东说明事由,请求开会,总、协理及董事即预备召集。有本公司股票500股以上的股东方能当选董事,100股以上的股东方能当选查账人。凡1股以上的股东,在股东会上均有发议及选举其他股东为董事、查账人的权利。董事须常到公司与总、协理会商随时应办事件,如有总理不欲承担的重大事件,以及权柄文凭以外之事,随时报告董事局会议。报告到后,至多不得愈十日,必须决议,事急者随到随决。

宣统元年(1909年)三月汉冶萍公司召开第一届股东大会。根据《加股章程》,会议选出盛宣怀、李维格等9人为权理董事,施禄生、顾润章等2

人为查账人;盛宣怀为总理,李维格为协理。汉阳铁厂、大冶铁矿、萍乡煤矿各设总办1人,由董事局公举。所有厂矿以内用人行事,由总办全权处理。

民国元年(1912年)四月董事会进行改选,选出赵凤昌、盛宣怀、杨士琦、聂其杰、王存善、沈敦和、何声灏、朱佩珍、袁思亮9人为董事。董事会推举赵凤昌为董事会会长,选出朱志尧、杨廷栋2人为查账董事,聘张謇为总经理(未到职)、李维格、叶景葵为经理。董事会成立后,决定实行董事负责制,即公司一切方针大计及对外交涉,均由董事会决定。公司总理、协理改称总经理、经理,由董事会派任,受董事会节制;各厂矿负责人,由总经理、经理确定后报请董事会核准派任,归总经理和经理节制。并决定将上海总公司改为总事务所,经理处下设厂务所、矿务所、商务所和收支所,各厂矿改总办为坐办。民国元年(1912年)汉冶萍公司组织机构见图3-3。

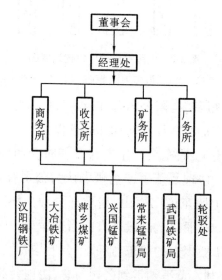

图3-3　民国元年(1912年)汉冶萍公司组织机构图

民国元年(1912年)九月盛宣怀从日本回国,赵凤昌会长即称病辞职。民国二年(1913年)二月,董事会决定由王存善任会长,补周金箴为董事。三月初王存善邀请盛宣怀出席董事会,参与讨论公司事务。三月二十九日,公司召开特别股东大会,选举盛宣怀为总经理,第二天董事会开会,又推盛宣怀为董事长。经理叶景葵、李维格先后辞职。经理一职由商务所所长王勋、会计所所长于年焌兼代。轮驳处及各厂矿内部机构没有变动。民国二年(1913年)汉冶萍公司组织机构见图3-4。

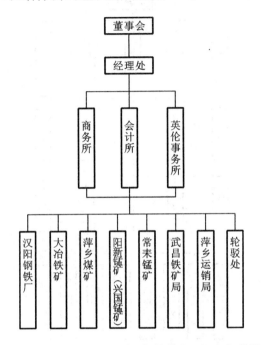

图3-4 民国二年(1913年)汉冶萍公司组织机构图

民国四年(1915年)初,大冶铁矿坐办和矿长发生争执,盛宣怀采取"事工分治"的办法,即坐办管事务,矿长管工务,形成两个系统,各自为政。以后萍乡煤矿坐办与矿厂也发生争执,盛宣怀又将"事工分治"的办法推广到萍乡煤矿。同年五月,公司召开股东大会,选出孙宝琦、盛宣怀、王存善、李经方、周晋镳、沈敦和、张武镛、林熊徵、杨学沂9人为董事,谢伦辉、吴作镆为查账董事。六月,董事会召开临时会议,公推孙宝琦为董事会会长,盛宣怀为副会长。

民国五年(1916年)二月,盛宣怀病逝,董事会推举李经方为董事会副会长,九月委夏偕复为总经理,盛恩颐为副总经理。汉冶萍公司的经营管理权逐渐由董事会转移到经理手中。机构作了一些调整,改组了运输机构,将汉阳铁厂、萍乡煤矿的轮驳统一管辖,成立汉阳运输所。民国六年(1917年)汉冶萍公司组织机构见图3-5。

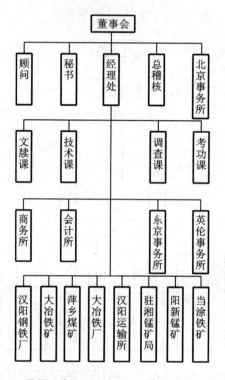

图3-5 民国六年(1917年)汉冶萍公司组织机构图

民国九年(1920年)五月,东京事务所成立。后又改为大阪事务所。民国十年(1921年)成立汉口事务所,6个月后撤销。民国十三年(1924年)大冶铁矿和大冶铁厂合并,成立大冶厂矿。一般厂、矿以下设处股,处股以下设科,萍乡煤矿下设处、段,汉阳运输所下设局、股、科、栈等。

民国十三年(1924年)十二月,汉冶萍公司股东选出孙宝琦、傅筱庵、盛恩颐、夏偕复、刘燕导、李国杰、林大阁、徐宗溥、盛重颐、丁模等10人为董事。孙宝琦为董事会会长,傅筱庵为副会长。邵义鏊、盛毓常、谢天锡、余惠钴等4人为监察。民国十三年(1924年)汉冶萍公司组织机构见图3-6。

民国十三年(1924年)以前,汉冶萍公司按照组织章程,基本按期召开

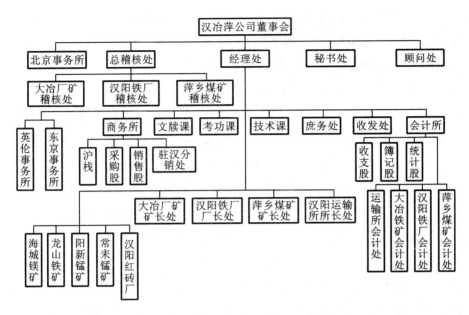

图 3-6　民国十三年(1924 年)汉冶萍公司组织机构图

股东大会、特别股东大会或临时股东大会,由董事会向股东大会报告工作,讨论决定重大问题。民国十三年(1924 年)盛恩颐任总经理后,到民国二十二年(1933 年)近 10 年没有召开股东大会。民国二十二年(1933 年)汉冶萍公司因必须向国民政府实业部办理登记手续,需要修改公司章程,于六月三十日召开股东大会。股东钱运清、余雨东、孙澄清等就修改章程提出意见,要求:(1)实行董事制,扫除总、协理专断积弊。(2)限制表决股权。按公司旧章,股东 50 股者,始有 1 表决权,而 50 股以上,仍按 50 股 1 权递加,显然是赋予大股东以操纵之全权,应改为 1 股 1 表决权,11 股以上的,应加以限制。(3)减少当选资格。原定董事为 500 股以上,监察人(即查账人)100 股以上才能当选,但拥有此股数的人,寥寥无几,则董事、监察不出少数大股东范围,其当选有类于世袭。应改为董事当选资格为 50 股以上,监察人当选资格为 10 股以上。(4)严定办事责任,历届股东会议决议、资产负债表、损益计算书要让股东及债人随时查阅。董事执行业务,如违反规定,致使公司受损害,应负责赔偿。六月三十日开股东大会,到会仅 310 人,代表股权 70 043 股,不足法定人数;七月二十七日召开第二次股东临时大会,到会仅 89 人,代表股权 52 066 股,仍不足法定人数。主持人傅筱庵以"依法只需出席人表决过半数之议决,即可成立",通过《汉冶萍煤铁厂矿股份有限公司修正章程》(简称修改章程),共 4 章 37 条。《修改章程》对股东表决权及选举权作了些修改。规定:董事至少应有 300 股份,监察人应有 100 股份方能应选,董事任期 3 年,监察任期 1 年,可连选连任;董事组织董事会,至少每月开 1 次会议,议决重要事务;董事会设董事长 1 人,常务董事 2 人;董事长对外代表公司,常务董事常驻公司协助董事长执行业务;监察人单独行使监察权,列席董事会议,陈述意见,但无表决权。修改的章程对大股东控制董事会与监察的局面并没有根本改变。

从汉冶萍公司成立起,公司经理、董事会长均由盛宣怀担任。民国元年(1912 年)改选董事会时盛落选,民国二年(1913 年)又被选为总经理与会长,民国四年(1915 年)改为副会长。董事会主要成员都与盛宣怀有密切关系。即使在这种情况下,盛宣怀对如何控制董事会,以便独断专行,也费尽心思。辛亥革命前夕,汉冶萍公司与日本商谈"预借生铁价值"款时,日本正金银行北京分行经理实相寺在致董事小田切的"复命书"中写道:"盛宫保私下商谈中担心万一汉冶萍公司董事会通不过⋯⋯,答以即将设立总管理处,一俟该处设立后,宫保可安插心腹人,以此代替董事会。"为达到完全控制公司董事会的目的,盛宣怀一直在策划成立一个新的机构,以与董事会抗衡。

2. 汉冶萍公司股东联合会

民国二年(1913 年)三月二十九日盛宣怀重新当选为汉冶萍公司总经理及董事会长之后,于五月二十日召开公司股东常会,决议向日本借款 1 500万日元。会上有人倡议组织股东联合研究会,盛宣怀表示支持,并派傅筱庵、汪幼安负责筹备。于六月七日正式成立股东联合会,选举傅筱庵任主任。股东联合会简章规定:"以补助营业进行,抵制非法干涉,⋯⋯勾通股东情愫为宗旨","凡有股东质询函件,条陈厂矿办法,由主任邀请全体评议,公同审查,以达于董事会,得复后,即时公布"。股东联合会的经费由主任及全体评议员入会股东共同负担。民国二年(1913 年)十一月九日,高木陆郎就借款问题致正金银行总经理井上的信中说:"现在联合会所代表之股份172 810股(截至11月6日止),目前每日尚略有增加,盛宣怀确信至本借款缔结时,可能达到十八万股。……用此方法,股东联合会就占股东之过半数。""但股东中北京政府工商部及湖南省将反对,已属明显之事,不过可用多数表决之形式,以压服之。"民国二年(1913年)十二月二日汉冶萍公司董事会长盛宣怀与日本制铁所、横滨正金银行在上海签订借款合同之后,当天公司股东联合会就通过了《借款合同议案》。

3. 汉冶萍公司新股东联合会

民国十一年(1922年)初,汉冶萍公司财务短绌,拟裁员减薪,引起部分"顾问"、"咨议"不满,加之两年没开股东大会,未发股息,一部分中小股东也不满意。顾问孙德全被列入停发夫马费人员名单,他和徐博泉联络中小股东,于九月二十四日成立新股东联合会。声称该会宗旨是"督促公司业务进行,并审考公司董事会议案,纠正公司主要领导人越轨行动及参与查账等事。……以保股东权利"。开始只有股权33 435的股东参加,选徐博泉为会长,孙德全、陆麟仲为副会长。后来大股东吴绵堂及盛氏家族五分之二的股权参加,并请民国政府(北京)农商部干涉,矛头指向公司总经理夏偕复、大冶铁厂厂长吴健。同年十月十六日新股东联合会推举王伯言、谢永森、沈向梅、黄泽民前往公司查账。交通部委派任筱珊为公股查账代表。民国十二年(1923年)三月十三日新股东联合会推任筱珊、徐博泉、孙德全、汪幼安、张仲照赴公司执行监督权。三月十五日新老股东联合会合并,由联合会评议会联合组织检查委员会赴公司检查。五月一日农商部派葛敬中、俞凤韶等5人出席拟议召开的股东大会,聘请会计师徐永祚检查账目,湖南公股也派出吴应图参加检查组。五月二十三日公司董事会开会决定,邀请股东联合会与董事会联席会议,决定"凡董事会和股东联合会所开联席会议议决各案,由董事会长以职权执行"。民国十三年(1924年)一月夏偕复辞去总经理职务。公司聘请汪幼安、俞凤韶为稽核处督察,送夫马费,并拨规元7 000两给检查委员会作经费。同年十一月二十一日召开股东大会,原拟定民国九年、十年、十一年、十二年发4厘股息,经股东提议改为8厘,在这次会上徐博泉被选为董事。以后孙德全、徐博泉先后退出股东联合会。至此,闹了近两年的新股东联合会,自行解散。

第二节　主要管理方式

一、财务管理

汉冶萍公司成立前,汉阳铁厂(包括大冶铁矿)和萍乡煤矿都设有银钱、收支和稽核机构,人员由盛宣怀委派。光绪三十四年(1908年)成立汉冶萍公司后,上海总公司设管理银钱1人,由董事局在股东内公举;各厂矿设管理银钱和稽核各1人,由董事局选派。但这个时期的财务管理,各厂矿自负盈亏,各自有自己的股本,所需资金的筹措、产品的销售、材料的供应均由厂矿负责。总公司的开支由各厂矿分摊。总公司账略只是各厂矿月报、年报的汇总,记账方式是沿袭传统的"旧管"、"新政"、"开除"、"实存"的"四柱清册"。

辛亥革命后,上海总事务所成立收支所,下设款项、稽核和文书三股,改流水记账为簿式记账。民国二年(1913年)公司对财务进行改革,在会计所内增设统计股。各厂矿随之成立收支、稽核、统计三处。厂矿财务人员改为公司和厂矿长双重领导。民国六年(1917年)七月,公司设立改良簿记处,聘请凌善昭为改良簿记专员。凌善昭先后聘请10多个专家,到各厂矿进行了两次调查,制定《划一成本办法条款》,处理公司与各厂矿的财务关系。民国八年(1919年)正式实行新的会计制度。公司会计所权力扩大,直接管理各厂矿财务,总管银钱收支、产业、股票。下设汉阳铁厂会计处、大冶铁矿会计处、萍乡煤矿会计处、汉阳运输所会计处(由汉阳铁厂会计处兼),并按照日本制铁所的会计制度,采用复式簿记的记账方式。会计账目设三项:一是财产目录,以表示公司的资产;二是损益计算书,以反映收入与支出的结果;三是借贷对照表,总结盈余转入此处。公司会计所要求各厂矿编制预决算,精确计算产品成本;确定各厂矿固定资产收归公司所有,作为公司向各厂矿的投资,按固定资产额以年利 8% 付给公司,各厂矿不再摊派董事会和总事务所费用;提取固定资产折旧费;各厂矿的产品按照前两年的平均价格售给公司,由公司商务所统一销售。各厂矿的产品定价与实际成本的差数,作为厂矿盈亏,仍由公司结算。公司和各厂矿的账目,一律改用银元为计算单位,克服汉冶厂矿(汉阳铁厂、大冶铁矿)通用洋例银、萍乡煤矿用湘平银、上海用规元的不统一状况。民国十三年(1924年)公司决定对各厂矿停止提取折旧费和各厂矿对公司应付的固定资产投资利息。

民国二十二年(1933 年)通过的《汉冶萍煤铁厂矿股份有限公司修正章程》对公司的会计制度作了规定,公司账略每月结算一次,年终总决算,并造具表册,送监察人查核后提交股东常会认可。总决算如有盈余,应先提公积金十分之一,再按年利六厘提取股息,余以 300 分率分配,即股东红利 200 分,董事长、常务董事、监察人报酬 15 分,办事人员酬劳 30 分,劳工恤养金 15 分,头等优先股特别红利 15 分,二等优先股红利 15 分,特别公积金 10 分。

二、生产技术管理

(1)官办时期。基本建设和生产管理主要靠外籍工匠。汉阳铁厂基本建设时聘有英国人贺伯生为总监工,英国人约翰逊为制图师,以后为比利时人白乃富,后又聘德国人德培,各厂矿还聘有外籍工程师、匠目等。

(2)官督商办时期。此时仍聘请外籍工匠,光绪二十五年(1899 年)开办萍乡煤矿时,聘原大冶铁矿总矿师(总工程师)德国人赖伦及监工等 25 人。光绪三十一年(1905 年)汉阳铁厂改造时,聘卢森堡人吕柏为总工程师,还聘有 4 名德国工程师和一批工匠。

(3)辛亥革命后。原聘的外籍工匠除萍乡煤矿的赖伦留下外,其余全部回国。各厂矿的矿长及工程师改由汉冶萍公司派遣出国的留学生吴健、金都生、卢成章及其他学习矿冶及化学的工程技术人员担任,如汉阳铁厂化验师吴蕴初、大冶铁矿矿长王宠佑等。民国元年(1912 年)汉阳铁厂炉机的修复主要依靠中国技术人员和工人。

民国二年(1913年)汉冶萍公司向日本借款修建大冶铁厂,根据合同规定,聘请日本制铁所和正金银行推荐的最高工程顾问大岛道太郎(兼大冶铁厂总工程师)、最高会计顾问池田茂幸等,控制了公司工程与财务管理。民国十五年(1926年)公司向日本正金银行借款200万日元,公司应日方要求,于民国十七年(1928年)四月成立工务所,由工程顾问村田素一郎兼工务所所长,"掌握各厂矿、运输所及其他诸矿山之工作,企业扩充等一切业务之指挥监督事宜"。至此,生产技术管理权全部落入日本人手中。

第四章 劳动工资

第一节 劳动用工及劳务管理

汉冶萍公司所属厂矿的厂矿长由公司任命,各厂矿的处股长也由公司任命。其用工办法主要有雇工、包工两种形式。

汉阳铁厂分领工、工头、匠目、工匠、长工、小工、长夫等名目,统以领工或工头管理,各分管工程的员司,皆有管理工人的职权。工人分班到工,须在所属部分公事室牌管处悬挂名牌,牌箱过时即被锁上,迟到者受罚。并设有查工处,查工处的职责除结算工资外,日夜更番巡查各处名牌,清点人数,以督促其工作。工人劳动时间一般在12小时左右,有时还要多些。夏季做工时间定为上午4:00—10:00时,下午2:00—8:00时。民国九年(1920年)前后,工人的劳动时间缩短到10.5小时,上午7:30—12:00时,下午1:00—6:30时。厂内职员每两周放假1天,工人则没有放假权利。民国十一年(1922年)底,工人举行罢工,要求休大礼拜天(即两周休息1天),在工人的压力下,厂方答应了工人的要求。

大冶铁矿矿山采运工作,矿局不雇用固定工人,一般都是招工头包揽,采矿工程工头多系原山主和业主,以姜安和刘庚两村为最多。并采取承袭制,一人当上包头,代代相传,矿局历来按山场厂号包给工头,依定价收砂,由工头复雇工人采掘。挑矿工程以每吨力资若干包给夫首,由夫首招雇夫役,若干夫役设一小夫头。包工头大都不劳动,也不懂生产,很少到现场,且无薪俸,全靠中饱工资。采场剔出的浮土,矿局直接雇临时童工挑至堆土场,工资低于成年人。机修厂、运道、修理间、发电所等技术部门则招募固定工人担任,称为常工。矿局为提高劳动生产率,在采场、码头设置监工。监工按月领取工资，代表矿局在现场直接指挥生产。石灰窑"日矿码头"的监工，还负有督促挑矿工人完成当天生产定额的任务。因为日本运矿轮船到达石灰窑码头后，规定日装 1 000 吨，达不到定额要罚银 500 两。矿局规定每个挑矿夫每年自开运之日起至五月半止，每天必须挑矿 180 挑（每挑 80 斤）；五月半至停运止，每天必须挑足 136 挑。如当日挑不满数，次日补足，否则按缺工论处，扣发一天的工资。

据民国十年（1921 年）统计，仅矿山采区就有监工 26 人，有正监工、副监工、特别监工等。在机厂等修理部门设置比采场、码头监工低一级的监工，即"工头"。工人每日作业若干，领料若干，都由工头查对；工人每日上工时，须至工头处签到，再由工头按上工人数向上报告；工人有疾病、事故等告假在三日以上者，须得工头的许可；工头派给工人的工作，不准私自与他人调换。

民国十五年（1926 年）底，矿工在工人领袖李兆龙的领导下，组织工会，推翻了包工制。所有采矿厂位和装卸码头，由工人自行组织，设立公派处，再由公派处派定各厂位、码头领工及管账、接筹、划圈等各 1 人，管理一切事宜（称为领工制）。上述管理人员月给工食钱若干千文，在包价内开支。所有采矿工人、推车工人、码头装卸工人，工作量仍以吨位计算，每吨给钱若干文，亦由工人公议。此种制度系包工制度的改良，实行后，遇出矿旺月，公派处可得盈余，如逢雨雪过多，出矿减少，公派处即亏损。实行两年，公派处便无法再维持下去。民国十九年（1930 年）四月，取消公派处，所有各该领工人等的工资，查对原支钱数，概由矿局发给。采矿工人、推车工人、装卸工人则分段承包，工作量仍以吨位计算。

大冶铁矿工人劳动时间一般为 10～12 小时。宣统二年（1910 年），采矿工人每天从上午 6:00 时干到下午 6:00 时，运矿工人每天从早上 4:00 时干到下午 4:00 时。大冶铁矿系露天开采，全部日工，如遇雨天，即行停工。每月工作时间，雨季较少，晴季稍多，平均每月约 20 日左右。大冶铁矿职员和技术工人的劳动时间一般为 8 小时，星期日上班。夜班亦同。民国十二年（1923 年）通过罢工斗争，技术工人改为休息大礼拜天，大礼拜天上班算双工,夜工 6 小时作一个工计算,职员一律星期日休息。

萍乡煤矿建矿初期,窿内采煤运煤全采用包工制,矿局只雇大包工头,由大包工头雇佣小包工头,小包工头雇佣工人包做。窿外机械工人及窿内部分杂工采用点工制(即以日计工)。全矿各部均设监工、工头管领工人,工人分班到工,有日工,有日夜工,有特别工。实行点工制的工人工作时间为 12 小时、10 小时、8 小时不等,休息大礼拜天。民国十一年(1922 年)工人罢工,要求废止大礼拜天,采用小礼拜,一律实行 8 小时工作制。矿局接受了工人的条件。此后,修理厂、洗煤、炼焦等部实行 8 小时工作制。实行包工制的工人一般按劳动数量考核,不规定工作时间。

大冶铁厂分工头、工匠、长工、小工等名目,设监工及工头指挥生产工作。工人按时到工,各以所佩号牌,悬入名牌匣内,上班时间一到,即行将名匣锁闭,晚来者视为迟到。工作时间一般为 10～12 小时。民国十二年(1923 年)初实行大礼拜天休息(两周休息 1 天),民国十六年(1927 年)以后,实行 8 小时工作制。

马鞍山煤矿、常耒锰矿、阳新锰矿采运工作均采用包工制,都由包工头承包管理,矿局只派监工实行督察,监督工人按设计规定施工。

在包工制下,包头承揽某项任务,一般都具有垄断的特点,一是排除其他包头的揽入,二是排除工人直接与矿局发生雇佣关系。矿局给包头的包价,多采取计件工资形式。采矿对所采矿石,按吨(以装方车计算,每车实际装载量为 900 公斤)计算包价。矿石装卸,除包价按吨计算外,矿局还应日本人的要求,规定每日对每船必须挑足定额。除了包价外,矿局对包头还规定生产定额或生产任务,限期完成,超额的给"奖",不足的扣罚。包头承包生产定额,不采取签订合同的方式,而是"出具甘结"。包头招募工人,实行铺保或互相出具连环保结。包头大都残酷剥削工人,其方法一是对工人的工资明吃暗抽,斩头切尾;二是利用矿局歇工要扣伙食的规定,有时故意叫工人多歇几个班,接着又连续干几个班,使工人干着同样的活,却被扣除一份伙食钱;三是家中设赌场,诱骗工人赌博;四是放高利贷;五是鲸吞工人的抚恤金。此外,逢年过节,工人要给包头送礼;包头家若有红白喜事,工人也要送礼。包头有土地,每年插田割谷,工人要无偿地去帮工。

第二节　工　　资

一、工资支付形式

汉冶萍公司各厂矿自开办至民国二十七年(1938年)日本侵略军侵占武汉时为止,其工资支付形式大致分包价、日薪、月薪三种。民国六年(1917年)七月,汉冶萍公司拿最高工资和最低工资的相差83.3倍。拿最高工资的是总经理,为1 000元(银元,下同),最低工资为12元。

1. 包价

大冶铁矿的采矿、推车、挑土、装卸等矿山主要工种,全部实行包价(江岸码头装卸工民国十六年(1927年)后改月薪)。大冶铁矿在"官办"时期,矿局以每吨矿砂250文的工价包给包工头,包工头则以每吨150文的工价发给采矿工人。矿局直接雇请的挑土童工,挑土1担给钱2文。到"官督商办"时期,矿局以每采矿砂1吨,按价270文发给包工头,包工头再以每吨150文(后改为170文)发给采矿工人。挑土童工每挑1担,仍给价2文。民国四年(1915年)前后,每采矿砂1吨,矿局付给包工头270文,包工头付给矿工170文,矿工一个工日可采矿1~3吨,每人每日挣工资200~500文。挖掘泥土、凿空壁石的工人,以每挖凿泥石1吨,矿局给工价160~270文,搬运泥土工人每挑1担,给2文,童工每日约得工资100文,成人每日可得200文。江岸码头,每卸矿1车(每车矿石重12吨,4人1小时内卸完)矿局给价180~300文。挑矿上船,每吨给价110文。挑矿上海轮,按车皮计算,每挑1车矿,民国八年(1919年)以前,矿局给价1 198文,从民国八年(1919年)起,每挑1车矿除给价1 198文,外加转力钱每车340文,共计1 538文。装驳船转矿每车给价1 198文,不加转力钱。民国十三年(1924年)前后,采矿1吨给包工头矿价380文,运土1车给100~1 000文。运石1车,给1 400~2 000余文。包工头给工人数额不详。东矿(日矿)上船,每车(12吨)2 300文,汉矿上船,每车1 540文。营业盈余,年终拿出部分作红利分发给工人,其数额不等。包工制下工人所用的工具,由包工头照价向矿领购。

民国十六年(1927年),大冶铁矿将包工制改为领工制后,领工月支工薪20元。工人采矿砂1吨,给价630文,并按月发给领工津贴300元,作为临时性费用。民国十八年(1929年)四月,每吨矿价在原来的基础上增加50文,以40文留至年终分与工人作为奖励金,以10文作各领工按月的津贴。民国十九年(1930年),又增加一次,规定以每吨400文为标准,矿石坚硬者,酌加采掘费,至于推车及装车倒车等,则按厂位情形而增加,以每月采矿30 000~40 000吨计,每吨矿价约合800文左右,多采则所分配矿价减低,少则增加。民国二十一年(1932年),得道湾采矿处工人每采1吨矿石平均给矿价1 075文,铁山采矿处工人每采1吨矿石,给价1 123文。民国二十六年(1937年),采矿股各厂位采出矿石的工价,一般为每吨1 210~1 459文,以6 000文合银洋1元计算,平均每吨矿石工价为0.225元。推车工人由采场运1吨矿砂至存厂,给价4~5分。挑土工人,平均每日得工资约洋5角。改为领工制后,工人所用工具由领工到矿局领取,用坏以旧换新。

萍乡煤矿采煤是采用包箱法计算工资,每箱为1工(6竹筐可装1箱),其石质增多一分者,减资一成,石质减少一分者,加资一成。民国初年,每箱给价1~4角。凿石采用包尺法。民国初年,每方给价6~30元不等,视石的硬度难易而定。民国十一年(1922年)九月,萍乡煤矿工人罢工,要求增加工资,此后,窿工包工头发给窿工(采煤、凿石)的工价,小工每日由0.15元增加至0.18元,大工每日由0.24元增至0.28元。

常耒锰矿在民国初年规定,采矿砂1吨,给工头工价4 800文,凿石的酌给补贴费。工头给工人每工约300文。

阳新锰矿在民国初年规定,矿砂以吨计算,每采砂1吨,给价600文。土石则以方计算,按土质松软、路途远近来定工价,每方约700~2 000文。每人一日约可采矿砂1~4吨,可得工价600~2 400文,每人每日约挑土三分之一方至一方。

2. 日薪

汉阳铁厂的领工、工头、匠目、工匠的工资半月一发，长工10日一发，小工5日一发。自清末至民国初年，工匠每日工资约合0.65元，长工每日工资约合0.3元，小工每日工资约合0.2元。领工、工头、匠目、工匠等的平均日工资约合0.6元。民国九年（1920年），炼铁工人举行罢工，要求增加工资，厂方允诺各工人每日增加铜元6枚。

萍乡煤矿的机械、洗煤、炼焦等部工人为点工制，即按日计算工资。民国初年，修理处工人日工资为0.15~2.4元。电机处工人分大工、小工，大工日工资为1~1.5元，小工为0.31~0.36元。洗煤工人日工资为0.15~3.8元，炼焦处、机炉土炉两项工人日工资平均为0.34元。民国十一年（1922年）九月，萍乡煤矿工人举行罢工，矿局允给工人日工资在0.40元以下者，加洋0.06元，日工资在0.4~1元者，照原薪5％增资。

大冶铁厂工人为日薪。民国九年（1920年）前后，工头日工资为0.45~3.2元，工匠日工资为0.45~1.1元，长工日工资为0.27~0.45元，小工日工资为0.27元。如有特殊工作，须延长时间或非短促时间可以完成者，待竣工后酌加工资。

阳新锰矿临时雇工，每工给工资800文，统一由工头领取，工头再发给雇工。

3. 月薪

公司总事务所员司和各厂矿员司为月薪。公司董事会长、副会长、董事因系兼职，无固定薪金，一般只给夫马费。民国六年（1917年）时，董事会长、董事一律给夫马费银50两。总、副经理月薪为800~1 000元，各处处长、所长月薪为银100~600两。聘请的外国工程师、矿师月薪达2 000元。各厂矿矿长、厂长民国九年时（1920年）月薪为200~500元，各厂矿的处长、股长、工程技术人员及办事人员月薪为20~280元。萍乡煤矿坑内职员月薪10~120元，每月还另发奖金，如月薪120元者，可得160~200元。对服务勤劳、卓有成绩的，由各主管部门为其呈请加薪，其加薪数额不等,少则几元,多则数十元。

民国十三年(1930年)十月,公司经理处参照海关及铁路章程,将事务方面的职员薪水分为五等二十五级。详见表4-1。

表4-1 汉冶萍公司职员薪水等级表　　　　　　单位:元

等级	甲	乙	丙	丁	戊
一	1 200	500	275	150	60
二	1 000	450	250	130	45～50
三	800	400	225	110	35～40
四	700	350	200	90	25～30
五	600	300	175	70	20

资料来源:汉冶萍公司档案,湖北省档案馆56全宗,1159—1卷。

甲、乙两等三年考核一次;丙、丁两等两年考核一次;戊等一年考核一次。每年于年终考绩有功者超升,有过者停升,功过相抵者按等平升。

汉冶萍公司的技术人员,原无等级,支薪形式与事务方面的职员相同,加薪一般是根据服务时间的长短和工作成绩而定。民国二十六年(1937年)四月,汉冶萍公司制定了技术人员薪水等级,共分四等十六级,详见表4-2。

表4-2 汉冶萍公司技术人员薪水等级表　　　　　　单位:元

等级	一	二	三	四
一	800	400	200	105
二	700	350	175	90
三	600	300	150	75
四	500	250	125	60

资料来源:汉冶萍公司档案,湖北省档案馆56全宗,1223—2卷。

汉冶萍公司规定正技师、技师、助理技师、技术员均为技术人员,初叙薪水等级时,正技师自一等四级起,技师自二等四级起。技术人员进等或进级,一、二两等每届三年,年终举行一次考核,三、四两等每届二年,年终举行一次考核。成绩优异或记功者超升,成绩良好无过失者及功过相抵者平升,记过者停升。技术员薪水以升至三等三级为最高限度,助理技师以升至二等二级为最高限度,技师以升至一等四级为最高限度。

公司部分机匠和杂役采用月薪。民国十六年(1927年)后,大冶铁矿码头装卸工规定装卸定额,亦改为月薪。大冶铁矿在官办时期,一般技术工人每月工资为20元左右。民国三年(1914年),大冶铁矿公事房的勤杂工,每月5 500文,约合洋10余元。机匠每月工资为23元。民国十六年(1927年)以后,随着物价的上涨,大冶铁矿支月薪工人的工资亦有增加。民国十九年(1930年)前后,大冶铁矿支月薪工人的工资见表4-3。

表4-3 大冶铁矿支月薪工人工资表　　　　单位:元

工　种	月　薪	工　种	月　薪
修理匠目	30～40	机匠	20～36
修理匠	16～18	修路匠	12～14
铁匠	12～18	木匠	14
打磨匠	13～16	泥匠	14
打锤匠	12～14	开车	14～15
加油	12	侍役	14～16
更夫	12～13		

资料来源:《矿业周报》137号。

大冶铁矿江岸码头装卸工人,分正班、副班,每班均为160人。正班装船挑平仓,每天挑1 200吨;副班装船上陡仓,每班挑500～600吨。每艘日轮进港,必须2～3天内装满,平均每人每月得工资20余元。

汉阳运输所船员支月薪,工资的多少,一般按轮船的大小而定。民国初年,大副月薪为 20～80 元,舵工为 12～220 元,大车为 24～130 元,水手为 9～16 元,加油工为 16～24 元,烧火工为 9～19 元,二车为 12～80 元,水手头目为 12～220 元,领江为 18～100 元,三车为 50 元。汉平号轮船船长月薪为 400 元。从民国十年(1921 年)一月起,对各船员每月加薪 1～30 元。汉平号轮船船长每月加薪 40 元。

二、工资与银价、物价

民国十六年(1927 年)之前,汉冶萍公司有些厂矿以铜元支付工人的工资,市场物价则以银元为标准,铜元对银元的兑换率逐年下降,工资也随之下降。民国七年(1918 年)至民国十二年(1923 年)大冶铁矿以铜元支付工资与第一次世界大战前比较见表 4-4。光绪十五年(1889 年)与民国十年(1921 年)物价情况见表 4-5。

表 4-4　铜元发放工资折合银元与第一次世界大战前比较表

年份	铜元对银元的兑换率	大冶铁矿					
		采矿包价		矿山雇工			
		每吨矿石付铜元数	折合银元	"大工"每日工资		"小工"每日工资	
				铜元数	折合银元	铜元数	折合银元
	文	文	元	文	元	文	元
第一次世界大战前	700	270	0.39	200	0.29	150	0.21
民国七年(1918 年)	1 380	270	0.20	200	0.15	150	0.11
民国九年(1920 年)	1 460	300	0.21	200	0.14	150	0.10
民国十年(1921 年)	1 520	380	0.25	200	0.13	150	0.10

续表

年份	铜元对银元的兑换率	大冶铁矿					
		采矿包价		矿山雇工			
		每吨矿石付铜元数	折合银元	"大工"每日工资		"小工"每日工资	
				铜元数	折合银元	铜元数	折合银元
	文	文	元	文	元	文	元
民国十一年(1922年)	1 620	380	0.21	200	0.11	150	0.08
民国十二年(1923年)	2 220	380	0.17	300	0.14	200	0.10

资料来源:汉冶萍公司档案。

说明:大战前的兑换率系清朝末年的兑换率。

表4-5 光绪十五年(1889年)与民国十年(1921年)物价比较表

生活资料	以铜元计算(文)			折合银元数(元)		
	光绪十五年(1889年)	民国十年(1921年)	上涨率(%)	光绪十五年(1889年)	民国十年(1921年)	上涨率(%)
米(每担)	2 000余	6 000	300	2.86	3.94	138
煤(每担)	200余	1 600~1 700	800~850	0.29	1.12	352
油(每斤)	60~70	300	426~500	0.09~0.10	0.20	200~220
盐(每斤)	40余	140~150	356~375	0.06	0.09~0.10	150~167
布(每尺)	10~20	100	500~1 000	0.02~0.03	0.07	233~350

资料来源:汉冶萍公司档案。

民国十七年至民国二十七年(1928—1938年),大冶铁矿的工价不断上涨,由民国八年(1919年)出矿1吨给价270文,增加至民国二十年(1931年)出矿1吨给价800文。但物价提高的幅度更大。民国十年(1921年)与民国十九年(1930年)的物价比较见表4-6。

表 4-6　民国十年(1921 年)与民国十九年(1930 年)物价比较表

(按银元计算)

生活资料	1921 年(元)	1930 年(元)	上涨率(%)
米(每担)	3.94	6.827	173.30
油(每斤)	0.20	0.240	120.00
盐(每斤)	0.09	0.160	177.78
布(每尺)	0.07	0.200	285.71

资料来源:汉冶萍公司档案和《矿业周报》133 号。

大冶铁矿采矿股股长周子建曾写信给厂矿长赵时骧说:"当时(指民国九年左右),土方价每方自一串至二串余文不等,雇工每日三百文至五百文,其时洋每元合钱一串三四百文,米价每担在十串文左右,蔬菜每斤只十余文。时至今日,洋价兑换率已增至五串文以上。而物价昂贵,较前则高至六倍有奇,但是包工工价至今尚只八百文左右,土方包价最大者每方只有六串文。雇工除另雇木工外,每工一串五百文,较前所增者不过三倍,窃以各项工作原本随物价和洋价兑换率而增进,以裕其生活。今洋价日涨与物价已高至六倍,而矿土价及雇工之增进,与洋物比较,则仅及其半,是矿工等终日呼吁请命,有来由矣。"

第五章　股本、产业、盈亏、债务

第一节　股本与股息

张之洞创办汉阳铁厂（含大冶铁矿、江夏马鞍山煤矿、大冶王三石煤矿等）共用库平银 5 673 134 两，其中：户部拨款 2 000 000 两，奏拨湖北厘金、盐厘余款、盐道及粮道存款、海防捐等共 728 551 两；奏拨江南筹防局 1 000 000 两；借拨湖北枪炮厂、织布厂款 1 843 384 两；华洋厂商借款 101 199 两。汉阳铁厂用款实际上是超过此数的，该数中未计张之洞在广州用闱姓商人缴捐 131 670 两，以及投产后销售收入 24 825 两，加上三项后，共计应为 5 829 629 两。详见表5-1。

表 5-1　汉阳铁厂经费来源表

奏拨年月	款项来源	款项性质	款额（库平两）	资料来源
光绪十五年（1889年）八月	自香港汇丰银行暂借，由广州十六、十七年分闱姓商人预捐饷款 1 400 000 元内拨还	捐款	131 670	十五年十二月三十日，张之洞致海署与李鸿章电
光绪十六年（1890年）闰二月	户部所筹铁路经费，由湖北认筹铁路经费截抵	部款	50 000	十六年闰二月二十七日，张之洞致海署电
光绪十六年（1890年）四月	户部所筹铁路经费，由湖北十六年分应解京之地丁京饷银内截抵	部款	360 000	十六年八月二十八日，张之洞札"仿提截留京饷……拨用"

续表

奏拨年月	款项来源	款项性质	款额（库平两）	资料来源
光绪十六年（1890年）四月	户部所筹铁路经费，由湖北十六年分应解京之厘金京饷银内截抵	部款	80 000	同上
光绪十六年（1890年）四月	户部所筹铁路经费，由湖北十六年分应解京之盐厘京饷银内截抵	部款	160 000	同上
光绪十六年（1890年）四月	户部所筹铁路经费，由湖北十六年分应解京之西征洋款改为加放俸饷银内截抵	部款	200 000	同上
光绪十六年（1890年）四月	户部所筹铁路经费，由湖北十六年分应解京之厘金边防银内截抵	部款	80 000	同上
光绪十六年（1890年）四月	户部所筹铁路经费，由湖北十六年分应解京之旗兵加饷银内截抵	部款	70 000	同上
光绪十七年（1891年）正月	户部所筹铁路经费，由湖北十七年分应解京饷银内截抵	部款	450 000	十七年正月二十四日，海署、户部《议复张之洞奏勘定炼铁基请续拨款项折》
光绪十七年（1891年）正月	户部所筹铁路经费，由湖北十七年分应解海署海防经费截抵	部款	240 000	同上
光绪十七年（1891年）正月	户部所筹铁路经费，由江西十七年分应解海署海防经费银截抵	部款	60 000	同上
光绪十七年（1891年）正月	户部所筹铁路经费，由湖北十七年分应解户部京饷银内截抵	部款	250 000	同上，及六月初八日，户部《议复张之洞续拨铁厂经费折》

续表

奏拨年月	款项来源	款项性质	款额（库平两）	资料来源
光绪十七年（1891年）三月	湖北新海防捐奏准留垫勘矿杂支	海署款	28 551	十七年三月十八日，张之洞札《新海防捐准留铁厂》
光绪十七年（1892年）二月	奏拨湖北厘金余款	省款	50 000	十八年二月二十七日，张之洞《炼铁厂添购机炉请拨借经费折》
光绪十八年（1892年）二月	奏拨湖北盐厘余款	省款	50 000	同上
光绪十八年（1892年）二月	奏拨湖北盐道库存长江水师申平银，自二十年起分十年摊还	借省款	100 000	同上
光绪十八年（1892年）二月	奏拨湖北粮道库存杂款，自二十年起分十年摊还	借省款	100 000	十八年二月二十七日，张之洞《炼铁厂添购机器请拨借经费折》
光绪十九年（1893年）二月	奏拨湖北粮道库存杂款，自二十二年起分十年摊还	借省款	100 000	十九年二月二十五日，张之洞《豫筹炼铁厂成本折》
光绪十九年（1893年）五月	奏拨湖北粮道库存杂款，自二十二年起分十年摊还	借省款	50 000	十九年五月十四日，张之洞《铁厂成本不敷另筹借拨折》
光绪十九年（1893年）五月	奏拨湖北盐道库存长江水师申平银，自二十二年起分十年摊还	借省款	50 000	同上

续表

奏拨年月	款项来源	款项性质	款额（库平两）	资料来源
光绪二十年（1894年）七月	奏拨湖北厘金、盐厘，二十年分	省款	100 000	二十年七月二十四日，张之洞《请添铁厂开炼用款片》
光绪二十年（1894年）七月	奏拨湖北厘金、盐厘，二十一年分	省款	100 000	同上
光绪二十一年（1895年）八月	奏拨江南筹防局经费，由两淮盐商报效拨还	江南捐款	130 000	二十一年八月二十八日，张之洞《奏拨铁厂开炼经费折》
光绪二十一年（1895年）八月	奏拨江南筹防局经费，由湘岸盐商报效拨还	江南捐款	20 000	同上
光绪二十一年（1895年）八月	奏拨江南筹防局经费，由皖岸盐商票引增价拨还	江南款	270 000	二十一年八月二十八日，张之洞《奏拨铁厂开炼经费折》
光绪二十一年（1895年）八月	奏拨江南筹防局经费，由湘岸盐商票引增价拨还	江南款	80 000	同上
	十八年二月奏准拨用枪炮厂常年经费后，整年共拨用银	挪借枪炮厂款	1 564 622	二十四年闰三月十三日，张之洞《查明炼铁厂用款咨部立案折》
	十九年二月奏准拨用织布局股本后，整年共拨用银	挪借织布局款	278 762	同上
	收铁厂自炼出钢铁样品售价	厂款	24 825	同上

续表

奏拨年月	款项来源	款项性质	款额（库平两）	资料来源
	借拨江南筹防局	借江南省款	500 000	同上
	历年积欠华洋厂商票号	借商款	101 199	同上
	共计		5 829 629	

资料来源：转自孙毓棠《中国近代工业史资料第一辑》。

说明：

1.据张之洞奏《查明炼铁厂用款咨部立案折》，说铁政局"统共实收库平银5 586 415两零，实用库平银5 687 614两零，除收付两抵外，实不敷银101 199两零，皆系分欠华厂洋厂各商号之款"，与此合计之数略有出入，因为张奏未将广州购买机器之131 670两计算在内，又因各款零数不详和扣除汇费所致。

2.表中未计入从广东调来的广昌轮价100 000两。

光绪二十二年（1896年）招商承办汉阳铁厂，所有580余万两投资全部移交给盛宣怀，并议定每出1吨生铁交银1两，还足官本之后继续执行，作为报效。

盛宣怀接办时，拟定的章程规定先招100万两商股，每股100两。计汉阳铁厂先后招股100万两库平银，其中，轮船招商局25万两，电报局22万两，古陵记3.65万两，南洋公学0.6万两，通商银行32.85万两，萍乡煤矿10万两，钢铁学堂3.9万两，上海广仁善堂2万两。

光绪二十四年（1898年）创办萍乡煤矿，先后招股100万两，其中轮船招商局23万两，电报局22万两，汉阳铁厂20万两，铁路公司15万两，香记等商户20万两。

光绪三十四年（1908年）二月十一日盛宣怀在组织汉冶萍煤铁厂矿有限公司的奏折中，提出老股200万两库平银，折合银元300万元，老股加股200万元，共500万元；同时，还申请把预支轨价拨作农工商部公股计174万元。另拟招股1 500万元，共2 000余万元，每股50元，共40余万股。不论老股、新股，常年官息8厘，统于次年三月给发。这样，在光绪二十年招商承办至光绪三十三年(1896—1907年)应共有股金674万元。后《汉冶萍商办调查历史》对光绪三十三年(1907年)股本构成划分为老股300万元,老股加股100万元,老股股息拨作股本988 417.5元,预支轨价拨作农工商部公股138万元,共6 368 417.5元。

从光绪三十四年至宣统三年(1908—1911年)汉冶萍公司共招股7 436 360元,其中光绪三十四年(1908年)为1 631 583元,宣统元年(1909年)为3 135 836元,宣统二年(1910年)为1 226 835元,宣统三年(1911年)为89 552元,另外,修萍株铁路时湖南省加入公股724 800元,股息拨作股本627 754元,共7 436 360元。连同光绪三十三年底以前股本,汉冶萍公司的股本总共为13 804 777.5元。

民国二年(1913年)五月二十日汉冶萍公司股东大会决定合并发放股息,每股8厘共计4元,不发现金,填发股票。至民国二年(1913年)底,股本增加到1 533万元,其中宣统三年(1911年)填发息股62万多元,民国元年(1912年)填发息股38万多元,民国二年(1913年)填发息股113万多元。

民国三年(1914年)填发股息8厘;民国四年(1915年)填发股息4厘,现金4厘;民国五年(1916年)填发股息2厘,现金6厘。详见表5-2。

表5-2　汉冶萍公司历年收进股本

光绪三十四年(1908年)至民国五年(1916年)　　　　　　单位:元

时　　间	股　　本	金　　额
光绪三十四年(1908年)	招收新股	1 631 583
宣统元年(1909年)	招收新股	3 135 836
宣统二年(1910年)	招收新股	1 226 835
宣统三年(1911年)	招收新股	89 552
	收湖南公股	724 800
	收本年股息拨作股本	627 754
民国元年(1912年)	同上	386 613.25
民国二年(1913年)	同上	1 135 311.25

续表

时间	股本	金额
民国三年(1914年)	同上	927 934.07
民国四年(1915年)	同上	662 704.50
民国五年(1916年)	同上	147 893.80
小计	股本总额(包括1896—1916年)	10 696 816.87元

资料来源：《汉冶萍公司商办调查历史》与《汉冶萍公司事业纪要》。

从表5-2可以看出：从光绪三十四年到民国五年(1908—1916年)汉冶萍公司新招股本10 696 816.87元，加上老股，股本总额为17 065 234.37元。由股息拨作股本共计4 876 426元，约占28.6%。

民国八年(1919年)股本增值到17 525 456.81元。

民国二十二年(1933年)股本增值到18 666 250.00元。

在股本总额中盛宣怀占有份额较大。据民国三年(1914年)十二月十七日日本外务大臣加藤致驻北京公使日置益函的附件《关于汉冶萍公司之调查》列举的重要股东中，盛宣怀的股本为475万元，约占当时股本1 533万元的30.9%。以后随股息拨为股本，盛宣怀的股本应有增加。民国十七年(1928年)上海租界法院关于盛氏家族愚斋义庄所持有汉冶萍公司的股份为133 990股，以每股50元计，共为6 699 500元，约占当时股本的25.4%。汉冶萍公司成立至民国八年(1919年)历年发放股息见表5-3。

表5-3 汉冶萍公司成立后历年发放股息表

光绪三十四年至民国八年(1908—1919年)

年份	洋例银(两)	折合银元(元)
光绪三十四年(1908年)	398 469.036	557 856.65
宣统元年(1909年)	600 440.993	840 617.39
宣统二年(1910年)	684 371.406	958 119.96
宣统三年(1911年)	445 705.361	623 987.50

续表

年 份	洋例银（两）	折合银元（元）
民国元年（1912 年）	274 495.834	384 294.16
民国二年（1913 年）	806 215.189	1 128 701.26
民国三年（1914 年）	883 641.181	1 237 097.65
民国四年（1915 年）	940 006.424	1 316 008.99
民国五年（1916 年）	739 469.027	1 035 256.63
民国六年（1917 年）	1 275 695.144	1 785 973.20
民国七年（1918 年）	1 414 348.766	1 980 088.27
民国八年（1919 年）		1 804 006.95
合计共付股息		13 652 008.61

资料来源：《汉冶萍公司事业纪要》。

从表 5-3 可以看出，从光绪三十四年至民国八年（1908—1919 年）已付股息 13 652 008.61 元，占同期股本 17 525 456.81 元的 77.8%。

从光绪二十二年至光绪三十四年（1896—1908 年）已付股息 1 860 995.5 元，加上光绪三十四年以后所付股息 13 652 008.61 元，共计付股息 15 513 004.11 元，占股本总额 17 525 456.81 元的 88.5%。到民国二十六年（1937 年）六月底止，汉冶萍公司共发出股票 374 263 股，每股 50 元，合计股本达 18 713 150 元，另有未填股款 215 994.05 元，共计股本总额为 18 929 144.05 元。

红利按《加股章程》规定拨发。《加股章程》第十四条规定："除官息及各项开支外，尚有盈余，是为红利，作成三十成开派，以二成提公积，四成提作办事出力人员酬劳，一成五为最先创始头等优先股三百万元之报酬，一成五为推广加股二等优先股七百万元之报酬，其余二十一成不论优先普遍按股均派。"民国七年（1918 年）十二月二十九日汉冶萍公司召开第十届股东大会。会议就股息与红利问题进行讨论，决定头等优先股每股发 5.4 元（其中红利为 1.4 元），二等优先股发 5.2 元（其中红利 1.2 元），普通股发 5 元（其中红利为 1 元）。

汉冶萍公司持股500股以上股东为孙慕韩、盛泽承、孙景扬、刘襄荪、陶兰泉、李载之、张仲昭、徐冠南、靳翼青、郑陶斋、左子廙、屈文六、陶子石、鲁嘉林、邢冕之、沈仲礼、周金箴、邵月如、王隶生、施子英、王心贯、李敬纪、洪念祖、沈联芳、丁问槎、陈辉庭、吴锦堂、杨绶卿、盛绳祖、夏棣三、盛莱荪、厉树雄、徐季荪、盛蘋臣、贺得霖、林子英、盛毓邮、李经羲、邵子愉、盛沣澄、张知笙、傅小庵、潘馨航、王颂坚、王星北、吕镜宇、李伯行、林薇阁、任筱珊。100股以上股东为朱葆三、庄仲咸、姚慕莲、宋德宜、李朴臣、庄得之、李桐荪、汪作之、盛玉麐、汪幼安、李树农、庄迪先、钱亢夫、徐季凤、林伯翀、陈思明、傅品圭、叶琢堂、孙莲荪、谢子楠、包荃孙、傅子汉、蔡伯良、周厚坤、陆储干、方叔远、金韵清、林邛叔、刘润树、施禄生、卞俶成、秦待时、陶惺存、谢蘅牕、袁履登、林降秋。

第二节 资产与折旧

汉冶萍公司拥有汉阳铁厂、大冶铁矿、萍乡煤矿及大冶铁厂四大主体厂矿,还有湖南常耒锰矿、兴国(阳新)锰矿、汉阳红砖厂、辽宁海城镁矿、安徽龙山铁矿等附属企业,以及浦东码头栈房及不动产等。按会计制度确定的资产折旧率,机器、厂房、住宅提5%,码头栈房提2.5%,轮驳提5%,家具杂器不提。

民国十二年(1923年)汉冶萍公司各厂矿资产及折旧情况见表5-4。

表5-4 民国十二年(1923年)汉冶萍公司资产及折旧表　　　单位:元

单位及项目	资产原价	折旧
一、有形		
上海总事务所		16 563.10
汉阳铁厂	19 156 237.74	3 002 380.82
大冶铁厂(建筑账)	11 619 662.25	164 935.86
大冶铁矿	8 746 582.14	1 249 412.08

续表

单位及项目	资产原价	折旧
采石处	32 019.76	10 484.58
萍乡煤矿	10 957 159.00	2 300 165.68
汉阳运输所	3 044 722.48	754 357.77
浦东码头及栈房	346 418.63	
其他资产	24 026.91	
合计	53 926 828.91	7 498 299.89
二、无形		
股券	6 767 683.09	
债券	104 537.61	

资料来源：《汉冶萍公司商办第十六届账略》。

民国二十六年（1937年）汉冶萍公司公布的资产总值为 41 311 100 元。其中汉阳铁厂 19 155 400 元，大冶铁厂 11 922 000 元，大冶铁矿 10 233 700 元。

民国三十七年（1948年）三月国民政府资源委员会和经济部所组织的汉冶萍公司清理委员会，对公司的股本、资产、负债进行了清理，按民国二十六年（1937年）币制计算，汉冶萍公司的全部资产（不包括萍乡煤矿）价值 2 160 900 元。

第三节 盈 亏

汉阳铁厂（包括大冶铁矿）在官办和官督商办时期，连年亏损。汉冶萍公司成立后，从光绪三十四年至民国二十六年（1908—1937年）的 30 年中，有 13 年盈利，17 年亏损。

据《汉冶萍商办调查历史》统计，从招商承办至光绪三十三年（1896—1907 年）改为公司以前，汉阳铁厂及大冶铁矿累计亏损洋例银 2 703 649 两，萍乡煤矿累计结余洋例银 651 577 两，盈亏相抵，还亏 2 052 072 两。

对汉阳铁厂亏损的 2 703 649 两，在第一届账略报告中说"本系接办官局以后之亏损，即以现存官局移交旧厂之财产约估，折半如数冲抵"，实际上这笔亏款还悬在那里。

光绪三十四年(1908年)组成汉冶萍公司后，由于汉阳铁厂改造工程相继投产，产品的产量质量提高，销售扩大，汉阳铁厂开始扭亏，萍乡煤矿继续盈利。宣统三年(1911年)发生辛亥革命，汉冶萍公司各厂矿停产，公司再度亏损。民国元年(1912年)汉阳铁厂炉机修复，各厂矿相继投产，但是在第一次世界大战爆发以前仍然亏损。第一次世界大战期间，钢铁原料价格猛涨，公司生产销售进入"黄金时代"，盈利激增。民国九年(1920年)以后，随着第一次世界大战的结束，钢铁价暴跌，汉冶萍公司生产销售随即下降，又出现亏损。到民国十三年(1924年)汉阳铁厂的高炉、平炉全部停产，大冶铁厂的高炉也于民国十五年(1926年)停产，萍乡煤矿处于半瘫痪状态。民国十六年(1927年)以后，只剩下大冶铁矿一处维持生产。民国十七年(1928年)萍乡煤矿为江西省政府接管，脱离汉冶萍公司，公司机构减少，大量裁员减薪，开支相应减少。民国二十一年至民国二十五年(1932—1936年)又连续盈利。历年盈亏情况见表5-5。

表5-5 汉冶萍公司历年盈亏表

光绪三十四年至民国二十六年(1908—1937年)　　　　　单位：元

年　份	盈　数	亏　数
光绪三十四年(1908年)	61 883.50	
宣统元年(1909年)	15 400.53	
宣统二年(1910年)	64 151.71	
宣统三年(1911年)		2 301 500.85
民国元年(1912年)		2 872 075.52
民国二年(1913年)		1 538 389.82
民国三年(1914年)		100 967.97
民国四年(1915年)		388 105.93
民国五年(1916年)	1 878 496.83	

续表

年　份	盈　数	亏　数
民国六年(1917年)	2 801 872.20	
民国七年(1918年)	3 797 904.47	
民国八年(1919年)	2 918 463.63	
民国九年(1920年)		1 279 588.44
民国十年(1921年)		511 835.03
民国十一年(1922年)		3 666 876.36
民国十二年(1923年)		2 952 609.86
民国十三年(1924年)		4 034 736.00
民国十四年(1925年)		3 181 301.00
民国十五年(1926年)		2 901 092.00
民国十六年(1927年)		2 985 606.00
民国十七年(1928年)	1 204.000	
民国十八年(1929年)		1 593 818.00
民国十九年(1930年)		415 142.00
民国二十年(1931年)		1 723 192.00
民国二十一年(1932年)	69.571	
民国二十二年(1933年)	153.126	
民国二十三年(1934年)	7.859	
民国二十四年(1935年)	219.961	
民国二十五年(1936年)	100.842	
民国二十六年(1937年)		173 587.00

资料来源:《汉冶萍公司事业纪要》、《汉冶萍商办调查历史》、《汉冶萍公司档案》。

光绪三十四年(1908年)汉阳铁厂亏银 84 345 348 两,萍乡煤矿盈 128 234 541 两,盈亏相抵还盈 43 889 193 两,折合银元为 61 883.5 元。

民国十六年至民国二十年(1927—1931年),汉冶萍公司停止偿还日本的借款,但账面上仍计算了债息额。其债息见表 5-6。

表 5-6　汉冶萍公司民国十六年至民国二十年（1927—1931 年）日债利息表　　单位：元

年　份	债　息	
民国十六年（1927 年）	2 574 162.30	⎫
民国十七年（1928 年）	2 526 832.98	⎬→年利按 6 厘计算
民国十八年（1929 年）	2 636 379.82	⎭
民国十九年（1930 年）	2 360 087.65	⎫→年利按 5.5 厘计算
民国二十年（1931 年）	2 360 489.66	⎭

资料来源：《汉冶萍公司档案》。

汉冶萍公司在第一次世界大战期间获得数额较大的利润，其盈利分配情况见表 5-7。

表 5-7　汉冶萍公司在第一次世界大战期间盈利分配表　　单位：元

总　额	29 406 408.51	100％
分配		
1. 报销以往亏损	6 653 467.88	22.6％
2. 填发股息	1 906 541.40	6.5％
3. 发放现金股息	7 296 283.20	24.8％
4. 发办事人员酬劳及奖金	1 055 582.31	3.6％
5. 修盛公祠（后改为汉冶萍俱乐部）	400 000.00	1.4％
6. 公积金提存	7 838 028.14	26.7％
7. 盈余滚入下届	4 256 505.58	14.4％
其中滚入下届拨作扩充经费为	4 224 000.00	

资料来源：同上表。

第四节　债　务

一、德债

汉阳铁厂招商承办以后，煤焦缺乏，购买外国及开平煤矿的煤焦运输距离远，价格高，造成产品成本高，连年亏损。光绪二十四年(1898年)决定开办萍乡煤矿。萍乡煤矿工程繁浩，虽陆续招股100万两库平银，但远远不足需要。光绪二十五年二月二十八日(1899年4月8日)向德国礼和洋行订借400万马克，常年利息7厘，以招商局上海洋泾浜一处栈房产业作保。至光绪三十三年(1907年)，现交100万马克，礼和扣佣金5厘，其余300万马克未扣佣金，仍暂存礼和，以备代购萍乡煤矿各种机器料物之用。已用之款照常年7厘计息，未用之款则缴萍乡煤矿4厘回息。自光绪二十六年(1900年)正月初一日起，至宣统二年(1910年)十二月初一日分23批摊还。到光绪三十一年十一月二十四日(1905年12月20日)止，共有11批偿还本息。尚有12批还马克之价共规元银854 092.507两，折合库平银779 281.484两。

二、日债

光绪二十五年二月二十七日(1899年4月7日)盛宣怀与日本制铁所长官和田签订《煤铁互售合同》之后，日本向汉冶萍公司提供借款，以逐步控制公司获得稳定的铁矿石的供应。当时萍乡煤矿和汉阳铁厂的改造也提上议事日程，需要大批资金。经过谈判，于光绪二十九年十一月二十八日(1904年1月15日)与日本兴业银行签订了《大冶购运矿石预借价正合同》及附件，向日本预借矿价300万日元，从此开始了向日本巨额借款。这300万日元中有200万日元用于汉阳铁厂改造工程，100万日元用于萍乡煤矿。从这时起至民国十六年(1927年)一月二十七日汉冶萍公司向日本横滨正金银行借200万日元止，先后向日本借长期或不定期款项(不包括短期借款)32批，共计日金50 601 800.84元，规元银390万两，洋例银82万两。汉冶萍公司则向日本出售矿石、生铁偿还本银与利息。到民国三十七年(1948年)九月止，尚欠日金38 671 431.39元，规元银250万两。详见表5-8。

表 5-8 汉冶萍公司所借长期、不定期日债表

编号	借款日期	债权人	借款数额	抵押和担保	利率 原定利率	利率 民国六年(1917年)九月	利率 民国十四年(1925年)一月	利率 民国十九年(1930年)六月	还本办法	截至1948年9月止结欠额	备注
1	光绪二十九年十月二十六日(1903年12月14日)	大仓组	洋例银20万两	汉厂栈有钢轨6 000吨作抵,汉厂作保	7.2厘				1年为期		合同定为月息6厘
2	光绪二十九年十一月二十八日(1904年1月15日)	兴业银行	日金300万元	大冶得道湾矿山、铁路、矿山吊车并车辆房屋及修理机器厂作担保	6厘			5.5厘	30年为期,1924年9月修改原约,改为至1927年3月金间停止还本,仅付利息,以后25年间摊还	日金 2 051 551.8元	
3	光绪三十二年二月六日(1906年2月28日)	三井物产会社	日金100万元	汉厂动产及所产钢铁和栈存煤材料作抵押	7.5厘				3年为期,后展至1914年6月30日到期		
4	光绪三十三年十一月二十九日(1907年12月13日)	大仓组	日金200万元	萍乡煤矿所有生利之财产物件作抵	7.5厘				7年为期,前3年只付息,后4年分4期还本		内有1905年6月所借30万元转入,此次实借只有170万元
5	同上	汉口正金银行	日金30万元	与前编号2兴业银行借款相同	7厘				5年为期		

续表

编号	借款日期	债权人	借款数额	抵押和担保	利率 原定利率	利率 民国六年(1917年)九月	利率 民国十四年(1925年)一月	利率 民国十九年(1930年)六月	还本办法	截至1948年9月止结欠额	备注
6	光绪三十四年五月十五日（1908年6月13日）	横滨正金银行（第一批）	日金150万元	汉冶萍公司原有矿山及其他财产和九江大城门铁矿山作抵押	7.5厘	7厘	6厘	5.5厘	10年为期，前3年付息，第4年起分7年还债。1913年3月修改原约，改为1915年起分8年归还。1925年1月至1927年为3年间停止还本，仅付利息，后25年间本利均等摊还	日金150万元	
7	光绪三十四年十月二十一日（1908年11月14日）	横滨正金银行（第二批）	日金50万元	同上	7.5厘	7厘	6厘	5.5厘	同上	日金50万元	
8	宣统元年二月三十日（1909年3月21日）	汉口正金银行	汉口洋例银50万两	公司汉口地契第一至六号共26张作抵，盛宣怀本人作保	8厘				1909年4月19日起分两年半还清		

续表

编号	借款日期	债权人	借款数额	抵押和担保	原定利率	利率 民国六年(1917年)九月	利率 民国十四年(1925年一月)	利率 民国十九年(1930年六月)	还本办法	截至1948年9月止结欠额	备注
9	宣统二年八月七日(1910年9月10日)	横滨正金银行(第三批)	日金100万元	与前编号6正金银行借款相同	7厘	6.5厘			原定两年为期,后改为1911年起分3年归还		
10	宣统二年十月十六日(1910年11月17日)	横滨正金银行(第四批)	日金612 730元	同上	7厘	6.5厘	6厘	5.5厘	1915年起分5年归还。1925年1月修改原约,1924至1927年3月间停止还本,仅付利息,以后利均等摊还	日金612 730	
11	同上	横滨正金银行(第五批)	日金614 395元	同上	7厘	6.5厘	6厘	5.5厘	同上	日金614 395	
12	宣统二年十一月二十七日(1910年12月28日)	三井物产会社	日金100万元	向六合公司转借集成纱厂契据				5.5厘	1年为期,于1911年10月又展期1年,加1厘,1912年12月28日到期		原定为规元100万两借款,后分折成两毛

续表

编号	借款日期	债权人	借款数额	抵押和担保	原定利率	利率 民国六年(1917年)九月	利率 民国十四年(1925年)一月	利率 民国十九年(1930年)六月	还本办法	截至1948年9月止结欠额	备注
13	宣统三年三月二日(1911年3月31日)	横滨正金银行(第六批)	日金600万元	合同中未提抵押担保	6厘			5.5厘	15年为期,自1915年起分11年还本。1925年1月修改原约,改为1924年至1927年3个年间停止还本,仅付利息,以后25年间本利均等摊还	日金600万元	
14	民国元年(1912年)二月八日	汉口正金银行(第八批)	洋例银12万两		8厘	7厘			1913年和1914年各归还一半		
15	民国元年(1912年)二月十日	横滨正金银行(第七批)	日金300万元	大冶铁矿矿山、铁路及其余财产和武昌银山头、马鞍山、兴国富池口鸡笼山所产铁矿石作抵	第一年7厘后6厘再商定				30年为期,1925年1月修改原约,改为1924至1927年3年间停止还本,仅付利息,以后25年间本利均等摊还	日金2 976 059.95元	此笔借款中有250万元由公司转借给南京临时政府

续表

编号	借款日期	债权人	借款数额	抵押和担保	原定利率	利率 民国六年(1917年)九月	利率 民国十四年(1925年)一月	利率 民国十九年(1930年)六月	还本办法	截至1948年9月止结欠额	备注
16	民国元年(1912年)六月十三日	横滨正金银行(第九批)	日金50万元	萍乡煤矿轮船、趸船	7厘	6.5厘			原合同未订偿还期。后订为1915年起分两年归还	日金50万元	此笔借款在正金银行账上折为日金2 924 456元
17	民国元年(1912年)十二月七日	上海正金银行(第十批)	规元银250万两	北洋政府公债票500万元,汉阳地契87张,汉冶铁厂机料、煤焦,钢轨栈单共37张,上海浦东码头地契1张	8厘		6厘	6厘	5.5厘	1914年起分3年归还。1925年1月改为自1924年至1927年3年付利息,停止还本,以后两年间本利均等摊还	规元银250万两	
18	民国元年至民国二年(1912—1913年)陆续借用	上海正金银行	规元银120万两	汉口地契2张、钢轨栈单1张、矿石栈单1张	8厘					不定期		
19	民国二年(1913年)四月十日	三井物产会社	规元银10万两	栈单1张,计生铁4 000吨	8.5厘					原期限不详,后改为不定期		

第五章　股本、产业、盈亏、债务

续表

编号	借款日期	债权人	借款数额	抵押和担保	原定利率	利率 民国六年(1917年)九月	利率 民国十四年(1925年)一月	利率 民国十九年(1930年)六月	还本办法	截至1948年9月止结欠额	备注
20	民国二年(1913年)四月十一日	同上	规元银5万两	栈单1张，计生铁2 000吨	8.5厘				同上		
21	民国二年(1913年)五月十九日	同上	规元银5万两	同上	8.5厘				同上		
22	民国二年(1913年)十一月三十日	同上	日金50万元	汉口地契17张，出货单2张，计生铁15 000吨，矿石40 000吨	8.5厘				同上		
23	民国二年(1913年)十二月二十日	横滨正金银行(第十一批)	日金600万元	公司现有全部财产及因本借款新添之一切财产	7厘	6.5厘	6厘	5.5厘	40年为期，1919年起分34年还本，1925年1月修改原约，改为1924年至1927年3年间停止还本，仅付利息，以后32年间本利均等摊还	日金600万元	

续表

编号	借款日期	债权人	借款数额	抵押和担保	利率 原定利率	利率 民国六年(1917年)九月	利率 民国十四年(1925年)一月	利率 民国十九年(1930年)六月	还本办法	截至1948年9月止结欠额	备注
24	民国二年(1913年)十二月二十日	横滨正金银行(第十二批)	日金900万元	同上	7厘		6厘	5.5厘	同上	日金900万元	
25	民国六年(1917年)九月七日	安川敬一郎	日金125万元	公司应领九州制钢公司股票全部	前5年6厘后再商定				自九州制钢公司开炉之日起,第六年分10年均等摊还		此项借款共日金250万元,为合办安川合办九州制钢公司股份,1925年4~5月间合办组织解散,公司将全部股份提交安川,所有未付借款及利息全部解除
26	民国八年(1919年)四月二十五日	同上	日金125万元	同上	同上				同上		
27	民国十四年(1925年)一月二十一日	横滨正金银行(第十三批)	日金850万元	公司现有财产及因本借款所添之一切财产	6厘			5.5厘	合同生效后,分35年归还,前3年只付利息,后4年按年均等摊还本金	日金6 398 050.98元	此项借款在谈判过程中已陆续支用6 398 050.98元,故合同签订时所余无几

续表

编号	借款日期	债权人	借款数额	抵押和担保	利率 原定利率	利率 民国六年(1917年)九月	利率 民国十四年(1925年)一月	利率 民国十九年(1930年)六月	还本办法	截至1948年9月止结欠额	备注
28	民国十六年(1927年)一月二十七日	横滨正金银行(第十四批)	日金200万元	与编号23、24、27三项相同	6厘			5.5厘	自订立合同起,分32年均等摊还	日金200万元	
29	民国十九年(1930年)五月二十八日	横滨正金银行(甲借款)	日金116 681.62元	无抵押	2厘				自1930年6月1日起,分15年均等摊还		此项借款系以上列横滨正金银行第三批借款未付利息转接而成
30	同上	横滨正金银行(乙借款)	日金117 375.56元	同上	2厘				同上		此项借款系短期借款,规无银196 000两转接而成
31	同上	横滨正金银行(息款)	日金504 142.16元	同上	无息				自1930年6月1日以后停止偿还,自1945年6月1日起按年摊还,全额与甲、乙借款按年摊还全额同	日金504 142.16元	

续表

编号	借款日期	债权人	借款数额	抵押和担保	原定利率	利率 民国六年(1917年)九月	利率 民国十四年(1925年)一月	利率 民国十九年(1930年)六月	还本办法	截至1948年9月止结欠额	备注
32	民国十九年五月二十八日(1930年)五月二十八日	日本兴业银行(息款)	日金26 501.50元	同上	无息				自1930年6月2日起,分15年偿还	日金14 501.50元	
总计			日金50 351 825.84元 规元银390万两 洋例银82万两							日金38 671 431.39元 规元银250万两	

资料来源:公司档案、原合同、合同印底、账册;《汉冶萍商办调查历史》《旧中国汉冶萍公司与日本关系史料选辑》第1112～1121页。

说明:

1. 表中所列各项借款,均系长期或不定期借款,不包括短期借款。

2. "债权人"栏内,横滨正金银行名下所列"批"号,系汉冶萍公司账簿中所给编号。其中"第一批"至"第十四批"借款,除"第三批"外,根据1930年日本制铁所继承大藏省债权方法案,从1930年6月起,都由正金银行转移给制铁所;1903年日本兴业银行300万日元借款,也于同时转移,由制铁所继承债权;"第三批"借款,即1910年9月10日所借100万日元,则仍由横滨正金银行保持。

第六章 教育、生活设施及福利待遇

第一节 教育设施

汉阳铁厂在官办时期设立矿学学堂、化学学堂各1所,两所学堂两年共拨经费银2万两。盛宣怀接办以后,采纳郑观应、李维格的建议,在厂设立化算学堂、炼铁学堂、炼钢学堂、机器学堂,培养技术人才。首次招收12至14岁的学生30名。从民国三年(1914年)起,学堂分男女两校,男校名铁厂小学,女校名端化女学。民国十年(1921年)将两校合并,为铁厂两等小学。民国十一年(1922年)改名为铁厂公学,其课程系遵照北京民国政府教育部制订的小学章程,并参以新学制。学生无定额,当时在校学生为180名,全年拨教育经费3 000余元。汉阳铁厂学校自开办至民国十三年(1924年)共毕业学生138名,有的留厂实习,有的升入他校。

民国八年(1919年),汉冶萍公司答应每年拨经费1 200元,在大冶铁矿的铁山地区兴办子弟学校。大冶铁矿在铁山创办小学1所,高小招学生20名,学生年龄规定在12岁以上,16岁以下;初小亦招学生20名,学生年龄规定在7岁以上,12岁以下。高小三年毕业,初小四年毕业,每年分春秋两学期,聘请主管教员1人,助教1人,第一任主管教员为黄瞻麓。每年放年假一星期,春假一星期,全部学生免收学费。

民国九年(1920年)七月,大冶铁矿呈请汉冶萍公司,要求在石灰窑创办学校1所。经汉冶萍公司批准,兴办了大冶铁矿石灰窑小学。

民国十七年(1928年),大冶厂矿子弟小学共分四部分,校本部设在石灰窑。到民国二十三年(1934年),子弟小学由周颂万任校长,本部有教员9人,分7个班,有学生148人;二部设在袁家湖,分2个班,学生45人,教员 2 人；三部设在下陆，1 个班，有学生 28 人，教员 1 人；四部设在得道湾，分 4 个班，有学生 63 人。民国二十七年（1938 年），日本侵略军侵占铁山前夕，子弟小学停办。

萍乡煤矿于民国元年（1912 年）创办萍乡煤矿两等小学 1 所，分初高两等。初等 4 个班，高等 3 个班，额定学生 240 名。初等生每名每年纳费 4 元，高等生每名每年纳费 6 元，每 80 名中如有极贫穷子弟，可免费 20 名。学校课程教本，遵照北京民国政府教育部所定新学制。初等一、二学年，每周授课 28 小时，其余授课 33 小时。高等各班，每周授课 34 小时。全年经费约 7 000 元。自开办至民国十三年（1924 年），初等班毕业 171 人，高等班毕业 114 人。

大冶铁厂于民国十年（1921 年）开办小学 1 所。民国十三年（1924 年）厂矿合并，民国十七年（1928 年）改名为"大冶厂矿小学"。民国二十四年（1935 年）六月十四日，经湖北省政府批准立案，由大冶厂矿资助创立了石灰窑振德工业职业学校。

第二节　生活设施

一、住宅

汉阳铁厂在光绪十六年（1890 年）建厂时，兴建了一批员司住宅，计兴德里 118 间、辅德里 42 间、怀德里 20 间、修德里 20 间、白鳝庙 8 间、二码头 5 间、邻得里 7 栋、高公桥 5 栋、敦化堂 3 栋，还有 66 栋又 3 间土库房。费银 8 000 两。兴建了一批洋员住房，计兴德里 5 间、琴台 5 栋、闸口 3 栋、兵工厂 3 栋。后又建寄宿宿舍数处，并于厂内设东饭厅、西饭厅，平价供给饭菜。

光绪十六年（1890 年）以后，大冶铁矿陆续在老铁山、得道湾、下陆、石灰窑等处兴建了一批住宅。只供职员、工程技术人员及少数技术工人居住，采运工人一概不管食宿问题。民国二十六年（1937 年）前后，大冶铁矿下陆有工人住所31号,得道湾员司住宅计有楼房5间、平房34间、工人住房43间,铁山员司住宅有楼房5间、平房20间、工人住宅30余间,石灰窑员司住宅计有B字7号、C字7号、市房9号。民国二十七年(1938年),日本侵略军占领铁山前夕,住房大部分被拆毁。

萍乡煤矿在建设矿井的同时,建造了洋员住宅3所、洋匠住房2所、矿局员司住房4所、机器匠住房1所、工匠住房4所。民国初年,矿区的寄宿宿舍共有楼房、平房226处,共1 500余间。分东西南北四大区,每区约住工人600人,每间宿舍住12~24人。其铺位如轮船统舱,分左右两边,共筑三层,中间置方桌长凳,以供工人用餐。宿舍外面设浴池2所,供矿工下班洗浴。还设有照相室,住宿工人须照照片一张。照片上有本人姓名、籍贯、号数。又设立取具保结处。宿舍分昼夜两班,交换居住,每人限定一定位置,不许紊乱,门首悬挂各工头名牌。

大冶铁厂在建厂的同时,兴建了A字号宿舍、B字号双栋宿舍,共20栋,供日籍工程技术人员和高级职员居住。兴建了C字号楼房及平房22栋,其中20栋为单门独院式,2栋为单元集合式(共有40套房),供一般职员和技术工人居住。还有市房40幢,出租给商家开设店铺。

二、医疗设施

汉阳铁厂设医院1所。民国九年(1920年)前后,医院设办公室、候诊室、化验室、配药室、消毒室、割症房、换药室,设特等病房1间、优等病房2间、普通大病房2间、隔离室1间。到民国十三年(1924年)时,医院仅有医员1人、副医员4人,全院事务由厂卫生股股长管理。

大冶铁矿民国十三年(1924年)以前,设伤科1人,日医1人,以治疗负伤工人。厂矿合并之后,原大冶铁厂医院改为大冶厂矿医院,以治疗员司工人内外伤科。设有员司诊治室、工人诊治室,医疗器械及药品较全。有主任1人、药剂师及中医各1人、看护4人。铁山采区、得道湾采区各设1个医疗室,有伤科医士2人,看护1人。

萍乡煤矿设医院1所。民国十三年(1924年)前后,医院设诊察室、疗养室、割症房,还装设有爱克司光机。全院有西医2人、助手6人、司事4人,全年经费约14 000元(银元)。

大冶铁厂设医院1所。内设员司诊治室、工人诊治室,有内、外、伤科,药品及割症器具齐全。全院有主任1人、助手1人、药剂师1人、中医师1人,看护4人。民国十三年改为大冶厂矿医院。

三、其他设施

汉冶萍公司上海总事务所在英租界极司非而路11号设俱乐部1所,内设弹子房、音乐室、阅报室、大餐间、浴室。

汉阳铁厂早期在北总门外的汉水岸边,修建了俱乐部1所,当时未装设娱乐设备。民国十三年(1924年),铁厂和运输所员司捐资,用其房屋的一半,组织公余社,设置有图书室、游艺室、儿童部及会客厅。

民国十二年(1923年)大冶铁矿在得道湾建浴室1间,建筑面积为19平方米,供矿上员司及住矿技术人员洗澡用。民国十九年(1930年),大冶铁矿在得道湾兴建俱乐部1栋,建筑面积为29.75平方米,用以说书、唱戏及矿上员司开展娱乐活动。

萍乡煤矿早期在直井后山凹建公园1处,中有船式客厅1座。民国十一年(1922年),基地石壁倾斜,为防房屋垮塌,将旧料移于医院后面半山腰,在那里设弹子房1间。还在安源半边街设置娱乐室1间。

大冶铁厂于民国七年(1918年)建成俱乐部1所,坐落于厂西总门前,内设弹子房、阅报室、大餐间,室外设球场。俱乐部为同人俱乐部,入会者按薪缴纳会费,还建有菜场、食堂、浴池。

第三节 福利待遇

民国九年(1920年)十二月一日,汉冶萍公司董事会正式批准公司职员请假制度。规定汉冶萍公司职员请假为例假、病假、婚丧假三种。凡职员服务满一年后,得请例假21日,其来往路程日期由本管厂矿酌给,一年后未请例假,则可并入第二年计算。服务满二年后未曾请过例假,则可请42日。职员临时短假,均作例假算,每年逾21日者,按日扣除薪水。职员遇有疾病不能到公,应叙明病状及所拟假期函呈本管股长,由该管股长按照病由开具请假单送本管厂矿、所长核准,取回准假单交由本人收执;请病假至3日尚未痊愈,准予函请续假,唯须将医生证书或药方送请本管股长核验。请假在3个月内仍支原薪,愈3个月未销假,应将薪水减给半数,至6个月不能销假,应即停发薪水。职员因公受伤为同人所公认者,并由医生验明出证书,准予给假,其给假之长短及薪水之支给,由所在厂矿、所长酌情报明经理核定。职员因本身婚娶或父母大丧,除回籍往返路程外,准予给假一月。妻子丧,准给假半月。各办公处签到簿一本,职员每日上午、下午到公,必须亲自签名于上,超过规定时刻半小时者,即须注明迟到时刻,由所在地最高级主任负责查验,迟到至10次者,除去例假1日。民国十五年(1926年)八月,汉冶萍公司又对上述规定作了一次修改,但改变不大。

民国九年(1920年)十一月,汉冶萍公司公布出差旅费简章。规定公司经理、厂长、矿长、所长出差乘轮船可坐大菜间,乘火车可坐头等,每日补助旅费经理为20元,厂长、矿长为10元。正股处长、课长、工程师出差乘船坐官舱,乘火车坐二等,每日补助旅费7元。月薪在200元以上的职员出差乘船可坐官舱,乘火车可坐二等,每日补助旅费6元。月薪在100元以上的职员及独立机关的领袖出差乘船可坐官舱,乘火车可坐二等,每日补助旅费5元。月薪在50元以上的职员出差乘船可坐房舱,乘火车可坐三等,每日补助旅费3元。月薪在50元以下的职员,出差乘船可坐房舱,乘火车可坐三等,每日补助旅费2元。

民国十六年(1927年),公司规定工人(不包括采矿、运矿工作的临时工)死亡,工作未满3年者恤金100元。工作3~10年者恤金200元,因公毙命者加倍抚恤。工人请事假照扣工资,如系本身婚娶,给假10天,父母大丧,给假14天,不另给路程假。病假3日内不扣工资,3日以后经验明属实者,给半工,以1个月为限。住厂矿医院治疗者,医药费由矿负担,伙食则自给。因公得疾者,伙食、医药费全由矿负担。工人被裁减,另给薪资1月。担任采运工作的临时工、散工因公毙命,给洋200元,因公负伤致残,厂矿一概不管。

民国二十四年(1935年)七月,汉冶萍公司又制定了职员恤金规则,规定职员因公受伤残,本人不愿再任公司职务者,照原薪给恤金1年,一次发给。职员因公受伤残,改任公司他项职务者,恤金对折给领,伤愈后改派职务,薪水另定。职员因公伤残,终身不能操作,服务满15年者,除照原薪6个月给予一次恤金外,应取得休养员资格,休养金由休养金规则规定。职员因公受伤立时致命,或受重创医治无效,在1月以内身故者,无论服务时间长短,均照原薪给予2年,一次给领。职员在公病故,凡月薪额在100元以内者,给予治丧费洋100元,月薪额在100元以外者,给予治丧费洋200元。职员在公病故,除给予治丧费外,照服务年数给予恤金,在公满1年以上,照给1个月,按年加增至12年,照给12个月,12年以上者,概照12个月给恤。

民国二十四年(1935年)七月,汉冶萍公司同时制定了职员休养金规则。规定职员在六旬以上,服务满15年,有因体弱不堪任职者,令其退休或退职,一经核准给证,即为公司休养员。休养员按照服务年数及原薪最后5年的平均数,凡服务满15年在16年退休者,得给原薪(平均数)的四分之一,服务每增加1年,就增加原薪(平均数)的六十分之一。服务满30年以上者,均照30年计算。凡休养员应得的休养金额至本人身故为止;休养员身故时,公司按照所领金额,给予2年作为赙金,一次发给,以资丧葬。休养员如得公司同意,改任公司他项职务,给其休养金额的一半;若薪水所得,倍于休养金额,则休养金全数停给;所任职务如有停顿,仍继续照给其应得的休养金。职员自行告退或经公司辞退,其有复进公司任事者,休养年资须自进公司之月起算。职员服务在15年以上,而年龄未愈六旬告退者,不得有休养员资格;年龄已逾六旬,因故经公司辞退者,其休养员资格亦即因以取消。

第七章 日本对汉冶萍公司的控制

第一节 《煤铁互售合同》的签订

日本于1897年设立制铁所,择地八幡建厂,附近有丰富的筑丰煤矿,但是铁矿资源贫乏。当时,日本制铁所技师西泽公雄担任清政府的实业顾问,在得知湖北大冶有蕴藏丰富的铁矿后,即向日本制铁所长官建议从大冶取得铁矿石原料,此建议被日本政府采纳,并作为国策定了下来。

光绪二十四年九月(1898年10月)日本侯爵伊藤博文来华访问,向张之洞提出,日本神户船厂能炼焦,拟运湖北,回船时代销大冶铁矿石,张之洞表示可直接与盛宣怀商谈。伊藤博文起初与盛宣怀面商时,欲请盛在大冶指一铁山,划与日本派人自来开挖。盛宣怀"以大冶铁山归华商集股开办,无论何人,不得另行开挖"为由拒绝了伊藤博文。并告诉他:"若照湖南管的木尼办法,仍由华商公司将所挖矿石售运日本,尚可商办。"伊藤博文回国后,遂介绍日本制铁所长官和田来华。经盛宣怀与日本制铁所长官和田商谈后,于光绪二十五年二月二十七日(1899年4月7日)签订了《煤铁互售合同》。合同要点:(1)日本制铁所向汉阳铁厂所属大冶铁矿购买铁矿石,第一年定买5万吨,第二年以后所需数目,于本年三月议院议准后订定,至少为5万吨,……汉阳铁厂购煤至少三四万吨,价格面议;(2)日本制铁所所买矿石的成分及价格,附照清单办理;(3)该处附近产铁山场,除汉阳铁厂自用外,日本制铁所订购在先,如有别项销路,必须先供给日本每年5万吨,决不短缺,如日本要加买矿石,必须照办;(4)日本制铁所也不得于大冶合同之外,于中国各地及岛屿其他矿山,另订购买铁矿石的合同,大冶铁矿也不得将铁矿石卖给在中国有外商股份的铁厂;(5)日本制铁所选派委员二三人,常住石灰窑和铁山,经办购买矿石等一切事宜;(6)合同为期15年。合同还附有购买铁矿石成分清单。第一,磁铁矿:含铁量65%,少于50%以下不买;含锰量0.5%;含磷量0.05%,超过0.08%不买;含硫量0.1%,超过0.5%以上不买;含铜量超过0.4%以上不买。并根据实际含量增减价格。第二,褐铁矿:按含锰量乘2,加含铁量折算矿石价格,其他成分照磁铁矿加15%。第三,磁铁矿价值从订合同之日起至光绪二十七年(1901年)十一月止,每吨定价2.4日元,期满以后再商议价格。

光绪二十六年(1900年)五月二十五日和八月五日,盛宣怀与日本制铁所长官和田及日本驻上海领事小田切万寿之助签订两次条款。将头等矿石价格提到3日元,含铁量改为62%以上;含磷量在0.04%以下的买2万吨,在0.05%以下的买3万吨;含硫量在0.1%以下,含铜量在0.26%以下买2万吨,在0.3%以下的买3万吨。二等矿石每吨2.25日元,含铁量在59%~62%,磷在0.08%以下,硫在0.1%以下,铜在0.3%以下。

同年年初,日本制铁所派西泽公雄为大冶驻在员(或称驻在官),办理矿石输日事宜。七月,日本派饱浦丸等船只首次从大冶石灰窑运走铁矿石1 600吨。

第二节 《大冶购运矿石预借矿价合同》的签订

光绪二十四年(1898年)十二月,日本驻上海代总领事小田切听说盛宣怀为筹措其所管理的汉阳铁厂及大冶矿山周转资金和江西萍乡煤矿开办费用,计划从外国借入巨额资金。于是在给外务次官都筑馨的密信中提出了"由我国提供此项资金,将铁政局及大冶铁矿管理权掌握到我国手中"的建议,西泽公雄也密报日本政府:"借款之举,吾日本能著先鞭,是为上策。"

光绪二十八年(1902年)按《煤铁互售合同》规定,矿石成分与价格商定期限已过一半(5年议定一次),日本担心双方由于价格不能达成协议,合同归于无效。于是想用贷款的办法攫取大冶铁矿。同年十二月二十七日,日本外务大臣小村寿太郎给驻上海代总领事小田切的信中提出:"希望在商定期限届满前,即将我方权利予以确定。为了便于达到上述目的,对于该矿如有贷款之必要,我方决定将进而予以应允。"

盛宣怀接办汉冶厂矿后,经营不善,企业亏损严重,接办半年就亏损银20余万两,3年亏损本银180余万两。为了解决困境,他一是开发萍乡煤矿,二是改造铁厂。为开办萍乡煤矿,他借入德商礼和洋行德金400万马克,还急于搞到一笔款子,以添设炉座,扩充铁厂。遂向日本提出了借款要求。

日本外务大臣小村寿太郎马上给驻上海总领事小田切发出密函,指出日本"对大冶铁矿方针,在于使其与我制铁所关系更加巩固,而为永久性者;同时,又须防止该铁矿落于其他外国人之手,……因此,借款期限亦当以尽可能长期为得策,故特定为三十年。又,大冶铁矿本身不能归外国人所有,固不待说,即事业之经营,也要防止落入外国人之手,此事极为重要。因此,希望明确约定:铁矿之外,其附属铁道、建筑物及机器等一切物件必须作为借款抵押,并在上述期限内,不得将上述抵押品出让或抵押与他国政府和私人。同时,还须要求对方允诺雇用我国技师"。在谈判过程中,盛宣怀对借款期限与担保范围都——接受了。对于矿价盛宣怀主动提出30年不变。后来听说采掘越深,工费越大,与其规定30年间价格不变,不如改为每5年商定一次。遂向日本提出5年商定一次的建议,日本坚持10年商定一次。关于雇聘日本技师,盛开始不同意,经日方解释,日本技师可归他节制后,也就同意了。在这个基础上签订了草合同。

张之洞认为借款300万日元,年利6厘,每年仅交矿石6万吨,只够付息,30年后虽已付540万日元,而本银丝毫未还。于是向盛宣怀提出自己的意见说:"鄙意必须与之订明,每年所售矿石内带还本银若干,利随本减,至少每年收买上等矿约七万吨,……三十年后,我毫无遗累,方为周妥。"经与日方商谈,改为日本每年至少买矿石7万吨,至多10万吨。

光绪二十九年十一月二十八日(1904年1月15日)盛宣怀与日本制铁所代表小田切万寿之助、日本兴业银行理事井上辰九郎在上海签订了

《大冶购运矿石预借矿价正合同》及三个附件。其正合同要点是：(1)借日本兴业银行 300 万日元，30 年为期，年利 6 厘。(2)以大冶得道湾矿山(附图)、大冶矿局现有及将来接展的运矿铁路、矿山吊车、车辆、房屋、修理机器厂(下陆修理厂)为借款担保，此项担保在该限期内不得或让或卖或租与其他国家官商，即使要作第二次借款的担保，应先尽日本。(3)聘用日本矿师。(4)以矿石价还本息，不还现款。由于大冶矿山概系直形，以后采挖越深，工费越多，到 10 年期满，另议价格。(5)每年收购矿石 7 万吨，至多不超过 10 万吨。(6)头等矿石价每吨 3 日元，二等矿石价每吨 2.2 日元。(7)原订《煤铁互售合同》及续订条款延期 30 年，所订矿价到光绪三十一年七月二十九日(1905 年 8 月 29 日)止，以后价按 3 日元和 2.2 日元，照办 10 年。(8)按合同期 30 年，每年以还本金 10 万元为度，如制铁所收购矿石数，除付利息外，尚有多余，可将此数还本，利随本减。(9)制铁所每次将应付矿价径交日本兴业银行，取回银行收条，交到大冶矿局，作为已收还之款抵算。

清政府外务部曾对抵押担保一项提出异议，说用"矿山运路作为担保，甚有流弊"。盛宣怀即与日本领事面议，日本领事说："商家三五万款项，尚须的保，矧十百倍蓰于此？虚指一山作保，并非挂名洋产，担保一节，例难遵删。"盛宣怀于是咨外务部文说："查开议之时，该领事本索全冶矿山作抵押，嗟磨至再，始允虚指得道湾商山作保。其连及运路者，只防阻碍运矿起见。另立专条订明不得在中国设炉设厂熔炼矿石，实已力阻流弊。"又将张之洞所说"至作保一节，凡借洋款，必须作保，况得道湾山厂运路，系商购开，虽指山作保，亦与大局无妨，更无窒碍"的意见转给外务部，清政府外务部才同意签订借款合同，并在借款合同上盖外务部印。

光绪三十三年(1907 年)十一月九日，汉阳铁厂总办李维格与正金银行汉口分行总办武内金平，签订借 30 万日元合同。规定 5 年为期，年利 7 厘，除每年增购大冶铁矿矿石 2 万吨外，对借款担保及矿石价格一律按《大冶购运矿石预借矿价正合同》办理。

同年三月十九日(1907 年 5 月 1 日)，萍乡煤矿向日本大仓组借款 200

万日元,7年为期,年利7.5厘,以萍乡矿局所有生利的财产作抵押。其时大仓组并没有这么多资金,于是请求日本政府协助。日本外务省与大藏省认为大仓组"为现在华南唯一煤矿,保留其担保权,实属有利,故决定全部金额,由政府支出"。即由兴业银行买200万元债券,以6.5厘利率贷给大仓组,再由大仓组借给萍乡煤矿矿局。

第三节 预售生铁价款的商谈

宣统二年(1910年)二月,美国大来轮船公司代表美国西方钢铁公司与汉冶萍公司签订了销售矿石和生铁的协定,并于四月十九日(5月27日)在汉阳铁厂装载生铁输美。后因西方钢铁公司限于经费困难,未能履行合同中的义务而作罢。此事为日本大冶出张所所长西泽公雄探知,他向盛宣怀、大冶铁矿总办王锡绶声明,大冶矿山系担保的矿山,铁矿石决不能卖给其他外国人,并对日本制铁所长官中村雄次郎多次提出购买汉阳铁厂生铁和增购铁矿石的意见未被采纳,表示遗憾。从而促使日本与汉冶萍公司就预借生铁价款1 200万日元进行谈判,后由于发生辛亥革命而未付诸实行。

第四节 中日合办汉冶萍公司

宣统三年八月十九日(1911年10月10日)武昌首义成功。随之,盛宣怀出走日本。在日本时盛宣怀委托李维格与日本正金银行董事小田切商定中日合办汉冶萍公司,于民国元年(1912年)一月二十九日签订了《中日合办汉冶萍公司草合同》。主要内容是:改汉冶萍为中日合办有限公司,定股本3 000万元,中日各半;公举董事11人,中方6人,日方5人,中国人任总经理,日本人任协理,总会计为日方1人,后添中国总会计1人;汉冶萍公司所有一切产业、物料及权利,并按照所享有的特别利益,均由新公司接收。新公司俟中华民国政府电准后,即将此办法通知股东,如有半数股东赞成,则签订正式合同。

辛亥革命后,民国临时政府财政极端困难,曾委托三井洋行向日本借款500万日元,日本则以汉冶萍公司与日本合办为条件,民国临时政府表示同意。日本先通过三井洋行转给民国临时政府250万日元,盛宣怀拿走50万日元,共300万日元。剩下的200万日元待汉冶萍公司股东大会通过中日合办合同后再付。

中日合办汉冶萍公司的消息一传出,全国舆论大哗,纷纷指责盛宣怀。民国临时政府及汉冶萍公司内部也有人反对中日合办。民国元年(1912年)三月十二日汉冶萍公司召开临时股东大会,一致通过草合同无效,第一次中日合办汉冶萍公司遂罢。

民国三年(1914年)日本政府向袁世凯提出"二十一条"要求,其中关于汉冶萍公司的有两款。"第一款,两缔约国互相约定,俟将来相当机会,将汉冶萍公司作为两国合办事业;并允:如未经日本国政府之同意,所有属于该公司一切权利、产业,中国政府不得自行处分,亦不得使该公司任意处分。第二款,中国政府允准:所有属于汉冶萍公司各矿之附近矿山,如未经该公司同意,一概不准该公司以外之人开采,并允此外凡欲措办无论直接间接对该公司恐有影响之举,必须先经公司同意。"袁世凯卖国求荣,激起全国人民的极端愤慨,强烈反对,第二次中日合办汉冶萍公司随着袁世凯的倒台而作罢。这次中日合办,盛宣怀鉴于第一次中日合办"几乎翻船"的教训,虽没有明确表态,但他事后说:"中日合办与其流于形式,还不如向实质上之合办迈进为妥。"后来汉冶萍公司也是按这条路线办理的。

第五节　1 500万日元借款

民国二年(1913年)五月二十日,汉冶萍公司召开股东常会,决定"汉厂全行炼钢,大冶另设铁炉,筹借轻息大宗款项"。同年七月十八日委托日本人高木陆郎赴日借款。借款总额为2 000万日元,其中900万日元用于大冶添设新炉及改良扩充汉阳铁厂、萍乡煤矿。另1 100万日元为善后借款,用于偿还短期重利借款。年利 6 厘,以生铁、钢轨价偿还,将公司所有产业作抵押,公司允选用日本工程师和会计顾问各 1 人。

同年十月十四日日本内阁通过决议,日本政府令横滨正金银行向汉冶萍公司贷款 1 500 万日元。借款消息传出之后,北京民国政府派叶景葵赴上海调查,想阻止这次借款。同年十一月二十八日,民国政府召回赴上海调查汉冶萍公司情况的叶景葵。盛宣怀和日本人怕民国政府下达干涉借款的命令,加快了借款合同签字的步骤,并由北京正金银行代表小田切向袁世凯的秘书长梁士诒、农商总长张謇等指出,如果政府干涉,将引起外交问题。十一月三十日,盛宣怀匆匆召开董事会,完成了借款程序。于十二月二日以董事会的名义报日本制铁所及日本正金银行。十二月三日,盛宣怀与日本制铁所长官男爵中村雄次郎的代理人滕濑政次郎、横滨正金银行头取(总经理)井上准之助的代理人横滨正金银行上海支店副支配人(副经理)水津弥吉签订了五大合同,其要点如下:

合同(一),借款 900 万,扩充厂矿,自本年起至 1953 年,逐年偿还,由第一年至第六年为止,年利 7 厘,第七年以后年利 6 厘,皆付现款,以现有财产及因此次借款发生之将来之附属财产作抵押,并将所有财产,开列清单,交付日本保管。

合同(二),借款 600 万元还旧债用,其他要点与合同(一)同。

合同(三),自本年至 1953 年止,以头等矿石 1 500 万吨、生铁 800 万吨,供给日本,作为偿还之用,将来即使能以现款还债,此合同仍继续有效。

合同(四)及(五),(1)聘请日人为高等顾问工程师。(2)聘请日人为会计顾问。(3)一切工程与购办器械,以及出入款项,应与顾问协商进行。(4)顾问可将公司情形报告日本,并且以后再有新的借款等等,不论巨细须与顾问协商。

借款合同在时间上伪作为十二月二日。随后将担保的所有财产,开列清单并详细绘图交给正金银行。十二月十五日汉冶萍公司与大岛道太郎签订了《最高顾问工程师合同》及《职务规程》。该《职务规程》规定:公司于一切营作改良修理工程的筹计及购办机器等事,应先与最高顾问工程师协议后实行。对于日行工程事宜,顾问工程师可随时提出意见,关照一切;最高顾问工程师为执行其职务起见,随时可调查公司工程进行及其他事业的情形,并得要求关于此类事件为须要之计表,或可发为质问;公司每年应兴事业的计划,应先与最高工程师协议后作决定。同日,汉冶萍公司与池田茂幸签订了《会计顾问合同》及《职务规程》。该《职务规程》规定:公司所有收入、支出之事,应与会计顾问协议后实行;会计顾问随时可以查看公司所有财产、文件、证券及营业报告,并要求关于此类事项以为须要之计表,或可发为质问;公司关于其新起之借款、偿还债务或更改现有债务之条件,不论巨细,应先与会计顾问协议。

民国三年(1914年)一月十日,北京民国政府农商部总长张謇发出命令,要汉冶萍公司将借款合同先呈部核准,方准签字。汉冶萍公司一月二十三日复北京民国政府农商部文说:"照公司历来借款办法,于十二月初二日双方签字,……其所以未先呈核之理由,因日商历次预借铁价等款,据称向与商办公司直接签订。"二月二十三日,日本驻华公使山座圆次郎当面警告张謇,说合同现已成立,"若加以废弃,于理断不允许,若擅自强行,必致酿成国际纠纷而后已。"北京民国政府遂不过问此事。

1 500万日元借款合同签订之后,日本制铁所于民国三年(1914年)六月在石灰窑成立出张所,由西泽公雄任所长,继任为山县初男及松冈辨次郎。

1 500万日元借款中的600万日元系以轻利还重利的,其中付还东方地产公司、三新纺织公司两项欠款,计银230万余两,几占全数之半。这两家公司都是盛宣怀控制的,因此,盛"以公济私,无可解免"。

第六节 生铁、矿石交额与价格的商谈

民国五年(1916年)七月日本制铁所按1 500万日元借款合同的条款,要求汉冶萍公司每年交矿石与生铁数额。当时大冶铁厂因受第一次世界大战影响,不能如期建成,无法按制铁所提出的要求供给生铁。特别是第

一次世界大战期间钢铁价格暴涨,汉冶萍公司生铁、矿石售价按合同规定损失太大。公司董事会请公司高等顾问李维格赴日商谈,先议售价,后议交额。李维格与日方反复商谈,将民国五年(1916年)日方要求交8万吨生铁减至5万吨。生铁按合同定价每吨仅26日元,每吨要亏损16.5元,制铁所长官当即答应增加到42.5日元1吨,比当时汉冶萍公司卖给三井洋行的生铁每吨价63日元,每吨要少20.5元。最后商定生铁价格,以前一年英国克利夫兰瓦伦兹三号铁价加26日元价平均计算为当年价,每年商定一次,如英国铁价下跌,最低以26日元为准。

民国六年(1917年)六月,汉冶萍公司副总经理盛恩颐赴日本落实李维格同日本商定的矿石、生铁交额及矿价。双方商定,从民国六年六月十八日起每吨矿石加价0.4日元,定为3.4日元。过去矿石、生铁在大冶交货,到日本过磅,每吨矿石要补5%,生铁要补8‰,改为在汉口交货过磅为准,矿石每吨补贴降到2.5%,生铁每吨降到4‰。并对9笔借款减年利0.5厘。

民国七年(1918年)十月汉冶萍公司总经理夏偕复再次赴日商定矿石、生铁交额和售价。结果定生铁价每吨120日元,交额为5万吨,不足数以2倍矿石补足。定矿石价每吨3.8日元。价格虽然有所提高,但是当时日本生铁已涨至每吨406日元,汉冶萍公司生铁的售价仅及日本市场生铁价格的33.8%。

第一次世界大战期间,汉冶萍公司总共输日矿石为150余万吨,日本制铁所从压低价格中即获利1 078万余日元,再按铁矿石炼成生铁额推算所获利达1.09亿日元以上;再加上这一时期输日生铁20余万吨,将生铁炼成钢轧成材,钢板从每吨78日元涨到每吨929日元,获取的利润就更多。日本八幡制铁所依靠所获暴利实现了第三次扩充计划,钢产量由宣统三年(1911年)23万吨增长到民国十年(1921年)的55.2万吨。这一时期日元与中国银元的比价是贬值的,民国三年(1914年)100日元折合83.38银元,到民国七年(1918年)则只值46.92银元,仅为民国三年(1914年)的56%。矿石和生铁价虽有所提高,但是实际价是越来越低。日元与银元的比价见表 7-1。

表 7-1　日元与银元比价表　　　　　　　　　单位:元

年　份	民国三年 (1914 年)	民国四年 (1915 年)	民国五年 (1916 年)	民国六年 (1917 年)	民国七年 (1918 年)	民国八年 (1919 年)
日汇率(全年平均 100 日元合现银)	83.38	88.77	72.80	58.11	46.92	41.19

资料来源:日汇率引自《上海总商会月报》2 卷 5 号,1923 年 5 月。

第七节　整理委员会与工务所的成立

第一次世界大战结束,钢铁价格猛跌,汉冶萍公司经济状况日益恶化。民国十一年(1922 年)汉冶萍公司向日本正金银行提出 850 万日元借款,用于完成厂矿扩充工程的未完成项目。日本派出由大藏省、制铁所、正金银行组成的、由大藏省理财局长小野为首的 8 人调查团对汉冶萍公司各厂矿进行了调查。经过 3 年的谈判,于民国十四年(1925 年)一月二十一日在日本东京签订合同、觉书。规定在这 850 万日元中 327.4 万日元作为扩充工程事业资金,汉冶萍公司不能任意动用。借款年息 6 厘,以汉冶萍公司供给制铁所矿石及生铁价值分 35 年归还,以汉冶萍公司现有及因本借款合同所添动产、不动产一切财产,并将来附属此等财产,构成其一部分所有财产为本借款担保。谈判期间,还增加了一批短期贷款。这次借款的剩余款项经扣还短期贷款后,只剩 160 万日元了。时值年关,付欠职工工资等后所剩无几。

850 万日元的借款合同签订之后,日本对汉冶萍公司的经营状况更为关注。民国十五年(1926 年)四月二十四日,日本工商、大藏各省召开汉冶萍公司协商会议。在听取汉冶萍公司会议顾问吉川雄辅报告汉冶萍公司财政穷困状况后,片冈商工大臣提出整理汉冶萍公司的根本与应急两种方针。其根本方针是:(1)趁此机会,实现汉冶萍公司中日合办;(2)必须将技术及经营之实权,委于日本顾问之手。

民国十五年(1926年)八月十九日,汉冶萍公司总经理盛恩颐又到日本提出200万日元贷款的要求。盛恩颐为了达到借款目的,答应了日本下列条件:(1)设立整理委员会,以总经理为委员长、副总经理和两日本顾问为委员;(2)成立工务所,统一技术的改良与工务,由日本推荐有学识与经验的技师为所长;(3)两日本顾问如录用助理员,汉冶萍公司应随时雇用;(4)工程上有必要时,汉冶萍公司承允各厂矿录用日本工程师3名。民国十六年(1927年)一月二十七日签订借款合同。按照合同规定于同年二月十七日通过汉冶萍公司整理委员会章程。规定整理委员会议决的事项,随时抄送给经理处,至迟必须于10日内由经理处实行,唯有特别情况可缩短或延长。民国十七年(1928年)四月十一日在大冶成立工务所,聘请最高工程师村田素一郎为工务所长。下设技师3名,技士3名,事务长1名,事务员若干名。工务所隶属公司总经理处,掌理各厂矿、运输所及其他诸矿山的工作,企业扩充等一切业务悉受其指挥监督。同年四月十一日公司总经理致董事会信说:"兹由经理与日本顾问等整理委员会决议,工务所既经成立,所有关于工务之技术、材料等事,俱应归并该所办理,至本总所所设技术、材料两课形同骈枝,应即裁撤,课长课员一并取消,薪水截至4月底止。"至此,汉冶萍公司的管理权为日本所包揽。日本片冈商工大臣提出的整理汉冶萍公司的方针完全实现。

民国十九年(1930年)大冶厂矿运务股长柳晓明,就运矿码头狭窄问题提出改造建议,建议拓宽旧码头一倍,避免挑夫拥挤,损失矿砂,获得厂矿长赵时骧的同意和代厂矿长李惠之的正式批准后,便组织力量进行施工。工务所长村田在一次会议上当众斥责柳晓明,说柳改造码头是越权行为,并于次日到码头查勘,提看档案,索取图纸,要查办这件事。

汉冶萍公司的汉阳铁厂、大冶铁厂全部停止冶炼和轧材之后,日本当局于民国十七年(1928年)四月制定"关于汉冶萍公司今后措施方案",决定"公司之事业,今后仅限于矿石之采掘与出售,终止生铁生产"。从此,汉冶萍公司沦为单纯为日本开采矿石的机构。

第八节 日本向汉冶萍公司转嫁经济负担

民国十八年(1929年)日本发生经济危机,生铁价格由民国十九年(1930年)每吨100多日元跌到民国二十年(1931年)的60日元左右。日本制铁所9座高炉停开5座,亏损达1 000多万日元。日本制铁所为了转嫁负担,一是减少汉冶萍公司输日矿石,由民国十九年(1930年)的39.2万吨,减至民国二十年(1931年)的27.3万吨;二是压低矿石价格,从民国十八年(1929年)的每吨6.5日元,降到民国二十年(1931年)的每吨3.6日元,下降47%。大冶铁矿的矿石收入由民国十九年(1930年)的3 376 000银元,减到民国二十年(1931年)的1 946 700银元。使大冶铁矿的扩充计划无法进行,仅勉强安装了从瑞士苏尔寿公司购进的发电设备。大冶铁矿这个时期销售日本铁矿石数额和价格见表7-2。

表7-2 大冶铁矿销售日本铁矿石数额和价格表

年 份	销售数量(吨)	销售总额(银元)	平均单价(每吨银元)	日本制铁所付给的价格(每吨日元)
民国十七年(1928年)	399 700	2 198 500	5.50	5.5
民国十八年(1929年)	381 300	2 097 300	5.50	6.5
民国十九年(1930年)	392 600	3 376 000	8.50	5.0
民国二十年(1931年)	273 900	1 946 700	7.11	3.6
民国二十一年(1932年)	330 400	1 376 700	4.17	4.0
民国二十二年(1933年)	351 100	1 564 500	4.46	5.0
民国二十三年(1934年)	465 700	2 081 700	4.47	5.5
民国二十四年(1935年)	490 300	3 019 000	6.16	6.0

续表

年 份	销售数量（吨）	销售总额（银元）	平均单价（每吨银元）	日本制铁所付给的价格（每吨日元）
民国二十五年（1936年）	540 500	2 900 100	5.37	5.5
民国二十六年（1937年）	299 300	1 733 100	5.79	价格不详

资料来源：汉冶萍公司账册，此表数额包括公司收购象鼻山铁矿的矿石。

民国二十六年（1937年）日本发动全面侵华战争。民国二十七年（1938年）十月大冶、武汉相继沦陷。日本军部委托日本制铁株式会社在大冶成立大冶矿业所，对大冶铁矿进行掠夺性开采。民国二十八年（1939年）汉冶萍公司总经理盛恩颐应日方要求，派襄理赵兴昌等，到大冶向日方办理了财产移交手续。从民国二十七年到民国三十四年（1938—1945年）先后从大冶铁矿运往日本的铁矿石达427.76万吨。

汉冶萍公司从光绪二十六年（1900年）起，至民国二十六年（1937年）止，共运交日本制铁所铁矿石9 239 868吨。此外，按民国六年（1917年）以前每百吨补5吨运输损耗，民国六年（1917年）以后每百吨补2.5吨运输损耗计算，汉冶萍公司共向日本制铁所补贴铁矿石296 680吨，而这部分铁矿石是不付矿价的。

汉冶萍公司从宣统三年（1911年）至民国十四年（1925年）共运交日本制铁所生铁783 340吨，按民国六年（1917年）以前每千吨生铁补贴运输损耗8吨，民国六年（1917年）以后每千吨生铁补贴运输损耗4吨计算，共补交生铁580吨，而这部分生铁也是不付生铁价的。

第八章 汉冶萍公司与中央政府和湖北、江西地方政府的关系

第一节 汉冶萍公司与清政府的关系

光绪十五年(1889年)张之洞决定兴建汉阳铁厂时,上奏清廷,要求清廷给予财政上的支持,清廷批准户部从芦汉铁路资金中拨银200万两给张之洞兴建汉阳铁厂,不足之数,由张之洞从湖北地方和其直接掌握的枪炮厂、织布厂筹措。后又根据张之洞的奏请,续拨数十万两。使这一巨大工程得以按计划依次开工。到光绪二十二年(1896年),共费官款银560余万两。汉阳铁厂是中国近代最大的钢铁联合企业。地域广阔,占地面积极大,在兴建过程中各地地方政府给予了大力支持,有些地方知县还直接参加厂矿的筹建工作,扫除了许多施工中的障碍,使基建工程得以顺利进行,按时投入生产。汉阳铁厂投产后,张之洞上奏清廷,请准钢铁免税行销各省及运销外洋,清廷很快议准,汉阳铁厂钢铁行销各省,一律免税。后来汉阳铁厂由于煤焦缺乏,钢铁产品质量不佳,经营管理混乱,亏损严重,造成资金短缺,清廷批准铁厂招商承办。并任命铁厂督办盛宣怀为全国铁路总公司督办,以便销售铁厂所产钢轨及其他铁路器件。在官督商办时期,又给汉阳铁厂很多优惠条件,如修筑铁路,必须专向铁厂定购钢轨;湖北本省无相宜之煤矿,准在湖南、江西、安徽、江苏四省沿江沿海之处随时派员勘寻开采;铁厂所产钢轨及所出各种钢铁料,在本省或外省自开煤矿为本厂炼钢炼铁之用,可免税5年等。对官办时期所用的官款,准予逐年抽还,每出生铁1吨,抽银1两。又饬江西巡抚,要萍乡县援照开平之例,不准另立煤矿公司,土窿采出之煤,应尽厂局照时价收买,不准先令他商争售。这些优惠待遇,促进了汉冶萍厂矿事业的发展。

光绪二十七年(1901年)九月,盛宣怀上奏,请准汉阳铁厂免税展期,得到批准。此后,慈禧太后又批准了盛宣怀和湖广总督赵尔巽的奏请,将汉冶萍煤铁厂矿改为完全商办公司。商办之后,招收商股,扩充资本,使公司生产有所发展。

宣统三年(1911年)初,盛宣怀以"铁路国有"为名,将已归商办的川汉、粤汉铁路干线路权作抵押,向英、德、法、美四国借款,激起铁路风潮,成为武昌起义的导火线。此时,盛宣怀与日本正金银行北京支店经理直接接触,想把汉冶萍公司准备向日本借款1 200万日元的合同正式签订下来,并要求日方在签订合同时立即交付100万日元,两个月后再交500万日元,打算将这600万日元中的一半借给清政府作军费。随着革命形势的发展,清政府为转移国人视线,下令革除盛宣怀的职务,借款合同未能签字。盛宣怀在外国使馆派兵保护下,先到天津,后转青岛、大连,十二月底,同公司协理李维格、公司驻日商务代表高木陆郎、正金银行董事小田切一起前往日本神户。

第二节　汉冶萍公司与南京民国临时政府的关系

辛亥革命后,各省成立军政府,对盛氏家产和汉冶萍公司各厂矿采取了查封和没收措施。盛宣怀在日本期间,曾拟把汉冶萍公司改为"中日合办公司",以便取得日本借款,并拿出其中一部分向南京民国临时政府"输成报效",与新政权拉上关系,保住自己的产业。盛在大连期间,曾与日本正金银行董事小田切进行过200万日元借款的谈判,小田切提出"中日合办"汉冶萍公司,作为借款的一项条件,并初步拟定新公司中日出资各半。当时因国家大局未定,盛未作肯定答复。盛在日本得知南京民国临时政府正在通过日本三井公司上海分公司向日本借款的情形,便与日本财团合谋,通过这笔借款,取得民国临时政府批准"中日合办"汉冶萍公司。民国临时政府因急于得到借款充作军费,同意了"中日合办"的主张。

民国元年(1912年)一月二十九日,盛宣怀委托李维格代表公司在日本神户与日商代表小田切签订了汉冶萍公司"中日合办"草约。接着又与日本正金银行、制铁所签订了《预借矿石价值合同》和"特别合同"。以汉冶萍公司的大冶铁矿矿山、铁路暨其余在大冶一切产业作为第二次抵押,向日本横滨正金银行借日金300万元,再通过日本三井洋行转借给民国临时政府。由三井洋行出头,与民国临时政府签订借款合同,合同以"中日合办"汉冶萍公司为基本原则。二月十二日,盛宣怀从日本正金银行提取了300万日元的借款,把这笔钱转一部分给三井洋行,三井洋行转给民国临时政府250万日元。

"中日合办"汉冶萍公司的消息传出后,举国哗然。上海《申报》、《民声日报》先后连载了由民社、湖南共和协会、江西联合分会、四川共和协会、河南共和协会、国民协会和中华民国联合会等团体联名发表的《汉冶萍合资公揭》的长文。指出:"汉冶萍公司,非纯粹完全之商办,盛宣怀不能以公司名义,有与外国人合股之权;汉冶厂矿业经注册,属于股份公司,盛宣怀不能以个人名义,有擅借外债及合外股之权。"文中还说:"盛宣怀阴柔奸诈,才足济奸,凡以上所云汉冶萍公司成案,均为其一手所规定,岂不知变更章程,均有种种障碍,特以民国初立,一切案卷均在湘鄂,且值财政困难之际,彼即肆其蒙蔽手段,欲使人当此恶名,彼得攫其实利,然则盛宣怀之狼子野心,欲欺我千辛万苦缔造之民国政府,不啻欺我四万万同胞所组织之民国。"该文最后提出四项主张:(1)盛氏私产充公;(2)盛宣怀既为卖国奴逃至国外,其家族一律逐出民国之外;(3)汉冶萍公司各股东应即反对盛宣怀合办之举,不反对者即系同党,股票充公;(4)凡助盛宣怀为虐经手此事(指中日合办汉冶萍公司)之人,经查明姓名而不宣布取消者,即与盛宣怀一同宣布死刑。

《汉冶萍合资公揭》公布之后,各界反对"中日合办"的声浪更加高涨,湖北方面由官绅组成的共和促进会,致电民国临时政府孙大总统和各部部长,表示反对。黎元洪也以副总统名义,特别致函民国临时政府参议院,表示反对。湖北议员张伯烈等到参议院发动,对政府提出咨询,其他各省也纷纷反对。汉冶萍股东也以中日"合办"有损"国权、商业",群起反对,股东龙黻葵、马维桂等10人致电盛宣怀说:"阁下拟以汉冶萍厂矿与日人合办,殊深骇异。查公司向章,不准掺入洋股。阁下既未商各股东开会决议,辄以私人资格擅与外人订约,不独国权,亦我等血本所关,断难承认。"

盛宣怀密电上海下属,要他们"运动报界勿肆议论"。这时孙中山意识到,把借款与"中日合办"汉冶萍连在一起,互为条件,是日本设的圈套。于是两次亲自到参议院提出咨文,毅然退出"中日合办"草约,并正告盛宣怀"万不能以已由政府核准为借口",继续搞"合办"。

3月22日,汉冶萍公司召开临时股东大会,公决汉冶萍公司与日本合办合同一事,到会440人,计20.8838万股,占公司全股的80%,全体投票,一律反对合办。盛宣怀在强大压力下,被迫废约,并辞去公司总理职务。

第三节 汉冶萍公司与北京民国政府的关系

"南北和议"告成后,清帝退位。孙中山辞去临时大总统职务,袁世凯在北京就任临时大总统。汉冶萍公司为恢复汉阳铁厂的生产,推举叶景葵、袁伯葵、杨翼之为代表,到北京谒见袁世凯,请借公款恢复汉阳铁厂停工的炼铁炼钢炉。后借到民国元年8厘公债200万元,向正金银行作押,遂恢复汉阳铁厂的生产。民国元年(1912年)六月,汉冶萍公司向民国政府呈请所产钢铁煤焦出口,转口一切关税厘金及内销捐,永予蠲免,财政部批示展缓5年。8月20日,汉冶萍公司董事会呈文民国政府大总统、国务总理、农商部申请"国有"。民国政府犹豫不决,日本极力反对,并进行干预,汉冶萍公司只得撤销对"国有"的申请。

民国元年(1912年)九月,盛宣怀从日本回到上海,不久,又重掌汉冶萍公司大权。为了扩充汉阳铁厂和兴建大冶铁厂,又向日本举借新日债1 500万日元。当盛派代表与日本财团谈判时,民国政府农商部派叶景葵、施肇曾、杨廷栋等3人到沪调查,阻止这次借款活动。叶等向盛宣怀表示,政府不愿意汉冶萍公司向日本举借新债,今后可向日本以外的欧美资本家借入。并告诉盛,上述意见袁世凯与政府的某些要人皆有同感。盛宣怀说:"此次向日借款交涉,全由我自身担当。……此次交涉借款中九百万元,乃前年北京交涉之一千二百万中借款。当时清政府已有存案,日本亦曾以此事通过内阁会议来完成此一合同签字手续。……且从欧美借款,到底不如向日本借款有较多有利条件,即向欧美借款时,完全系一种借贷关系,贷主每多注意于更多利益,利息也高,借款实收九八或九五,最近甚至还只八九和八五左右,且尚有技师会计之监督以及机械和其他材料之买入与制品代售等均非经货主之手不可苛刻条件。然日本不同,只要矿石及生铁供给条件相宜就可,事实上日本若得不到此等物品,它也就非由外国输入高价而且多额之钢不可。然就矿石和生铁贩买一点而论,乃公司利益,此只不过黑铁同黄金交换而已。日本对公司借款,无一次有九五扣或九十扣之事,借款全部得到。"农商部总长张謇于民国三年(1914年)一月十日向汉冶萍公司发出指令,公司借款合同要先呈部核准,方准签字,否则无效。一月二十三日,汉冶萍公司复民国政府农商部文说:"因汉冶萍奏明纯属商办性质,历来合同借票,皆系公司签字,商借商还。故所订合同,部未过问,公司亦未报部。"并说合同已正式签字,借款已如数交收。农商部接到汉冶萍公司的复文后,于二月十七日发回批文说:"矿山抵借外债,本部不能视为有效,应即暂缓实行,静候本部会商财政部酌定办法再行饬遵。"

日本政府看到民国政府干涉这次借款,一面经汉冶萍公司驳复批文,一面通过外交途径对民国政府进行威胁,先由正金银行出面向张謇提出抗议,接着日本驻华公使山座圆次郎致书警告民国政府代理国务总理、外交总长孙宝琦。由于日本的干涉,民国政府态度日渐软化。

汉冶萍公司地处鄂、湘、赣三省,虽然有日本撑腰,但没有本国政府的支持还是不行的。当与日本签订1 500万日元的借款合同之后,盛宣怀于民国三年(1914年)一月与再度到沪的民国政府矿务局局长杨廷栋等接谈三次。盛宣怀提出了一份"官商合办"汉冶萍公司的简明节略,交杨转呈农商部,双方大致议定:(1)官商资本各1 300万元;(2)大冶新炉建设,除由向日借款外，所少活本拟请政府设法暂为借用；(3)公司董事会拟定若干人，官商各半；(4)经理拟定两人，一官一商；(5)湖北、江西两省公司厂矿，应请中央政府保护维持。二月二日，汉冶萍公司董事会致电民国政府国务院和农商部，申请"官商合办"。二月五日，民国政府国务院复电，要汉冶萍公司开股东大会议决，用正式公文呈请，再行接办。三月七日，汉冶萍公司召开股东大会，到会股东1 200余人，民国政府农商部和湖北省地方政府亦派代表列席了会议。大会由王存善主持，股东一致通过了"官商合办"议案。四月十三日，汉冶萍公司董事会盛宣怀等呈文民国政府国务院及农商部，正式申请"官商合办"汉冶萍公司。

民国政府接汉冶萍公司呈文后，决定先从调查汉冶萍公司的情况入手，遂派曾述棨、王治昌两人赴沪调查。曾、王到沪后，会见了汉冶萍公司有关人员，将调查情况分别汇编成册，计历年收入股本1册，历年支出利息1册，借日债600万元用途1册，借款总细数1册，职员录1册，厂矿局所经费1册，军兴损失1册，15年预算甲种、乙种各1册，详答办法三端1册，共计10册。汉冶萍公司拟好的商办、国有、官商合办三种办法对政府的具体要求如下。若商办，要求政府四事：(1)前欠部款480万两请另立借票，减息延期；(2)军兴损失，请将上年部发公债票500万元暂行抵偿；(3)汉冶萍原奏各项税捐均纳在1两铁捐之内，请求10年之内仍照旧章；(4)公司在大冶矿山附近设炉，所有官家铁山允许公司开采。若国有，要求政府实出银1 000万余两，即可将华商股票全行收回，所有汉冶萍厂矿不动产一并皆为国有。若官商合办，要求公司所欠官款规元银480万两列作股票，再加入现款7 580 420元凑成股本3 000万元，以商股均平，即可敷用，至须政府辅助者，与商办略同。

七月，曾述棨上袁世凯报告书，将调查汉冶萍公司内容真相，据实详陈。又上《为汉冶萍厂矿办法略陈意见》的长文，建议就汉冶萍公司原拟三端内，以收归"国有"，为唯一办法。八月，袁世凯把曾述棨的报告交给农商部总长张謇核办。张謇在致袁世凯的呈文中认为定公司"国有"政策是他日之方针，其过渡办法为"官商合办"，政府可将官股和公司所欠官款一律改为官股。如果决定先合办后"国有",其办理办法须分对内对外两种:对内,将作官股的,先令汉冶萍公司核数填给股票,然后修改董事会、股东会章程。董事由股东选举,经理由董事公举,财政、交通、农商三部皆有资本,即皆是股东。所举的董事、经理,即在到会代表之中,呈由大总统选定,再行派出。其营运活本,须政府陆续筹拨,可作借款,亦可议作续增股份。官股增多,则监督之权自然增重。对外,汉冶萍公司所借新旧日债约 3 000 万元,原订合同皆以生铁矿石作抵,按汉冶萍公司从前预算,15 年即可还清,目前继续以生铁矿石抵债,债主亦无可置词。俟基础稍固,债务稍轻,商股愿卖者,亦可由国家陆续收并。到官股过三分之二时,以公平的价格收归"国有"。

十二月,袁世凯通知农商、交通、财政各部转令驻上海的江海关监督施肇曾就近彻查汉冶萍公司款目和历年办理情形,并会同股东逐款清查。汉冶萍公司在施肇曾的要求下,将刊印的历届账略,《汉冶萍商办历史》及由上次曾述荣、王治昌调查所编的清册,汇编的《汉冶萍调查历史》送给施肇曾查阅。并把李维格、王勋、杨学沂介绍给施肇曾,以便有事面询。

自"官商合办"之议一出台,日本就出面进行干涉。正金银行上海分行经理儿玉谦次和副经理水津弥吉在总行的指示下,几次会见盛宣怀,提出一连串关于"官商合办"的质问,并当面警告盛,要求在未经日本同意前,"官商合办"一事暂停进行。日本外务大巨牧野密电指示日驻华公使山座园次郎:"中国方面近有汉冶萍公司官商合办之议,而我方希望公司照旧商办,希阁下了解此意,并望转电上海总领事。"由于"官商合办"方案既经汉冶萍公司正式向民国政府提出,并已由民国政府加以考虑,盛宣怀不可能又把"官商合办"申请从政府方面撤回来。日本干涉"官商合办",也缺乏"合法"根据,因为历次借款合同都没有不准汉冶萍公司官商合办的规定,日本也无可奈何。不久,日本政府向袁世凯提出旨在吞并中国的"二十一条"要求,其中包括了汉冶萍公司"中日合办"条款。汉冶萍公司"官商合办"之议便无法继续进行下去了。

"官商合办"计划破产后,盛宣怀提出把汉冶萍公司董事会长一职让给民国政府总统府政事堂左丞杨士琦。杨不愿当董事会长,推荐孙宝琦以自代。孙当时任民国政府审计院院长,受袁世凯之托,接受了这个职位。

孙宝琦在"内定"为汉冶萍公司董事会长后,就开始为公司进行活动。首先替盛宣怀向袁世凯请求维持公司财政,袁答应拨还陇海轨价 30 万两(公司曾向邮传部预支轨价 200 万两,陇海路向公司购用钢轨,本可不付现款,而以预支轨价抵付,袁答应拨还 30 万两,是为通融)。民国四年(1915年)五月初,孙以审计院院长出巡为名,到上海和盛宣怀交换意见,还到大冶铁矿、汉阳铁厂视察。盛宣怀还提出 12 项有关公司生产经营上享有特权的要求,请孙宝琦转给袁世凯。这 12 项要求是:(1)继续开采阳新锰矿;(2)照旧案定萍乡矿界;(3)大冶官矿归汉冶萍开采;(4)汉阳铁厂大别山穿洞通车;(5)由政府颁定全国铁轨式样;(6)由政府通令全国铁路购用汉阳铁厂所制轨件;(7)萍株铁路从速添车修桥;(8)公司厂矿运料轮驳,免纳船钞;(9)核减萍株铁路运费;(10)免付大冶铁矿自治捐;(11)发还各铁路结欠轨价;(12)发还政府租用煤价款。通过孙宝琦的活动,这些要求大都实现了。

民国五年(1916年)十二月十七日,公司再次向民国政府提出钢铁煤出口内销厘金捐税永予蠲免,财政部批准再免关税厘金 5 年。

第一次世界大战爆发后,世界钢铁价格上涨,但汉冶萍的经济情况窘迫,无力发展生产。于是由孙宝琦牵线,汉冶萍公司与通惠实业公司开始了借款谈判。通惠实业公司为安徽人孙多森创办。孙多森在清末是袁世凯的僚属,民国初年任中国银行总裁。孙多森创办的通惠实业公司设在北京绒线胡同路北,民国政府中的安徽人周学熙、杨士琦都参加了。周学熙当时掌握着民国政府的财政大权。

民国五年(1916年)六月初,孙宝琦和王存善通过杨士琦向民国政府提出借款要求,杨士琦召集周学熙、梁士诒等商议,同意由通惠实业公司出面借款给汉冶萍公司。借款办法由通惠实业公司发实业债票,民国政府担保,每年拨付汉冶萍公司 300 万元,4 年共 1 200 万元。政府出息 6 厘,汉冶萍公司贴息 2 厘。第五年起,分作 10 年归还本息。由政府派督察、稽查各 1 人到汉冶萍公司进行监督。

六月中旬，孙宝琦、王存善与通惠实业公司谈判借款条件，通惠实业公司首先提出汉冶萍公司的总经理一职，应由通惠实业公司推荐，并须实行经理负责制，即总经理有用人办事和核定组织章程的权限。通惠实业公司开始推荐孙多森为汉冶萍公司总经理，后因孙多森不就，改为赵椿年。接着就总经理的权限进行谈判。汉冶萍公司强调照商律及公司章程，总经理责任范围、公司员司人等，均可由总经理节制，遇有大小事件，随时会商董事会办理。通惠实业公司则要求总经理须有用人办事全权，黜陟无须预告公司，组织及办事章程由经理核定。通过多次商谈，盛宣怀接受了通惠实业公司所提条件。不久，通惠实业公司又提出另一条件，借款须以汉冶萍公司股票抵押，并须将股票交通惠实业公司保管，汉冶萍股东倘股票转卖，只准通惠实业公司经售，如查出卖与非中国人，或将股权私授与非中国人，得由汉冶萍公司取消其股东权利，并照违背本国法律办理。当王存善从北京带回由孙宝琦和他跟通惠实业公司草拟的借款合同及其附件时，盛宣怀不愿接受，但又不敢公开和民国政府决裂，于是让公司商务所所长及兼代经理王勋把借款合同及其附件送给日本会计顾问看，又电召高木陆郎到上海，要高木陆郎转告正金上海分行经理儿玉谦次，由正金银行以债权人的地位提出质问，并索阅借款合同及附件（原双方约定不让日本人知道借款合同内容，尤其是附件内容）。

十月十六日，儿玉写信给汉冶萍公司董事会索阅借款合同及附件，董事会立即照办。二十五日，儿玉通知董事会说："汉冶萍公司与通惠实业公司借款合同，于精神上显然违反敝处与该公司向来合同之宗旨。……故敝处断难承认。"正金银行驻北京代表小田切万寿之助于十一月十六日访问孙宝琦，并交给孙宝琦两纸信函，反对汉冶萍公司与通惠实业公司的借款合同。

由于日本出面干涉，借款合同签字被搁置下来。

十一月初，民国政府看到日本的态度强硬，答应可以修改合同条文，全部股票抵押条件可以取消，其他条件也可再商。这时，盛宣怀提出了自己的条件:不要通惠实业公司发实业债票,把借款改作政府欠款,并保息14年。正金银行也提条件:将通惠实业公司借款作为往来借款,不用条款规定。民国政府对盛宣怀的条件表示不能接受。十一月下旬,正金银行向汉冶萍公司董事会表示最后态度,绝对不准通惠实业公司借款成立,否则要实行"中日合办"汉冶萍公司。这样,借款谈判中断。

民国十年(1921年)三月三十日,大冶铁厂建成后,民国政府财政部税务处核准,凡大冶铁厂所炼生铁出口,概予免纳捐税。民国十五年(1926年)十月三十日,财政部税务处赓续前案,准汉冶萍公司铁砂运销中外,展免关税厘金5年。从民国元年(1912年)到民国十五年(1926年),民国政府对汉冶萍公司的捐税都是一律减免,从未征收。

第四节 汉冶萍公司与武汉国民政府的关系

民国十五年(1926年)九月北伐军到达武汉后,广州国民政府迁汉。鉴于汉冶萍厂矿停产,武汉国民政府筹划对汉冶萍公司及其厂矿进行整理接管。交通部长孙科以汉冶萍所产煤、铁、钢都是铁路所需的材料,而交通部所属的株萍、粤汉铁路又是汉冶萍煤铁运输要道为由,为交通部争得了主管汉冶萍公司的权利。民国十六年(1927年)二月二十八日,中央政治会议决定,准由交通部设立整理委员会,切实整理汉冶萍公司。孙科向汉阳铁厂代厂长黄金涛表示,"政府对于公司当负责保护",嘱黄电促汉冶萍公司速派代表到汉面议。

三月初,汉冶萍公司派孙河环和盛铭为代表到汉。三月十一日,武汉国民政府交通部公布整理汉冶萍委员会章程。其要点如下:(1)委员会受交通部之指挥监督,对于汉冶萍公司一切整理事宜有完全处理之权;(2)交通部派委员5人,以其中1人为委员会主席,汉冶萍派代表2人;(3)部派委员有3人就职时,委员会即行成立;(4)委员会每星期开常会一次;(5)委员会委员因事故不能出席时,得呈部批准派代表出席,但仍以本人负责;(6)委员会讨论各事,悉依多数取决可否,同数时,取决于主席;(7)委员会议有部派委员3人出席,即得开会;(8)委员会不设常务委员,一切日常事务之管理指挥及本会议决案之执行,皆由主席负责办理;(9)委员会主席因事故得派代表出席,执行一切职务,其权限与主席同;(10)本章程自公布日起执行。三月十七日,整理汉冶萍公司委员会正式成立。黎照寰任主席委员,吴尚鹰、陈延炯、谌湛溪、刘义任委员。六月十三日,整理汉冶萍公司委员会致函汉冶萍公司,告以整理委员会接管汉冶萍煤铁厂矿有限公司各煤铁矿厂,全部实行整理。凡汉冶萍矿厂生产力,专用于巩固及发展中国钢铁及其附带事业,不作别用。六月二十一日,致函日本驻汉总领事,告知本会遵奉武汉国民政府交通部令组织成立,所有汉冶萍公司各煤铁矿厂全部已同时接管。请领事转知日本购买大冶铁砂的商人,以后购买该矿矿砂直接到整理委员会接洽。

七月二十五日,汉冶萍公司致电武汉国民政府,对接管提出抗议:"敝公司对此非法行为,绝不能承认。为此,吁恳政府迅即收回成命,并撤销接管委员会,以光党治而恤商艰。"八月十七日,汉冶萍公司总副经理致函日本正金银行总经理儿玉谦次说:"整理委员会有派员接管冶矿之议,并接该委员会公函调阅公司售砂合同案卷。似以凭恃强权非法行动,敝公司固受摧残,而于贵国债权亦受重大之侵害。"

在此期间,整理汉冶萍公司委员会并没有认真整理汉冶萍公司厂矿,使其恢复生产。

第五节　汉冶萍公司与南京国民政府的关系

民国十六年(1927年)八月二十六日,武汉国民政府的"整理汉冶萍委员会"在汉举行最后一次会议后,随着"宁汉合作"迁到南京。国民政府交通部接收了整理汉冶萍委员会。武汉国民政府交通部所派委员黎照寰、吴尚鹰、陈延炯、谌湛溪全体辞职,会务亦停顿。交通部长王伯群派次长李仲公为整委会的主席委员,黎照寰、朱履和、赵世暄为委员,谌湛溪为专任委员(称新整理委员会,简称整委会)。同年十二月十日致电大冶铁矿工会,告以"议于最短期间,派人接管冶矿,请嘱工人安心工作"。十二月十八日,整委会决定派技佐黄伯逵赴大冶铁矿,调查工人及一切情形,并长期驻冶,随时呈报。还致函上海日本领事,告以日方今后购买铁砂,须向整委员会办理。并电告汉阳铁厂和萍乡煤矿,要汉阳铁厂厂长黄金涛保存该厂材料器件,除奉整委会令外,不得以任何物交任何机关;聘萍乡煤矿李德煦代工程处长兼代矿长。

十一月十八日公布整委会暂行章程。其要点如下:(1)整委会直隶国民政府交通部;(2)凡汉冶萍煤铁矿厂所生之利,专用于巩固和发展中国钢铁及附带事业;(3)整委会设主席委员1人,专任委员1人,设委员5～9人;(4)汉冶萍公举代表2人为整委会委员;(5)整委会有委员三分之一列席,即可开会议事,以多数取决之,若同数,则取决于主席;(6)整委会一切议决事项须呈部长核行;(7)整委会设秘书1人,技士1人,技佐1人,承专任委员之命,办理会所事务;(8)整委会处理事务得酌用书记;(9)整委会委员每人月支公费120元,专任委员另支月薪400元,秘书月薪50元;(10)整委会会所及驻汉办事处,暂由交通部按月垫借2 000元;(11)本章程如遇有必要时,随时呈请交通部修改;(12)本章程呈请国民政府备案后,所有前此颁布章程即行无效。

接着,整委会专任委员谌湛溪拟就了"整理汉冶萍煤铁矿目前着手办法",其要点如下:(1)提高砂价。停止一切债务之息,提高大冶铁砂出售之价,为整理入手办法。大冶铁砂售与日商,其价格先为每吨3日元,继改为每吨3.8日元,又改为4.5日元。本会当定砂价为每吨华银7元。(2)用人。整理着重用人,本会用人,无论工程事务,全以曾受矿业或工程及其他特别训练者,简言之,则全部人员技术化。(3)理财。本会于各矿厂,均派专门会计,帮同各该矿厂长,钩稽出入,又矿厂工人团体,果属纯洁,本会承认其代表,稽核矿厂支销。(4)大冶铁矿。工程第一步,为修理大冶铁矿之铁路车辆及码头;次则开拓铁山,以复每日能出三四千吨之旧观。(5)萍乡煤矿。大冶铁矿整理就绪后,以25万元发萍乡煤矿一个月薪工,并略添材料,修理洗煤台,以后每月发经费20万元,则每月300吨之焦便可供给。

(6)汉阳铁厂。萍乡煤矿能日供焦炭300吨,运输不滞,则汉阳铁厂可开化铁炉(高炉)1座。每月生产生铁6 000吨,有毛利54 000元。(7)结论。先接管大冶铁矿,次及萍乡煤矿;萍焦能源源接济,即开汉阳铁厂高炉1座。整理之规划,自待接管后,充分研究,方得详言。惟钢为最后之鹄的,煤与铁砂,为其始基,大冶铁矿既已就绪,第二步当集中全力,开拓萍乡煤矿。此项方法,以整理就绪为限;至产业之所有权,不因整理而动摇。即"偿清一切内外债务,而矿厂事业确已巩固,则整理事毕"。

这个办法经整委会讨论后,送交通部长王伯群核定,最后由国民政府批准。

在国民政府尚未正式批准谌湛溪的计划之前,先派技佐黄伯逵先行到大冶铁矿调查,作接管准备。黄伯逵于民国十七年(1928年)一月四日抵达大冶铁矿。大冶厂矿厂矿长赵时骧获悉整委会要派员到大冶铁矿调查的消息,即发电向上海汉冶萍公司请示办法,公司以日方正派人至南京抗议,要赵镇静如常。赵时骧在公司和驻矿日本人的支持下,对黄伯逵不予理睬,黄只好到石灰窑的客寓下榻,后迁得道湾。时值矿山工人向厂矿要求分发年红,黄伯逵乘机散发了一些标语:如"打倒帝国主义,实行总理农工政策、实业政策!""矿是一切文明的先锋!""矿为万事根本,打倒垄断大企业的资本家!"

民国十七年(1928年)一月九日,日本外务大臣田中义一对驻南京的日本领事田岛昶亚一发出机密训令,说日本政府决定采取如下"应急措施":(1)定今春派遣公森驻华财政事务官,如有可能,制铁所及正金银行代表也一同参加,赴有关各地视察汉冶萍公司实况,使中国方面充分了解日本对本问题十分重视。(2)该事务官等到达南京后,应由贵领事(当时各国驻华使节都留在北京,故日本政府向国民政府的一切交涉,都由日本驻南京的领事出面进行)偕同诸人访问南京国民政府当局,用书面或口头提出抗议。(3)有关各省业已协议,同意目前在大冶附近停泊军舰,以监视中国方面之不法干涉。不久公森太郎率领"视察团"起程前来中国。

一月二十一日,日本军舰"嵯峨号"开到石灰窑江面。一月二十五日,日本军舰"浦风号"亦抵达石灰窑。大冶厂矿当局于一月二日、二十五日、二十六日、二月一日开专车迎接日本水兵着军装上岸宴会。日方表示，国民政府如来接管大冶铁矿，日本将派陆战队600人上岸"保护"。

二月六日，公森太郎一行到达上海。九日，日本驻上海领事矢田和汉冶萍公司的日本顾问吉川陪同公森太郎到达南京。当日午后，公森在南京投帖拜会外交、交通、财政各部及总司令部，然后请外交部约会三部代表，十日中午，中日双方举行正式会谈。国民政府迫于日本的压力，在谈判时表示对汉冶萍公司的接管问题，还只是准备之中，并未实行；将来实行时，一定先同日本协议。不久，交通部发出命令，撤回派往大冶铁矿的技佐黄伯逵。

公森等日人先后到武汉、南昌"视察"完毕，回到上海时，对访问他的记者说："此行奉命之目的，已达成十分八九。"二月底，公森一行回国，停泊在大冶石灰窑江面的日本军舰亦撤离。

民国十七年（1928年）三月，国民政府成立农矿部，易培基任部长。四月，交通部将整理汉冶萍委员会移交给农矿部。农矿部继续进行汉冶萍公司的整理工作。

易培基接手后即改组整委会，委派陈郁、胡博渊、袁良、蒋蔚仙、林实为整委会委员，李业隆为秘书。并行文湖北、湖南、江西三省政府及铁道、外交、财政三部，要求各派代表参加整委会。五月十八日，公布整委会章程。接着，由陈郁代表农矿部提出"整理意见"：(1)参照交通部整理招商局办法，先从接管入手，以政府力量，帮同公司整理；(2)整理方法，首先宜次第开工；(3)提高砂价；(4)修改条约，改良交通；(5)清理账目，裁汰冗员。"整理意见"提出后，湖北、湖南、江西三省表示赞助，外交部表示尽交涉之责。

同年十二月三十日，国民政府农矿部整理汉冶萍委员会开会议决，限令汉冶萍公司于民国十八年（1929年）三月十五日以前，将所有煤铁厂矿及一切财产交由整委会接管，以便整理。二月二十三日，国民政府行政院批准了农矿部转呈的这个决议。三月一日，农矿部发出五二五号训令，正式通知汉冶萍公司。

汉冶萍公司接到通知,立即告诉公司的日本顾问。日本顾问吉川雄辅和制铁所在上海的代表山县初男等马上给上海的日本总领事馆报信,要日本领事馆抗议。三月四日,驻上海的日本总领事重光葵向国民政府外交部提出第一次抗议,要国民政府立予收回成命,以保日商债权。十四日,重光葵以国民政府迄未答复,致函国民政府驻上海交涉员金问泗,向国民政府提出第二次抗议。经过日本两次抗议后,农矿部允许将接管期展延20日,但未收回成命。四月八日,重光葵提出第三次抗议。农矿部以汉冶萍公司不服从接管命令,呈请国民政府行政院取消公司法人资格,行政院未予批复。五月十一日,总司令部参谋长杨杰在华餐社招待日本制铁所大冶出张所所长山县初男时说:"昨日阁下所谈汉冶萍接管问题,今晨已向蒋主席(蒋介石)汇报。主席嘱转告阁下,就本问题而言,决不会做出不法事情来,可以放心。"山县当即表示:"听贵所言,已安心了。"

第六节　汉冶萍公司与湖北地方政府的关系

一、矿权

张之洞开办大冶铁矿的时候,在大冶圈购了大批矿山,连同盛宣怀在光绪三年(1877年)置购的几处矿山,总数达到40余处。光绪二十二年(1896年)张之洞交盛宣怀招商承办时,只将尖山(部分)、薯草林、白杨林、铁山寺、纱帽翅、陈家湾、大冶庙、铁门坎等8处锰、铁矿山,康中、马头、王三石、凤凰山、藕塘、五庙窿、李士墩(一名飞鹅头)、飞鹅尾、华兴窿、中山脑、株树下、道士袱、明家湾、白锋尖等14处煤矿及油花脸、老虎垱等无矿之山,金银坡、陈家山2处铅矿交给了盛宣怀。而象鼻山、老鼠尾、鲇鲏地、方家山、尖山(北乡东山堡)、尖山脚、山窿头、王家山、松树坪、铜录山、石臼山、余家山、猪头山、四顾山共计14处矿山仍归鄂省所有。

光绪三十三年(1907年),盛宣怀要求将官山拨给汉阳铁厂承购开采,被张之洞拒绝。张之洞在咨复盛宣怀文中说:"查大冶矿山,官拨归商之山,厂商自购之山,应归于商,官不过问,至官家另购之山,应归于官,商亦不能觊觎。"又说铁厂"应将官购及商购各山按脉寻矿,深求蕴蓄,不能以浮面采取了事……如矿脉已尽,即深挖也不敷冶炼,应俟官家矿山开办,购取官家矿石添炼,届时可以由地方官与厂商另议矿石价值……"。

民国元年(1912年)四月初,湖北省地方政府约同江西省地方政府派调查员赴上海了解汉冶萍公司情况,作为接管汉冶萍公司的依据,并任命蔡绍忠为汉阳铁厂监督,纪光汉为大冶铁矿监督,准备接管。汉冶萍公司向北京民国政府提出控诉,日本又出面干涉,湖北地方政府只得将两处监督撤销。民国三年(1914年),湖北旅京同乡官绅金永炎等在北京组织清查汉冶萍事务所,派代表魏景熊回鄂联系。魏景熊回鄂后,省议会派他前往上海交涉,魏在病榻面晤汉冶萍公司董事会副会长盛宣怀,向汉冶萍公司提出股权、地权(股权即湖北省公款560余万两,应依公司章程填给股票计息,地权即铁捐、砂捐)与之交涉。汉冶萍公司除了对填给股票办法进行讨价还价外,还向湖北地方当局提出将大冶官山作价拨给公司采用,作为交换条件,并特别指名索取官山中的象鼻山。此议被湖北地方当局拒绝。

民国三年(1914年),湖北省成立官矿公署,准备自行开采象鼻山铁矿。汉冶萍公司把重点转向争夺纪家洛(即灵乡)铁矿。纪家洛铁矿蕴藏量大,品位高,早在清末,盛宣怀曾以"广仁善堂"名义,在纪家洛圈购矿山4处。民国六年(1917年)初,汉冶萍公司又以"广仁善堂"名义,在该处续购矿山。同时湖北官矿公署也派人赴该地争购。双方在地契等问题上引起纠纷,从县衙闹到省长公署,一直没得到解决。在此期间,汉冶萍公司曾要求将官有的纪家洛铁矿或象鼻山铁矿,出租或出售给汉冶萍公司,湖北也拒绝了。为开采纪家洛铁矿,汉冶萍公司和湖北官矿公署都向北京民国政府农商部申请矿照。民国七年(1918年)十一月间,在北京民国政府的调解下,汉冶萍公司和湖北督军王占元及湖北士绅代表在北京商妥,由官绅商三方合办纪家洛铁矿,组成一个新公司来进行开采,所需资金则由日本财团通过汉冶萍公司暗中垫给。这个方案因湖北乡绅间意见分歧而未被接受。三方合办之议一直拖延未决。

民国十一年(1922年),汉冶萍公司总经理夏偕复前往日本,磋商当年矿石和生铁交额与加价问题时,向日本横滨正金银行提出借款要求,用以完成扩充工程未完项目。日本大藏省、农商省(日本制铁所的主管机关)和外务省纷纷干预其事。这些机关认为汉冶萍公司所属大冶铁矿蕴藏仅有1800万吨左右,为这点资源再借巨款是不值得的,日本制铁所便向日本政府建议,借款可照允,"惟为将来供给起见,象鼻山、灵乡要有切实办法"。汉冶萍公司再次与湖北地方政府交涉,但湖北地方政府态度强硬。结果借款合同直到民国十四年(1925年)才签订,合同规定有:尽速有利"解决"购买象鼻山矿石和纪家洛铁矿问题。至此矿权之争暂告结束。

二、砂捐、铁捐

光绪二十二年(1896年),汉阳铁厂招商承办时,张之洞曾奏准清廷,所有官办时期铁厂所支用的官款共计库平银560余万两,由商局分年抽还,不计利息,每出生铁1吨,抽银1两,作为商局报效之款。盛宣怀接办后,除拨还织布局股本银27万多两外,未用现款缴纳过铁捐,而是把官方筑堤的派款、汉阳枪炮厂和钢药厂取用钢铁的欠款用来划抵铁捐。据汉冶萍公司自报,从光绪二十二年(1896年)招商承办起,至民国二年(1913年)六月底止,共解缴铁捐总数洋例银112万余两,而这时期出铁总数只80多万吨,所缴铁捐总数还多了28多万两。但湖北地方没有得到捐款,因而提出捐款问题与之交涉。

对于湖北地方士绅提出的问题,汉冶萍公司除讨价还价外,又通过湖北督军王占元的秘书支给王占元铁捐银15万两,利用王占元来压制湖北地方乡绅。致使湖北乡绅在京组织的清理汉冶萍事务所无形取消。

民国十年(1921年),湖北地方官绅组织鄂产清理处,再次向汉冶萍公司交涉,声称查出汉冶萍公司售与日本人的大冶铁矿矿砂,偷漏砂捐达数百万元。

民国十二年(1923年),鄂产清理处设砂捐局于大冶石灰窑,此后,由砂捐局逐日登记砂数,每月汇报鄂产清理处转省署。

民国十四年(1925年)鄂产清理处先后几次向大冶厂矿索取砂捐,汉冶萍公司仍不缴纳。湖北省督军肖耀南令押取汉阳铁厂废铁焦末,变卖银3万余两,作为湖北省教育实业经费。

民国十五年(1926年)十一月,湖北省政务委员会将砂捐局归并湖北省公矿局(湖北官矿公署改名),由局长潘康时与汉冶萍公司交涉,汉冶萍公司认缴砂捐10万元。

民国十六年(1927年)一月,湖北政务委员会决定,将汉冶萍公司在武汉地区的各种轮驳全部扣押,计轮船12艘,钢驳29艘,木驳98艘,以抵充公司历年来欠缴的铁砂捐。

民国十六年(1927年)六月,潘康时邀请湖北省省府和省党部代表,与汉冶萍公司代表,将砂捐捐额及各悬案议决四条:(1)以银4钱2分5厘为每吨矿砂暂定税率,吨铁则以原案两银为准,自炼者抽铁捐,售砂者抽砂捐;(2)从前积欠捐款,照账清算,已缴铁捐者,不算砂捐,未缴铁捐者,照铁捐计算,未缴砂捐者,照砂捐计算;(3)目前卖砂即须缴砂捐,以暂定税则0.425两为准,在冶过磅,在汉缴捐,并每吨附缴4角,以还积欠铁砂捐款;(4)每至万吨,缴捐一次。

汉冶萍公司仍然拒缴捐款,同年十月二十日,潘康时复请湖北省省府派员与汉冶萍公司代表盛铭讨论,盛铭无缴捐诚意,并否认以前议决各条,湖北省公矿局遂将盛铭留局清算。十一月十五日,盛铭出具甘结,承认旧矿捐未清算以前,以汉冶萍公司汉阳运输所全部轮驳作抵。并遵照议定税率,陆续缴纳,先缴60 000元,其中缴现款14 000元,余46 000元可以公司锰矿2 500吨栈单一纸作抵,并由汉口招商局施子蕃出具保结。

民国十七年(1928年)二月十五日,日本人来鄂与湖北省政府谈判,声称正金银行、八幡制铁所为汉冶萍公司之债权者,及抵押权所有者,湖北省没收其轮驳,为侵害日本人债权,要求将轮驳全部放回。湖北公矿局局长金梁园严词拒绝,金说欧战时铁价高涨,砂价亦增6倍以上,日本制铁所以3元多进1吨矿石,获得极大利益,偿还日债有余;湖北省对公司的债权,计有2 500万元,而公司对省并未尽到应尽的义务。二月二十二日,经湖北省政府批准，设立清理汉冶萍债捐委员会，专办汉冶萍公司债款砂捐两事。五月，清理汉冶萍债捐委员会提出协议草案13条，关于应缴砂捐，分为三段办理：第一段民国十六年（1927年）以后，所出铁砂仍照前定，每吨库平银4钱2分5厘；第二段民国十二年七月至民国十五年（1923—1926年）砂捐，依第一段定为每吨库平银4钱2分5厘，但已炼铁者，得抵吨铁两银计算；第三段光绪二十二年至民国十二年（1896—1923年）六月，所出铁砂，参照上条方法计算。并订定第一段砂捐，应即缴纳，缴纳时每吨应附缴4角，以还第二、三段积欠砂捐。其砂捐计算方法，以大冶磅数为凭。六月，汉冶萍公司会计处处长赵昌兴提出答辩书，对于光绪二十二年至民国十二年（1896—1923年）七月的砂捐，说向无此成案先例，不能追算。对库平附缴4角等项，亦持异议。几经周折，汉冶萍公司对债捐委员会前提各案，大致承认。八月二十日，汉冶萍公司提出浙江实业银行兑票100 000元一纸，交给湖北省清理汉冶萍债捐委员会，作为缴捐之用。

民国十八年（1929年）三月，汉冶萍公司借口国民政府农矿部有接管之举，对于前交100 000元兑票，不肯照兑。几经交涉，公司才于十一月缴捐款50 000元。此后大冶动乱，不肯再议。民国二十年（1931年）二月，又补缴50 000元。

民国二十一年（1932年）三月，湖北省政府财政厅将汉阳铁厂所存的钢轨等钢材，售给平汉铁路委员会一部分，先后取洋116 000余元，作为缴还砂捐处理。民国二十二年（1933年），湖北省建设厅所扣押轮驳，全数发还公司，砂捐问题至此了结。汉冶萍公司欠湖北砂捐见表8-1。

表8-1　汉冶萍公司欠湖北砂捐表

起止年份	砂捐率（每吨银两）	出砂数量（吨）	应缴捐款（银两）	已收捐款（银两）	尚欠捐款（银两）
光绪二十二年至民国十五年（1896—1926年）	0.600	9 287 492	5 572 495.2	2 200 000	3 372 495.2

续表

起止年份	砂捐率 （每吨银两）	出砂数量 （吨）	应缴捐款 （银两）	已收捐款 （银两）	尚欠捐款 （银两）
民国十六年至民国二十三年（1927—1934年）	0.425	2 839 617	1 206 837.2		1 206 837.2
合计					4 579 332.4

资料来源：饶杰吾《中国经济评论》。

三、矿界

湖北官矿公署所属象鼻山铁矿的尖山矿区，与汉冶萍公司所属大冶铁矿的尖山野鸡坪矿区毗连，以山巅分水岭分界；其老鼠尾矿区两矿各有一半，以中间竖碑分界。

大冶铁矿尖山野鸡坪一带矿区，系大冶铁矿矿局于光绪二十三年（1897年）及光绪三十三年（1907年）陆续向曹、陆、邵、张四姓购得；象鼻山铁矿所属尖山一段，系光绪二十八年（1902年），由大冶知县向陆、张、姜等姓购得，是为官产。民国六年（1917年），汉冶萍公司曾派候得均带测量队测绘矿区图一次，将矿区界线详注图内。民国七年（1918年），湖北官矿公署委员吴浩、吴树烈2人到大冶测绘象鼻山铁矿的尖山矿区，因测绘不准确，与大冶铁矿矿区连界部分重叠，从此两矿矿界纠纷不止。

民国八年（1919年），象鼻山铁矿以大冶铁矿采矿工人向前采矿，侵越了象鼻山铁矿矿界为理由，通过湖北官矿公署函请汉冶萍公司制止侵越举动。双方遂派人员勘定，通过协商，决定于大冶铁矿矿界内留作斜坡一两丈或数丈，以免象鼻山铁矿矿山崩塌，并责成矿绅陆晓山负责，以后如有采矿工人侵越象鼻山铁矿矿界，随时报告大冶铁矿，以便及时阻止。

民国二十年（1931年），湖北省建设厅决定扩充象鼻山铁矿，准备开采尖山矿山，开始勘测、设计山厂工程（后因矿山经营不佳，没有开采经费，尖山矿区的开采计划未能实现）。查勘尖山运道路基的熊说岩等人，发现汉冶萍公司大冶铁矿开采尖山野鸡坪矿区时，挖掘了两矿交界处矿体下部，造成悬岩突出，象鼻山铁矿数万吨矿石随时有塌下的可能，遂报告湖北省建设厅。湖北省建设厅随即与汉冶萍公司大冶厂矿交涉，要求再次测勘，大冶厂矿亦同意复勘。湖北省建设厅委派象鼻山铁矿管理处的范柏年、吴树烈两课长，担任复勘任务，汉冶萍公司大冶厂矿则派工程员盛芷皋、助理员陈学源担任复勘任务。双方根据界碑，再行测勘。复勘结果，证明民国七年（1918年）所测绘矿区图误差较大，于是根据复勘数据，另绘新图。汉冶萍公司大冶厂矿要求根据新矿区图订正矿界，湖北省建设厅以新图与老图不符为由，不予承认。复派科长熊说岩到铁山，单独测绘，结果仍与民国七年（1918年）绘制的老图一致。此后，湖北省建设厅根据熊说岩的测勘，要求大冶厂矿停止进采。大冶厂矿根据新绘的矿区图，照旧向矿界外采掘，双方因之争吵不休。

民国二十五年（1936年）二月，湖北省建设厅委技士白景澄与大冶厂矿的陈学源再次复测。在复测中，双方各不相让，毫无结果。象鼻山铁矿管理处处长谢光远电告大冶厂矿，要大冶厂矿提出具体办法。大冶厂矿拟定承认湖北省建设厅民国七年（1918年）所绘制矿区图，但要以尖山下溪沟象鼻山铁矿矿界碑为起点。同年九月，湖北省建设厅用民国二十年（1931年）熊说岩测绘的矿区图，呈请国民政府实业部立案，名曰订正开采铁矿矿区图，实业部据呈颁发了执照。

民国二十五年（1936年）四月，湖北省建设厅致函公司，告以订正矿区之事，并饬令大冶厂矿所属采矿工人，不得在该区界线及法定距离以内再事采掘。汉冶萍公司总经理盛恩颐遂亲赴武昌，会晤湖北省建设厅厅长，建设厅允许再派员会同测勘。此后，湖北省建设厅派技士丘捷及象鼻山铁矿管理处处长谢光远会同汉冶萍公司代表周子建等人，到现场根据实业部印行的订正矿区图，勘定界线及法定距离，订立标志，绘制两矿关系图，然后由双方签字生效。

民国二十六年（1937年）六月，大冶厂矿将本次勘测结果及两矿关系图呈报汉冶萍公司，请示签字事宜。汉冶萍公司总经理盛恩颐立即回电，告以不必签字。大冶厂矿遂通知象鼻山铁矿管理处处长谢光远,拒绝在双方议定的关于尖山矿界的协议书上签字。同年七月二十四日,象鼻山铁矿以捕获了拣野铁者为名,诱大冶厂矿采矿股领工陆保汉等人,到象鼻山铁矿尖山矿区筹备处,将其扣押,经多方交涉,才予保释。八月二十五日深夜,驻军第七十七师二三〇旅所属四六〇团及大冶县石黄警察所以阻碍解决尖山矿界问题为由,将大冶厂矿采矿股股长周子建拘捕,直至大冶厂矿答应由汉冶萍公司出面与湖北省建设厅就尖山矿界问题进行交涉解决,取具殷实铺保,才予释放。

老鼠尾矿区靠象鼻山一侧是象鼻山铁矿的产业,靠狮子山一侧是大冶铁矿的产业。象鼻山铁矿开办后,象鼻山铁矿和大冶铁矿都集中力量抢采老鼠尾的矿。民国二十三年(1934年),双方均采进界址,并将界碑掘崩,于是纠纷迭起。

民国二十四年(1935年)一月二十八日,象鼻山铁矿管理处处长谢光远会同汉冶萍公司大冶厂矿事务股股长管维屏、采矿股股长周子建到现场踏勘。双方商定,根据矿区现状,暂行划定界址,双方依界开掘。随后,湖北省建设厅派技士白景澄携带象鼻山铁矿立案矿区图,查照原有基点并集两矿及地方公证人等测量,证明双方都未过界,遂绘制新图,把原图之营造尺改为公尺。

民国二十五年(1936年)三月,湖北省政府建设厅技士白景澄、汉冶萍公司大冶厂矿代厂矿长翁德銮、象鼻山铁矿管理处处长谢光远都在《老鼠尾矿区界线图说明》上签了字,表示今后共同遵守此矿界,互不侵越。争吵了几年的老鼠尾矿界问题至此得到解决。

第七节 汉冶萍公司与江西地方政府的关系

辛亥革命爆发后,萍乡煤矿停工。民国元年(1912年)六月,江西地方政府派员前往萍乡煤矿进行调查,八月初正式委任欧阳彦谟为萍乡煤矿经理,周泽南、刘树棠为协理。九月初,这些人先后到达萍乡煤矿,限萍乡煤矿人员于三日内交出矿权。汉冶萍公司请日本和民国政府（北京）进行干涉，并得到湖南都督谭延闿的武力支持。江西省地方政府的接管活动遂告终止。此后便围绕矿界、土井问题与公司周旋。

盛宣怀开办萍乡煤矿时，在安源周围圈定矿界，计圈线长92.7里，围内面积共达504方里。辛亥革命后，江西地方当局不承认萍乡煤矿矿区所占面积的合法性，认为盛宣怀在光绪二十九年（1903年）圈定萍乡煤矿矿界蒙蔽了清政府，要求萍乡煤矿缩小矿区面积和勘定矿界。汉冶萍公司于民国二年（1913年）与日本签订1 500万日元的借款合同之后，需增加生铁产量，供应日本制铁所，也要增加煤焦产量。要扩大安源矿区，向王家源以东发展，打算在高坑另建一个新式煤矿，这便与江西地方政府发生了冲突。江西地方政府说高坑在10里以外，公司说高坑在10里以内。

盛宣怀创办萍乡煤矿之初，曾奏准清廷，在萍乡境内，援开平例，"禁止商人别立公司及多开小窿"。盛根据这条禁令，把安源机矿"矿界"内的土井逐一兼并。辛亥革命后，清政府的禁令已无效力，萍乡煤矿矿区内外土井又逐渐出现。汉冶萍公司要求江西省、县地方政府查禁新出现的土井，江西省地方政府认为萍乡煤矿"矿界"未划清，土井在界内界外，无从肯定，对汉冶萍公司的要求加以拒绝。

民国元年（1912年）八至九月间，江西都督李烈钧在接管萍乡煤矿之举未成后，在萍乡成立了"江西省萍乡煤矿总局"（简称官矿），费资13.7万元，在王家源以东锡坑、高坑、张公矿一带，收买土井山田，绵延约10余里。预定投资200万元进行开采，借以和汉冶萍公司竞争。又根据光绪三十三年（1907年）清廷颁布的矿务章程，决定派划界员赴萍乡丈量萍乡煤矿矿界，限定萍乡煤矿的面积不得超过960亩。在"官矿"的鼓动、支持和直接参与下，萍乡煤矿矿界以内和矿界以外土井越来越多，增至60多口，还纷纷设炉炼焦。汉冶萍公司要求江西省政府取消这个"官矿"，并请孙中山出面制止李烈钧的行动，代孙中山拟定了一封致李烈钧的信稿，信稿云："前清矿章，本多未妥，且亦未曾实行，是以前于各大矿，并未限定960亩；现在民国肇创，亟宜以保护工商为唯一政策，裁减商矿已定之区域，一处动摇，牵及全国,关系民国前途甚大,祈即予取消。"后因经费困难,李烈钧下台,"官矿"未建成。

此后,矿界、土井、官矿等三个问题就成为汉冶萍公司和江西省地方政府争论的焦点。

李烈钧下台后,汉冶萍公司派代表到江西谈判解决矿界、土井和官矿问题。江西当局要汉冶萍公司偿还设立官矿局时所用公款,作为交换条件。经讨价还价后,汉冶萍公司同意填给江西省公司股票10万元,作为查封土井撤销官矿的代价。而江西地方政府,在士绅的压力下,对查封土井一项不能照办。谈判两年多,未达成协议。汉冶萍公司开发高坑煤矿的计划也无从实现。

民国六年(1917年),江西省议会作出了清理萍乡煤矿矿界的决议,经江西省省长派技术员文永言等会同省议会代表、江西"官矿"代表、萍乡县地方代表、萍乡县知县等和萍乡煤矿矿长进行会测。文永言以公司的矿界为根据,把侵入矿界的官井私井都加以标明,图成后,直接送呈省府,结果大家起来反对,不承认文等测绘的矿图。

民国八年(1919年)夏,江西省实业厅委派技术员和省议会代表赴萍乡复勘。参加复勘的代表故意采取拖延办法,使复勘工作不能顺利开展,土井有增无减。据汉冶萍公司调查,在汉冶萍公司圈定的矿界内,共有土井60口,民国六年(1917年)新挖4口,民国七年(1918年)新挖8口,民国八年(1919年)新挖34口。

汉冶萍公司与江西省地方政府争论的三个问题中,除官矿问题后来因地方经费不足而撤销外,矿界和土井问题长期未解决。

民国十七年(1928年)十一月,在萍乡煤矿无人负责的情况下,江西省政府决定对萍乡煤矿进行管理。从此萍乡煤矿脱离了汉冶萍公司。

第九章 工人运动

第一节 工人状况

汉阳铁厂、大冶铁矿等厂矿建成初期,总共约有工人7 700多名。其中汉阳铁厂有3 000多名,大冶铁矿1 700多名,王三石和马鞍山煤矿3 000多名。这些工人大多来自农民、手工业者、城市贫民。技术工人一般都是从近代工业较早发达的地区,如上海、宁波、广州、香港等处招募来的,也有从其他洋务企业调来的,还有派往比利时培训回来的。

盛宣怀接办汉阳铁厂、大冶铁矿之后,对厂矿进行了扩建,又开办了萍乡煤矿,工人数量增加。汉阳铁厂工人增加到3 440人,大冶铁矿增加到3 000余人,萍乡煤矿约有工人3 600人,汉冶萍厂矿工人总数超过10 000人。

汉冶萍公司成立后,厂矿生产进一步发展,工人人数逐年增加,到民国3年(1914年)时,公司工人总数已接近30 000人。第一次世界大战期间,各厂矿为扩大生产又增加了部分工人,工人总数达到30 000人以上。是当时中国最大的一支产业大军。

第一次世界大战以后,公司生产萎缩,到民国十七年(1928年),公司厂矿维持生产的只有大冶铁矿一家,工人减少到3 000多人。

在汉冶萍总工会成立前,厂矿没有例假制度,工人整年整月工作。工作时间长,劳动条件十分恶劣,尤其是矿山,条件更差。

萍乡煤矿窿内全用手工采煤,工人下井没有矿灯和安全帽,只是提着一盏小油灯,井内通风不良,温度一般都在36~37 ℃左右,有时甚至高达39 ℃。排水设备差,巷道积水很深。卫生条件不好,空气中充满煤尘,工人很容易得肺病、哮喘病,90%的工人患有钩虫病。

大冶铁矿系露天开采，工人没有任何劳保用品。因采用垮牌法采矿，工人生命无保障，随时有被压死的危险。

汉阳铁厂在炼铁、炼钢炉前操作的工人，除个别工匠有防护工作服外，一般工人仅穿一条短裤，经常有人被灼伤。

汉阳运输所轮船工人的工作状况是："严寒的冬天，餐风卧雪，手皲足裂，简直冻得同虾子一样；酷暑的夏天，烈日晒着，机炉烤着，沸水蒸着，简直烤得像红皮鸭子一样。冻死饿死，疫痧死的，不知多少。"

工人劳动极其艰苦，但所得无几。宣统元年（1909年）一位外国人调查汉阳铁厂后，谈到工资情况时说："机匠每月辛工自十元至八十元，折中而算，每日约合六角，小工每日仅二百文。合之美金，仅一角，合之英金仅五便士，如此工食，欧美亘古所未闻也。"

公司工人为了生存，不断地进行反抗和斗争。

第二节　工人的自发斗争

一、汉阳铁厂工人的早期斗争

光绪二十一年（1895年）三月，汉阳铁厂曾海等3个翻译委员无故笞责广东籍工人，引起公愤，厂中200多广东籍工人联合起来，于三月十六日举行罢工，要求将3名翻译员撤差。汉阳铁厂总办蔡锡勇始初到厂调解"开导"，令先开工，再调翻译，工人不允。蔡锡勇随与恽祖翼商量，调200余营勇到厂弹压，强迫工人开工，不愿者押令出厂，并将带头罢工的数名工人扣压起来。在武力镇压下，罢工没有结果。六月二十五日，蔡锡勇、恽祖翼向张之洞报告说："鄂厂工匠众多，前曾停工挟制，经弹压平贴，近日复有多人于散后潜赴汉口游荡，几酿事端，其恃重胆玩情形，非兵威约束不能驯伏。"要求调江南一营到厂驻扎弹压。

二、大冶铁矿工人的早期斗争

光绪二十三年（1897年）初，潘岱领头承包大冶铁矿铁门坎的采挖工作。矿局规定每采一小车矿给价220文，潘岱认为工价太低，遂带领矿工举行罢工，要求增加矿价，矿局在罢工的压力下，只得将每车矿加价至330文。

民国元年(1912年)十一月，大冶铁矿火车匠举行罢工，要求增加工资，副总统黎元洪派大冶县知事会同湖北省政府派驻大冶铁矿的监督纪光汉进行"弹压"，"分别惩罚"，罢工被镇压下去。

民国三年(1914年)七月，汉冶萍公司因要用矿砂和生铁偿还日债，要大冶铁矿提高矿砂产额，但不增加工人和机器设备。大冶铁矿当局在原有矿石包价的基础上，实行了"溢额提奖"制度，规定每个月开采矿砂定额以大冶铁矿开采以来同一月份最高的采额作为本年同月份的最低定额。如民国二年(1913年)一月份得道湾所开采的矿石为39 000吨，是历年来此月份的最高开采额，矿局就以此作为民国三年(1914年)一月份的定额，超过此定额的，每吨给予奖银4分7厘(采矿工人奖银3分，车务、转运工人1分5厘，磅矿工人2厘)。代经理王勋谈到这个制度时说："如某月份出额超出从前，提高产额5 000吨，则奖金只200两(这是以每吨4分计算的，如按4分7厘计，也不过235两)，而公司所获利益则在8 000两之谱。""溢额提奖"制度实行以后，7月份，矿砂产额达到56 000吨。工人想多挣工资，每天得拼命干活；但生产定额一达到新的水平，矿局又提高定额，工人想保住工资，就得付出更多的劳动代价。

民国四年(1915年)五月，大冶铁矿开始试行《冶矿采矿办事处简章》(草案)，这是根据日本制铁所的要求制订的。日本制铁所规定："矿块大小须在75～150厘米之间；其小至25厘米者不收。"《冶矿采矿办事处简章》(草案)规定："验收矿石时如渗有泥土，或含铜含磺之质，或矿石大小不合定式，得将原车之矿充公。"矿工等于白白地为矿局采了一车矿(一车即1吨)，工人非常气愤。其时，适逢得道湾采矿主任王观英克扣工人，该采区工人在忍无可忍的情况下起来反抗。王观英是盛宣怀早年派往美国的留学生，就聘得道湾采区采矿主任后，经常逼着工人在恶劣的环境下作业，对运到验收地点验收的矿石百般挑剔，往往借口矿石大小不合规定尺寸或夹杂泥土,不但扣除整车的工价,还要罚款。据矿上验收人员报告,王观英用这种借口扣除整车工价的,每天总数达几十吨,罚款达十余串。许多工人劳动一天,不但毫无所得,还要借钱缴纳罚款。民国四年(1915年)五月二十四日,得道湾采区的全体矿工举行罢工,砸烂了王观英的办公桌,打了王观英,推翻了矿车,向矿局示威。铁山采区的几百名矿工,为了支援得道湾工人的斗争,也举行罢工,矿山的采矿工作全部停顿。矿局随即勾连大冶县知事,由县衙出面,将罢工的领导人陆垂富、潘本谱(潘大脚)抓进牢房,罢工斗争停止。事后又逮捕工人中的积极分子多人,陆垂富死于大冶县监狱。

民国九年(1920年),大冶铁厂正在兴建中,许多工人住下陆、铁山,上下班搭摇车,大冶铁矿的铁路、机厂、码头工人上下班一般亦坐摇车。坐摇车的人增多,矿局规定每人坐车1次,收6个铜板的车费。大冶铁矿和大冶铁厂的工人联合起来,为反对坐车收费,举行了罢工。矿局怕事态扩大,影响矿砂运销日本,遂取消了坐车收费的规定,罢工胜利结束。

三、萍乡煤矿工人的早期斗争

萍乡煤矿建矿初期大多数工人加入了哥老会等组织,进行反清活动。光绪二十七年(1901年)五月十九日,萍乡安源的会党响应义和团反帝爱国斗争,在萍乡张贴告示,号召反对洋人,捣毁铁路、机器。矿局的德国矿师十分恐惧,逃往湘潭。盛宣怀急电告湖广总督、两江总督、江西巡抚,请求派兵保护,并"缉拿"会党首领。

光绪三十一年(1905年)四月十四日,萍乡煤矿的华、洋监工以工人"做工贻误"为名,扣除工人工资,激起工人愤怒。在段桂山、伍锡林带领下,工人砸烂了德国监工的住宅和窿工工事房,打了监工,接着举行罢工,要求补发工资。在工人的强大压力下,德籍监工在官兵的掩护下,连夜乘车逃往醴陵,其他监工也暂时躲避。矿局开始只允许对克扣较多的工人补发工资3元,其余工人一律不发。因工人反对,矿局不得不分别补发3元、2.8元给工人。随后,矿局串通军队,分派40人驻矿,进行弹压,逮捕了为首的工人段桂山、伍锡林等人，罢工失败。

光绪三十二年（1906 年），萍乡煤矿借口"节约经费"，将窿工工作的三班制改为二班制，原来 3 个人在 24 小时所做的工作，改在同样的时间内由两个人来做，并解雇了一批工人。六月二十三日，工人举行罢工。二十四日，矿局发放了被解雇工人的工资，但又勾结军队进行镇压，工人被迫复工，八月二十九日，逮捕了这次罢工的领导人钟德禄（木匠头），并实行"枷责"和"游示"。

光绪三十二年（1906 年），孙中山领导的同盟会秘密派遣会员蔡绍南在湘东赣西的萍乡、浏阳、醴陵一带，联络会党，组织群众，作起义准备。安源路矿洪江会首领肖克昌准备把安源作为起义军的根据地。十二月四日，萍、浏、醴起义在麻石爆发，六日攻占萍乡上栗。起义消息传到安源，肖克昌旋即到安源附近的小冲发动工人起义，留助手喻桂林、朱德生等在安源发动萍乡煤矿工人起义。因被清军觉察，小冲义军正欲开赴安源时，遭到清军围攻而失败。安源矿工也处于敌人的严密防范之中，不能持械奔赴起义前线。七月，醴陵会党头目袁兰亭到安源和肖克昌联络，被清军逮捕，解往醴陵。矿工纷纷起来抗争，要求放回袁兰亭。矿、局施缓兵之计，即电告醴陵，将袁解回，交萍乡县令收押。随后，清政府调集大批军队进驻安源，加强对工人的弹压。虽然如此，仍有部分工人前往上栗参加起义。十二月二十五日，安源驻军诱杀肖克昌，萍乡煤矿工人的革命风潮被清政府用武力镇压下去了。

民国二年（1913 年）五月十二日，餐宿处窿工为抵制工头克扣工资，纷纷起来同工头算工价，矿局于十四日调来军警 90 名进行弹压。同年十月十七日，德国工程师希礼夫特打伤工人易瑞林。十九日，工人起来斗争，抬着易瑞林到医院验伤，伤 3 处。二十一日，在工人的强大压力下，希礼夫特向工人道歉认错，表示以后谨遵合同。

民国八年（1919 年）六月，德国监工乌生勃里克打伤工人汪大全，企图抵赖。工人刘增余出面作证，总管希礼夫特要开除刘增余，100 多名工人集聚到乌生勃里克寓所门前，势将暴动。矿局见势不妙，即报汉冶萍公司，将这个德国人遣送回国,以息众怒。

第三节 中国共产党领导下的工人运动

一、汉冶萍厂矿工人运动的兴起及总工会的成立

民国十年(1921年)七月,中国共产党成立后,把领导工人运动作为党的中心工作。八月,成立中国劳动组合书记部,作为领导全国工人运动的工作机关。在中国共产党的领导下,汉冶萍公司的工人运动从此进入了一个崭新的阶段。同年秋,毛泽东以参观矿山的名义到安源(毛泽东当时担任中央湘区委员会书记、劳动组合书记部湖南分部主任),广泛接触工人,传播马列主义。并于同年冬,派李立三到安源工作,又同李立三等到安源考察,走访座谈,向工人讲革命道理。在调查研究和思想教育的基础上,和工人商定开办夜校,建立革命团体。随后,李立三以办平民教育的名义,发动和组织工人。民国十一年(1922年)一月,创办了第一所工人补习学校。随后,发展了一批团员和6名党员,先后成立了社会主义青年团支部和中国共产党支部。三月,安源工人在党支部的领导下,成立俱乐部筹备委员会,由李立三担任筹委会主任。为使俱乐部取得合法地位,将俱乐部的宗旨定为"联络感情,交换知识",呈萍乡县署备案。又利用萍乡煤矿矿长李寿铨和副矿长舒修泰的矛盾(当时矿长李寿铨怕"养虎伤人",不同意成立俱乐部,副矿长舒修泰想利用俱乐部拉拢工人,助长自己的声势),使俱乐部得到矿局的批准。五月一日,萍乡煤矿工人和株萍路局工人联合成立了"安源路矿工人俱乐部",李立三任俱乐部主任,朱少连任副主任。当日举行集会和游行,散发传单,向社会和工人群众表明成立俱乐部的意义。

同年八月,汉阳铁厂成立工会。十月,在安源派来代表的指导下,大冶铁矿工人俱乐部(亦称下陆铁矿工人俱乐部)在下陆正式成立。大会选举赫惠林为正会长,唐冠群(又名唐芳)为副会长。大冶铁厂工会亦在筹备成立。汉阳运输所的工人迅速组织起来,成立了汉冶萍轮驳工会。至此,组

织汉冶萍总工会势在必行。于是大冶铁矿工人俱乐部向安源路矿工人俱乐部提议,安源路矿工人俱乐部即派代表朱少连、朱锦棠赴汉阳。十一月十二日在汉阳成立了汉冶萍总工会筹备处,当晚开第一次筹备会议,议定组织大纲,决定将总工会会址设在汉阳。为谋感情的密切与总工会基础的坚固起见,由第一次筹备会议各代表组织参观团,参观大冶铁矿、大冶铁厂两俱乐部。一以联络感情交换意见,鼓励会务之发达,二则促大冶铁厂工会早日成立。结果参观目的完全达到。大冶铁厂工会于十一月十八日成立,选举陈述堂、冷殿卿、夏地福、陈汉琪等19人负责工会工作,设常务办事处于普安寺内。汉阳铁厂工会、安源路矿工人俱乐部、大冶铁矿工人俱乐部、汉冶萍轮驳工会、大冶铁厂工会等五六工团代表于十一月二十日同返汉阳,开第二次筹备会议,修正章程及代表会议细则,起草宣言。

民国十一年(1922年)十二月十日下午1时,汉冶萍总工会在汉阳三码头老街召开成立大会。参加大会的工友及各团代表、各工会观光团共2 000余人,由主席李立三致开会辞,郑重宣布了汉冶萍总工会所负的三项使命:(1)求政治法律之保障;(2)求经济的改善;(3)求人格和地位的增高。

湖北全省工团联合会、武汉劳动组合书记部、京汉铁路江岸工会、扬子铁厂工人俱乐部、汉口棉花厂工会、汉口人力车夫俱乐部等14个工人团体在会上致了祝词。施洋、张子余、李求实等知名人士在会上发表了演说。总工会采取集中制原则,由下属五大工团选派代表组成代表会为最高权力机关,由代表会议选举执行委员9人组成执行委员会,在代表会议闭会期间,执行委员会为最高权力机关。执行委员会设正副委员长各1人,下设秘书部、经济部、教育部、组织部,掌管一切事宜。刘少奇任委员长,向忠发任副委员长。

汉冶萍总工会共有会员30 000多人,是当时全国最大的一个产业工会。从此,汉冶萍工人运动在历史上展开了新的更加光辉的一页。武汉劳动组合书记部在汉冶萍总工会成立大会上致祝词中指出:"汉冶萍是中国最新式、最进步的大产业,为中国中部工业制造的策源地,其一举一动足以影响全国。……现在三公司底下的五大工团,联合起来成立汉冶萍总工会,结成一条强固精密的阶级斗争的广大战线,开中国劳动运动未有之创局,足以使资本家阶级惊心丧胆!"

二、汉冶萍厂矿工人的罢工斗争

1. 汉阳铁厂工人的罢工斗争

民国十一年(1922年),湖北工人运动蓬勃开展起来,汉口车夫工会成立后,京汉铁路江岸机车厂工人、粤汉铁路徐家棚工人、扬子铁厂工人相继组织工人俱乐部。汉阳铁厂工人决定于七月十六日召开大会,成立工人俱乐部。事前通知了厂方和警署,并邀请各界参加成立大会。不料十五日夜间一批军队开进厂内,诬工人为"匪",禁止开会,抄查了俱乐部,没收了一切物件,封闭了房间,并按照俱乐部名册,搜捕工人。接着,厂方将工人公举的俱乐部职员70余人开除,企图将这批人送交军警。于是,工人停止上工,并从二十二日起正式罢工,发出宣言,向全国揭露汉阳铁厂当局的阴谋以及对工人的迫害。提出了惩办破坏俱乐部成立的祸首,恢复被开除工人的工作,恢复俱乐部,赔偿工人的损失,改善因工受伤、因工死亡工人的待遇等条件。

汉阳铁厂罢工后,汉口车夫工会、京汉铁路江岸机车厂工人俱乐部、粤汉铁路徐家棚工人俱乐部、扬子铁厂工人俱乐部等工人团体组织"武汉工团临时联合委员会",作为援助汉阳铁厂工人罢工的总机关。罢工工人的态度更加坚决。汉阳铁厂当局怕引起大冶铁厂、大冶铁矿相继罢工,使汉冶萍公司营业陷入停顿,因而同意工人成立俱乐部,并增加炼铁炉长工的工资。罢工工人于二十六日下午复工。事后,厂长吴健向公司总经理报告说:"彼党势力已成,或竟能使冶厂相继罢工,因思时势潮流既如此,苟无力抵抗,当以暂避其锋。"

同年十月二十三日,在安源路矿工人罢工胜利的影响下,汉阳铁厂工人向厂方提出了改良待遇、增加工资等6项条件。其要点:(1)工人因工受伤、因工死命者给予抚恤;(2)例假照发工资;(3)全厂一律增加工资,以后每年增加一次,化铁炉工人工资改为洋码;(4)升补和解雇工人须得工会同意;(5)各部机件停修期间发给工人工资;(6)拨给房屋经费办工人子弟学校。厂方对工人的要求置之不理。工人遂于十二月三十一日罢工,又提出三项条件:(1)不受工人欢迎的两名工头要自行告退;(2)全厂一律每月逢大星期日照发原工资,工作者给双薪;(3)前6条限期答复。这时汉冶萍公司总经理夏偕复正在日本东京与日本制铁所、正金银行谈判借款问题,接到汉阳铁厂工人罢工的消息,怕汉阳铁厂停炼,引起日本人的责问,影响借款谈判的进行。急电汉阳铁厂当局,令赶速"和平解决"。汉阳铁厂当局遂承认了工人的前两项要求,并同意以后另行协商第三条要求,工人于民国十二年(1923年)一月一日夜间复工。

2. 安源路矿工人大罢工

民国十一年(1922年)九月初,毛泽东到安源,召开党组织会议,作出了立即发动工人举行大罢工的决定。为了加强对罢工斗争的领导,中共湘区委员会又派刘少奇到安源。安源路矿当局对工人俱乐部活动频繁,"乃乘萍乡方镇守使本仁换防,肖镇守使安国接任之时,假肖使之名,封闭俱乐部"。并"请萍乡知事正式出示,训令俱乐部封闭"。又对俱乐部负责人进行恐吓,催其离开。俱乐部副主任朱少连,职员蒋先云、蔡增准等态度强硬,不为所动。九月九日,俱乐部主任李立三由长沙回到安源,表示誓死不离开安源。九月十一日,安源路矿工人俱乐部向全国发布快邮代电,揭露路矿当局破坏工人俱乐部等罪行,同时又向路矿当局提出三个条件:(1)路矿两局须呈请行政官厅出示保护俱乐部;(2)路矿两局每月须津贴俱乐部常月费200元;(3)从前积欠工人存饷7日内发清,限于2日内完全答复。十二日路矿两局第一次答复,工人不满意,再通告路矿两局限即时答复。十三日,路矿当局对俱乐部提出的条件仍没有作圆满答复。工人怒不可遏,俱乐部于九月十三日夜间十二时发出罢工命令。并将当夜开赴株洲的元次车先行停开,将车头及水柜各种重要机器拆下。煤矿工人砍断电线,走出矿井,并在井口竖立起罢工旗帜。十四日上午洗煤台整造处、修理厂及炼焦处等均停止工作。至此,除锅炉房、发电厂等重要部门外,全部停工。发表了《萍乡安源路矿工人罢工宣言》,提出了17项复工条件。一面具禀萍乡县署及赣西镇守使署,呈明罢工原委,一面将17条用公函递送路矿两局。

路矿两局一面派代表经商会与俱乐部接洽,一面极力设法破坏。总监工王鸿卿召集全体窿工工头会议,议定由各工头分头去请自己的亲属朋友工人数人,许以入窿不工作,仍照给工价。有少数工友为亲谊及金钱所惑,颇想照计而行。但工人监察十分严密,不许他们入窿,对偷偷入窿者,不准出外,于是再没有出现自行上工者。王鸿卿见此计不行,便以600银元为赏金,密遣暗探刺杀李立三。工人得知这一消息,对李立三严加保卫。王鸿卿连电镇守使,请将安源划为特别戒严区域,设立戒严司令部,并请来军队占领俱乐部及各重要工作处。工人数千人冲入俱乐部,把军队赶跑。十六日,路矿两局派人到俱乐部,请俱乐部派人到戒严司令部商量解决办法。俱乐部全权代表刘少奇当即提出不从磋商条件入手,没有解决的希望。戒严司令李鸿程对刘少奇施加压力。这时数千名工人把司令部给包围了,声言如果谁敢动刘代表一根毫毛,就把路矿当局打个片甲不留。戒严司令和矿长表示要继续谈判,从速解决。十七日下午,工人冲进锅炉房,威胁路矿两局,如不答应条件,就熄火停电,淹没矿井。在这种情况下,路矿两局于十八日上午,与工人俱乐部代表在路局机务处正式签订了13条协议:(1)路矿两局承认俱乐部有代表工人之权;(2)以后路矿两局开除工人须有正当理由宣布,并不得借此次罢工开除工人;(3)以后例假节日歇工,路矿两局须照发工资;假日照常工作者须发夹薪,病假须发工资一半,以4个月为限,但须路矿医生证明书;(4)每年十二月须加工资半月,候呈准主管机关后实行;(5)工人因工殒命,年薪在150元以上者,须给工资一年,在150元以下者,须给工资150元,一次发给;(6)工人因工受伤不能工作者,路矿两局须予以相当之职业,否则照工人工资多少按月发给半饷,但工资在20元以上者,每月以10元为限;(7)路矿两局存饷分5个月发清,自十月起每月发十分之二。但路局八月份饷,须于本月二十日发给;(8)罢工期间工资,须由路矿两局照发;(9)路矿两局每月须津贴俱乐部常月费洋200元,从本月起实行;(10)以后路矿两局职员工头不得殴打工人;(11)窿工包头发给窿工工价，小工每日1角5分递加至1角8分，大工2角4分递加至2角8分，分别工程难易递加；(12)添补窿工工头，须由窿内管班大工照资格深浅提升，不得由监工私行录用；(13)路矿工人每日工资在4角以下者须加大洋6分，4角以上至1元者照原薪加百分之五。历时5天的罢工终于取得了胜利。

民国十四年(1925年)一月十八日，萍乡煤矿工人为反对公司取消年终夹饷，举行了第二次罢工，并取得了胜利。同年九月二十一日，汉冶萍公司总经理盛恩颐在日本人的支持下，亲赴安源，串通当地军阀，武装封闭了安源路矿工人俱乐部，杀害了共产党员、工人运动领袖黄静源。把1 000多名路矿工人押解出境，制造了"九月惨案"，安源工人运动遭到了严重的破坏。

民国十五年(1926年)九月，北伐军胜利进入湖南、江西一带，萍乡煤矿的2 000多名工人和路局工人一起，积极地进行了敌后破坏活动，破坏了萍乡、芦溪、袁州(现称宜春)一带敌人的电报电话线。又组织担架队、运输队、爆破队、侦察队配合革命军作战。九月十四日成立萍乡煤矿总工会，坚持斗争。

3. 大冶铁矿工人的罢工斗争

民国十二年(1923年)一月，大冶铁矿运务股工人在俱乐部的领导下，多次派代表向大冶铁矿运务股股长周楚生交涉，要求增加工资，援汉阳铁厂例，发大礼拜工资(即每月大礼拜休息，工资照发，如上班，发双工资)。周楚生拒绝了工人提出的要求，俱乐部负责人赫惠林、工人代表邱庭芳等人马上召集各单位代表，在工人俱乐部开会研究，决定发动工人进行罢工斗争。第二天，赫惠林到汉阳向汉冶萍总工会汇报。邱庭芳在工人陆炳兴家里召集会议，传达了代表会议的决议，号召工人与矿方斗争。一月十三日中午十二时，一辆贴着"罢工"字样的火车头从车库开进下陆车站，下陆机厂机器房的工人代表熊少平立刻拉响汽笛，机厂工人停止工作，举着写有"罢工"字样的三角旗，高喊口号向俱乐部涌去，铁路上的运输车辆全部停开，表示要"坚持斗争到底"，"不增加工资决不复工"。接着得道湾的采矿工人也举行了罢工。

罢工工人呈大冶县知事条件如下:"第一条,加薪。现得工资6千者改为6元,7～10千者每千改为9角,10千以上者每千改为8角,工匠应得洋码者如15元以内者,每日加2角,16～25元每日加洋1角7分,26～40元者每日加洋1角3分。第二条,公司津贴俱乐部每月教育费150元,俾创工人子弟学校及工人补习夜校。第三条,工人待遇、婚娶死丧例须与司员同等。第四条,凡学徒满3年者,分别艺术优劣,给予工资,最少者以10元为起码。第五条,添减工人须得俱乐部同意。第六条,每年应加薪一次,每年终照安源例发给双月薪一次。第七条,在停工期间,所有损失及月薪均归公司赔偿补发,并不得因此次停工开除工人。第八条,俱乐部有代表工人之全权。"

罢工爆发后,大冶铁矿矿长季厚堃、副矿长盛渤颐等鉴于安源煤矿工人罢工的威力,不敢对罢工工人采取武力镇压的办法,企图以长期停工、不发工资拖垮工人来抵制罢工。季厚堃、盛渤颐一月二十日给公司总经理函云:"本月十三日下陆一部分工匠自行罢工,当场将机厂、车棚、煤院、料栈一律封锁,并断绝上下交通……如能就范,即令开工,若再坚执非达到条件目的不可,惟有全矿暂停,一律遣散,再行重组。"罢工期间,大冶铁厂工会冲破厂方阻挠,先后两次组织工人约200人(一次70～80人,一次100余人),乘车前来下陆,给大冶铁矿工人送了大批慰劳品和银钱食物,支援罢工斗争。华记水泥厂工人在俱乐部的号召下,将省吃俭用的钱捐献出来,派出10名代表,由吕子皋带领,买一板车港饼连同余下的两板车铜板送到下陆,慰问罢工工人,并鼓励将罢工坚持到底。

安源路矿工会、汉阳铁厂工会、汉冶萍轮驳工会、大冶铁厂工会等四大工团全权代表李至能(李立三)、梁定国、马冬阳、孟敬愚、杨桂生、陈桂生、张金山、谢必超等人拟定了汉冶萍四工会传单,坚决支持罢工斗争。汉冶萍总工会一月十三日致函汉冶萍公司,要求撤换大冶铁矿运务股长周楚生,增加下陆工人工资,函中说:"大冶下陆铁矿工友,为维持生活,要求增加最低工资,被贵属运务股长周楚生横加压迫,致酿成罢工等情,连日,武汉各报均有详载,先生等量无不详知者也。查下陆工友有每日只得钱五串六百者,有只得钱六串者,试问,今日生活程度如此其高,此区区工资果足以供一人之饮食费乎?……为保持公司之营业,减少工人之痛苦,务宜早撤之造祸之元恶而允许工人一切请求。"全国各地工人从精神上物质上对罢工给予大力支援。京汉铁路总工会向全国各工会发出电报云:"得悉大冶下陆铁矿工人俱乐部工友,受运务股长周楚生压迫侮辱,不胜愤恨。我们工人,要改良待遇,增加工资,自是正当举动,何物周楚生,竟敢掷弃我们工友的要求条件,侮辱我们工友,已达极点,何能忍受……非将此人驱逐惩办,不足以雪我工界同胞之耻辱,望下陆工友竭力奋斗,坚持到底,凡我工界同胞,均应起为后援,以尽我工界同胞一体互相帮助之责。"汉冶萍总工会、安源路矿工会又派代表到大冶,当面警告矿方:"如再衍延不决,各处工会势将采取一致行动。"

面对工人罢工斗争的强大压力,大冶铁矿矿长季厚堃、副矿长盛渤颐一次又一次致电汉冶萍公司副总经理说明情况,临近大冶铁矿的大冶铁厂当局也向汉冶萍公司反映情况,互相指责。

一月十四日大冶铁厂工人第一次送物资到下陆,支援下陆罢工,季厚堃立即致电汉冶萍公司总经理,说明下陆虽然罢工,但较平静,大冶铁厂工人突乘火车抵下陆,不听矿局劝阻,如酿成更大工潮,矿局将不负责任。汉冶萍公司马上致电大冶铁厂,指责厂长吴健、副厂长黄锡赓。吴、黄不服,电告公司总经理,说这次工潮只要矿长有所表示,工人就可复工,但矿长坚持不与工人会谈,所以事情越闹越大,这不仅造成大冶铁矿全矿停工,还会波及大冶铁厂。

一月三十一日,大冶铁厂工人第二次送钱送物到下陆,支援罢工工人,季厚堃、盛渤颐更加惊恐,当即电告公司总经理,说下陆罢工本可以解决,而大冶铁厂工人又来捣乱,厂方不加制止,将会给大冶铁矿财产造成巨大损失。汉冶萍公司电责黄锡赓,并要黄约束工人,不能让大冶铁厂工人再羼入滋事。黄锡赓更不服气,电告公司总经理,说大冶铁矿下陆罢工已影响到大冶铁厂,大冶铁矿自己解决不了罢工问题,反加罪于他人,实不应该。

　　正值劳资双方相持不下的时候,安源煤矿派代表余江涛到大冶铁矿。在余江涛的建议下,二月初,汉冶萍公司各厂矿联合向矿方提出最后通牒,限令立即答复工人要求,否则,将联合起来进行总罢工。与此同时,工人俱乐部组织奋勇队,谭运吉任队长,石大发任副队长,准备武装斗争。二月三日,谈判代表团在余江涛、赫惠林、邱庭芳率领下,从下陆到石灰窑与矿方代表周楚生谈判(当时大冶铁矿运务股设在石灰窑、管运道、机厂、卸矿码头)。为了把谈判的情况及时传到下陆,工人组织了"活电话",从下陆到石灰窑沿线每隔几米距离站一个人,互相联络,传递消息。当工人代表通过"活电话"把周楚生拒不接受条件的情况传到下陆,罢工工人遂一起奔向石灰窑,包围了办公室。在工人阶级的威力面前,矿方屈服了,于民国十二年(1923年)二月三日答应了下列条件:(1)工资:6千文者每月加6成,6千~10千者每月加4成,10千以上者每月加3成,15元以下者每月加2成,15~25元者每日加4分,25元以上者每日加3分,自阴历元旦实行。(2)教育:下陆小学改组为国民小学及附属工人夜课补习学校,教育归下陆工人俱乐部,介绍、薪水等项归矿局担任,应由矿局咨请县公署备案。(3)假期:工人有病时,经医生验明准假,不得扣薪。(4)学徒:满3年者,分别艺术优劣给予工资,以10元为起码。(5)在停工期限内,以18天发薪,并不得因此次停工开除工人。(6)原有第五、六、八条暂从缓议。

　　民国十二年(1923年)二月四日,大冶铁矿以下陆机厂为中心的罢工斗争胜利结束,宣告复工。同年一月十八日,汉阳铁厂稽核赵时骧电汉冶萍公司,要求火速拨款,发放拖欠工人的工资。下陆罢工结束后,大冶铁厂也增加了工人的工资,普工日薪由1角5分增加到2角2分,技工日薪由3角增加到4角2分。

　　民国十二年(1923年)"二七惨案"发生后,湖北督军肖耀南对大冶铁矿工人运动进行了弹压,强行封闭了俱乐部。俱乐部的19名负责人和罢工中的骨干分子全被开除出矿。运务股长周楚生对运务股工人宣布了4条禁令,其大意是:(1)工人必须听从监工和员司的指挥,不得违抗,如不服从,扣减工资或开除出矿;(2)凡聚众滋事,有不法行为或有意操纵他人进行扰乱者,情节严重的,立即开除或送官,一经开除,永不再用,并不准改名冒称;(3)员司及巡警认为必要时,有随时搜查工人之权,工人不得违抗;(4)禁止工人在工作时间谈话、休息、会客,非奉差遣,不得自由外出。工人俱乐部主任赫惠林被迫逃走广东,唐芳等人亦离去。

4. 汉阳运输所轮驳工人的罢工斗争

民国十五年(1926年)十二月三日,汉阳运输所轮驳工会向汉冶萍公司提出了维持现状的7项最低条件,并限期答复。主要内容是:(1)现有未停轮驳须阻止停班,如果停班不许停人;(2)添补每个工人伙食费6元;(3)开除工人须将正当理由通知工会,不得因办工会和罢工开除工人;(4)工人病故,由公司给予安葬费100元;(5)以前开除的楚富轮大副胡理臣恢复原职,并赔偿损失;(6)现在武汉所停轮驳,照湘浔一律待遇;(7)撤销欺压工人的职员2人。运输所代所长黄训立采取延宕政策,迟迟不作答复。经中华海员工会武汉分会和湖北省总工会同意,轮驳工会组织罢工委员会,领导全体工人于十二月十九日举行罢工,并发表了罢工宣言。

罢工后,轮驳全部停驶,货物运输遭到阻滞,时近年关,客户跑到运输所吵闹,且船货久停江上,风险很大。运输所不得不与工会谈判,但所欠工人工资仍然不发出,电请汉冶萍公司,拒不接济。工会看到运输所无钱发欠饷,便在武汉国民政府的协助下,组织维持汉冶萍轮驳工人委员会,由轮驳工会、海员工会、湖北省总工会联名与永兴公司订立合同,将轮驳租给永兴公司,永兴公司付定洋2万元,以维持工人生活。维持汉冶萍轮驳工人委员会经济独立,所有关于轮驳的一切收入以及和永兴公司订立合同的款项,概由维持汉冶萍轮驳工人委员会另组审查机构进行监督,只准用于轮驳方面开支,不能作别的用途,倘有盈余需存银行,收付须由轮驳工会盖章方生效力。这样,轮驳工人通过工会组织,第一次掌握了运输所的主要生产资料,并直接控制财务收支。民国十六年(1927年)一月,因汉冶萍公司长期拖欠湖北省的铁砂捐款,经武汉国民政府湖北政务委员会决定,将汉阳运输所的轮驳全部接管,抵充所欠铁砂捐款。

5. 大冶厂矿工人的罢工斗争

民国十四年(1925年)一月,汉冶萍总工会拟定恢复大冶厂矿(大冶铁矿和大冶铁厂合并成立大冶厂矿)工会组织,遂从安源派干部到大冶厂矿进行恢复工会的工作。大冶厂矿在桐梓堡普安寺内设立办公机构,召开了工会职员、代表(第一届选出的职员、代表)联席会议,大家一致决议恢复工会,并通告全体会员另行组织十人团(原有的十人团已走散),选举代表,然后改选工会。由于湖北省督军肖耀南派兵干涉,恢复工会的工作暂时停止。

民国十六年(1927年)一月,武汉和九江人民收回英租界的消息传到大冶厂矿,厂矿工人于一月十七日下午,向大冶厂矿当局提出了9项条件:(1)实行8小时工作制;(2)每逢节日、纪念日放假,并照发工资,上工者发双工资,工人职员一律加薪,每年给假探亲;(3)工人职员因病请假不得扣薪,因工身亡给予抚恤;(4)取消包工制,一律改为月薪制,艺徒3年期满给工资,学徒期内给生活费;(5)厂矿停止生产时,不得任意裁减工人职员;(6)辞退和招补工人职员须得到工会同意或由工会介绍;(7)厂矿当局每月担负工会经费和职工学校经费;(8)禁止打骂、虐待工人;(9)参加政治活动开除者立即恢复工作。厂矿当局迟迟不答复。一月十八日,工人拿着铁锹、扳手、镐头冲进厂矿长的"公事房",要求答复工人提出的条件。厂矿长盛渤颐在工人们和几个处长交涉时,悄悄离开了。

在罢工过程中,大冶总工会发动各厂矿举行罢工,并派代表前来声援。盛渤颐接连向上海汉冶萍公司发了五六次电报,在电报中说:"共产党分子盘踞厂矿,居心叵测。公司财产已被无形没收,一举一动俱受支配,全权丧失。炳(盛渤颐号)等已处于无能为力之地,生命有无意外,尚是问题。所望大局转还,尚可挽回,否则,任其宰割耳……"罢工进行了3天,由于得到了职员和巡警的支援,厂矿当局完全处于孤立的地位,基本上接受了工人的要求。

二月初,厂矿当局议定了18条规定,并呈报汉冶萍公司备案。其条文要点如下:

总则：(1)每逢午节和秋节、双十节、阳历年及总理诞生日放假1天,阴历年放假5天；(2)每逢星期日休假；(3)薪水工饷及矿价已加者一律照发；(4)房租减半,惟B字号房租自十七年(1928年)三月起恢复原价。

员司：(1)办公时间每日定为8小时；(2)请假及特别到公照公司现行请假规则办理。星期日到公确系由各主管经派者给双薪；(3)各处股科首领及工程师无论星期日平常特别到公,只能照请假规则第十九条抵消例假；(4)抚恤照公司现例办理。

工匠：(1)星期及休假日系由各主管经派工作者,照发双工；(2)工作时间每日规定8小时,倘有夜工,由各主管派定者,每6小时工作作一工计算。掉班或二班工作者不在此例；(3)抚恤,凡在矿身故者,3年内抚恤洋100元,3~10年间抚恤洋200元为限,不按照年份例推。在工作时间因工毙命,经各主管核实者,加倍抚恤。包工、散工及临时工不在此例；(4)病假3日内不扣工资,3日以后经厂医验明属实者给半工,以1个月为限。住本厂医院者担负医药,不供伙食。因工受伤住本厂医院治疗者,医药、伙食均归厂矿担负；(5)事假照扣工资,如系本身婚娶及父母丧,给假20天,不另给路程；(6)各股如有不通用或多余之工人酌量裁减,裁减工人另给工资1个月；(7)下陆车务科工区工人加工,仍照公司所定旧章办理。巡士具有特殊性质,与军警一律负保护安宁之责,不能一日间断,所有星期及节诞日不休假,自应照军警通例,不另给星期等项加工,但逢双十、年节及阴历年节酌给予特赏,以示体恤。

杂、更夫、厨夫：此项工时均得以日计算,凡遇星期、节诞日工作以及特别工,均不另给工资。

附则：(1)上例各条自十七年一月施行；(2)如有未尽事宜,得随时增改之。

此后,厂矿当局废除了包工制,实行领工制,对于上述18条规定,厂矿基本上都执行了。

民国十六年(1927年)四月,武汉政府所辖的独立师师长夏斗寅沿江东下。六月初,夏部到达大冶,向港、窑、湖地区的工人武装发动进攻。大冶厂矿工人在大冶县总工会和李兆龙的领导下，组织一支工人队伍，配合工人纠察队，奋勇迎击夏斗寅部。终因敌我力量悬殊，经过短时抵抗以后，转入地下。

民国十九年（1930年）一月，阴历年关将近，工人工资微薄，难以维持生计，更难渡过年关。大冶厂矿以矿山工人为主体组织请愿团到矿厂请愿，要求大冶厂矿当局发放年关津贴。是时，汉冶萍公司总经理盛恩颐正在大冶厂矿检查工作，见此情景，提前离去。

民国十八年（1929年），大冶厂矿江岸码头挑矿工人，因生活费用增高，每天所得工资难以维持生计，要求增加工薪。五月底，日本近海邮船公司派船10余艘来石灰窑装运矿石。码头挑矿工人拒绝为日本人装矿，六月一日、六日罢工两天。大冶厂矿一面告知县署，请县署出面干涉，一面同工人进行谈判，答应码头卸矿装船，论吨计算工价。与此同时，日本制铁株式会社大冶出张所，通过日本政府，竟让停泊在石灰窑江面的日本军舰上的海军陆战队登陆镇压。六月十九日的《申报》揭露说："大冶码头工人苦力等，因生计极端困难，要求增加工资，讵料为日人拒绝。即发生罢工风潮，而日人乃挟其军舰之势力，派兵上岸用高压力，强制小工等照常工作，工人不允，即被日本人用武力……不能与抗，只得屈服。"罢工斗争未扩大。事后，大冶厂矿开除了参与罢工的60多名码头工人。

民国二十一年（1932年）夏，大冶厂矿得道湾采区的采矿工人向采矿股提出增加工资的要求，采矿股股长周子建置之不理，工人将挂路上的矿车挂钩弄坏，让重车从200米高的山上滚下，砸坏了几层挂路（斜坡卷扬），使采场停产两天。

第十章 抗战初期厂矿拆迁

第一节 钢铁厂迁建委员会的成立

民国二十七年(1938年)初,日本侵略军占领南京之后,正准备溯江西犯武汉。二月七日,国民政府经济部部长翁文灏和军政部兵工署长俞大维根据蒋介石关于"汉阳钢铁厂应择要迁移,并限三月底迁移完毕为要"的手令,决定由资源委员会与兵工署会衔令饬组织钢铁厂迁建委员会,以兵工署制造司司长杨继曾为主任委员,并先后令派张连科、杨公兆、恽震、程义法、严恩棫、胡霱为委员。杨继曾等于三月一日就职视事,在委员会下设技术室、会计室及总务、铁炉、轧机、动力、建筑、运输等股。三月二十五日,在汉口小西路办事处召开第一次会议,向全体工作人员告以最高当局已决定拆迁汉冶萍公司的钢铁厂,另在后方创办新厂,以树立国防重工业之基础。四月初,钢铁厂迁建委员会设立南桐煤矿、綦江铁矿两筹备处,开始了拆迁工作。

第二节 汉阳铁厂的拆迁

民国二十六年(1937年)八月二十七日,国民政府军政部兵工署"以前方抗战需要,自行铸造钢件甚急……亟需借用汉阳铁厂",电令汉阳兵工厂厂长郑家俊,就近接收汉阳铁厂。汉阳铁厂厂长韩鸿藻接到汉阳兵工厂的通知后,声明自己仅负保管铁厂的责任,没有出借的权力,要求兵工署直接向上海总公司接洽,拒绝移交。与此同时,他一面连电上海总公司报告请示,一面电告南京国民政府军政部和实业部,请求径与上海总公司联系。

九月一日,军政部复电说:"此次本部接收该厂,以战事紧急处置,一切物品希照数点交,俟战后清算。并电鄂政府及实业部,派员监交,为避免泄露军事机宜计,现实毋庸通知总公司,关于是项不通知之责任,由本部完全负之。"九月三日实业部复电嘱"不得违抗"。韩鸿藻遂将汉阳铁厂物品清点造册。十月三日,韩鸿藻和点交员郑宜复等将厂内所有物品连同清册点交给兵工署接收。十一月,汉冶萍公司从上海派朱庆田担任驻汉保管员,保管未被兵工署接收的房屋和物料,韩鸿藻将汉阳铁厂的所有卷宗、簿据交大冶厂矿保管。

兵工署接收汉阳铁厂,最初计划开炉炼钢,以供军用。兵工署周志宏和实业部李鸿和、大冶厂矿工程师翁德銮作了一个恢复生产的计划,其程序是以先开日产250吨高炉为起点,然后全厂开工,所需经费约100万元,需时6~7个月。翁文灏和俞大维商量,决定由工矿调整委员会筹措经费,兵工署派上海炼钢厂厂长张连科主管该项工作。接着从各地调派一批工程技术人员到厂,还请回汉阳铁厂原厂长吴健。修复工作开工不久,上海、南京相继失守,汉阳铁厂拆迁四川的计划被提到日程上来了。

钢铁厂迁建委员会成立后,委员张连科即驻汉阳铁厂主持拆迁工作。参加拆迁工作的技术人员,大部分是曾经在公司工作过的,其中有翁德銮、金其重、唐瑞华等。资源委员会派遣4名在德国克虏伯钢铁公司实习回国的工程师参加拆迁。七月二十日,国民政府军事委员会委员长蒋介石以3697号电文告钢铁厂迁建委员会,"当此抗战时期……汉冶萍公司之化铁炉等希加雇工人积极拆除,运往后方以供军需之用"。拆迁进度加速。

汉阳铁厂的拆迁持续了3个多月,拆迁的机器材料共30 000多吨。其中包括日产250吨及日产100吨高炉机件炉座,日产30吨马丁炉3座,煤气发生炉6座,50吨及35吨高架起重机各2部,钢条轧钢机1座,钢板机1座,钢轧机1座,汽炉房、水力房、竣货厂、车辘厂、钢钉厂等所有轧钢厂附属设备,交流发电机、直流发电机、变流机、水管、汽炉与一切配电、供电设备,机修设备与锅炉、铁路钢轨、钢枕及车辆等。

所拆设备、机件由钢铁厂迁建委员会运输股负责运输,运输股在汉阳铁厂分设两组。第一组管汉阳铁厂厂内外一切运输及有关各技术事宜,第二组管理由汉阳至四川新厂址沿途船舶运输及水道技术等事宜。拆迁所用工匠及小工,多为京沪流亡西来的工人,运输小工多达1 000名以上。

在拆卸搬运过程中,经常遭受日机轰炸,参加拆迁的员工随炸随修,日夜不停,直到十月二十一日武汉撤守前夕为止。

民国二十七年十月二十五日晚十一时,武汉卫戍总司令部派爆破队对汉阳铁厂进行爆炸,炸毁了总公事房、俱乐部、厂巡处、卫生股、物料库、邻德里住宅、山边栈房、三码头大铁架。拆迁设备详见表10-1。

表10-1 汉阳铁厂内迁设备表

单位	设备名称	规 格	数量	备 注
炼铁厂	高炉(旧)	248米^3	2座	称1、2号化铁炉,不能用
	升降机		1部	不能用
	热风炉	直径6.1米,高19.2米,内3座加高至21.34米。	8座	每炉4座,公用砖烟囱1座
	积灰器		2座	每炉1座
	运料铁桥		1只	
	老汽锅炉	受热面为75米^2	8只	已坏,附砖烟囱1座
	立式双汽缸抽水机		1只	已坏
	高炉(新)	477米^3	2座	称3、4号高炉
	炉门机		4座	
	升降机	6 000公斤	2台	
	热风炉	直径7米,高32.5米	8座	每炉有热风炉4座,砖烟囱1只
	积尘器	每炉3座	6座	共8座炉,8只烟囱
	转动电力车		1座	

续表

单位	设备名称	规格	数量	备注
炼铁厂	洗灰器		1部	供给锅炉煤气用
	上料车		100台	
	装料渣车	7米^3	8台	
	运料铁桥		1台	
	3号高炉起盖蒸汽机		1台	
	3号高炉起盖用马达		1台	
	3号高炉钢板水箱		2个	阀门俱全
	4号高炉钢板水箱		1只	同上
	3、4号高炉中间铁板水柜		1只	同上
新化铁炉打风房	电动鼓风机	风量55.200米^3,压力0.462公斤/厘米^2	1台	
3号打风房	电动鼓风机	风量25.400米^3,压力0.805公斤/厘米^2	2台	
	起重机	15吨	1台	
	高炉电气总开关		1只	
新高炉锅炉房	锅炉	受热面积为100米^2,压力为10.5公斤/厘米^2	16座	附大汽笛钢板烟囱1根
	过热器	受热面积为200米^2	2座	
	水管式锅炉	受热面积为292米^2,压力为10.5公斤/厘米^2	11座	
	水泵	能力11.365米^3/小时,压力10.5公斤/厘米^2	2台	
	打水泵	能力27.216米^3/小时,压力10.5公斤/厘米^2	4座	
	回龙管		2只	

续表

单位	设备名称	规格	数量	备注
老鼓风房	立式鼓风机	风量220米^3，压力0.42公斤/厘米^2	3台	屋顶有钢水柜1只
	立式双缸活塞泵		5台	
	离心泵		1台	马达坏，在老天桥下小屋内
闸门水泵房	蒸汽水泵		2台	凉水管及阀门等完好
	立式锅炉		1台	同上
	水蒸气水泵		1台	同上
	电力水泵		2台	用交流电，电门板、开关板、电表等俱全
制钢厂	马丁炉	30吨	6座	第二、第六比较完善，其他均坏，炉后有烟囱7根
	混铁炉	150吨	1台	有钢烟囱1根
	盛铁水桶	35吨	9台	在混合炉房
	起重机	35吨	2台	在平炉间
	装料机		1部	附件不全
	起重机	50吨	2台	马达附件不全
	煤气炉		17台	
	盛钢水桶		8台	
	铸钢平车		12台	
	放钢铁板车		18台	
	方铸钢模	2吨	94个	
	装铁水车		3个	
	上料匣		66个	
	水力出钢坯机		1个	

续表

单位	设备名称	规格	数量	备注
制钢厂	鼓风机		2个	马达损坏
	大磅		1架	
钢条厂	小号加热炉		4部	大砖已拆
	中号加热炉		1部	破坏不堪
	大号加热炉		1部	破坏不堪
	双缸卧式蒸汽机	298千瓦	1台	已拆散，破坏不堪
	单汽缸立式蒸汽机	298千瓦	1台	
	锅炉		8台	内有4座已拆下另放钢货厂东边
	水泵		2台	
	蒸汽剪机		1台	
	冲眼机		2台	
	角钢剪机		1台	
	钻眼机		1台	
	锯钢机		1台	
	汽锤		1台	
钢坯钢板厂	北首地下煨钢炉		1座	
	南首地下烘钢炉		1座	附马达3部
	夹红钢坯电吊车	3.7吨	1台	附马达1部
	中号剪钢板机	可剪19～25.4毫米	2台	马达缺
	大号剪钢板机	可剪12.6～25.4毫米	1台	
	钢板吊车	3吨	1台	附马达3部
	搬运钢料仙鹤吊	5吨	1台	马达缺
	倒吸双汽缸卧式轧钢板机	3 405公斤	2台	

续表

单位	设备名称	规　格	数量	备　注
钢坯钢板厂	轧钢板辊架	牌坊	2部	
	钢板压平机		1部	电动机缺3部
	轧钢坯辊架	牌坊	1部	
	烘钢炉	（均热炉）	2座	
	搬红钢坯电吊车		1台	
	起重机	20吨	1部	
	小汽锤		1台	
	车床		1台	
	钻床		1台	
	老虎钳		13台	
	红炉		4座	
	磨石		1块	
钢轨厂	倒顺车双汽缸汽机	4 474.2千瓦	1台	
	倒顺三缸汽机	8 948.4千瓦	1台	
	钢轨辊架		5部	
	起重机	20吨	1台	
	钢料输送辊道（应用双缸汽机）		3台	
	剪红钢坯机		1台	
	钢坯剪机		1台	
	电力圆锯机		1台	
	钢轨及鱼尾夹板冲眼机		1台	
	钢轨及角钢压平机		1台	
	锅炉		19台	附砖烟囱2根，钢板烟囱2根

续表

单位	设备名称	规　　格	数量	备　注
钢轨厂	回龙热水管		1部	
	过热器		1台	
钢轨整理厂	角钢槽钢压平机		1台	缺电动机
	钢轨压平机		4台	实收2台
	钢轨刮头机		8台	实收4台
	钢轨钻眼机		5台	实收4台
高炉修理房	剪冲机	大号	1台	
	小龙门刨床		1台	
	钻床		3台	
	水石机		1台	
	砂轮机		1台	
	双台牛头刨床		1台	
	车床		4台	
	大车床	4.2米	1台	
	卧式汽机	29.8千瓦	1台	
	管子螺丝车床		1台	
	汽锤	500公斤	1台	
	风箱		2部	
	锯木机		1台	
	泵浦	冷磅	2台	
	葫芦		4个	
	老虎钳		21台	
	打铁砧		4只	
	红炉		7座	
翻砂厂	鼓风机		3台	
	起重机	30吨	1台	大钩30吨，小钩10吨
	冲天炉	大号	3座	

续表

单位	设备名称	规格	数量	备注
翻砂厂	冲天炉	小号	1座	
	烘模房		4间	
	反射炉		2座	
	磨砂机		2台	
	起重机	手摇5吨	1台	
	铁水桶		3只	
机器厂	落地大圆车		1台	
	龙门刨	1.5×4米	1台	
	圆锯		1台	
	活动横钻床		1台	
	落地大车床		3台	
	龙门刨	14×40米	1台	双刀架
	圆盘大锄床		1台	
	锯料床		1台	
	活动横钻车		1台	
	小磨车		2台	
	立式铣床		1台	
	小钻床		1台	
	中钻床		1台	
	小圆盘锄床		1台	
	中号钻床		1台	
	小号钻床		1台	
	小车床	1.8×0.2米	1台	
	小车床	1.2×0.2米	2台	
	小车床	1.5×0.28米	2台	
	小车床		1台	
	牛头刨床	双刀台	1台	
	生铁大平台	3.66×0.1米	1台	

续表

单位	设备名称	规　　格	数量	备　注
机器厂	刮眼床		1台	
	拨槽机		1台	
	锯齿机		1台	
	车床	2.4×0.25米	1台	
	刻锉刀机		2台	
	手摇磨刀机		2台	
	小六角车床		1台	
	绞螺丝车床		1台	
	中号六角车床		1台	
	老式车床	1.2×0.25米	1台	
	老式车床		1台	
	老式车床		1台	
	大磨刀机		1台	
	水石机		1台	
	生铁平台		1台	
	小车床		13台	
	牛头刨床	双台	1台	
	绞木螺丝车床		1台	
	水石机		1台	
	起重机	20吨	1部	
	电焊车		1台	
	手摇起重机	20吨	1台	
	卧式蒸汽机		1台	
	老虎钳		30台	
	大汽锤	681公斤	1台	
	小汽锤	277公斤	1台	
	老锅炉		2台	

续表

单位	设备名称	规格	数量	备注
钩钉厂	小剪钉机		1部	
	打六角螺帽机		1台	
	卧式打锅钉头机		3台	
	立式打锅钉头机		2台	
	冲平眼机		2台	
	绞木螺丝车床		2台	
	绞螺帽机		2台	
	小冲平眼机		2台	
	立式打钩钉脚机		2台	
	倒身绞长螺丝机		2台	
	冲眼机		1台	
车辘厂	皮带转动辊轮车床		3台	残缺
	马达转动辊轮车床		3台	残缺
	铣辊轮头机		1台	
	锯床		1台	
	起重机	20吨	1台	马达3部失落
	厂外辊轮起重机	5吨	1台	马达5部缺
轧钢厂水泵房	水泵		3台	
	高压水泵	双汽缸卧式	1台	屋上有钢板水箱1只
	立式水泵		2台	
水泵房	离心水泵		2台	屋顶有钢板水箱1只，水管阀门俱全
	蒸汽水泵	卧式	4台	锅炉房打水用
	蒸汽压力水泵	双汽缸	2台	

续表

单位	设备名称	规格	数量	备注
水泵房	电力水泵		2台	
	水压力蓄力管		2个	
	滤水筒		2个	在打水房外
新电机厂	交流发电机	2 500千伏安	1台	附凝汽机1只,打水机1只,凉空气机1只等
	交流发电机	2 350千伏安	1台	附凝汽机、打水机、打气机、凉空气机
	汽机直流发电机	400千瓦	2台	
	手摇起重机	25千瓦	1台	
	电动机		2台	系4号高炉大小炉盖所用,在修理中
	汽笛		1只	挂墙上
	柴油水泵		1台	
	夹石机		1部	
1号电机房	直流发电机	100千瓦	2台	
	汽机		1台	
	锅炉		1座	
	电机芯子	400千瓦	2只	
	手摇起重机		1部	
2号电机房	变流器	400千瓦	1部	俱全
	直流发电机	100千瓦	6部	
	立式汽机		3部	
	鼓风机	风量850米^3,风压0.42公斤/厘米^2	1台	
	凝汽机		1台	
	冷却水泵		1台	

续表

单位	设备名称	规格	数量	备注
3号电机房	直流汽机发电机	500千瓦	1台	钢厂、动力厂
	变流机		2台	电门板,油开关俱全
	变压器		4台	
电机修理处	中号车床	1.2×0.25米	1台	
	小号车床	0.6×0.15米	1台	
	小龙门刨		1台	
	钻床		2台	
	磨床		1台	
	锯齿床		1台	
	锯料床		1台	
	拨槽床		1台	
锅炉厂	水力四用剪刀		1台	
	剪冲机		2台	
	三头钻眼机		2台	
	小钻床		1台	
	横钻床		1台	
	水力剪角钢机		1台	
	三轮小辘车		1部	
	马达	11.19千瓦	1台	
	三轮大辘车		1部	
	压下剪机		1台	
	冲眼机		1台	
	大剪机		1台	
	鼓风机		1台	
	水泵		1台	
	锅炉用水泵		1台	
	锅炉		1台	

续表

单位	设备名称	规格	数量	备注
车路处	大机关车	载重150吨	10辆	
	中机关车	80吨	3辆	
	小机关车	60吨	2辆	
	小斗车	10吨	15辆	
	大斗车	25吨	30辆	
	普通平车	12吨	60辆	
	大平车	15吨	20辆	
	高大平车	5吨	5辆	
	装钢轨车		6辆	
	装砂车		12辆	
	装钢料车		20辆	
	水车		4辆	
	客车		2辆	破烂不堪
	载重吊车	大、小各2部,中号4部	8辆	
	渣子匣		26辆	
	小剪刀机		1台	
	水力机		1台	
	水柜		1只	
木模厂	圆锯		2盘	
	盘锯		1台	
	木车床		2台	
山边水泵房	电动水泵	容量10米^3/分钟,升高41米	4部	俱全
	蒸汽水泵	容量25米^3/分钟,升高49米	1部	
	喷水池水管	直径25.4厘米	6部	阀门全,在水泵房西首
附凡尔房	电动水泵		1台	

续表

单位	设备名称	规格	数量	备注
厂外设备	打碎钢底架		1台	在东厂门外
	绞车		1辆	在卸矿机未装前用者
	蒸汽机		1台	
	变电器	400千瓦	1台	
	机器铲		4辆	
	卸矿石铁桥		1座	装有吊车2部，内马达6台，其他全
材料试验室	拉力、压力试验机		1台	
	油压拉力试验机		1台	
	试钢轨机		1台	
渣砖厂	烧石灰窑		2座	
	蒸汽机		2台	
	压砖机		3台	
	混合机		2台	
	筛砂机		1台	
	交流电动机	74.5千瓦	1台	
	水泵		1台	
	锅炉		2座	附钢烟囱1只
制砖厂	烧砖圆窑		2座	
	烧砖方窑		5座	
	碎石机		2台	
	运石升降机		1台	
	烧石炉		6座	
	和白云石末机		1台	
	烧可尔太油炉		2座	

资料来源：钢铁厂迁建委员会档案。

第三节　大冶厂矿的拆迁

一、拆迁

抗日战争爆发后，日本制铁所派来控制大冶厂矿的顾问人员、专门负责"接收矿砂"的日本制铁会社大冶出张所人员和负责海运工作的近海邮船会社人员，及其家属共数十人，分批遁逃。工程襄办小田、工务所技师森口、会计部员江口等逃走时，大冶厂矿还给他们每人支取了500元现金，以供零用。大冶铁矿矿砂虽不运往日本，但开采仍在继续进行。铁山、得道湾两采区每日平均采矿2 000吨，每月约合60 000吨，堆存采区存厂、大冶铁厂老出铁厂、江边码头。日本以汉冶萍公司总经理盛恩颐的名义，按月从上海汇款60 000元至香港转汉口浙江兴业银行，给大冶厂矿作为开矿经费，并限令每月至少出矿砂20 000吨。

民国二十六年（1937年）八月二十五日深夜，武汉行营及武汉警备司令部密令石灰窑驻军第七十七师二三〇旅所属的四六〇团及黄石警察所，以汉奸罪将大冶厂矿卫生股股长顾南迻、起卸监工王道平和金润生、事务股职员洪仓、电机科工匠易云鹏及工务所技师金其重、所员冯树等人拘捕。后经厂矿方面多方交涉，取保释放。

民国二十七年（1938年）二月二日，石灰窑爱国居民胡忠写信给邹韬奋先生报告说："自从去年卢沟桥事变发生后，驻在该厂（指大冶厂矿）的日人，随着汉口的日侨，同时撤退……不意随着敌军在长江下游的胜利，非但没有停工，反而照前的把铁矿逐日源源运到江边堆置，几如山积。据确实可靠的消息，日人按月汇至该厂经费六万元，使该厂矿继续开采，将铁堆置江边，俾将来敌军占据此间时，得以尽速运返日本，制造军火来征服我国……因此报告先生，一面请在《抗战》上发表，唤起民众注意，一面请先生在可能范围内，促当局迅速予以制止……"

不久，军事委员会军令部接武汉卫戍司令部的谍报，得知汉冶萍公司继续在大冶铁矿开采铁砂,引起了重视。军事委员会军令部随致密函给经济部说:"查汉冶萍公司的情形,业经有已谍电呈报在案,近闻该厂奉公司之命,仍继续工作,且所掘铁砂,均堆江边,并闻倭方仍汇款接济,显系别有企图,除另案办理侦查该厂之行动外,拟请钧部饬湖北省政府,将该厂接之。又其所出铁砂,如我不需用时,应令停止所掘,并将现存铁砂运走,或于必要时弃入江中,以免资敌人之用。且准备于必要时,将该矿厂全部破坏,则将来纵一时陷于敌手,彼亦不能利用矣……"

同年四月,湖北省政府以大冶铁矿仍在开采矿砂,并无需要,令大冶县政府转饬大冶厂矿停工,并责成负责人妥筹善后办法。四月二十五日,大冶县政府向汉冶萍公司大冶厂矿传达省政府命令。厂矿长汪志翔当即召集各处股长会议,作出3项决议:(1)于次日(二十六日)遵令停工;(2)将矿山设备拆除并将运务股各项车辆集中,以便分别保管;(3)向总公司请示可否按照民国二十五年(1936年)中日关系紧张时,大冶厂矿与总公司商定的办法办理。即必要时停工保管,在保管期间,每月由总公司接济经费30 000元,以6个月为限。会后汪志翔用航空信寄上海,向总公司报告。五月六日,汉冶萍公司总经理盛恩颐回电说:"汪署厂矿长有函悉,希将停工后维持办法,逐条详拟,派干员飞港转沪面商……"湖北省政府以大冶厂矿素受日人豢养,如果任其派员飞沪,难免不宣泄内地军事秘密及消息为由,拟就如下处理意见呈军令部:(1)电大冶县政府、警察局、第二区署负责对该厂汪厂长及高级职员切实监视,如离大冶赴港沪时,准予拘捕。其他职员在中日战争未结束以前,不得擅自离开大冶境内,应实行5人联环保结。(2)由行营选派干员前往该厂主持办理该厂善后。(3)该厂所有长短枪枝及子弹,一律缴存大冶县政府保管,并将该矿厂警另行改编,归并政府节制。(4)该厂堆置江边的铁砂,由县政府派员警看守,不得擅自搬运。军令部随将省政府呈件转经济部。经济部于六月二十三日召开会议,并邀请军政部、军令部、政治部和湖北省政府出席。会上作出决定:由军政部负责处理大冶厂矿,在处理过程中,不要汉冶萍公司的人员参加,厂矿设备由钢铁厂迁建委员会迅速拆迁。撤退前夕,由军政部负责遣散工人,并对厂矿加以炸毁。

钢铁厂迁建委员会运输股于五月底派吴玉岚驻大冶厂矿,主持拆迁。几天后,动力股股长陈东带领9名职员赴大冶厂矿拆卸发电设备。拆卸铁厂1 500千瓦透平汽轮发电机2座,得道湾420千瓦柴油发电机3座及150千瓦柴油发电机1座。六月二十七日,钢铁厂迁建委员会与内迁设备拆卸承揽人傅德泰、徐大廷、担保人霍世庭签订厂矿冶炼、机械设备拆迁承揽书,承揽条件要点是:(1)承揽人对于此项拆卸机器及装箱工程,对外应严守秘密,否则,经查出,除由会方另招商承揽及将应得价款一律扣罚外,并以泄漏机密论罪;(2)承揽工程所定项目,由承揽人觅得殷实铺保,其担保之责,为自本承揽双方决定日起,至装箱完工之日止;(3)承揽工程期限,定约后二日开工,自开工之日起,以14天为期限,每越期1天,罚洋5元,如逾期5天或承包人中途辍工,得由会方招商承包。惟会方所受一切损失,概由担保人赔偿;(4)承揽工程签订合同后,付包价定洋三分之一,工程完成三分之二时,再付三分之一,余款俟工程全部完毕后,会方检查认为合格时付清;(5)承揽人所雇工人,在拆卸中,绝对服从会方工务人员指挥,并须遵守会方规则;(6)在工程期内如有过失或伤亡,与公无涉。从六月底至七月中旬,拆卸了大冶铁厂的高炉机件、渣滓车、汽锤、量矿车、车床、钻床、牛头刨床、龙门刨床、插床、锅炉等,以及矿山的大绞车、锅炉、小矿车、空气压缩机等。

七月二十日,交通部派专员刘孝勤率粤汉路工务处工务员杨荣及路工44名来冶拆除大冶铁矿山至石灰窑运矿铁路的钢轨。铁路拆轨工程于八月二十一日完工,共拆33.97公里,计钢轨7 434根,钢枕19 764条,鱼尾板12 914块。

七月十四日,钢铁厂迁建委员会奉命停止大冶厂矿一切拆卸工程,尽力抢运。担任迁运任务的为"长联处"的两艘轮船,一名凤浦轮,一名三兴轮。凤浦轮于六月五日抵石灰窑,同月二十一日装竣离港,计装各种设备器材945吨。还有51只木驳前后分17批参加抢运工作,共装载各种设备器材1 324.503吨。以上轮驳两项总计共装运3 227.503吨。凤浦、三兴两轮所装设备、器材均如期抵达宜昌港。51只木驳中，有两只于八月六日在黄石港上游的三峡洗渔洲被日本飞机炸沉，损失设备器材48.1吨。其中有从得道湾发电所拆迁的3台420千瓦发电机组及其他辅助设备。

大冶厂矿拆迁设备器材尚未抢运完毕，日本侵略军已逼近石灰窑，并用空军封锁黄石港上游江面，长联处船只无法通过，钢铁厂迁建委员会运输股股长黄显淇指挥将剩余的560吨设备器材，搬堆江边三号趸船，寻机装运。

采区拆下的4公里轻便铁道和小矿车、大绞车、电高车、压风机、钢丝绳、单滚筒吊矿车、双滚筒吊矿车、水泵等设备器材，铁厂拆下的各种机床，运矿铁路拆下的钢轨（只运出414根，其余因黄石港上游江面被日本飞机封锁，轮驳无法驶抵石灰窑而未运出），大都迁运到四川，在四川兴建了綦江铁矿和南桐煤矿，其中运南桐煤矿的设备器材约200吨。炼铁机件、发电机组及锅炉等大都运到重庆大渡口建设新钢铁厂了。

石灰窑矿砂码头的9艘木趸船，连同趸船上300余块松木跳板，由武汉卫戍总司令部城防工程处河川工程股征用。

厂矿员工大部分遣散，部分职员及技术工人随设备迁至四川，剩下的职员、技工自找出路。当地采矿运矿工人回家务农。得道湾、铁山两处公房、住宅全部弃置。

大冶厂矿厂矿长汪志翔等携出大冶厂矿重要卷宗、仪器、物品、图样、铂杯（即白金杯）、矿税税照、银器、账目、银钱、救国公债等项到汉口分存各地。聘管维屏为大冶厂矿驻汉保管专员，成立大冶厂矿驻汉保管处，租特二区（旧俄国租界）四民街49号房屋一大间为办公室。保管处除警务股外，派定保管职员31名。

二、破坏

民国二十七年（1938年）六月二十八日，武汉卫戍总司令部委派阎夏阳为石灰窑爆破队队长，钟以文为爆破工程师，令武汉警备司令部派兵一连随爆破队前往石灰窑，并密电驻石灰窑的第三集团军总司令孙桐萱、第二十军军长李汉魂,协助办理一切事宜,拨款 1 000 元作为活动经费。

七月二十八日,军事委员会下达第 3895 号指令:"化铁炉(高炉)等不便拆除,应准备爆破。"

八月四日,爆破队召开紧急会议,决定将未运走的设备、机件、器材散投江心,以防不测。八月十日,钢铁厂迁建委员会同爆破队开始处置汉冶萍大冶厂矿的未运设备、机件及设施。到八月二十一日止,爆破队将铁厂高炉、热风炉、部分厂房、矿区输电线路、下陆至铜鼓地一段 7.5 公里铁路全部炸毁。将 5 521 根钢轨、19 199 条钢枕、10 条岔道、12 914 块鱼尾板投入江中。余下钢轨 1 913 根、钢枕 565 条被驻冶炮兵第十一团第五、六两连征作修筑防御工事用。原堆放三号趸船待运的 559 吨机件,连同三号趸船一起沉江。

第四节　萍乡煤矿的拆迁

萍乡煤矿于民国二十八年(1939 年)三月受命拆迁,五月全部撤离萍乡。由资源委员会萍乡煤矿整理局执行,第九战区长官司令部派出高参多人到现场监督。拆迁了大小洗煤台和炼焦炉全部设备,修造厂全部设备,发电厂设备和所属锅炉厂设备,八方井所有卷扬、压风、抽风和锅炉设备,全部库存设备和物资,共约 300 吨。

拆迁工作由各股股长负责拆卸、编号、装箱,填写装箱清单及启运清单,总务科负责存转。

萍乡煤矿拆迁的设备和物资陆续由资源委员会向广西、重庆、甘肃等地矿山调拨,湖南矿务局调拨了萍乡煤矿修理厂的机床等全套设备,重庆大渡口钢铁厂调拨了萍乡煤矿的发电设备。所剩设备由在广西全州成立的萍乡煤矿整理局全州清理处保存。所拆之主要设备机件见表 10-2。

表 10-2　萍乡煤矿拆迁主要设备机件表

设备名称	规　格	数　量
蒸汽直流发电机	247 千瓦	2 部
史太林锅炉		2 座
洗煤台电动机		4 部
东窑吊车		3 部
变流机	125 千瓦	1 部
车床		2 部
钻床		2 部
电车电动机		1 部
修理厂电动机		34 部
刨床		1 部
制造厂各种机器		42 件
大剪床		1 部
窿内外电车电线		16 000 米
窿内外电车钢座子夹头		3 000 余副
交流电缆		3 000 米
东窿至洗煤台钢轨		数量不清
窿内钢轨夹板螺丝		数量不清

资料来源：萍乡矿务局档案。

第十一章 资源委员会接管汉冶萍公司总事务所

第一节 汉冶萍公司资产清理委员会的成立

民国三十四年（1945年）日本投降时，日本制铁株式会社企图把"日铁"大冶矿业所的全部资产（包括汉冶萍公司原有的和沦陷后"日铁"为掠夺矿产资源而增加的），交给上海的盛恩颐。抗战期间，盛恩颐与汉奸袁乃宽等勾结，成立了"华中铁矿股份有限公司"（后改称"华中矿业股份有限公司"），盛任这个公司的发起人和监察人，年支薪金2400元。这个公司是日本在华中沦陷区经济侵略的大本营"华中振兴社"的附属公司，主要是为日本掠夺中国华东地区的铁矿、铜矿等资源。公司的股本额2000万日元，日、伪（汪精卫伪政权）各出半数。盛有4900股，合245000日元。盛恩颐还兼任"华中振兴社"的另一附属公司"华中水电公司"的董事。盛恩颐通敌有据，不敢贸然接受日本制铁株式会社交给的大冶矿业所资产，特电重庆国民政府经济部，请示处理办法。经济部复电说："日铁大冶矿业所"将由国民政府接管。

抗战胜利后，国民政府资源委员会接收了汉冶萍公司所属厂矿及货栈、码头，汉冶萍公司只剩下一个上海总事务所。总事务所有6名办公人员，其中包括盛恩颐本人，任务是保管公司档案和部分账册。

民国三十四年（1945年）十二月，国民政府行政院派特派员带领严恩棫、郑翰西等到原汉冶萍公司的大冶厂矿视察，编写了《汉冶萍公司大冶厂矿视察报告》，准备利用汉冶萍公司厂矿基地，建设新的钢铁厂。

民国三十六年（1947年）四月，资源委员会和经济部共同组织"汉冶萍公司资产清理委员会"（简称清理委员会），孙越崎任主任委员，李鸿和、程义法、王玮、严恩棫、宋作楠、左其鹏等为委员。李鸿和、程义法为常务委员。于二十二日在南京举行第一次会议,拟定两项决议,请经济部和资源委员会呈行政院饬汉冶萍公司遵办。两项决议是:(1)该公司一切资产自即日起,不得为任何之处分,并应指定负责人员将所有资产及其契据、账册、档卷等一律点交本会接管,以凭清理;(2)自抗战起,迄本会内对其资产如有任何处分及移动等情事,应逐项叙明接管之日止,该公司在此期详情及理由,并检同证件移交本会并案清理。

五月十二日,清理委员会派人前往上海接收,汉冶萍公司总经理盛恩颐托辞尚未收到行政院训令,俟收到院令后,召开董事会决定。十九日,清理委员会再次赴公司会晤盛恩颐,盛称院令已送达,但要召开董事会后,才能决定移交日期。清理委员随即召开第二次会议,拟定清理具体方针及处理办法。并指出盛恩颐在抗战期间的通敌罪行。

具体方针:(1)汉冶萍公司在战前迭次擅借日债,将全部厂矿资产抵押于日本,并签订预售生铁及铁矿之丧权合同,均未经呈请政府核准,此种丧失国家基本资源之状况,不能任此组织继续存在;(2)大冶铁矿无论在前清及民国,从未依法取得正式之矿权,依照现行矿业法之规定,自应收归国营,并为奠立长江中区钢铁工业之基础计,全部拨交资源委员会华中钢铁公司妥为经营;(3)所有厂矿资产,汉冶萍公司既已全数抵押于日本,此项债权由政府接收应作为国有;(4)汉冶萍公司股东名册,亟须取得查考,除查明有附逆行为者外,其他股东原有合法之地位,仍为保存。

处理办法:(1)接收方式。①呈请行政院令上海市政府派员会同强制接收、点交;②以债权人之立场按照正式之会计及法律手续进行清理;③呈请行政院准予令饬该公司,限文到15日内将资产契据,借款合同,账目清册,股东名册,档卷清册等送呈南京本会点收,听候清理,倘再逾期不交,即由政府依据破产法,将该公司宣布解散。(2)日债清理。关于该公司向日本正金银行等所借之债务,自日本投降后,依照行政院颁布之敌伪产业处理条例,应一律收归国有,此项债权及抵押品,拟呈请行政院准予全部拨交资源委员会华中钢铁公司接管。(3)清算标准。该公司资产与负债均按照民国二十六年(1937年)上半年价格为标准。(4)股本处理。①官股部分应全部拨交资源委员会华中钢铁公司;②商股部分处理办法:甲、于清算后若资产超过负债而有剩余时,根据产值作价计算,每股应得实值发还未附逆之各股东;乙、于清算后若负债超出资产,而有亏损时,应将股票作废。

盛恩颐无法抗拒接收,便向国民政府行政院提出,要将萍乡煤矿划归"民营",俾公司名义继续存在,同时对接收的汉冶厂矿机器设备、材料,按市价估值,酌予贴补,以便萍乡煤矿复兴之用。行政院拒绝了盛恩颐的要求。

民国三十七年(1948年)二月十六日,上海警察局派警察协助清理委员会,迫使盛恩颐作出移交。同日,在公司总事务所原地,设立了清理委员会上海临时办事处,开始了对汉冶萍公司的清理。

第二节 清理结果及汉冶萍公司名义的撤销

清理委员会从民国三十七年(1948年)三月开始,至八月止,根据汉冶萍公司的账册、案卷,对公司的股本、资产、负债进行了清理。其结果如下。

一、股本

根据汉冶萍公司账册所列公司股本,截止民国二十六年(1937年)抗战起时为止,共计股本总额为18 929 144.05元。民国二十一年(1932年)汉冶萍公司为向国民政府办理注册手续,曾举行股东登记,当时,登记的仅有211 185股。清理委员会依照呈准办法,在京、鄂、汉、穗、津及长沙、南昌各地登报公告,自民国三十七年(1948年)五月五日起至六月三十日止,凭股票办理股权登记,除工商部、交通部等官股外,计有136 050股,共505户,达到民国二十一年(1932年)登记股数的78%,为公司股本总额的36%。

二、资产

抗战初期,汉冶萍公司汉阳铁厂及大冶铁矿一部分设备、器材曾由国民政府征用迁移四川,建立大渡口钢铁厂,萍乡煤矿仅存基地。(1)汉阳铁厂。民国二十七年(1938年)汉阳铁厂迁四川机器设备(包括大冶厂矿一小部分机件),据国民政府资源委员会估值,按民国三十四年(1945年)十一月价格八折计算,共计法币 1 405 036 228.27 元,其残存资产,抗战胜利后,经华中钢铁公司接收,估价为法币 196 651 397.40 元(主要是房地产)。(2)大冶厂矿。民国三十五年(1946年),华中钢铁公司筹备处接收"日铁"在大冶的财产时,曾进行估价,计分两部分:①"日铁"移交原属汉冶萍公司大冶厂矿的部分,共合法币 544 151 554 元;②日铁侵占大冶期间"增益"的财产,共计 1 875 187 677 元。(3)萍乡煤矿。因汉冶萍公司早在民国十六年至民国十七年(1927—1928年)间,已放弃经营,抗战胜利后,已由资源委员会赣西煤矿局接收,未进行清理。

依据上述估值,汉冶萍公司资产共计为:国民政府借用和拆迁部分的财产折合法币 1 405 036 228.27 元;汉阳铁厂剩余财产(包括房地产)折合法币 196 651 397.40 元;大冶厂矿财产折合法币 544 151 554 元。合计法币 2 145 839 179.67 元。

上述资产价值,清理委员会折合民国二十六年(1937年)上半年时价,汉冶两厂拆迁部分为 1 414 900 元,汉阳铁厂剩余部分为 198 000 元,大冶厂矿剩余部分为 548 000 元,合计为 2 160 900 元。民国二十六年(1937年)汉冶萍公司在汉冶厂矿的固定资产:汉阳铁厂为 19 155 400 元,大冶铁厂为 11 922 000 元,大冶铁矿为 10 233 700 元,合计为 41 311 100 元。清理委员会对汉冶萍公司厂矿资产的估值仅达民国二十六年(1937年)公司估值的 1/20。汉冶萍公司厂矿的固定资产在战争中遭受破坏十分严重。

三、流动资金

流动资金主要是日本银行存款。日本投降后,驻日"盟军总部"所冻结的汉冶萍公司在日本银行的存款如下:日本横滨正金银行结存为 1 696 609.13 日元;日本兴业银行结存为 3 502.31 日元;日本兴业银行透支为 8 406.32 日元。此外,上海日本横滨正金银行结存为 1 812.13 日元。

以上结存和透支相抵：共结存 1 693 517.25 日元。

四、负债

据清理委员会结算，汉冶萍公司至抗日战争爆发时为止，共欠日债如下：欠日本横滨正金银行 36 605 378.25 日元，欠上海日本横滨正金银行 2 500 000 两（规元），欠日本兴业银行 2 066 053.31 日元。截至民国二十六年（1937 年）止，应付而未付的利息为 24 694 158.72 日元及上海规元银 1 660 958.91 两。这样，欠日债的本金和利息合计达 63 365 590.28 日元又规元 4 160 958.91 两。

截至民国二十六年（1937 年）六月底，共欠内债计规元 1 280 756.68 两。

汉冶萍公司资产和负债数字相比较，如果按抗日战争前币值计算，资产部分仅值法币 2 160 900 元又 1 693 517.25 日元，而负债（日债和内债合计）达规元 5 441 715.59 两，约合法币 7 610 875 元又 63 365 590.28 日元。负债大大超过资产。

民国三十七年（1948 年）十一月，汉冶萍公司资产清理委员会发布公告宣布，汉冶萍公司"在战前擅借巨额日债，将全部厂矿资产抵押于日本。胜利后，此项债权收归国有，所有该公司提供抵押之资产，概由政府接收，交资源委员会华中钢铁公司承受运用，汉冶萍公司名义应即行撤销。凡已登记而未附逆之股东记其合法权益，以原有股份参加华中钢铁公司，如不愿参加者，由资源委员会规定价格，收回股票。"

汉冶萍公司名称从此在中国历史上正式消亡。

第十二章 人　　物

第一节 人物略传

张 之 洞

张之洞(1837—1909年)，字孝达，号香涛，直隶南皮(今属河北省)人。同治二年(1863年)进士，历任翰林院侍讲学士、内阁学士。光绪七年(1881年)十一月出任山西巡抚，光绪十年(1884年)在中法战争中升任两广总督，起用冯子材在广西边境击败法军。

张之洞任山西巡抚时，看到山西煤铁丰富，曾有开矿山、办铁厂的想法。任两广总督时，看到"国内所需机器及钢铁各料，历年皆系购之外洋"，感到"若再不自炼内地钢铁，此等关系海防边防之利器，事事仰给于外人，远虑深思，尤为非计"。光绪十五年(1889年)初，张之洞致电驻英公使刘瑞芬、驻德公使洪钧，要其在英、德购买炼钢炼铁炉机，聘请矿师和冶炼工程师，拟设铁厂于广东省城外珠江南岸的凤凰岗。

当时，清政府正在进行修筑铁路的讨论。张之洞提出修筑芦汉铁路的建议，获得醇亲王奕譞的支持。清政府决定调张之洞任湖广总督，督办芦汉铁路南段。张之洞修筑铁路的方针，是把建铁厂放在第一位的。于是向清廷提出，修筑铁路必须先办四事，即"积款、采铁、炼铁、教工"。此时，接任两广总督的李翰章以广东铁矿资源不足，经费困难为由，建议铁厂他移。张之洞遂奏准清廷，把铁厂移于湖北兴建。

光绪十六年(1890年)四月成立湖北铁政局，张之洞委蔡锡勇为总办，督率购机、设厂、采铁、开煤。张之洞在离开广州前夕，查旧志，看到古有

"大冶之剑"的记载,曾致电湖北巡抚奎斌,要他调查大冶、兴国一带矿产。并电邀盛宣怀在上海面晤,了解英国矿师郭师敦勘探大冶铁矿的情况。湖北铁政局按照张之洞的要求,先后组织 15 批 30 人次到湖北、湖南、陕西、四川等地踏勘煤铁,还把在广东雇请的外国矿师陆续调到湖北复勘大冶铁矿。确定大冶铁矿矿石含铁 64%,且储量丰富,百年不能采尽;同时发现兴国州有极好的锰铁,湖南、湖北产白煤。还发现了大冶王三石煤矿。

在调查大冶石灰窑、黄石港、江夏金口沿江一带之后,张之洞确定在汉阳建厂。

光绪十七年(1891 年)八月,汉阳铁厂动工兴建,由于厂区地势低洼,不得不采取打桩和灌入大量混凝土的方法填筑厂基,所耗资金约占前期经费的一半左右。同时兴建的还有大冶铁矿、王三石煤矿、江夏马鞍山煤矿。为使厂矿建设协调一致,张之洞多次到汉阳、大冶、江夏马鞍山等地检查工程进度,发现问题立即责令下属解决。根据外国矿师设计,大冶铁矿日采矿石 200 吨,必须开横道二条,但工匠不肯深入。张之洞遂令大冶铁矿总办李增荣督率工匠开通横道,确保汉阳铁厂按时投产。经过两年十个月的施工,在汉阳铁厂建成炼铁厂、贝塞麦钢厂、马丁钢厂、造钢轨厂、造铁货厂、炼熟铁厂六大厂,机器厂、铸铁厂、打铁厂、造鱼片钩钉四小厂。建成大冶铁矿、大冶王三石煤矿、江夏马鞍山煤矿。

光绪二十年(1894 年)五月二十五日,汉阳铁厂投产,先开 1 座高炉,由于煤焦没有解决,不久停产。光绪二十一年(1895 年)再一次开炉,仍因煤焦问题无法解决,仅生产一个多月又停产。两次生产共出生铁 8 996 吨,贝塞麦钢、马丁钢共 2 720 吨、熟铁 110 余吨。而汉阳铁厂总计投资 568 万两库平银,甲午战争之后,国库如洗,清政府无力再支持汉阳铁厂经费。张之洞决定奏请清廷,招商承办,认为铁厂"经费难筹,销场未广,支持愈久,用款愈多。当此度支竭蹶,不敢为再请于司农之举,亦更无罗掘于外省之方,再四熟筹,惟有钦遵上年六月二日谕旨招商承办之一策"。遂于光绪二十二年(1896 年)四月委盛宣怀招商承办。但汉阳铁厂的行政人事权仍由他亲自掌管。

张之洞在湖广总督任内,还先后在湖北兴办了湖北枪炮厂,纺织、织布、缫丝、制麻四局,批准商办湖北水泥厂、燮昌火柴厂等,举办了新式学堂,编练了新军、警察等,使湖北成为洋务活动的中心地区之一。

光绪二十一年至二十二年(1895—1896年),张之洞代刘坤一督两江,光绪二十八年至光绪三十三年(1902—1907年)五月再督两江,后升礼仁阁学士,授军机大臣。

宣统元年(1909年)八月二十一日在北京病逝。著有《书目答问》、《劝学篇》等,其书、文、函、牍、电稿等辑录为《张文襄公全集》一百卷。为纪念张之洞在湖北的建树,后人曾建抱冰堂、奥略楼,称他所修汉口后湖堤为张公堤,设张之洞路于武昌(今改为紫阳路)。

蔡锡勇

蔡锡勇(? —1896年),字毅若,福建龙溪(今龙海)人,同治六年(1867年)总理衙门同文馆肄业,曾任驻美国公使馆翻译官。回国后,担任过汉黄德道江汉关监督,广东实习馆教员。光绪十三年(1887年)两广总督张之洞委任蔡锡勇为洋务局委员,主持向外商订购冶铁和纺织机器等。光绪十五年(1889年),张之洞任湖广总督,翌年四月成立湖北铁政局,任命蔡锡勇为总办,督率购机、设厂、采铁、开煤四大端。蔡受命之后,首先选择铁厂厂址,率员复勘大冶、武昌、黄冈沿长江南北百余里及省城各门外和沌口、金口、青山、金沙洲、沙口一带,最后觅得汉阳大别山下一狭小平地。张之洞认为其地"南枕大别山,东临大江,北滨汉水,东与省城相对,北与汉口相对,气局宏阔,运载合宜",是最理想的厂址。光绪十六年(1890年)动工修建铁厂。蔡规划炉座,雇请华工、民夫数千人,修堤运石,填筑厂基,开窑烧砖,订购厂屋铁木灰石等料,兴修大冶铁山运道,开办大冶铁矿、江夏马鞍山煤矿及兴国锰矿。在此期间,铁厂向英、比、德等国订购的机器设备、材料源源运来。每一机器物料运到,多至数万件,或十余万件,蔡指挥华洋工匠清点、安装,务必按期完成指定任务。

光绪十九年九月(1893年10月)汉阳铁厂建成,同年大冶铁矿投产,江夏马鞍山煤矿完工。光绪二十年(1894年)汉阳铁厂投产。由于煤焦问题没有解决,连年亏损,经费难筹,张之洞准备将汉阳铁厂包给外国人承办。蔡锡勇提出:"揆度时势,包与洋人,不如包与华人为宜。"并写信给盛宣怀之侄盛春颐,促使张之洞委盛宣怀招商承办。

蔡锡勇任铁政局总办时,张之洞委任他兼湖北枪炮厂总办,于光绪二十年(1894年)建成枪炮厂,生产七九式步枪等。张之洞举办湖北纺织、织布、缫丝、制麻四局时,又委任他为织布局总办。蔡锡勇是张之洞在湖北兴办洋务企业的具体筹划与组织者。

蔡锡勇在美国时,看到当地人员用速记术作记录,又快又好,产生用汉字作速记的想法。回国后,在公务之余,结合中国的音韵学,创造了汉字速记术。经过反复修改,写出《传音快字》一卷。光绪二十二年(1896年)在武昌出版,该书成为清末速记学校的教材,从此传遍全国,后成为《中国速记学》。

光绪二十二年(1896年)病逝。

盛 宣 怀

盛宣怀(1844—1916年),字杏荪,号愚斋。江苏武进人。秀才出身,同治九年(1870年)入李鸿章幕,经办洋务,此后20余年间,由李创办的轮船、电报、纺织等企业全归盛掌握。在办理轮船招商局时,怡和、太古公司互相削价竞争,盛利用怡和、太古矛盾,订了三次齐价合同,在竞争中站住脚。在办理电报局时,丹麦大北公司、英国大东公司已铺设海底电缆,要在上海、厦门等地架设路线,盛宣怀经过反复交涉,拆除大北公司所架的吴淞、厦门路线。从此,盛成为洋务运动的骨干。

光绪二年(1876年)盛宣怀根据李鸿章查勘煤铁产区的密谕,在湖北广济盘塘设立开采湖北煤铁总局,采用近代方法,查勘开采煤铁。光绪三年(1877年)总局雇聘的英国矿师郭师敦勘得大冶铁矿,盛拟举办铁厂,于同年十一月从黄石至黄冈沿江查勘安炉基地,又发现武昌西山、樊山铁矿。由于经费难筹,李鸿章对盛宣怀建铁厂的计划未予批准。

光绪十五年(1889年)张之洞调任湖广总督,约盛宣怀于上海面晤,商谈办铁厂事。盛宣怀提出4条建议:(1)责成。派一人全权办理。(2)择地。准沿长江沿岸查勘煤铁与湖北大冶、当阳和江苏利国铁矿比较利弊,谋定后动。(3)筹本。提出官办与商办两个方案。(4)储料。按照制轨或市销不同要求,选用不同炉机。并表示愿将所购得的大冶铁矿部分矿山献给张办铁厂。

张之洞创办汉阳铁厂后,由于煤焦没有解决,产品质量差,经费难筹,于光绪二十二年(1896年)四月委盛宣怀招商承办汉阳铁厂。

盛宣怀接办铁厂之后,花费巨额投资,开办萍乡煤矿,解决了汉阳铁厂的煤焦问题。又针对汉阳铁厂产品质量问题,引进炉机,改造汉阳铁厂,使钢铁产量提高,除为国内铁路建设提供大量钢轨外,还行销日本、美国、南洋群岛。

为建设萍乡煤矿、改造汉阳铁厂,需要大量资金,盛宣怀曾向德国礼和洋行借款400万马克,用于萍乡煤矿。光绪二十八年(1902年)盛宣怀又向日本提出借款二三百万元。日本为控制大冶铁矿,使之成为永久性的供矿基地,提出:"贷款期限定为三十年;铁矿之外,其附属铁道、建筑物及机器等一切物件,必须作为借款抵押;要雇用日本矿师。"当日方代表小田切将上述条款交给盛宣怀时,盛即表示以"全部矿山作为抵押,稍感困惑",打算向德、比等国筹借。日本于是采取"利诱"等手段,并对盛的某些要求,作了字面上的修改:(1)不以大冶全部矿山作抵押,而以其中一部分;(2)年供矿数字减少;(3)由私人银行出面贷款;(4)雇聘日本工程师由盛大人调度。经过一年多的谈判,盛于光绪二十九年(1903年)十一月与日本兴业银行签订《大冶购运矿石预借矿价正合同》及附件,日本以300万日元借款,达到基本控制大冶铁矿的目的。盛宣怀从此走上依赖日本的道路。

光绪三十四年(1908年),盛宣怀把汉阳铁厂、大冶铁矿、萍乡煤矿合并组成汉冶萍煤铁厂矿有限公司,被推举为公司总理。新公司成立后,广招商股,使厂矿生产能力进一步扩大。

宣统三年(1911年)初,盛宣怀任邮传部尚书,后为清政府内阁邮传部大臣。盛以"铁路国有"为名,将川汉、粤汉等铁路收为国有,作为向英、德、美、法四国借款的抵押,激起公愤,辛亥革命爆发后,出走日本。

民国元年(1912年)初,盛宣怀与日本财团签订了中日合办汉冶萍公司的草合同。合办的消息一传出,遭到全国各界的反对和汉冶萍公司股东大会的否决。盛宣怀辞去汉冶萍公司总理职务。

民国二年(1913年)五月,盛宣怀又出任汉冶萍公司董事会会长。同年十二月主持签订了向日本借款1 500万日元的合同,以及聘日本最高工程顾问和最高会计顾问的合同,使汉冶萍公司的管理权落于日本之手。

盛宣怀还创办了中国红十字会,倡办了北洋大学及南洋公学。

民国五年(1916年)四月二十七日,盛宣怀在上海病逝。有《愚斋存稿》一百卷及《盛宣怀未刊信稿》等。

旧时,大冶铁矿、萍乡煤矿都建有盛公祠。

孙 宝 琦

孙宝琦(1867—1931年),字慕韩,浙江杭州人。光绪元年(1875年)承荫从四品荫生,光绪十五年(1889年)改承正二品荫生。历任直隶道台、驻法公使、顺天府尹、驻德公使等职。宣统元年(1909年)任津浦铁路会办。宣统三年(1911年)初升任山东巡抚。辛亥革命时,一度宣布山东"独立",旋即取消。从民国二年(1913年)起先后任熊希龄、徐世昌内阁的外交总长,一度兼任国务总理。民国三年(1914年)以后任民国政府(北京)税务处督办、审计院院长、财政总长兼盐务署督办、经济调查局总裁、全国赈灾处处长等职。

民国四年(1915年)四月,盛宣怀与民国政府(北京)总统府政事堂左丞杨士琦商量,内定孙宝琦为汉冶萍公司下一届董事会会长。通过孙的活动,使袁世凯答应维持汉冶萍公司财政。在此之前,汉冶萍公司曾向清政府邮传部预支修筑陇海铁路轨价银200万两,用钢轨抵付。袁答应再拨付陇海路轨价30万两,支持汉冶萍公司解决财政困难。五月二十七日,汉冶萍公司召开股东大会,孙宝琦当选为董事。六月二十四日召开董事会,孙当选为董事会长,盛宣怀为副会长。

同年七至八月,孙以审计院院长出巡的名义,到上海和盛宣怀交换意见,又到大冶铁矿和汉阳铁厂视察。在此期间,盛宣怀拟就一份说帖,请孙宝琦转交袁世凯。说帖就汉冶萍公司生产经营方面的问题,向民国政府(北京)提出 12 项要求。

孙宝琦于九月十五日上书袁世凯,要求袁世凯发借债票,以解汉冶萍公司困境。袁世凯同意由通惠实业公司借款给汉冶萍公司,由通惠实业公司发行实业债票,政府担保,每年拨付汉冶萍公司 300 万元,4 年共 1 200 万元。政府出息 6 厘,汉冶萍公司贴息 2 厘,第五年起分作 10 年归还本息。后因日本干预和袁世凯"帝制"失败,借款未能实现。

此后,孙宝琦担任汉冶萍公司董事会会长期间,汉冶萍公司董事会会务由副会长李经方主持。民国十一年(1922 年)孙任扬子江水利委员会副委员长、华盛顿会议外交问题研究会副会长,民国十三年(1924 年)一月任国务总理兼外交委员会委员长。民国十六年(1927 年)后,定居上海。

民国二十年(1931 年)病逝。

叶 景 葵

叶景葵(1874—1949 年),字揆初,别署存晦居士,又号卷庵,浙江杭州市人。22 岁时,为山西巡抚赵尔巽幕僚,以代赵起草《条陈十策》而闻名一时。

光绪二十六年(1900 年),八国联军入侵北京,举国忧愤,有识之士欲兴办矿务等实业以图自强。叶从光绪三十一年(1905 年)起致力于浙江兴业银行。光绪三十三年(1907 年)辞官就商,走上"实业救国"的道路。

民国元年(1912 年)四月十三日,汉冶萍公司召开董事常会,改选公司领导人,叶景葵被选为经理。

当时,汉冶萍公司的汉阳铁厂在战争中遭到严重破坏,无钱恢复生产,公司推举叶景葵、袁伯葵、杨翼之等为代表,到北京求借公款。汉阳铁厂停工后,有人斥责李维格办理不善。叶与李相交甚久,遂撰文述说汉冶萍公司产生之历史,刊登于上海《时事新报》,浮议始息。进京之后,将此文印成小册,广为散发,使政府官员了解汉冶萍公司的历史及现状。经国务院会议决定,将南京临时政府发行的 500 万元公债,拨发公司 200 万元,作为开炉之用。公司向正金银行作押,使汉阳铁厂得以开炉复工。

民国二年(1913年)三月,汉冶萍公司在上海召开特别股东大会,盛宣怀被举为公司总理,后又被董事会推为董事会会长,李维格受到盛宣怀和股东的抨击,辞去公司经理职务,叶亦同时辞去公司经理职务。

民国三年夏,浙江商办铁路公司股东会推叶为浙路股款清算处主任。叶为使政府归还股款,多方交涉达 27 年之久。民国二十八年(1939年)五月偕张元济、陈陶遗等在上海创建私立合众图书馆,并首先献书入馆,为国家保存了许多有价值的文献。

民国三十八年(1949年)四月二十八日在上海病逝。

郑 观 应

郑观应(1842—1922年),字正翔,号陶斋,别号罗浮偫鹤山人。广东省香山(今中山)县人。

咸丰四年(1854年)考秀才落第,到上海学商,先后在宝顺洋行、太古洋行的轮船公司当买办。同治六年(1867年)宝顺洋行停业,他独立经营航运及商业获得成功,于同治八年(1869年)捐员外,次年捐候补郎中,光绪四年(1878年)捐候补道员。同年,与李鸿章结识,帮办洋务,以商股身份奉派筹办上海织布局,任会办、总办;轮船招待专办、总办。中法战争时,郑观应应粤东防务大臣彭玉麟之邀,奔赴抗法前线。

光绪二十二年(1896年),盛宣怀接办汉阳铁厂,委郑观应为总办。当时,汉阳铁厂亏损严重,处在危难之际。郑观应针对铁厂的突出问题,抓"觅焦炭、选人才"两端,并整顿铁厂。

郑观应查明铁厂开 1 座高炉,每月需用 2 300 吨焦炭,提出了"炼好焦炭为本厂急务"的主张,除了购买开平焦外,选派卢洪昶到湖南湘潭、宁乡收购无磺煤,就地炼焦,运往汉阳铁厂,对缓解铁厂用焦困难起了一定作用。为了从根本上解决煤焦问题,郑建议盛宣怀,派出中外矿师勘查煤田,终于勘定萍乡煤矿,后经张之洞、盛宣怀奏准,开发了萍乡煤矿,所炼焦炭比进口焦炭价低 1/3,降低了铁厂的成本。与此同时,郑观应对外籍工匠进行考查,辞退了一些揽权恃霸、不称职的"洋工程师"。并建议悬重赏招募华匠,考有外国机器大书院执照及在某厂历练有年者可到厂充副总管。强调无论华匠、"洋匠",一律量才录用。还建议铁厂设立学堂,招考略懂算法的学生 40 名,上午读书,下午进厂实际操作。后由李维格主持办起了学堂,分化算、炼铁、炼钢、机器等四个专业,为钢铁工业培养了一批技术人员。此外,还针对汉阳铁厂纪律松弛的现象,制定了《汉阳铁厂厂规》30 条。

郑观应任汉阳铁厂总办,只一年零两个月,任期内共生产生铁 10 432 吨,超过官办时期产量。贝塞麦钢厂、马丁钢厂、轧轨等厂都投入了生产。后来他在《盛世危言》中,回顾这一段情况时说:"虽裁洋匠,以节经费,去私弊以塞漏卮。奈焦炭购自开平,铁矿远在大冶,运费既多,成本遂重。如就近寻有佳煤,或萍乡煤矿办理得人,移马鞍山之外国焦炉,并筑小铁路由萍乡至湘潭,出水便,成本轻,又移汉阳熔铁炉于大冶,添造数座,选上等工(程)师,制各种机器、枪炮、轮船、铁轨材料,精益求精,虽不及德之伯房克、英之奄士当郎规模之大,可供亚洲各国之用,必然获利无穷。再设工艺学,以教授华人,何虑中国不能富强。"

光绪三十二年(1906 年)郑被举为粤汉铁路总办。

辛亥革命后,郑观应寓居上海,成为商界著名人物。主要著作有《救时揭要》、《易言》、《盛世危言》、《盛世危言后编》、《罗浮偫鹤山人诗草》等。

李 维 格

李维格(？—？),字一琴,江苏吴县人,幼年从父读书上海,后肄业于外国人所设学校,遂有出国求学的志向,父母借得千金资助出国。先求学于英国,习英、法文字,后赴美国、日本研习政教术业。甲午战争爆发后,与新会梁启超、钱塘汪康年撰文言变法,名噪一时。曾任湖北、湖南教授,戊戌变法后回上海,任江南制造局提调兼南洋公学教授。

盛宣怀接办汉阳铁厂之后,李曾任该厂总翻译。为解决铁厂的质量问题,盛宣怀奏准清廷,委李出国考察炼铁新法。光绪三十年(1904年)二月二十三日,李维格带英国彭脱、德国赖伦等启程,并带了大冶的铁矿石和白石、萍乡的焦炭、汉阳铁厂的钢铁等样品,请英国钢铁化学专家代为化验。证实大冶铁石和白石、萍乡焦炭皆为佳品,所炼制的钢轨之所以发生脆裂,是因为贝塞麦炼钢炉(酸法)不能去磷所致。回国后,向盛宣怀提出购置炉机,改造铁厂,重新聘定工程师的建议。盛宣怀任命李维格为汉阳铁厂总办。

李维格接任后,又赴欧洲订购炉机,开列购置设备清单,招英、德、美十数家工厂投标,分别择优在英、德、美等国的九家工厂购置了炉机及其附件。费英金约163 146镑。

李维格用日本预支矿石价300万日元作扩充经费,聘卢森堡人吕柏为总工程师,从光绪三十一年(1905年)起,改建扩充汉阳铁厂。将原有的贝塞麦炼钢炉和容积10吨小马丁炉拆去,安装容积30吨碱性马丁炼钢炉6座,150吨混铁炉1座,同时扩建轧钢厂、轧轨厂、钢板厂、轧辊厂、装货厂。

光绪三十三年(1907年)冬,改建扩充工程基本竣工,汉阳铁厂炼铁的焦比达到1:1,成本下降,产量逐年增长,中外咸称汉阳铁厂为中国20世纪之雄厂,"预定之卷,纷至沓来"。

光绪三十四年(1908年),李维格向盛宣怀建议,奏准清廷将汉冶萍三厂矿合而为一。汉冶萍煤铁厂矿有限公司成立后,盛任公司总理,李维格为协理,兼任汉阳铁厂总办。李为发展汉阳铁厂生产、广求煤铁锰石诸矿,先后创办了汉口扬子机器制造公司和湖南常耒锰矿等。

辛亥革命爆发后,李维格随盛宣怀去日本。在日本期间,受盛宣怀之托,与日商代表草签了汉冶萍公司中日"合办"草约(神户),遭到国人反对。汉冶萍公司股东会也以中日"合办"草约有损"国权、商业",未予通过。

民国元年(1912年)四月十三日,汉冶萍公司召开股东常会,李维格辞去协理职务,改任经理。在李的经营管理下,很短的时间内恢复了汉阳铁厂的生产。

民国三年(1914年)三月,盛宣怀重新当选为公司董事会会长,李维格受到责难,辞去公司经理职务。

民国五年(1916年)汉冶萍公司董事会委李维格为正在建设的大冶铁厂厂长。民国六年(1917年)五月,李辞去厂长职务,改任公司高等顾问。从此老病侵寻,赍志以殁,终年63岁。临终前数日,以所置产业的1/3捐赠东吴大学,资助贫寒学生,发展教育事业。

张　赞　宸

张赞宸(？—1907年),字韶甄,江苏武进人,湖北候补道。光绪二十二年十一月十四日(1896年12月18日),任汉阳铁厂提调。当时,汉阳铁厂缺煤缺焦,严重影响生产。为解决煤焦问题,光绪二十三年(1897年)盛宣怀派张赞宸到江西萍乡县察办煤务,张与矿师赖伦等对萍乡东南一带产煤区逐井考察,确认煤质优良,适合炼焦。接着创造了平底炉炼焦法,并"督率官商各井厂,悉心试炼;逐节讲求",用萍乡之煤,炼出了冶金焦炭。光绪二十四年三月(1898年4月)张之洞和盛宣怀奏准委任张赞宸为萍乡煤矿总办,并聘德国矿师赖伦为总矿师,决定在萍乡安源建井,采用近代方法采煤、洗煤、炼焦。

张赞宸到任后,向盛宣怀提出办矿5点建议:"(1)筹措巨额资金;(2)修铁路;(3)造浅水轮驳;(4)设官钱局发行纸币;(5)派兵保护。"

张赞宸在任期内,先后在萍乡购买土地1 300余亩,收购土井265口,使数十里内均为萍乡煤矿所有。煤矿建有直井2口,上、东、西3条平巷,大小洗煤机各1座,近代焦炉3座(114格)。此外还开土井14口、土焦炉50座。使萍乡煤矿于光绪三十三年(1907年)完成基建工程。年产煤达到40多万吨,年产焦炭达到11.9万吨。从光绪二十年(1894年)至光绪三十二年(1906年),张在萍乡煤矿为汉阳铁厂提供焦炭38.8万吨,煤20.4万吨。每吨焦炭价银只11两,比外国焦炭和开平焦炭每吨便宜七八两之多。单是焦炭一项,就为汉阳铁厂节省银100多万两。还修筑了从安源到宋家坊的铁路7公里,以后延长至湖南醴陵。购置轮船8只、钢驳4只、大小木驳20只,并在湘潭、长沙、城陵矶设转运局,将煤焦转运到汉阳铁厂。

光绪三十二年(1906年)十一月,同盟会组织萍乡、浏阳、醴陵地区会党和矿工起义,张赞宸除电告清政府派湖南、江西、湖北的军队镇压外,并与湖北部队密商,以宴客为名,将肖克昌(萍乡煤矿领班,起义首领之一)诱捕,于十一月十日(12月25日)杀害。

光绪三十三年(1907年)三月初一,张赞宸病逝于上海。

林　佐

林佐(？—？),顺天(北京)大兴县人,原籍江苏省华亭县,清同治光绪年间先后4次担任大冶知县。在任职期间,修筑了沸源口堤闸,重建了金湖书院。光绪三年(1877年)七月,盛宣怀聘请的英国矿师郭师敦发现大冶铁矿蕴藏丰富,铁质颇佳。林得知这一消息,即绘制铁山图样,呈送前来巡视的盛宣怀。同年十一月,盛宣怀到大冶,林即陪盛到铁山复勘,证实铁山遍山皆铁。旋又陪盛勘查水陆运道及兴建铁厂的厂址。光绪四年(1878年)与盛宣怀部属周锐密商,乘潘姓结讼之机,用制钱350千文,购得铁门坎等处铁山。

光绪十六年(1890年),张之洞设大冶矿务局,委任林佐为总办。林在补用知县李增荣及委员的协助下,购买2 000余亩民田、民地,招募工人,兴建山厂工程及局屋、电报房,开筑江岸起运矿石码头。购置开矿机器,勘定从铁山铺至石灰窑江岸的运矿铁道路基,又亲督外国工匠及中国民工修筑。该路全长30余公里,有桥梁涵洞50余座。林佐在大冶铁矿总办任内,建成了湖北省第一条铁路和中国近代第一座用机器开采的露天铁矿。

李　寿　铨

李寿铨(1859—1928年),字镜澄,江苏扬州人。同盟会会员,南社社员和诗人。

光绪二十三年(1897年),盛宣怀决定开发萍煤,委张赞宸筹建萍乡煤矿。李寿铨早有振兴实业之志,经友人介绍,会见了张,决定随张到萍乡办矿。

光绪二十四年(1898年)三月,李寿铨任机矿处长。总办张赞宸经常奔走沪汉一带，矿山事务主要由李负责处理。李坐镇安源，一面收买矿区山地、土井，一面指挥机矿建设，一切布置，井然有序。萍乡煤矿基建工程进展顺利，于光绪三十三年（1907年）竣工投产。

光绪三十三年（1907年）三月，张赞宸病逝，李寿铨和薛宜林被任命为萍乡煤矿会办。辛亥革命爆发后，萍乡煤矿总办林志熙出走。中日合办汉冶萍公司之议传开后，江西地方官绅拟接管萍乡煤矿，于民国元年（1912年）八月下旬，委欧阳彦谟为总理、周泽南为协理，前来安源接收。并向李寿铨、薛宜林发出咨文，限九月五日将全矿产业，一律点交接收。当时，总办林志熙在上海，薛宜林又不辞而别，矿局只剩下李寿铨一人负责事务。李向欧、周表示："只知保矿，不知送矿"，将咨文退还。同时，急电上海汉冶萍公司董事会，请公司速电呈大总统、副总统、湘督进行呼吁；又要求谭延闿、赵春廷派兵赴矿维持。并挽请萍乡有名望的士绅出面，和欧、周反复磋商，终于达成展期接收的协议。九月五日，林志熙密电李寿铨向江西地方当局妥协，李表示要与欧、周周旋到底。九月七日，萍乡煤矿召开全矿大会，推举李寿铨为临时矿长，全权办理萍乡煤矿。会后向有关方面发出通电，湘军即表示支持，汉冶萍公司董事会亦赞同这一主张。李通过多方活动，促使民国政府（北京）工商部派员到矿调查，黄兴到矿参观后亦去南昌斡旋，矿争之事终于得到解决。

民国二年（1913年）十月十七日，德国工程师希礼夫特打伤工人易瑞林，工人非常愤慨。李申饬希礼夫特向工人道歉、认错，要其谨遵合同做事。并规定，无论工人、当差，以后不可动手打人。对于延聘的德国工程技术人员，李按合同规定，满期解聘，逐步由中国人接替。

民国十一年（1922年）九月，安源路矿工人在中国共产党的领导下，爆发了安源大罢工。罢工期间，李寿铨主张实行调和，磋商条件，反对用武力解决。

民国十二年（1923年）六月，李寿铨向汉冶萍公司董事会提出辞职请求，十一月六日，公司董事会电告李，准予辞去矿长职务，聘他为公司顾问，仍支原薪。民国十三年（1924年）一月十二日，李离开安源回扬州。同年底,上书汉冶萍公司,自请停支顾问薪金。

民国十七年(1928年)六月十五日病逝。著有《药石轩日记》、《药石轩诗稿》、《药石轩知行录》及《萍矿说略》等。

王 宠 佑

王宠佑(1879—1958年),字佐臣,广东东莞人。生于香港,先就读于香港皇后学院,光绪二十五年(1899年)毕业于天津北洋大学。光绪二十七年(1901年)到美国加利福尼亚大学分校和纽约哥伦比亚大学学习采矿和地质,光绪三十年(1904年)在美国获硕士学位。后又留学英国、法国、德国,获博士学位。回国后,为华昌公司在长沙建立了中国第一个采用近代方法炼锑的锑厂,并担任总工程师。

民国三年至民国五年(1914—1916年)任汉冶萍公司大冶铁矿矿长。当时大冶铁矿设坐办与矿长共同管理矿山事务。王宠佑在生产管理方面和坐办意见不一,坐办挑动部分职员起来驱赶王宠佑,王不示弱,促使汉冶萍公司董事会会长盛宣怀采取"事工分治"的办法将大冶铁矿机构改组,成立事务和工务两部,让坐办管事务、矿长管工务,风波才平息。民国四年(1915年),为反对矿局无理处罚工人,大冶铁矿得道湾采矿处的工人举行了罢工。事后,王宠佑以本地工人熟悉情况、动辄以罢工相要挟为由,派人招募外地工人,减少本地工人,仅得道湾采矿处一地,就使用了1 000多名外地工人。致使几年后,大冶铁矿发生本籍人驱赶外籍人的事件。

民国十一年(1922年),王任华盛顿会议中国代表团顾问。

王宠佑是中国地质学会和中国矿冶工程师学会的创始人之一,先后当选地质学会副会长、会长。民国六年(1917年)、民国十四年(1925年)和民国二十二年(1933年)三次发表所编《中国地质矿产文献目录》,民国二十四年(1935年)为杨遵仪所编《中国地质文献目录》作序。他和李国钦合著的《钨》、《锑》两书,均在美国出版。1956年前后在美国纽约华昌公司(李国钦创办)任研究主任。

1958年病逝。

傅筱庵

傅筱庵(1872—1940年),字宗耀,浙江镇海人。幼年曾读私塾。光绪十八年(1892年)进上海浦东英商耶松船厂做工,并入夜校补习英文。因善于逢迎,博得英国人潘特斯的青睐,后被派充任冷作间的"拿摩温"(即工头)。当时,耶松船厂职工多租住严筱航(上海商务总会总董,李鸿章驻沪运械筹饷的襄办)的房屋,工人生活困苦,拖欠租金者甚多。傅遂在该厂每月发工资时逐户代扣,交给严家。他通过严家与盛宣怀之妾庄氏及盛重颐相识,并被庄氏收为义子。

宣统元年(1909年),傅筱庵进招商局所属华兴保险公司当副经理。辛亥革命后,在盛宣怀出走日本期间,代盛管理在沪产业,并任招商局、汉冶萍公司及中国通商银行盛家股权的代表,出任这些企业的董事等职。民国二年(1913年),汉冶萍公司决定向日本借款兴建大冶铁厂。盛宣怀为控制股权,成立汉冶萍公司股东联合会,由傅筱庵任会长。民国十三年(1924年)傅筱庵任汉冶萍公司董事会副会长。民国二十二年(1933年)召开汉冶萍公司临时股东大会,在法定人数不足的情况下,强行通过《汉冶萍煤铁厂矿股份有限公司修正章程》。

民国十五年(1926年),傅筱庵在孙传芳的支持下,当选上海总商会会长。他从中国通商银行准备金中提取200万元,捐赠孙传芳同北伐军作战,但当北伐军开进上海龙华后,他又筹办大批慰劳品劳军。民国十六年(1927年)三月二十六日,国民政府下令通缉傅筱庵,当晚,傅乘轮赴大连潜居。民国二十年(1931年)撤销通缉令后,傅于十月十六日返沪。

民国二十八年(1939年)十月十日,傅筱庵叛国投敌,出任"上海特别市"市长。汪精卫投敌后,蒋介石指示戴笠杀汪。同年底,戴笠派开滦煤矿驻沪经理许天民同傅联络,傅一方面佯允,一方面向汪告密,许等因此被捕。蒋介石得报后,决定除掉傅。通过军统特工人员的多方工作,傅家老佣朱升于民国二十九年(1940年)十月十日深夜,用菜刀将傅杀死。

吴　健

吴健(？—？)，字任之，江苏上海县人。光绪二十八年(1902年)，到英国设菲尔德大学冶金系学习，光绪三十四年(1908年)学成回国。

宣统元年(1909年)二月，被聘为汉阳铁厂工程师。辛亥革命兴起，汉阳铁厂外籍人员全部回国，事定之后，修复损坏机炉，恢复生产，均由本厂先后留学回国的工程技术人员负责。吴健被任命为工程总负责人。

民国二年(1913年)，吴健由工程师升任汉阳铁厂坐办，接替了公司协理李维格兼坐办的职务，并兼任化验股股长。民国五年(1916年)汉冶萍公司改革厂矿领导体制，吴健被委任为汉阳铁厂厂长。五月，大冶新厂组建，兼任大冶铁厂厂长。八月，汉冶萍公司董事会委李维格为大冶铁厂厂长，吴健为副厂长。民国六年(1917年)五月，吴健被任命为汉、冶两厂厂长，月支薪银800元。吴在任期内，主持兴建了大冶铁厂。

民国十二年(1923年)四月，汉阳铁厂生产收缩，吴健被调往上海总公司任职。民国二十年(1931年)六月，吴健又返回武汉，任汉口商局检验局长。民国二十七年(1938年)吴健应钢铁厂迁建委员会的邀请，参加了汉阳铁厂的拆迁工作。

吕　柏

吕柏(1864—1950年)，卢森堡人。1886年考入德国亚琛综合工业学校，1890年获冶金工程师文凭。此后，在亚琛附近的煤矿做过矿工，担任过菲尼克斯工厂的高炉炉长。1894年由科克里尔工厂推荐到汉阳铁厂担任高炉炉长，1898年因病回欧洲疗养。以后又担任过多特蒙德公司的高炉炉长、汉堡工厂的总工程师等职务。1904年李维格赴欧美考查，决定引进容积为30吨的平炉等设备，改造汉阳铁厂，遂聘请吕柏担任汉阳铁厂总工程师。李维格在给盛宣怀的《出洋采办机器禀》中说："前生铁炉工师吕柏，天资敏捷，笃学深思，办事亦有血性。回洋以后，阅历更多，现在德国一著名大厂充生铁炉总工师，近为该厂建一日夜出五百吨大炉，为司员所目见。该工师确系总核之才,驾驭华洋师匠,可期胜任愉快。"还说,"吕柏熟悉德、法、英三国语言文字,将来与铁路各公司交接必大有裨益"。1905年吕柏再次到汉阳铁厂任职,指导汉阳铁厂的改造工程,至1911年先后建成6座容积为30吨的平炉、1座150吨混铁炉、1座日产250吨的高炉以及轧机等,同时使汉阳铁厂钢铁产品质量提高。辛亥革命后返回卢森堡,仍担任汉冶萍公司的顾问工程师及公司驻欧的代表,直至1923年汉阳铁厂停产为止。

为表彰吕柏的功绩,清政府曾授予双龙纹章和中国勋章,卢森堡政府两次授予国家级十字勋章和国王十字勋章。1950年吕柏在卢森堡去世。

西泽公雄

西泽公雄(?—1936年),日本人。曾任日驻宁波领事,光绪二十三年(1897年)任清政府实业顾问。西泽公雄以清政府实业顾问的身份,到中国各地私访矿产资源,当他得知大冶铁矿石丰富,而汉阳铁厂缺乏煤炭资源时,便密告日本制铁所,建议日本钢铁工业以取得中国原料为上策。

光绪二十四年(1898年),日本伊藤博文向张之洞提出购买大冶铁矿矿石的要求。光绪二十五年(1899年)二月二十七日,汉阳铁厂督办盛宣怀与日本制铁所长官和田签订了《煤铁互售合同》。根据合同规定,日本制铁所于光绪二十六年(1900年)初派西泽公雄为大冶铁矿监督(亦称驻在员,后改称出张所所长)。西泽到大冶石灰窑不久,日本即派轮船到大冶石灰窑装运矿砂。自此以后,西泽竭尽全力把大冶铁矿置于日本权力之下。西泽公雄为了与国内保持密切联系,与大冶电报局多次交涉,建成与日本直通的电报局,并在大冶石灰窑设置日本邮政局。当西泽听到德国拟借款给汉阳铁厂,以大冶铁矿作担保的传闻时,即建议"借款之举,吾日本能著先鞭,是为上策"。日本政府采纳西泽公雄的意见,同汉阳铁厂订立了《大冶购运矿石预借矿价合同》。日本仅用300万日元的借款,就取得了对大冶铁矿全部财产及矿产资源的控制权。

宣统二年(1910年)二月,汉冶萍公司与美国西方钢铁公司签订出售大冶铁矿矿石和汉阳铁厂生铁的合同。西泽公雄立即密告日本政府,并向日本制铁所提出,要日本制铁所利用此时机,使该矿山(指大冶铁矿)成为日本专用。最终因美国西方钢铁公司经济困难,中止了购买汉冶萍公司矿石与生铁的合同。

宣统二年(1910年)九月,日本"大冶丸"停泊大冶石灰窑码头,该轮水手木元姓酒后上岸,持刀戮死矿局趸船水手耿文甫。西泽公雄出面与矿局交涉,威逼矿局负责人,将杀人凶手由原船送回日本,逍遥法外。

辛亥革命爆发后,西泽公雄坐守大冶,由日本制铁所提供资金,维持大冶铁矿生产,以保证对日矿石的供应。同时,要日本政府先后派出"龙田"、"神风"、"满洲"、"千早"等军舰驶抵大冶石灰窑,以阻止革命军的行动。当湖北军政府发出札令,准备接管大冶铁矿的时候,西泽公雄经多方刺探,得知系大冶晋绅向黎元洪请愿之故。遂密报日本驻汉口总领事松村贞雄,由松村向黎元洪提出抗议,声称铁山与日本利益有重大关系,如革命军有"侵犯"行为,必将招致不愉快结果,并以大冶石灰窑江面派海军陆战队登陆示威。黎元洪迫于日本的压力,撤回了接管大冶铁矿的命令。

民国十五年(1926年),北伐军抵达大冶,大冶港(黄石港)、窑(石灰窑)、湖(袁家湖)地区工人运动蓬勃兴起。西泽公雄将刺探的工人运动情报用密函报告日本驻汉代理总领事田中正一。他在第一四八号密函中报告了工人领袖李兆龙在大冶港、窑、湖的活动,要日本政府作最慎重之警戒。

民国十六年(1927年),西泽公雄离职回国。民国二十五年(1936年)在日本病死。

大岛道太郎

大岛道太郎(1859—1921年),日本东京府人,工学博士。民国三年(1914年)以前在日本制铁所任技术长兼工务部长。民国二年(1913年)十二月十五日,根据汉冶萍煤铁厂矿有限公司与日本制铁所、横槟正金银行签订的借款合同规定,汉冶萍公司聘请大岛道太郎为公司最高工程顾问,聘期为5年(民国三年元月至民国八年元月)。

汉冶萍公司规划用日本1 500万日元借款中的60%建筑大冶铁厂,大岛道太郎极为赞成。民国四年（1915年）大岛道太郎同汉阳铁厂厂长吴健一起编制了大冶铁厂建厂经费预算书。同年，汉冶萍公司委派大岛同吴健到英、美两国考察与订购炼铁机炉等设备。民国五年（1916年）汉冶萍公司又委任大岛为大冶铁厂建厂时期的总工程师，总管全厂工程事务，并兼任工程股股长之职。

在施工过程中，大岛道太郎独断专行，从不接受厂长意见，以致造成工程技术和质量上的很多错误和问题。高炉的热风炉一般应建4座，大岛道太郎极力主张只建3座，造成生产中检修困难。同时，热风炉未安装电力除尘设备，使高炉煤气含有灰尘，火孔常常被堵塞，风量日减。大岛道太郎指挥建造的1 500吨水塔，因设计失误，加上施工中又偷工减料，工程质量低劣。民国十年（1921年）七月二十四日水塔在装水试压中发现漏水，随即坍塌，大水冲毁房屋、设备，伤亡工人多名，致使高炉开炉推迟4个月。事故发生后，大岛道太郎受到各方指责。

民国十年（1921年）十月十一日，大岛在汉口寓所突然死去。大岛道太郎死后，汉冶萍公司派人前往住所吊丧，并向其家属赠送抚恤金10万银元。后又呈报政府批准，追授大岛"嘉禾勋章"一枚。

第二节　人　物　录

姓名	别号	籍贯	生卒年月	主要经历和事迹
李经方	伯行、端南	安徽合肥	1855—1934	李鸿章子，早年曾游历欧洲，光绪十六年至光绪十八年（1890—1892年）任驻日公使，回国后任李鸿章秘书与翻译。光绪二十一年（1895年）被荐派为赴日议和使团参议，李鸿章在日被刺伤，代父出任钦差全权大臣与日本议和。光绪三十一年（1905年）充商约大臣，光绪三十三年至宣统二年（1907—1910年）充任使英大臣。民国四年（1915年）五月被选为汉冶萍公司董事，民国五年（1916年）被推举为董事会副会长，主持董事会日常事务。民国十三年（1924年）辞去汉冶萍公司董事会副会长职务

续表

姓名	别号	籍贯	生卒年月	主要经历和事迹
夏偕复	地山	浙江	？—？	清末当过云南交涉使,辛亥革命后当过天津造币厂总办和驻美公使。民国五年(1916年)九月起任汉冶萍公司总经理。在任期间,多次赴日本与日本制铁所谈判生铁、矿石加价问题及举借日债,以完成汉冶萍厂矿扩建工程未完成项目。民国十三年(1924年)在公司副总经理盛恩颐和董事会副会长傅筱庵的排挤下,被迫辞职
盛恩颐	泽承、希曾、我纶	江苏武进	1891—？	盛宣怀第四子。曾留学英国。民国五年(1916年)五月任汉冶萍公司董事,同年九月起任公司副总经理,民国十三年(1924年)十二月起升任公司总经理。抗日战争爆发后,把汉冶萍公司大冶厂矿移交给日本制铁株式会社经营,充任日伪组建的"华中铁矿公司"(后改称华中矿业公司)的监察人,年支薪金2 400日元
费敏士	功甫	上海	？—？	日本东京帝国大学经济系毕业。民国九年(1920年)进汉冶萍公司负责会计方面的工作,因和日本许多朝野人士熟识,多次参加汉冶萍公司对日交涉事宜。民国三十七年(1948年)离开汉冶萍公司
盛春颐	观曾、我彭	江苏武进	？—？	盛宣怀堂侄,系湖北候补道员,任过湖北当阳县知县。光绪十六年(1890年)二月奉张之洞委派,率员赴当阳、京山、巴东等地查勘矿产资源。光绪二十年(1894年)被张之洞派任湖北纺纱局北厂总办。光绪二十二年(1896年)被盛宣怀委任为汉阳铁厂银钱总董,次年接任汉阳铁厂总办。光绪三十年(1904年)离任
季厚堃	冠山	江苏江阴	1856—1932	民国六年(1917年)起,先后任汉冶萍公司大冶铁矿坐办、矿长,大冶厂矿厂长。在大冶铁矿矿长任内,为采场安设破矿机、空压机等设施,提高了矿山生产能力,使大冶铁矿矿石年产量在民国九年(1920年)达到82万多吨,成为汉冶萍时期生产矿石最高的年份。民国十四年(1925年)阻止大冶厂矿工人恢复工会组织,遭到工人的反对

续表

姓名	别号	籍贯	生卒年月	主要经历和事迹
吴蕴初	葆元	江苏嘉定（今上海嘉定）	1891—1953	民族资本家。15岁入上海广方言馆学习，后入兵工专门学校学习化学。辛亥革命后，任汉冶萍公司汉阳铁厂化验师。民国十二年（1923年）创办天厨味精厂，以后又创办天源电池厂、天利氮气厂和天盛陶器厂等化工企业。中华人民共和国成立后，任华东军政委员会委员、上海市人民政府委员等职
徐建寅	寅、仲虎	江苏无锡	1845—1901	曾任职于天津机器局、山东机器局、福州船政局，光绪四年（1878年）任驻德使馆参赞。光绪十二年（1886年）任金陵机器局会办，督炼钢铁和制造后膛枪。光绪十六年（1890年）湖北铁政局成立时，被张之洞任命为湖北铁政局会办，筹建汉阳铁厂。后改任湖北枪炮厂督办。光绪二十七年（1901年）因试制无烟火药失事身亡

第三节 人 物 表

一、汉冶萍公司董事会会长、经理

姓名	别号	籍贯	职务	备注
赵凤昌	竹君	江苏常州	公司董事会会长	民国元年，任职
张謇	季直	江苏南通	公司总经理	未正式就职
潘灏芬			公司副经理	1924年任职

二、汉冶萍公司总事务所处、所长

姓　名	别　号	籍　贯	职　务	备　注
孙德全	慎卿	浙江	总稽查	
金华	子实	江苏	总稽查	
顾润章	泳铨	江苏武进	总稽核处处长	盛宣怀外甥
王勋	阎臣	广东东莞	商务所所长	
陈荫明	芷澜	广东新会	商务所副所长	
赵兴昌	炳生	江苏丹徒	商务所副所长	后为公司襄理
金忠谱	匋番	安徽休宁	会计所所长	
包希闰	子如	安徽	秘书长	
于峻年	仲赓		会计所所长	
倪锡纯		浙江余姚	商务所所长	
宋子文		广东文昌县	公司咨议	调查科科长、西文秘书
王晋孙	菉荪	浙江杭县	驻北京事务所经理	

三、汉冶萍公司厂、矿长（总办、坐办、会办、协办）

姓　名	别　号	籍　贯	职　务	备　注
刘维庆			汉阳铁厂总办	
赵渭清			汉阳铁厂会办	
韩鸿藻			汉阳铁厂厂长	
李增荣		广东	大冶铁矿总办	

续表

姓 名	别 号	籍 贯	职 务	备 注
张世祁			大冶铁矿总办	兼管李士墩煤矿
解茂承			大冶铁矿总办	
宗德福			大冶铁矿总办	曾任汉阳铁厂提调
王锡绶			大冶铁矿总办	
徐增祚			大冶铁矿总办	
杨自超		安徽石埭	大冶铁矿协办	
杨华燕			大冶铁矿矿长	
盛渤颐	若曾、我龚		大冶铁矿副矿长	后任大冶厂矿厂矿长
赵时骥	步郊	湖北武昌	大冶厂矿厂矿长	曾任汉阳铁厂稽核股股长
翁德鎏	耀民	广东顺德	大冶厂矿代厂矿长	
汪志翔	仞千	江苏武进	大冶厂矿厂矿长	
郭承恩	伯良	广东潮阳	大冶铁厂副厂长、工程股股长	宣统二年由公司派往英国留学，民国四年回国。曾任汉阳铁厂机器股长
林志熙	虎候	福建闽侯	1908年至1911年任萍乡煤矿矿长	
薛宜琳	贡玉	江苏武进	萍乡煤矿会办	
黄锡赓	绍三	江西九江	萍乡煤矿矿长	担任过汉阳铁厂副厂长、大冶钢铁厂副厂长
舒修泰	楚生	湖南长沙	萍乡煤矿副矿长	曾任汉阳铁厂总务股股长
潘国英	毓功	广东	汉阳运输所所长	曾任汉阳铁厂商务股股长
高培兰			江夏马鞍山煤矿创办人	
张飞鹏			王三石煤矿创办人	

四、汉冶萍公司厂矿处(股)长

1. 汉阳铁厂

姓 名	别 号	籍 贯	职 务	备 注
王廷珍			中方总监	即提调
朱滋泽			副提调	率稽核
瀚涛			文案	
陈榘庭			文案	
朱伯			银钱司事	
蔡国桢			化铁司事	
徐芝生	庆沅		制钢司事	
冯熙光	敬庵			负责制造股
施省之	肇曾		提调	
严鹤松			采办	
许寅清			文案	
庄庆孙				
严恩棫	冶之	江苏宝山	化铁股股长	日本京都帝国大学矿业专科毕业
卢成章	志学	浙江宁波	制钢股股长	光绪三十三年由公司派往英国留学,民国三年回国
李伏九	泽民		机器股股长	
罗国桢	佩衡	湖北黄冈	物料股股长	
舒厚仁	棣臣	浙江	卫生股股长	
李昌祚	芸苏	浙江	扩充监造处	
许恒	笠山	江苏镇江	收支股股长	
韩鸿藻			事务股股长	
许亮志			商务股股长	

续表

姓　名	别　号	籍　贯	职　务	备　注
杨卓	云岩	江苏上海县	制钢股股长	宣统元年(1909年)由公司派往美国留学,民国三年(1914年)回国
顾宗林	介眉		会计处处长	
许志澄	亮志		商务股股长	
黄金涛	清溪	福建	汉阳铁厂代厂长	后为大冶铁厂冶炼股股长
陈廷纪			化铁股股长	
李锡文	石安		商务股股长	后为炼钢厂主任
王文就			机器股股长	
宋福仪	志鹏	浙江嘉兴	电机处主任	宣统二年(1910年)派往美国留学,民国四年(1915年)回国
费向善		浙江	扩充工程监督处	

2. 大冶铁矿

姓　名	别　号	籍　贯	职　务	备　注
朱沛			铁山巡检	
李金门	树农	河南固始	统计股股长	
魏灏	兰荪	江苏吴县	转运处主任	后为大冶厂矿事务股股长
沈成章	吾中	江苏青浦	材料处处长	
郑家斌	雅君	广东香山	扩充工程处主任	
周厚坤		江苏无锡	车务处主任	后任大冶铁厂工程股股长
王观英		广东香山	得道湾采矿处主任	
黄福祥	以祺	广东新宁	铁山采矿处主任	
冯湛恩	鸿荪	江苏吴县	收支处处长	
刘琢	梦庄	江苏丹徒	统计处处长	
周楚生		江苏青浦	运务股股长	

续表

姓 名	别 号	籍 贯	职 务	备 注
张慎国	云程	湖北黄冈	得道湾采矿处主任	
殷玉衡	静甫	江苏江宁	铁山采矿处主任	后为哆石处主任
朱起蛰		江西抚县	会计处处长	
周开基	子建	江苏吴县	采矿股股长	毕业于美国哥伦比亚大学冶金采矿系
马载飑	笠散	浙江嵊县	稽核处处长	
赵昌迭	伯华	湖北武昌	汉阳铁厂化铁股工程师,后任大冶铁矿铁山采区主任	民国七年(1918年)由公司派往美国留学,十一年(1922年)回国
法麟经		山东胶州	材料股股长	

3. 萍乡煤矿

姓 名	别 号	籍 贯	职 务	备 注
杨旭峰			煤务处处长	
刘哲民			材料处处长	
曹华清			制造处处长	
屠鹤清			收支处处长	
陶鹤鸣			稽核处处长	
刘文炯			材料处处长	
曹澄			机料处处长	
杨绍椿			煤务处处长	
黄显章			管仓处处长	
仇端龙			窿工处总监	
曹广煦			小坑分矿总管	
文以读			高坑分矿总管	

续表

姓 名	别 号	籍 贯	职 务	备 注
张德瀛			餐宿处处长	
林振章			洗煤处处长	
金岳礽	湘生	浙江诸暨	正矿师	民国元年由公司派往德国留学,回国后任萍乡煤矿炼焦处处长
徐家骧			机电处处长	
李为光			建筑处处长	
柏梧岗			造砖处处长	
王世林			化学处处长	
尹鉴			采办处处长	
陈英麒			电话处处长	
王士林			化学处处长	
俞燮堃			土炉炼焦处处长	
许竞			制造处处长	
卢洪昶	鸿沧	浙江鄞县	运销局坐办	盛宣怀开办萍乡煤矿前,专司采运萍矿
莫吟舫			运销局会办	

4. 大冶铁厂

姓 名	别 号	籍 贯	职 务	备 注
邹椟	峄隽	江苏	文牍股主任	
蓝宗浩	浩吾	湖南	厂巡处处长	
李景昌	慕青	上海	稽核处处长	
张光缙	盖诚	安徽	稽核处处长	
陈传驹	齿初	安徽	稽核处处长	

续表

姓名	别号	籍贯	职务	备注
叶寿昌	明齐	江苏	稽核处处长	
钱鼎铨	春荪	江苏	采石处处长	
王维廉			医院主任	
王文昭	维康	江苏	医院主任	
董世魁	方济	浙江	医院主任	
唐瑞华	叔坪		工程股股长兼科长	
李厚祚		浙江	事务股主任	
魏允清	克威	湖南	事务股股长	
费和善	楚珍	浙江	会计股主任	后任收支处处长
李赐求	惠之	广东	会计处处长	
陈懋德	企尹	江苏	材料股股长	
沈厚生		浙江鄞县	材料股股长	原为大冶铁矿收支股主任
潘耀荣	柏华	安徽	材料股股长	先任统计处处长

5. 汉阳运输所

姓名	别号	籍贯	职务	备注
屠昌浩	升阶		轮驳处处长	
胡希曾	省三		民运处处长	
陈显扬	善卿		账务处处长	
李景昌	基清		稽核处处长	
张源澜			材料处处长	
陈桂棠			支货处处长	
许恒笠	笠山		收支所所长	
徐锡琼			栈房主任	

6. 大冶厂矿

姓名	别号	籍贯	职务	备注
龚炳慈	子炘	江苏吴县	稽核处处长	
盛铭	绶臣	江苏武进	事务股股长	
柳晓明	恒亮	浙江临海	运务股股长	毕业于英国剑桥大学经济系
陈凌	伯涛	浙江	运务股股长	
刘克望		湖北汉口	医院院长	
管维屏	仲嘉	江苏武进	事务股股长	
顾南迷	衢九	江苏启东	卫生股股长	
严庆恩	锡三	江苏吴县	事务股股长	

7. 附属机构

姓名	别号	籍贯	职务	备注
柴芬			批发处经理	武汉转运局
王文柏				武汉转运局
邬晋基			经理	武昌轮船修理处
吴章			经理	长沙分销处
华登瀛			主任	武昌转运局
李有为			经理	驻株洲转运处
许复初				兴国矿局
汪春宇				兴国矿局
汪钟奇			员董	马鞍山煤矿
汪应度			董事	马鞍山煤矿
杨笙林			帮董	上栗市办炭
黄建藩			员董	湘潭转运局
俞梅元			委员	湘潭转运局

五、外籍人员

姓　名	国籍	职　务	任　职　时　间
贺伯生	英国	汉阳铁厂总工程师	1892年
约翰逊	英国	汉阳铁厂设计(制图)师	
骆丙生	英国	汉阳铁厂化验师	
时维礼	德国	大冶铁矿铁路工程师	
哈里逊	英国	汉阳红砖厂技师	
白乃富	比利时	汉阳铁厂总工程师	1892—1896年
德培	德国	汉阳铁厂总工程师	1896—1897年
堪纳地	美国	汉阳铁厂总工程师	1897—1898年
赖伦	德国	大冶铁矿、萍乡煤矿总矿师	
笠原实太郎	日本	会计顾问	1915年10月—1923年10月
大野弘	日本	会计襄办	1914年9月
高木陆郎	日本	公司驻日本商务代表,驻日本事务所所长	
服部渐	日本	汉冶萍公司工程顾问	1922年1月—1927年11月
村田素一郎	日本	汉冶萍公司工程顾问兼工务所所长	1928年2月—1933年12月
小田团次郎	日本	汉冶萍公司工程襄办	1920年10月—？
藤田径定	日本	汉冶萍公司工程襄办	1914年3月—1919年1月
森口喜之助	日本	汉冶萍公司工务所技师	1929年1月—？
池田茂幸	日本	汉冶萍公司会计顾问	1914年3月—1915年9月
吉川雄辅	日本	汉冶萍公司会计顾问	1923年12月—？
波多野养作	日本	汉冶萍公司会计顾问部员	1927年6月—1933年3月
江口良吉	日本	汉冶萍公司会计顾问部员	1933年5月

第十三章　大　事　记

光绪元年(1875年)

六月五日(7月7日)　盛宣怀赴湖北广济勘察阳城山煤矿。

十一月二十七日(12月24日)　盛宣怀确定在湖北广济盘塘建立湖北开采煤铁总局。

十二月十八日(1876年1月14日)　启用湖北开采煤铁总局木质印章。

十二月十九日(1876年1月15日)　李鸿章、沈葆桢、翁同爵会奏,拟请委派盛宣怀同李明墀试办开采湖北省广济、兴国煤铁,所需资本,由直隶及湖北省合拨钱30万串。

光绪二年(1876年)

十二月十二日(1877年1月25日)　驻英税司金登干代表中国与矿师郭师敦在英国签订雇聘合同,来华探矿。

光绪三年(1877年)

六月八日(7月18日)　盛宣怀函告翁同爵,说郭师敦探得五金矿较为可靠,其铁苗从大冶来脉,请准派往大冶一观大略。

六月十三日(7月23日)　郭师敦等赴大冶县黄石港勘察铁山,取回矿样,认为大冶县北15公里的铁山,蕴藏丰富,可供数百年开采。

八月二十一日(9月27日)　郭师敦在宜昌化验煤铁矿多种,评定当阳煤为上等白煤,适合冶炼之用;大冶铁矿石含铁近62%;可炼成上等生铁;兴国产上等锰铁,其质超过欧美。

八月二十六日(10月2日)　郭师敦提出筹建生铁厂成本报告。

十一月十三日(12月17日)　盛宣怀同郭师敦抵大冶黄石港,会同大冶知县林佐,详勘铁矿,履察水道。

十一月二十三日(12月27日)　盛宣怀周历大冶县属沿江一带,觅安炉基地,以炼大冶铁矿矿石。

十一月二十九日(1878年1月2日)　盛宣怀率同郭师敦等赴樊口、武昌(今鄂州市)、黄冈沿江一带,查勘安炉基地,并发现武昌滨江的西山、樊山等处有铁矿。

十二月十二日(1878年1月14日)　郭师敦写出勘察报告,建议用当阳窝子沟煤炼铁;安炉基地以黄石港东首半英里(0.8公里)外为宜。

十二月十九日(1878年1月21日)　盛宣怀禀报李鸿章关于复勘大冶铁山及安炉基地情况,并拟赴沪筹议定购铁炉机器。

光绪四年(1878年)

正月初七(2月8日)　周锐向盛宣怀函报在大冶同知县林佐密商买铁山事。乘潘姓结讼之机,由潘姓具禀,将该族中房执业的铁门坎山报效总局。县批准立案,酌偿钱350千文。

正月初九(2月10日)　李鸿章批复盛宣怀,安炉炼铁等事应次第举办,勿多买熔炉机器,徒縻巨款。

二月下旬(3月下旬)　盛宣怀带矿师在上海招商局铁厂用铁罐试炼大冶铁矿石,交盛宇怀带赴湖北呈验。

二月底(3月底)　李鸿章传见矿师,细询湖北勘矿情形。

三月下旬(4月下旬)　盛宣怀呈请李鸿章由直隶、湖北筹本25万串,充作开办铁矿、铁厂资本,未获批准。

光绪五年(1879年)

五月二十九日(7月18日)　湖北开采煤铁总局结束。实际动支直隶官本10万串(约合10万两),鄂省官本58 000串(约合58 000两),亏官本158 000串(约合158 000两)。

七月一日(8月18日)　成立荆门矿务总局。

光绪十二年(1886年)

十二月七日(12月31日)　两广总督张之洞上奏清廷,请开铁禁,以惠商民。

光绪十五年(1889年)

二月八日(3月9日) 张之洞上奏《关于暂免铁斤厘税折》,以"使土铁疏通利导,亦塞漏卮"。

三月十日(4月9日) 张之洞开始筹划在广州设立炼铁厂,并致电驻英大臣刘瑞芬及驻德大臣洪钧,告知拟在粤设铁厂,请在国外详询开采铁矿、炼铁、炼钢和造钢铁料的机器价格,并代雇矿师工匠。

七月十二日(8月8日) 清廷调张之洞任湖广总督,督办芦汉铁路。

八月一日(8月26日) 张之洞电告刘瑞芬,嘱代询和订购制造铁路钢轨机器。

八月二十六日(9月20日) 张之洞向清廷上奏《筹设炼铁厂折》,禀报已与英国谛塞德公司铁厂订定熔铁大炉两座,日出生铁100吨,并炼熟铁、炼钢各炉,压板、抽条,兼制铁路各机器,共计83 498英镑(约合银396 615.5两),先汇定金27 833镑(合银131 670两),运保费在外。机器分5次运粤,14个月交清。厂址拟择广州凤凰岗。

八月(9月) 张之洞命湖北巡抚奎斌调查大冶铁矿。

十月(11月) 盛宣怀派比利时矿师白乃富勘察大冶铁矿。

十一月十三日(12月5日) 两广总督李瀚章以"广东铁矿贫乏,……且营建厂房及购置机器的费用庞大,绝不是广东财政所能负担"为由,奏请将铁厂移置。海军衙门电询张之洞,可否移置湖北。

十一月(12月) 张之洞从广州赴汉途经上海时,与盛宣怀当面磋商开办大冶铁矿事宜。

十一月二十六日(12月18日) 张之洞就任湖广总督。

十二月三十日(1890年1月20日) 张之洞电海军衙门及李鸿章,同意铁厂移湖北。同时张之洞决定把广州闱姓商人预缴饷银140万元用作铁厂开办经商,由香港汇丰银行暂借。

十二月(1890年1月) 张之洞派比利时矿师白乃富、英国矿师巴庚生、德国矿师毕盎希、司瓜兹和矿匠目戈阿士等分别勘察湖北大冶铁矿、兴国州锰铁及湖北武昌、兴国州、广济、荆州、归州、黄安、麻城、大冶王三石、湖南永州府、祁阳、衡州府各地和山东省等地煤矿。

光绪十六年（1890年）

正月初四（1月24日）　海军衙门致电张之洞，决定将在广东兴建的炼铁厂移置湖北。张之洞即在湖北省城（武昌）水陆街旧营务处公所筹办铁政局。派湖北候补道蔡锡勇督率，白乃富、毕盎希、巴庚生以及化学教习骆丙生、铁路工师时维礼和洋匠等赴局筹办。

二月二十九日（3月19日）　张之洞决定在汉阳大别山（现龟山）下兴建炼铁厂，并决定开办大冶铁矿，作为汉阳铁厂的原料基地。

三月五日（4月23日）　李鸿章电询张之洞，说关东路须要急办，户部款项不敷，铁厂可否缓造。

三月十日（4月27日）　张之洞电海军衙门、李鸿章，请先拨部款200万两，以后铁厂用款，当竭力自筹，不再用部款。

三月（4月）　海军衙门决定以光绪十年份户部所筹铁路经费200万两，归湖北经营铁厂，以后不再筹拨。

三月二十九日（5月17日）　张之洞致电李鸿章，说据矿师报称，大冶铁矿矿质可得六十四分有奇，实为中西最上之矿。附近之兴国州出极好锰铁，甲于各州。

四月（5月）　张之洞设大冶矿务局，开办大冶铁矿。同月，海军衙门与户部许可湖北截留应解京饷银100万两，筹办煤铁厂矿。

四月十六日（6月3日）　湖北铁政局正式成立，委蔡锡勇为总办。

七月二十二日（9月6日）　张之洞奏准在汉阳府城北建造汉阳铁厂。

十月七日（11月18日）　张之洞派员复勘湖南地方煤矿，并鼓励民间自行开采，以便供应汉阳铁厂炼铁所需燃料。

十月二十日（12月1日）　张之洞委知县张飞鹏带同德国工师时维礼修筑大冶铁矿运道，并筹划开采大冶王三石等地煤矿。

十一月九日（12月20日）　张之洞呈报筹办煤铁厂矿用款预算18项，约估需银2 468 000余两。

十二月（1891年1月）　汉阳铁厂基建工程正式动工，预计光绪十八年(1892年)底竣工。

光绪十七年(1891年)

三月五日(4月13日) 张之洞委林佐兴修大冶铁山至石灰窑的运矿铁道。并委派候补知县张飞鹏、矿务学生游学诗用机器开采大冶王三石煤矿。

五月二十九日(7月5日) 张之洞派铁政局委员、候补知县高培兰开办江夏马鞍山煤矿,并炼焦炭供汉阳铁厂。

八月(9月) 张之洞奏明炼铁厂基建工程开工。任命英籍工程师贺伯生为总监工,后又添派知县王廷珍为总监工。制图师约翰生担任工程设计,雇用中国工人3 000人,全部机器及炼炉皆购自英国、比利时等国。

光绪十八年(1892年)

正月初八(2月6日) 汉阳铁厂派翻译俞忠源首批带工匠10名,赴比利时科格里尔厂学习冶炼钢铁技术,后又陆续派去3批,每批10人,共40人。

二月二十四日(3月22日) 张之洞呈报海军衙门,续估筹办煤铁用款共9项,经费为424 600两,连用原估2 468 000两,共计2 892 600两。

二月二十七日(3月25日) 张之洞向清廷上奏《炼铁厂添购机炉请拨借经费折》,拨借30万两,并请拨用枪炮局常年经费。

五月十七日(6月11日) 户部议复,同意所奏筹款办法。

六月(7月) 英国向汉阳铁厂提供的建厂图纸不全,影响施工,先后电催几次,仍未交齐,不得不向比国和德国补购。

八月二十六日(10月16日) 从铁山至石灰窑的运矿铁路竣工通车,全长35公里。

秋冬 汉阳铁厂的机器厂、铸铁厂、打铁厂先后完工。

十二月十五日(1893年1月22日) 蔡锡勇致电使日大臣汪凤藻,商询铁厂铁轨销日问题。

光绪十九年(1893年)

正月(2月) 大冶王三石煤矿出煤。

二月二十五日(4月11日) 张之洞上奏《预筹铁厂成本折》,言明第一年需款五六十万两,拟请划扣龙泽铁路经费每年10万两,并借粮道库存杂款10万两。

二月(4月) 汉阳铁厂炼铁厂基建工程完工。

三月二十九日(5月14日) 海军衙门、户部议复,许借粮道库存杂款,不许划扣铁路经费。

五月十四日(6月27日) 张之洞上奏《铁厂成本不敷另筹借拨折》,请借湖北粮道库存杂款与盐道库存申平银共10万两。

五月(6月) 汉阳铁厂兴建的贝塞麦钢厂(设容积为5.5吨的转炉2座)、炼熟铁厂两厂建成。

六月六日(7月18日) 湖北铁政局派员前往萍乡、湘潭等地采买煤焦。

七月(8月) 大冶铁矿铁山采区建成投产,张之洞规定每日开采矿石200吨。同月,江夏马鞍山煤矿直井建成,开始采煤。

七至八月(8—9月) 汉阳铁厂的马丁钢厂(设容积为10吨的平炉1座)、造铁货厂、造钢轨厂先后建成。

八月二十二日(10月1日) 张之洞视察江夏马鞍山煤矿。

八月二十四日(10月3日) 张之洞视察大冶铁矿矿山工程及王三石煤矿。

九月(10月) 汉阳铁厂的鱼片钩钉厂完工。至此,汉阳铁厂的生产系统(六大厂、四小厂)的建筑安装工程全部完工,共费时二年零十个月。

十月二十二日(11月19日) 张之洞上奏清廷,请将汉阳铁厂钢铁免税行销各省及运销外洋。并上奏《炼铁全厂告成折》。

光绪二十年(1894年)

正月二十六日(3月1日) 清廷议准汉阳铁厂钢铁行销,一律免税。

四月四日(5月8日) 张之洞因铁厂、铁路、枪炮等厂共用水泥值银20万两以上,而大冶泥土适合造水泥,电托使德大臣许景澄代购制造水泥机器。

五月二十五日(6月28日)　汉阳铁厂1号高炉开炼。

五月二十七日(6月30日)　汉阳铁厂正式出铁,日出铁50余吨。

六月一日(7月3日)　张之洞视察汉阳铁厂。

六月(7月)　大冶王三石煤矿煤层忽然脱节中断,为水所淹,被迫停产。

十月十九日(11月16日)　汉阳铁厂因焦炭不足,暂停炼铁,将已炼成的生铁,学炼各种精钢、熟铁和轨钢。

十一月(12月)　江夏马鞍山煤矿炼焦炉建成,并开始生产焦炭。

冬　汉阳铁厂将生铁、熟铁、贝塞麦钢等产品,发往上海洋行试销。结果,直接由义昌成洋行销售的铁,每吨价27.8两,但由耶松转售与义昌成,每吨价只23两。

十二月二十六日(1895年1月21日)　张之洞致电驻德大使许景澄,请托克鲁伯代雇炼平炉钢、转炉钢、炮钢的上等工程师一人来鄂,接充总管。

光绪二十一年(1895年)

二月(3月)　张之洞改用德国人德培任汉阳铁厂总管。

七月(8月)　汉阳铁厂1号高炉重新开炼。八月二十八日(10月16日),又停炼。

八月二十八日(10月16日)　张之洞上奏《拨铁厂开炼经费折》,请由两淮湘岸盐商报效及皖岸湘岸票引增价拨还江南筹防局50万两。

九月(10月)　铁厂派人采购开平煤矿焦炭。

十月二十六日(12月12日)　张之洞致电蔡锡勇说:"铁厂仍以外洋包办为宜。望速分电比利时、德国各大厂,速派洋匠前来估包。"

十二月十六日(1896年1月30日)　湖南巡抚陈宝箴致电张之洞说:"……忽闻铁政将与洋商合办,极用怅然,……今需用正急,忽与外人共之,与公初意不大符合,……甚为中国惜之。"

光绪二十二年(1896年)

年初　张之洞致电李鸿章:"湖北铁厂……因众议,洋股断难邀准,已作罢论矣。"

正月二十三日(3月6日) 张之洞到大冶铁矿视察。

正月二十五日(3月8日) 张之洞到马鞍山煤矿视察,观煤井挂路。

正月二十六日(3月9日) 张之洞到汉阳铁厂视察。

三月十九日(5月1日) 盛宣怀到大冶铁矿视察。

三月二十二日(5月4日) 盛宣怀到马鞍山煤矿视察。

四月十二日(5月24日) 盛宣怀接办汉阳铁厂(包括大冶铁矿和马鞍山煤矿等),改官办为官督商办。

四月(5月) 盛宣怀委郑观应为汉阳铁厂总办。

四月十四日(5月26日) 盛宣怀派员董赴大冶铁山、李士墩等处接管矿山。

四月(5月) 汉阳铁厂1号高炉开炼。

五月十六日(6月8日) 张之洞上奏《铁厂招商承办议定章程折》。议定从铁路公司订购铁厂钢轨之日起,每出铁1吨,抽银1两,抽足还清官款后,永远按吨照抽,以为商局报效之款。

七月(8月) 张之洞与直隶总督王文韶会奏,芦汉铁路已商办,请清政府设立铁路公司,并保举盛宣怀"总理其事"。

九月十四日(10月31日) 清廷正式任命盛宣怀为铁路总公司督办,该公司兼办芦汉、粤汉、苏沪3条铁路。

九月二十三日(10月29日) 张之洞奏请优免铁厂税厘10年。

十月十九日(11月23日) 汉阳铁厂所用萍乡煤焦,改由广太福商号承办,并议定每月办运煤焦数额。后广太福商号亏折过重,将所置产业归并官局,萍乡煤焦复由官局采运。

十月(11月) 汉阳铁厂因洋匠太多,煤焦运费昂贵,亏本20余万两。

十一月十一日(12月15日) 清廷议准汉阳铁厂免税5年。

是年 张之洞奉命督饬局员查明炼铁建厂各项用款。

光绪二十三年(1897年)

五月五日(6月4日) 汉阳铁厂因煤焦缺乏,只能开炉1座,每日所出生铁只可供炼制钢轨 1 公里(约 84 吨)。

六月二十二日(7 月 21 日)　盛春颐接郑观应为汉阳铁厂总办。

六月(7 月)　盛宣怀派张赞宸往江西勘测萍乡煤矿,创平底炉炼焦法。同时,在安仁、攸县等处开采锰矿。

是年　日本官营八幡制铁所开办。日本人西泽公雄以清政府实业顾问的身份,赴中国各地私访矿产资源,到达大冶铁矿。

光绪二十四年(1898 年)

二月(3 月)　张之洞和盛宣怀会奏清廷,开办萍乡煤矿,先后收购民间土井 265 口。

三月一日(3 月 22 日)　成立"萍乡等处煤矿总局",委任张赞宸为总办。聘请德国人赖伦为总矿师,决定用机器大举开采。

九月(10 月)　日本侯爵伊藤博文携其国藏相松方之子到湖北见张之洞。提出用煤焦换购大冶铁矿矿砂。张之洞嘱伊藤博文回国过沪时与盛宣怀协商。

十二月(1899 年 1 月)　萍乡等处煤矿总局设局购地,筹备修建萍安铁路(萍乡宋家坊至安源)。

光绪二十五年(1899 年)

二月(3 月)　张之洞偕德国亲王亨利游大冶铁山。

二月二十七日(4 月 7 日)　盛宣怀与日本八幡制铁所长官和田维四郎签订《煤铁互售合同》,合同规定日本制铁所每年购买大冶铁矿矿石 5 万吨,头等矿石每吨日金 3 元;汉阳铁厂购买日本制铁所煤焦三四万吨,价格随议。期限 15 年。

二月二十八日(4 月 8 日)　盛宣怀为建设萍乡煤矿和德国礼和洋行签订 400 万马克的借款合同,其中 300 万马克用作购买萍乡煤矿机器和设备用,100 万马克用作萍乡煤矿的工程建设。年息 7 厘,分 20 年归还,以上海轮船招商局洋泾浜栈房作担保,萍乡煤矿一切机器设备必须购自德国,并用德国技术人员。

十月(11 月)　萍乡煤矿由安源至萍乡宋家坊 7 公里铁路竣工通车。

十一月(12月)　汉阳铁厂已亏银 180 余万两。

是年　萍乡煤矿已亏折商本银 100 余万两。

光绪二十六年(1900 年)

年初　日本制铁所派西泽公雄(原清廷实业顾问)驻大冶石灰窑。执行《煤铁互售合同》供给铁矿约。

二月(3月)　汉阳铁厂偿还官本银 50 余万两。

七月(8月)　日本派饱浦丸到大冶,运走铁砂 1 600 余吨。

十一月六日(12月27日)　张之洞致电盛宣怀,劝勿因汉阳铁厂、萍乡煤矿亏本而接受李维格建议,将厂矿租与比利时科格里尔厂办理。

光绪二十七年(1901 年)

四月二日(5月19日)　萍乡煤矿工人加入哥老会,参加反帝爱国斗争,盛宣杯急电湖广、两江总督和江西巡抚请兵护矿。

四月(5月)　江西萍乡至湖南醴陵的运煤铁路专线动工兴建。

五月(6月)　发布《萍乡煤矿有限公司招股章程》。

九月三十日(11月10日)　清廷议准铁厂免税展限 5 年。

是年　盛宣怀在大冶铁矿增辟得道湾矿区。

光绪二十八年(1902 年)

八月(9月)　萍乡煤矿因铁路、轮船运输不便,所出煤焦囤积,致欠各商号款项几及 50 万两。

九月(10月)　盛宣怀派吴健留学英国,入谢菲尔德大学学习冶金。

十月(11月)　萍乡至醴陵段铁路竣工通车,命名为萍醴铁路。

光绪二十九年(1903 年)

三月(4月)　盛宣怀与日本三井洋行订立购铁合同,数量为 16 000 吨,在汉阳、上海两地交货。

十一月二十八日(1904年1月15日)　盛宣怀以大冶铁矿矿山及矿山建筑物作抵,向日本兴业银行借日金 300 万元(约合银元 360 万元)。

是年　盛宣怀在安源圈定矿界,长 92 华里,面积 504 平方里。打正井、通风、水巷井共 321 口,均绘图列册,送两江总督和江西巡抚备案。

是年　由醴陵至株洲的铁路开工兴建。

光绪三十年(1904年)

正月(2月)　日俄战争爆发,俄国向列国抗议,要求将大冶铁列入战时禁止品。

二月(3月)　盛宣怀派汉阳铁厂总办李维格,偕同英国矿师彭脱和德国矿师赖伦,带大冶铁矿石、萍乡煤焦、汉阳铁厂的钢铁料件等样品,去日本、美洲、欧洲考查。在英国,经化学家梭德化验,发现大冶铁矿石含磷0.1％,生铁含磷达0.25％,酸性转炉冶炼不能去磷,汉阳铁厂所产的钢轨易脆。碱性平炉冶炼能去磷,该炉生产的鱼尾板等小件质量好。回国后,即向盛宣怀提购置新机、改造炉座、聘定新工程师的建议。

三月(4月)　清政府外务部向盛宣怀查询大冶铁运销日本情况,盛宣怀致电清政府外务部,声称销往日本的铁系供日本农商制造用,与军务无涉,不在禁止之列。

光绪三十一年(1905年)

春　盛宣怀委李维格为汉阳铁厂总办,负责改良汉阳铁厂机器设备。李维格遂赴英订购新机炉,并聘请德国工程师4人。

五月(6月)　盛宣怀、张赞宸出面向日本大仓组借款30万日元。

十月(11月)　汉阳铁厂改造扩建工程开工。拆除原有容积5.5吨的转炉和容积10吨的平炉。另建容积为30吨的碱性平炉4座,150吨混铁炉1座。

十月(11月)　粤汉铁路向汉阳铁厂订购所需钢轨及钢铁件。

是年　湖南醴陵至株洲段铁路建成通车。从安源至株洲,铁路全长90公里,统名为萍潭铁路。该铁路由萍乡煤矿兼管。

光绪三十二年(1906年)

四月二十三日(5月16日)　正太铁路向汉阳铁厂定钢轨3 000吨。

十一月(12月)　萍浏醴起义在湘赣边界麻石爆发,萍乡煤矿工人在同盟会的影响下,积极参加起义。

是年　汉阳铁厂派员到江西萍乡试办刘公庙、龙骨冲、白茅等处锰矿。

十一月(12月)　萍乡煤矿总办张赞宸调任天津银行总办。

光绪三十三年(1907年)

三月一日(4月13日)　张赞宸病逝于上海,林志熙继任萍乡煤矿总办,李寿铨、薛宜琳为会办。

七月(8月)　盛宣怀请开采大冶官山的铁矿石。张之洞答复:"不得再蹈卖矿外人之辙,并不能觊觎官山。"

七月(8月)　浙江铁路公司及宋炜臣等集资,在汉口谌家矶创办扬子机器公司,汉冶萍投资5万两。该厂主要承制铸件、铁路桥梁、道岔轨及船舶器件等。

九至十月(10—11月)　汉阳铁厂新建1、2号平炉开炼。所炼钢品质纯净,含磷0.012%,每月能出钢6 000吨。产品运销日本、旧金山,同时,江、浙、皖、闽、粤、京、张各铁路,均向铁厂订购钢轨。

十月(11月)　兴国等地商人将所产锰矿私自买卖,湖广总督赵尔巽下令:"兴国等地所产锰矿,自应专归铁厂来运,不允许商人私自买卖。"

十一月(12月)　汉阳铁厂与川汉铁路公司订立预付轨价合同,借款200万两,年利7厘。

是年　萍乡煤矿基建工程完工。

光绪三十四年(1908年)

二月(3月)　盛宣怀与赵尔巽会奏,拟将汉阳铁厂、大冶铁矿和萍乡煤矿合并组成为"汉冶萍煤铁厂矿有限公司",预定招股2 000万元。

二月十日(3月12日)　清廷议准。盛宣怀与李维格拟定公司章程共88节,赴农工商部注册。

二月十四日(3月16日)　清政府农工商部发给汉冶萍煤铁厂矿有限公司登记执照,改为商办。

三月(4月)　萍潭铁路交清政府邮传部管理。

三月(4月)　盛宣怀奏准,将原存铁厂公款116万两(合174万元),作为汉冶萍公司公股,每年交官利8厘。

四月(5月)　汉冶萍公司与川汉铁路筹建处订立了购轨合同,川汉铁路预付轨价洋例银 100 万两。

八月(9月) 汉阳铁厂 150 吨混铁炉建成。

八月七日(9月2日) 盛宣怀赴日本治病。

八月二十九日(9月24日) 盛宣怀在东京与日本制铁所长官中村男爵谈制铁所情况,得知制铁所亦采用萍乡煤矿焦煤。

十月八日(11月1日) 盛宣怀参观日本制铁所,以便回国后对汉冶萍公司有所改善。

十月三十日(11月23日) 盛宣怀从日本启程回国。

十二月十八日(1909年1月9日) 萍乡煤矿发生大火灾,据《时报》记载:"焚毙人口百余,损失约值数十万。"

宣统元年(1909年)

正月(2月) 汉阳铁厂新建的 3 号平炉开炼。

二月(3月) 汉冶萍公司集股达 1000 万元。

三月二十七日(5月16日) 汉冶萍公司召开第一届股东大会,出席者近 500 人,选出了权理董事 9 人,查账董事 2 人,组成董事会。董事会推举盛宣怀为总理,李维格为协理。

十月(11月) 汉阳铁厂新建 4 号平炉开炼。

宣统二年(1910年)

三月十二日(4月21日) 汉冶萍公司与美国西雅图的西方炼铁公司订立了出售矿石和生铁的合同。年底,汉冶萍公司输美矿石 2.4 万吨,生铁 2 万吨。后因美方财政困难,合同废止。

三月(4月) 汉阳铁厂 3 号高炉建成开炼。

三月十四日(4月23日) 汉冶萍公司向华俄道胜银行、东方汇理银行以本公司所置运输用汽船作担保,为萍乡煤矿借款 100 万两。

八月(9月) 汉阳铁厂容积为 30 吨的 5 号平炉开炼。

九月六日(10月8日) 日本矿轮大冶丸驶抵石灰窑。

九月八日(10月10日) 该轮水手木元姓等酒醉上岸,行经大冶铁矿矿局码头,将趸船水手耿文甫刀戮毙命。事后,凶手由原船带回日本,仅处惩役四年。

十月(11月)　盛宣怀聘日本商人高木陆郎为汉冶萍公司驻日商务代表。

是年　邮传部奏准改萍潭铁路为萍株铁路。

宣统三年(1911年)

年初　清廷委任盛宣怀为邮传部尚书。不久改为邮传大臣。盛宣怀把川汉铁路"预付轨价"方法,推广到整个邮传部所属的铁路。

三月(4月)　汉阳铁厂容积30吨的6号平炉建成开炼。

八月十九日(10月10日)　辛亥革命爆发。10月15日,盛宣怀赠10万银元给陆工部赵蔚昌,以求保护汉阳铁厂和枪炮厂。

八月二十一日(10月12日)　革命军占领汉阳,下令:"不许以铁器供应官军,违者全厂充公。"

九月五日(10月26日)　清廷上谕:"邮传大臣盛宣怀即行革职,永不叙用。"盛宣怀出走日本。

九月(10月)　汉阳铁厂炉机熄火停炼。日本西泽公雄以部分现款交付矿价,维持大冶矿石生产,以保证矿石运往日本。

十一月九日(12月28日)　湖北军务部派陈再兴、万树春、陈维世往大冶铁矿进行调查。

十一月十一日(12月31日)　日本驻汉领事松村贞雄向黎元洪提出要把陈再兴等3人调回。

是年　马鞍山煤矿停产,洗煤机迁至萍乡煤矿。

是年　汉阳铁厂提出中国第一部平腿钢轨《技术标准和验收规范》,由邮传部颁布施行。

民国元年(1912年)

一月二十九日　李维格受盛宣怀委派,在日本神户与小田切签订《中日合办汉冶萍公司》(草约)。同时注明须经中国政府及股东逾半数同意才能正式签订。

一月　湖南军政府派员接收了汉冶萍公司的常耒锰矿。

二月二日　南京民国临时政府财政困难,向日本借款500万日元,日本以中日合办汉冶萍公司为条件。民国临时政府迫于军需,答应了日本提出的条件,借到250万日元。

三月二十二日　汉冶萍公司股东大会否决了中日合办合同。南京民国临时政府也拒绝了日本与汉冶萍公司合办的要求。

三月　湖北绅士孙武等呈请政府,要求改汉冶萍公司为湖北省所有。

四月十三日　汉冶萍公司召开股东常会批准盛宣怀辞职,选赵凤昌为董事长,聘张謇为总经理(未到任),李维格、叶景葵为经理。决定实行"董事负责制",把上海总公司改为总事务所,把各厂矿的总办改为坐办。重新委派各厂矿负责人,开始恢复厂矿生产。

四月　湖北地方官绅掀起了接管或监督汉冶厂矿的活动。

六月　汉冶萍公司呈请所出钢铁煤焦出口、转口一切关税厘金,及内销捐永予蠲免,财政部批示展缓5年。

七月十三日　北京民国政府工商部要求黎元洪对汉冶萍公司"力予维持,而免纷争"。二十日,国务院转发大总统批示:"汉冶萍公司,成案俱在,既属股东财产,自应依法保护。"

八月　汉冶萍公司因经费短绌,在上海开股东大会,呈请政府将公司收归国有。

八月下旬　江西省政府派欧阳彦谟为总理、周泽南为协理到萍乡接管萍乡煤矿,引起争执。

十月九日　汉冶萍公司呈北京民国政府,说民国临时政府曾"以公司名义借日债300万元,政府用250万元,清还所借"。

十一月十四日　国务院以500万元的公债票还给汉冶萍公司。

十一月十四日　汉阳铁厂的1、2号高炉修复开工。当年生铁产量为7 900余吨,钢3 300余吨。

是年　萍株铁路移交湖南交通司管理,更名为株萍铁路。

民国二年(1913年)

二月二十五日　汉冶萍公司董事长赵凤昌辞职,王存善董事继任。

三月四日　上海《时报》揭露萍乡煤矿前总办林志熙侵款自肥(侵吞公款30多万两)。

三月二十九日　汉冶萍公司在上海召开特别股东大会。到会股东1 000多人,选举盛宣怀为总经理。

三月三十日　汉冶萍公司召开董事会,选举盛宣怀为董事会会长,张謇、李维格和叶景葵辞职。盛任命王勋和于焌年代理经理职务。

五月二十日　汉冶萍公司股东常会议决举借大宗轻息债款。

六月七日　汉冶萍公司在上海四马路成立了股东联合会,傅筱庵任主任。

七月十八日　汉冶萍公司委派高木陆郎赴日借款。

七月二十四日　李维格拟定在大冶添设2座高炉,约需银450万两。

十月二十二日　日本政府决定由正金银行向汉冶萍公司贷款1 500万日元。

十二月二日　汉冶萍公司与日本制铁所、横滨正金银行签订《九百万扩充工程借款合同》与《六百万偿还短期欠借或善后借款合同》,40年为期;年息7厘;以公司现有全部财产及因本借款新添之一切财产作抵押担保;40年内向日本交售头等矿石1 500万吨,生铁800万吨,偿还本利;聘用日人大岛道太郎为最高工程顾问,池田茂幸为会计顾问。

民国三年(1914年)

二月　盛宣怀向北京民国政府国务院和农商部申请"官商合办"汉冶萍公司,北京民国政府未作决定。

二月十九日　湖北绅士孙武、夏寿康等人呈文政府,称盛氏假汉冶萍公司名义借外债,恳严行监督,彻底清查。

二月二十一日　湖北、湖南、江西、山西、陕西5省旅京官绅,在北京集会,由汤化龙主持,商讨反对汉冶萍公司借外债的办法。

三月五日　在京湖北同乡代表魏景熊受军、民两府委任,赴沪与汉冶萍公司盛宣怀进行首次交涉,力争两事:(1)官山(矿山)所有权及山界;(2)官本数额与偿还办法。

四月十二日　湖北代表魏景熊向汉冶萍公司提出砂捐问题。

六月　日本制铁所大冶出张所成立,西泽公雄任所长(原为大冶驻在员)。

七月　由于交售日本的矿石大量增加,大冶铁矿矿局在原有矿石包价的基础上,实行"溢额提奖"制度,规定以开采以来同一月份最高产量作为本年同一月最低定额。

九月二十二日　汉冶萍公司派吴健与公司最高顾问工程师大岛道太郎去英、美为大冶新厂洽购炉机。

十一月　湖北巡按使段芝贵委余观海为湖北巡按使公署委员,并派其赴大冶,协助汉冶萍公司在石灰窑袁家湖购买大冶铁厂用地。同时,成立购地局。

十二月　萍乡煤矿总矿师赖伦合同期满退休,任汉冶萍公司顾问。

是年　汉冶萍公司对财务制度进行初步改革。

民国四年(1915年)

年初　盛宣怀在大冶铁矿和萍乡煤矿实行"事工分治"的办法,把厂矿的管理机构分为事务和工务两部,形成两个组织系统。坐办管理事务,厂、矿长管理工务。

一月十八日　日本政府向中国政府提出"二十一条"要求,其中要求中日合办汉冶萍公司。

二月　汉冶萍公司分别向英国及德国订购机器,准备扩充厂矿设备,大量生产钢铁。但因第一次世界大战爆发,英、德两国政府禁止机器出口,所购发电设备等未能运回。

五月二十七日　汉冶萍公司在上海召开股东大会,改选董事和查账董事。选出孙宝琦等9人为董事,吴作谟等2人为查账董事。

六月二十四日　临时董事会选出孙宝琦为汉冶萍公司董事会会长,盛宣怀为副会长。

六月　汉阳铁厂新建的4号高炉落成。

九月　汉冶萍公司日本会计顾问池田回国,由笠原实太郎继任。

十月二十七日　由日本三井洋行经手向美国列德干利厂订购大冶新厂日产450吨高炉2座。后因第一次世界大战爆发，未能如期运到。次年六月三日，又续订加价合同，议订十二月三十日全部交完炉件等设备。

民国五年（1916年）

三月　汉冶萍公司派吴健为大冶铁厂厂长，日本工程顾问大岛道太郎为总工程师。

十月三日　"汉冶萍煤铁厂矿有限公司大冶钢铁厂"铜印启用。

四月六日　汉阳铁厂锅炉爆炸，工匠多人死伤。

四月二十七日　盛宣怀在上海病故。

八月二十三日　汉冶萍公司与安川敬一郎订立合办九州制钢厂合同，规定制钢厂所用一切生铁料件，由汉冶萍公司供给。

九月　夏偕复任汉冶萍公司总经理，盛恩颐任副经理，从此，公司业务经营直接由经理掌握，除厂矿高级职员人选外，人事核定不再经董事会批准。公司由董事负责制演变成经理负责制。

九月　汉冶萍公司函请湖北财政厅转咨湖北官矿公署，要求将象鼻山铁矿售归汉冶萍公司开采。

十一月十七日　湖北官矿公署督办高松如复函批驳汉冶萍公司所请，并致函农商部鉴核备案。

十二月三日　农商部总长谷钟秀回复湖北省官矿公署函称："兹据呈称前情。查该督办函复该公司所称各节，自系正当办法，仰就近咨报湖北省长查核备案也可。"

十二月五日　汉冶萍公司派李维格赴日本，商议生铁铁砂调价与交额。

十二月十七日　汉冶萍公司提出钢铁煤焦出口内销厘金捐税永予蠲免。财政部批准再免关税厘金五年。

民国六年（1917年）

四月二十四日　湖北省在武昌成立汉冶萍公司鄂产清理处事务所。

四月　汉阳铁厂新建的容积为30吨的7号平炉建成开炼。

六月　汉冶萍公司副经理盛恩颐赴日本,落实民国五年(1916年)十二月李维格与日本制铁所达成的协议。签订了《铁矿石、生铁价值及分年交额合同》,修改了交货的过磅办法。矿石由每吨3日元增至3.8日元,生铁价格按前议未变。

七月　汉冶萍公司设立改良簿记处,聘请会计专家凌善昭为改良簿记专员,着手会计簿记改革。

八月十三日　萍乡煤矿直井五段四号窿瓦斯爆炸起火,烧至总平巷九段,矿长强行封闭巷道,工人被活埋。第二年挖开封口,仅从第九段口就挖出尸骨92具。

十月二日　湖北省议会代表和鄂产清理处代表与汉冶萍公司在沪开始谈到股权、地权等问题。要求鄂省创办之股本,一律填给股票,与股东享同等权利。除每出铁1吨缴银1两外,应缴矿砂捐。汉冶萍公司不同意填股票,又称铁捐与砂捐重复。

十二月　汉冶萍公司撤销厂、矿事工分治体制,改由厂、矿长负责制。

是年　株萍铁路改由交通部管理。

民国七年(1918年)

一月二十七日　汉冶萍公司召开股东会议,决定电请农商部发给鄂城(今大冶)灵乡矿区凭照。遭到湖北代表的反对。

二至四月　湖北代表时象晋等3次上书农商部,力争以汉冶萍公司所欠鄂省官本填给股票,认缴铁捐砂捐。

四月十八日　汉冶萍公司复函称:"汉冶萍公司对于官款,早已负有相当酬偿之义务,而于地税,亦已包括在一两铁捐之内,无改填股票之理。"

三月二十二日　日本外务大臣本野一郎向驻中国公使林权助发出机密信,声称只要汉冶萍公司得到象鼻山矿和灵乡矿,日本决定在财政上给予公司以相当之援助。

四月十七日　兼任湖北省省长的王占元致电汉阳铁厂、上海汉冶萍公司,请速筹款15万两,克日汇鄂。夏偕复同意暂借15万两,二十五日悉数送到。

六月四日　鄂绅黎大均上书兼省长王占元说："明知汉冶萍公司行将破产，断不能舍债权而居债务，如贸然索填股票，……遗祸无穷。"五日，王占元表示同意，请黎转告同人，仍本张之洞原案办理。

七月　汉冶萍公司投资14万元租采安徽当涂振冶铁矿公司铁矿。民国十四年（1925年）停工保管，民国二十六年（1937年）结束。

八月　汉冶萍公司以奉天水洋9 500元购买辽宁省海城铁矿，至民国八年（1919年）11月停止，共采镁矿石1 000余吨，耗资129 000余元。

八月　汉冶萍公司会计制度改革工作结束，公司成立会计所，下设稽核、簿记、收支、统计、产业5股，各厂矿设会计处（原收支处、统计处合并）。

九月　粤汉铁路长沙至武汉段建成通车，从此萍乡煤焦可用火车直接运抵武汉。

十月　汉冶萍公司投资30万元与河北龙烟铁矿公司合股经营生铁，后因双方互相竞争，未按合同实行。

民国八年（1919年）

一月六日　民国政府、江西官绅和汉冶萍公司合股经营江西德化（今九江市）城门山铁矿，公司投资11 000余元。因江西议会反对，无法进行开采。

一月　汉冶萍公司正式实行成本账簿记格式，复式簿记记账方法，各单位一律改用银元为计算单位。

一月　汉冶萍公司以6万元租采安徽泾县煤矿，后因煤质不佳，取消原议。

二月　汉阳铁厂的工字钢、槽钢、角钢等销售困难，暂停炼钢。民国九年（1920年）二月复工，改产钢轨。

二月　汉冶萍公司向江西鄱乐煤矿投资400万元。民国二十四年（1935年）汉冶萍公司退出该矿。

四月二十二日　日本贵族院议长、公爵德川家达等8人到大冶铁矿活动。

是年　扬子机器公司兴建一座日产100吨高炉及其辅助设施。民国九年（1920年）出铁。

是年　汉阳铁厂1号和2号高炉停炼。

民国九年(1920年)

年初　萍乡煤矿大槽八、九两段,发生爆炸。隧道倒塌,压死工人39人。

二月十七日　湖北何佩瑢省长函汉冶萍公司董事会,请再缴捐款5万两。三月十五日由汉阳铁厂吴健再缴洋例银2万两。

六月　汉冶萍公司在江苏江宁县设立福宁门煤矿局,民国十年(1921年)开采。数月后,仍不见煤层,工程停办,共投资17 000余元。

六至八月　外省军队驻萍乡,互争铁路,交通中断80余日,萍煤不能外运,危及汉阳铁厂生产。

十二月二十日　湖北省夏寿康省长电汉冶萍公司,索缴铁捐6万两。

是年　大冶铁矿生产铁矿石82万多吨,创开采以来最高年产量。

民国十年(1921年)

一月　汉冶萍公司董事会会长孙宝琦电缴铁捐洋例银6万两。

三月三十日　民国政府(北京)财政部税务处核准,凡大冶铁厂所炼生铁运销出口,概予免纳捐税。

七月二十四日　大冶铁厂1 500吨容积的水塔,在抽水试装时倒塌,死伤工匠多名。

十月十一日　大岛道太郎在汉口突然死亡,日本制铁所续派服部渐继任工程顾问。

十月十八日　汉冶萍公司董事会委任大冶铁厂厂长吴健兼任该厂总工程师。

七月　汉冶萍公司以60余万元购得江西萍乡永和煤矿。民国十四年(1925年)五月停工保管。

八月　湘鄂战争爆发,萍乡煤矿交通断绝达两月余。

十月二十二日　汉冶萍公司致函北京民国政府财政部,为钢铁煤焦等项运销中外各国,再恳分别免税照准。

十二月　北京民国政府改变钢轨式样,汉阳铁厂库存钢轨48 000吨报废,炼钢厂被迫停工。

年底　大冶铁厂建筑工程竣工。

是年　湖北刘承恩省长致电汉冶萍公司,索缴铁捐10万两。汉冶萍公司董事会孙宝琦等复函说:"应缴鄂省铁捐除扣抵预支及已解缴外,结算至民国九年底止,尚存洋例银28 114.165两,扫数解缴。"

民国十一年(1922年)

年初　汉冶萍公司为了紧缩开支,将大冶铁矿铁山采区暂停,集中力量在得道湾开采。

三月四日　汉冶萍公司颁发大冶铁厂高炉《开炉特别奖金简章》。

三月二十七日　大冶铁厂1号高炉开工前夕,吊车突然出轨,到六月二十四日勉强举火开炼,次日炉盖链断,不能盖密,二十六日晨才出铁。但到七月五日因炉盖开关不灵,不得不停炼。

三月　汉冶萍公司总经理夏偕复赴日本,在磋商当年矿石和生铁交额和加价问题后,于七月十七日向日本正金银行提出了借款850万日元,以补大冶铁厂等工程不足。

八月　汉冶萍公司顾问孙德全联合中小股东,成立了一个新的"股东联合会"。

九月十四日　因安源路矿当局拒发拖欠工人工资,安源路矿工人举行大罢工。十八日,萍乡煤矿总局、株萍路局、工人俱乐部三方代表签订了承认工人俱乐部的合法权利、增加工资等13条协定,罢工取得胜利。

十二月十日　安源路矿工人俱乐部、汉阳铁厂工会、汉冶萍轮驳工会、大冶铁厂工会、大冶铁矿工人俱乐部等五大工团,在汉阳集会,成立了汉冶萍总工会。

民国十二年(1923年)

一月十三日　大冶铁矿下陆机厂工人要求增加工资,遭到矿局拒绝,遂举行罢工。二月三日矿局答应了工人条件,罢工取得胜利。

七月八日　鄂产清理处在石灰窑设立砂捐局,督促汉冶萍公司完缴铁砂捐。

九月初　汉阳铁厂4号高炉停炼。

十月　正金银行派吉川雄甫继任汉冶萍公司会计顾问。

十一月　萍乡煤矿矿长李寿铨辞职,黄锡赓接任。

年底　汉阳铁厂只剩3号高炉一炉生产。同年,阳新锰矿停止生产。

民国十三年(1924年)

一月八日　汉冶萍公司总经理夏偕复赴日本,继续进行借款谈判。

三月　汉冶萍公司决定将大冶铁矿和大冶铁厂合并,成立大冶厂矿管理机构。由大冶铁矿矿长季厚堃担任厂矿长。

五月　汉冶萍公司总经理夏偕复再次去日本进行借款谈判,九月二十二日完成了新的借款草约签订手续,把购买象鼻山铁矿矿石和开办灵乡铁矿作为借款条件列入了觉书。

十月　汉阳铁厂3号高炉停止冶炼,从此,汉阳铁厂的冶炼炉座全部停闭。

十一月八日　汉冶萍公司总经理夏偕复在公司副总经理盛恩颐和董事会副会长傅筱庵的排挤下,被迫辞职,由盛恩颐兼代总经理。

十一月二十六日　汉冶萍公司董事会开会议决,每出砂1吨缴捐4角,但必须在合办灵乡铁矿达成协议后,再议详细办法。

十二月四日　汉冶萍公司股东大会选孙宝琦为董事长,傅筱庵为副会长。盛恩颐等9人为董事;邵义莹等4人为监察,并报农商部备案。

十二月十三日　上海各界32个团体召开会议,成立了"汉冶萍国权维持会",分电北京民国政府有关各部和湖北、湖南、江西三省,反对汉冶萍公司续借巨额日债。

十二月　大冶铁厂2号高炉停炼。

民国十四年(1925年)

一月十一日　汉冶萍公司总经理盛恩颐委吴健、赵时骧为代表与湖北砂捐局商谈砂捐问题,每吨矿砂认捐5角。

一月二十一日　汉冶萍公司向日本借款850万日元的借款合同在日本东京正式签订。

春　军阀吴佩孚扩军备战，要求汉冶萍公司大冶厂矿捐献50万银元。大冶厂矿用拖欠工人的工资、裁减工人的办法，完成捐献。

五月　大冶铁厂1号高炉重新开炼。

八月　汉冶萍公司总经理盛恩颐到大冶厂矿调查，决定撤销下陆机厂。

十月十八日　大冶铁厂第1号高炉停炼，遣散小工500余名。

是年　萍乡煤矿因铁厂停工，焦炭无销路，生产规模压缩。

民国十五年（1926年）

四月二十四日　日本工商省、大藏省、外务省、正金银行、兴业银行和制铁所召开汉冶萍公司协商会议，提出中日合办、把技术及经营实权委于日本顾问之手的根本方针。

五月七日　盛渤颐被正式委任为大冶厂矿厂矿长。

五月　砂捐局截运汉阳铁厂的焦末、碎铁，抵缴所欠砂捐。

八月十六日　汉冶萍公司总经理盛恩颐和襄理赵兴昌东渡日本，进行200万日元借款谈判。

十月二十三日　北京民国政府财政部税务处赓续前案，准汉冶萍公司铁砂运销中外，展免捐税厘金5年。

十月　大冶厂矿裁减工人，停止开采铁矿。民国十六年（1927年）四月一日，恢复生产。

十一月　象鼻山铁矿局（湖北官矿公署改称，后又改称湖北公矿局）奉湖北政务委员会命令，兼办汉冶萍公司铁砂捐案。

十一月　日本顾问和大冶厂矿厂矿长盛渤颐，谋划扩充得道湾及狮子山矿区工程的准备工作。使大冶铁矿由年产二三十万吨增至60万吨。

十二月　象鼻山铁矿局派黄崇庆调查汉冶萍公司厂矿情况。

年底　汉冶萍公司常耒锰矿停止生产。

民国十六年（1927年）

一月初　湖北政务委员会决定，由象鼻山铁矿局接管汉冶萍公司全部轮驳，用以抵充欠缴的铁矿捐。并宣称，汉冶萍公司如再不缴纳砂捐，将禁止矿砂出口。

一月二十七日　汉冶萍公司总经理盛恩颐与日本制铁所、正金银行代表,在上海签订了200万日元的借款合同。根据合同规定,汉冶萍公司设立工务所,以日本工程顾问担任所长,统率各厂矿一切工程技术及各项事务,并规定此后一切收支,必须经会计顾问同意。

三月十七日　武汉国民政府交通部成立了整理汉冶萍公司委员会。

五月八日　萍乡煤矿管理委员会在汉成立,不久,并入整理汉冶萍公司委员会。

六月二十四日　整理汉冶萍公司委员会决定接收萍乡煤矿。二十九日,整委会主席黎照寰偕同委员谌湛溪、刘义到萍乡煤矿,宣布谌湛溪为萍乡煤矿矿长兼工程处处长,刘义为萍乡煤矿事务处处长。

六月　经湖北省公矿局与汉冶萍公司再三交涉,汉冶萍公司先缴砂捐10万元。

七月二十五日　汉冶萍公司致电武汉国民政府,认为交通部成立整理汉冶萍公司委员会是非法行为,公司绝对不能承认,吁恳政府收回成命,并撤销整理委员会。

八月四日　交通部致函武汉国民政府秘书处,说明设立整理汉冶萍公司委员会,是整理汉冶萍各煤铁厂矿事务,与收归国有不同。汉冶萍公司以为是没收,电请收回成命,殊属误会。

八月二十六日　武汉国民政府交通部整理汉冶萍公司委员会,随着"宁汉合作",迁到南京。

十月二日　湖北省政府派员与汉冶萍公司代表盛铭讨论砂捐悬案,盛铭否认原案,湖北省公矿局将盛铭留局清算账目。

十一月十五日　盛铭承认在旧砂捐案未清算前,以汉冶萍公司轮驳全部作抵,湖北省公矿局遂呈请省府准予开释。汉冶萍公司随即登报否认盛铭的承诺。

十二月初　南京国民政府成立以交通部次长李仲公为首的新的整理汉冶萍公司委员会。准备先接管大冶铁矿,并函告日本驻上海总领事,今后凡购买铁砂,须向整理委员会办理。

是年　湖北公矿局局长潘康时同意汉冶萍公司要求,将砂捐由吨砂6钱减为4钱2分5厘。

是年　湖北公矿局鉴于汉冶萍公司权利渐失日人之手,为维护国家主权,向省政府提出清理汉冶萍公司案。

是年　湖北省公矿局奉命办理铁砂捐事务,改组砂捐局,令象鼻山铁矿驻山经理兼汉冶萍铁砂捐监收委员,就象鼻山铁矿办公处合并办理,不另设机关,不增加员司。嗣后象鼻山铁矿改组,经理制取消,改派征收员驻原砂捐局专司会磅,随时呈报数量,由湖北省公矿局在汉照数收捐。

是年　汉冶萍公司将大冶厂矿的采矿工作由包工制改为领工制。

民国十七年(1928年)

一月四日　国民政府交通部整理汉冶萍公司委员会派黄伯逵到大冶厂矿调查。

一月九日　日本外务大臣对驻南京、上海、汉口的日本领事馆发出机密指示,阻止国民政府对汉冶萍厂矿的接管企图。

一月二十一至二十五日　日本派军舰嵯峨号和浦风号到大冶,水兵连日登陆示威。

二月十日　日本驻华使馆财务官公森太郎等在南京要求国民政府,要"将向来不正当的行动,立刻中止"。公森等得到满意的答复后,日本军舰才撤离大冶。

二月十五日　日本驻华使馆财务官公森及驻汉总领事等8人,对湖北省政府提出抗议,要湖北公矿局交还汉冶萍轮驳,湖北公矿局局长金梁园予以驳斥。

三月　国民政府成立农矿部。四月,交通部将整理汉冶萍公司委员会移交给农矿部,并进行改组。

四月　汉冶萍公司在大冶成立工务所,以最高顾问工程师村田素一郎为所长,职掌各厂矿运输及所属诸矿山之工作,以及企业扩充等一切业务之指挥监督事宜。

五月　湖北省成立清理汉冶萍湖北债捐委员会。

十一月　江西省政府接管萍乡煤矿,萍乡煤矿从此脱离汉冶萍公司。汉冶萍维持生产的厂矿仅剩大冶铁矿一家。

十二月三十日　整理汉冶萍公司委员会呈请农矿部,明令汉冶萍公司于三月十五日前将所有煤铁厂矿及一切财产交由整理汉冶萍公司委员会接管。

民国十八年(1929年)

二月十三日　国民政府行政院批准了农矿部转呈的整理汉冶萍公司委员会决议。三月一日农矿部正式通知汉冶萍公司。

三月四日至四月八日　上海日本总领事重光葵向国民政府驻上海交涉员金问泗连续提出3次抗议。

民国十九年(1930年)

六月　日本议会通过决议,由日本制铁所继承大藏省的债权法案,即汉冶萍公司过去向日本正金和兴业银行取得的借款,都变为公司直接对日本制铁所的债务。

七月　汉冶萍公司在得道湾狮子山开凿隧道,以增加地下采区,预计民国二十五年(1936年)四月完成。

十二月　国民政府农矿、工商两部合并成立实业部,整理汉冶萍公司委员会停止工作。

民国二十年(1931年)

二月　汉冶萍公司董事会会长孙宝琦去世,副会长傅筱庵掌握董事会会务。

九月十八日　日本侵占中国东北三省。汉冶萍公司仍卖铁矿石给日本。是年,大冶铁矿运日的矿石达254 515吨,价格降到每吨3.5元。

十月　湖北省财政厅和建设厅为索取汉冶萍公司历年欠缴铁砂捐,把汉阳铁厂积存的钢轨和鱼尾板等悉数提出,至民国二十二年(1933年)九月,共提出钢轨13 000余吨,鱼尾板等附件485吨,值洋150万元。

民国二十一年(1932年)

三月十五日　北京市工会、救国联合会等团体抗议汉冶萍公司私将军火原料售给日本。

五月四日　湖北省政府召开第八次委员会议决议,改组清理汉冶萍湖北债捐处。债捐处所辖轮驳事务所,由建设厅接收管理。

十月十八日　湖北省政府裁撤清理汉冶萍湖北债捐处,交财政厅接收。

十二月二十二至二十三日　上海各团体救国联合会、国货工厂联合会等团体纷纷集会,声讨汉冶萍公司总经理盛恩颐,反对公司继续运铁矿石往日本。

是年　日本帝国主义对中国侵略进一步扩大,汉冶萍公司运往日本的矿石增至33万吨。

民国二十二年(1933年)

一月十八日　中华矿业学会要求国民政府接管大冶铁矿,制止矿石运销日本。

四月十九日　国民政府实业部就汉冶萍公司将铁砂运往日本一事,进行调查后,向行政院报告说"事关国家大计,须从长计议"。

六月三十日和七月二十三日　汉冶萍公司两次召开股东会议修改章程。虽法定人数不足,仍修改了章程。

民国二十三年(1934年)

四月　汉冶萍公司答应湖北省政府,从当日起,每月缴纳铁砂捐1万元,全年为12万元。争论不休的铁砂捐欠款,从此不了了之。

是年　大冶铁矿得道湾发电所建成,装有瑞士苏尔寿公司生产的420千瓦发电机3部,150千瓦发电机1部。

民国二十四年(1935年)

一月十一日　大冶厂矿会计处核算,大冶铁厂亏损817 109元。

民国二十五年(1936年)

年初　得道湾狮子山采区扩充工程竣工,大冶铁矿的矿石年产量增加到60多万吨,全部运往日本。

二月六日　日本制铁所前驻大冶出张所所长西泽公雄病死。

七月一日　国民政府实业部宣布实行《限制铁砂出口办法》,由实业部核发铁砂出口许可证。民国二十六年(1937年)一月,实业部又规定以民国二十三年至民国二十五年(1934—1936年)3年铁矿石的出口平均数,作为民国二十六年(1937年)对日出口的最高限额。还规定每出口铁砂1吨,向实业部缴纳砂捐2角。

夏　国民政府实业部地质调查所派孙健初对大冶铁矿矿区进行了一次全面勘察,写出了勘察报告,孙健初推断象鼻山与龙洞矿体之间的尖林山存在"潜伏矿体"。

民国二十六年(1937年)

七月七日　抗日战争爆发。日本驻大冶厂矿的顾问、出张所人员等数十人逃走。小野医生、小田襄办等人逃走时,每人还在大冶厂矿支取500元。

八月二十七日　国民政府军政部兵工署,电令汉阳兵工厂厂长郑家俊就近前往接收汉阳铁厂。汉阳铁厂厂长韩鸿藻以需请示公司为由,加以拒绝。

九月　国民政府军事委员会武汉行营和武汉卫戍司令部以汉奸走私嫌疑罪,密令拘捕了大冶厂矿职员8人。后取保释放。

九月一日　国民政府军政部复电汉阳铁厂厂长韩鸿藻,说明"此次本部接收该厂,以战争紧急处置,一切物品希照数点交,俟战后清算",并电湖北省府及实业部派员监交。

十月三日　汉阳铁厂厂长韩鸿藻、点交员郑宜复等,将汉阳铁厂设备及物品造册点交接收单位。

十一月　汉冶萍上海总公司派朱庆田担任驻汉口保管员,保管未被兵工署接收的房屋和物料。韩鸿藻将汉阳铁厂的所有卷宗、簿据等交大冶厂矿保管。

民国二十七年(1938年)

一月二十五日　日本飞机轰炸汉阳铁厂。

三月初　国民政府军政部兵工署和资源委员会在汉阳联合成立钢铁厂迁建委员会，以杨继曾、张连科为主任委员，负责拆迁汉冶萍公司汉阳铁厂、大冶厂矿及六河沟公司扬子铁厂和上海炼钢厂的重要冶炼设备，运往四川大渡口另建钢铁厂（现重庆钢铁公司）。三月间开始拆卸，六月间开始迁运，至民国二十八年（1939年）迁运结束。

三月　国民政府军事委员会军令部获悉大冶铁矿继续开采矿石，堆置江边，日本仍汇款接济，经与国民政府经济部、湖北省政府商定，勒令大冶厂矿停止开采矿石。

四月二十五日　大冶县政府向大冶厂矿传达国民政府军政部关于停止开采铁矿石的密令。

五月　钢铁厂迁建委员会价购扬子铁厂日产100吨的高炉1座，以及火砖、锰矿、工厂附属设备等，共计3 700吨，运往重庆。

六月　大冶厂矿遣散工人。同月，汉冶萍公司设立大冶厂矿保管处，由厂矿长汪志翔任保管处处长。

七月十九日　日本飞机袭击汉阳铁厂，炸死史汉生等5人。

七月二十日　国民政府军事委员会委员长蒋介石电告钢铁厂迁建委员会："当此抗战时期……汉冶萍之化铁炉（高炉）等希加雇工人拆除，以应军需。"

七月二十八日　国民政府军事委员会电告杨继曾："大冶化铁炉（高炉）不便拆除，应准备爆破为要。"

八月　汉口卫戍司令部爆破队队长阎夏阳带领100多名士兵，将大冶铁厂的重要设备炸毁。

八月六日　迁建委员会所雇装运设备、器材的3798号、11004号两艘木驳在黄石港上游遭日机轰炸，除少数器材捞获外，余皆毁沉。

八月十一日和十六日　日本飞机狂炸停泊在汉阳鹦鹉洲待运木驳数只，伤1人，死2人。汉阳铁厂拆迁的2座锅炉及其他设备等被炸毁。

八月十六日　汉冶萍公司总经理盛恩颐到日本东京，日本要求大冶占领后，立即运出存矿，开工采掘，请予以充分援助。盛表示要"通力合作"。

九月四日　大冶厂矿厂矿长汪志翔把厂矿重要卷宗、文件、仪器、图样等运至汉口存放,并派管维屏为大冶厂矿驻汉保管员。

十月二十五日　日本侵略军强占武汉。钢铁厂迁建会从六月份开始至此时止,共运出汉阳铁厂、大冶厂矿、六河沟铁厂、上海炼钢厂等重要机器设备和材料计56 819吨。二十四日晚,武汉卫戍司令部和警察局炸毁了汉阳铁厂。

十一月十七至二十日　日本飞机连续空袭宜昌,炸毁迁运的机物料件149吨。

十一月　日本军部决定,把大冶铁矿委托日本制铁株式会社(简称"日铁")经营,成立了"大冶矿业所,任令斋腾为所长。接管了汉冶萍公司和湖北建设厅所经营的大冶铁矿和象鼻山铁矿。

十二月　原日本会计部员江口从管维屏手里拿走了大冶厂矿蓝图706张,以及清册、预算等。

民国二十八年(1939年)

一月　大冶厂矿驻汉保管处派职员冯树3次陪同日本有田技师到汉阳铁厂取运恢复大冶矿山的铁路器材。

四月三日　大冶铁山、得道湾至石灰窑的运矿铁路,被"日铁"修复通车。"日铁"还修复了江边码头,开始抢运铁矿石。

四月　"日铁"大冶矿业所进一步要求大冶厂矿驻汉保管员管维屏将管理的全部卷宗物件开列清单交给"日铁"。管维屏把造好的清单寄交上海,请汉冶萍公司总事务所转交日方。

六月　盛恩颐应日本要求,派襄理赵兴昌和人事课课长盛渤颐到大冶,向日本制铁株式会社大冶矿业所办理了财产移交手续。

十月　"日铁"恢复开采大冶铁矿。大冶铁厂改成"日铁"大冶矿业所生活基地及修理厂。

十二月四日　汉冶萍公司驻汉保管员朱庆田将武昌材料站所存材料及公司在武汉所有房地产业,造具清册,交"日铁"汉口事务所。

十二月　管维屏接"日铁"大冶矿业所的通知,交出大冶铁矿铁道地产图等图纸资料。

民国二十九年（1940年）

九月底　汉冶萍公司销售原大冶铁矿积存的矿石终止。大冶沦陷后，共销售235 688吨。

民国三十六年（1947年）

四月　国民政府资源委员会和经济部共同组织汉冶萍公司资产清理委员会，以孙越琦为主任委员。要汉冶萍公司将一切资产、契据、账册、档案一律点交清理委员会接管；自抗战起至接管之日止，对其资产如有任何处理及移动等情况，应逐项叙明详情及理由。

五月　清理委员会派人前往上海接收，盛恩颐以"须召开董事会商讨"为由，拒绝移交。

六月　清理委员会又派人去上海，责成盛恩颐确定移交日期，盛又托辞要"召开股东大会通过，才能决定"。

民国三十七年（1948年）

二月十六日　在上海市警察局协助下，盛恩颐向清理委员会作出了移交。同日，在汉冶萍公司总事务所原地，设立了清理委员会上海临时办事处，开始清理工作。汉冶萍公司名称从此在中国历史上正式消亡。

附　　录

A　日本制铁株式会社大冶矿业所

一、"日铁"大冶矿业所的成立

民国二十七年(1938年)七月八日,大冶沦陷前夕,汉冶萍公司总经理盛恩颐离开上海,先到大连、旅顺游览,后到天津、北京,八月九日到长春,十六日到达日本东京,与日本制铁株式会社(简称"日本制铁会社")、横滨正金银行的头目(经理)会谈。八月二十六日,盛恩颐和日本制铁会社中井社长、中松常董就汉冶萍公司议定了如下议案:(1)此际由日本制铁会社、正金、汉冶萍三方面协议,根据约款,委由日铁代行,实为最良之法;(2)至于将来应如何办理,则一有机会,即作中日合办亦可。中松最后提出:"大冶占领后,愿立能运出存矿,开工采掘,务请彼时与我方以充分援助。"盛恩颐当即表示说:"通力合作,事不难为也。"

同年十月八日,日本侵略军沿长江西犯,抵达大冶县境,中国军队据险进行阻击。十二日,日军第一一六师团高品支队在海军协助下于沣源口登陆,向石灰窑进攻,中国守军第六军甘丽初部与之激战,日军遭到惨重伤亡。此后,日军于十月十七日侵占石灰窑,十九日侵占黄石港。二十日(农历八月二十七日)下午日军波田支队侵占铁山。抗战爆发时从大冶厂矿撤走的日本顾问小田、森口、江口等人戴着"日本海军陆战队嘱托"的袖章随军到达。

十一月四日,盛恩颐再次东渡日本。七日,盛恩颐同吉川顾问、高冈大尉等一道访问陆军省。东条英机(陆军省次官)面告盛恩颐:"大冶陷落,蒋军退却,我军占领,以后冶矿概归军部管理。生产、运输、管理等,汉冶萍不能参加与闻,盼公司当局接受遵行,此令。"不久,日本军部正式决定把大冶铁矿托给日本制铁株式会社经营。①

接着,日本制铁株式会社在大冶成立了"大冶矿业所"(简称"日铁"),下设总务部(辖庶务课、警备课、劳务课、经理课、运输课)、矿业部(辖采矿课、土木建筑课、工务课、技术课)、地方办事处、医院。任命斋藤为所长,小田、森口和江口改任"日铁"大冶矿业所职员。"日铁"强占汉冶萍公司所属大冶铁矿、大冶铁厂和湖北省建设厅所属象鼻山铁矿及鄂城的西山、雷山后,一面运出抗战爆发后汉冶萍公司在大冶铁矿开采出来未运走的矿石,一面恢复开采。大量的机器设备源源运进大冶铁矿。

十二月,"日铁"会计部员江口到汉口向大冶厂矿汉口保管处保管员管维屏索取大冶厂矿的图纸、资料,共计蓝图706张和一大铁箱其他的图纸、资料。索取了民国十八年(1929年)十月所造财产清册1本,民国二十七年(1938年)四月份员工警役薪饷表1本,民国二十六年(1937年)四月至民国二十七年(1938年)三月的预算1本,民国二十六年(1937年)五月起十月止开炉筹备预算1本,民国二十六年(1937年)十一月起至民国二十七年(1938年)三月止开炉营业预算1本,民国二十五年(1936年)度采矿股得道湾和铁山两处矿价一览表2张,共计7件。另外还索取了民国二十四年(1935年)、民国二十五年(1936年)事业概要各1份,民国二十六年(1937年)度矿价一览表2份等。"日铁"利用这批图纸,资料,开始修复铁山至石灰窑江边的运道,扩充江岸装卸码头,修复得道湾发电所。

与此同时,"日铁"派原在汉冶萍公司工作的小田、森口、江口等几个"中国通",四处寻觅曾在矿山工作过的老职工,劝诱他们为"日铁"效劳。

民国二十八年(1939年)四月,"日铁"大冶矿业所从大冶厂矿驻汉保管处取走了全部卷宗、物件。同年六月,盛恩颐应日方的要求,派襄理赵兴昌和人事课长盛渤颐到大冶,向日本制铁株式会社办理财产移交手续。他们在日本人预先准备好的财产清册上盖了章,即返回上海。

---

① 日本制铁株式会社系民国二十三年(1934年)日本政府以日本制铁所为中心,合并三井、三菱公司直接投资的钢铁企业所组成的企业。

同年十月，大冶铁矿正式恢复生产。

民国二十九年(1940年)十月二十四日，"日本制铁会社"董事田尻到大冶铁山视察，返日路过上海时，与汉冶萍公司商洽，要汉冶萍公司借给大冶矿业所一些原在大冶铁矿工作过的旧人，公司应允。原大冶厂矿驻汉保管处的保管员管维屏等回到石灰窑，担任大冶矿业所地方事务办事处的华员。

为了掠夺铁矿石，"日铁"在大冶铁矿投入了7 000多万日元的资本，添置和补充了发电机、高压输电线路、钻探机、卷扬机、空气压缩机、皮带卸矿机、皮带运输机、破矿机等大批发电、供电、勘探、采矿、选矿、运输设备，使矿山开采能力和铁路运送能力每天达到5 000吨，每月发电量达到65万千瓦·时。将大冶铁厂改回原称，名"大冶新厂"，成为替矿山生产服务的修配工厂和生活基地。工人人数猛增，最多时达14 946人。工人类别见表A-1。

表A-1 "日铁"大冶矿业所工人类别表
民国三十一年(1942年)三月一日　　　　　　　　　单位：名

类别＼场所别	石灰窑	下陆	山元	合计
日本人	633	7	292	932
中国工人	2 407	123	347	2 877
常备苦力	2 236	191	4 045	6 472
包工苦力	2 020		2 178	4 198
中国佣人	335	6	126	467
总计	7 631	327	6 988	14 946

资料来源：武汉大学经济系《旧中国汉冶萍公司与日本关系史料选辑》，第1093页。

此外，"日铁"大冶矿业所还将矿山工程包给日本有关施工单位，这些施工单位又雇用一批临时工人。其数量见表A-2。

表 A-2　大冶矿业所矿山工程包工分区人数表　　　　　　单位：名

区　别	日本人	中国工人	苦　力	合　计
大同组	25	650	500	1 175
间组	120	833	3 758	4 711
寿组	35	328	470	833
总计	180	1 811	4 728	6 719

资料来源：同上表。

二、矿区

1. 山域面积

"日铁"大冶矿业所强行开采的老矿区有铁门坎、龙洞、象鼻山、老鼠尾、狮子山、大石门、野鸡坪、尖山等，面积为319公顷78公亩65公厘。新辟采区有管山（日人名青备山），面积为17公顷84公亩。新老采区山域面积总计337公顷62公亩65公厘。此外还强占鄂城县的西山、雷山两矿区。

2. 矿区工程占地面积

"日铁"为开采运输大冶铁矿的矿石，在铁山兴建山场总事务所1栋，尖山、狮子山、象鼻山、铁门坎等建分事务所各1栋。自铁山至石灰窑一线兴修了厂屋、车站、住宅、工场间及其他建筑工程，圈地总面积为3.157平方公里。其中厂屋、车站、住宅、工场间等土木建筑基地面积为25 360.83平方米。这批建筑物分布情况如表A-3。其平面布置如图A-1。

说明："日铁"建筑分布面积系根据抗战胜利后国民政府经济部接管资产清册统计，其数字比"日铁"当时的实际数字要小得多。

表 A-3　矿区土木建筑情况分布表　　　　　　单位：米^2

建筑物所在地	面　积	建筑物所在地	面　积
得道湾	4 839.39	龚家巷	67.40

续表

建筑物所在地	面 积	建筑物所在地	面 积
象鼻山	1 608.55	下陆	1 535.34
老铁山	1 314.42	管山	52.56
铁山新区	13 937.65	沈家营	802.00
铜鼓地	1 060.08		
李家坊	143.44	合计	25 360.83

资料来源:资源委员会华中钢铁公司档案。

三、勘探

日本侵略军侵占大冶铁矿后,"日铁"大冶矿业所为了更有效地进行掠夺式采矿,开展了一定规模的探矿工作,其手段是槽探和钻探及少量坑探相结合。在下陆、管山、铜鼓地、铁山、分伙山等地,布置了探槽或钻探。在大冶铁矿矿区共施钻33孔,钻孔分布见图 A-2。

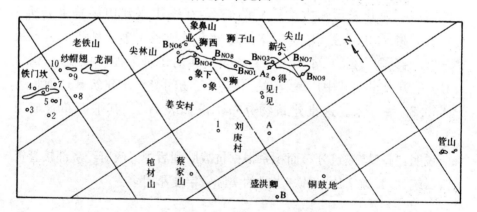

图 A-2 "日铁"在铁山矿区钻孔位置分布图

钻探有记录者仅12孔,兹选8孔记录。见表 A-4。

表 A-4 "日铁"钻孔记录表

孔号	地区	孔别	钻进情况和孔深
7	尖山	斜孔	先向西南作30度斜钻,钻深154米,继作70度斜钻,钻深82米
5	尖山	斜孔	先向南北作65度斜钻,钻深72.65米,继向东南作60度斜钻,钻深87.15米
13	野鸡坪	斜孔	先向西作55度斜钻,钻深67.4米,继作47度斜钻,钻深126.6米
15	野鸡坪与大石门之间	斜孔	向西北作60度斜钻,未见矿
3	大石门	斜直	先向西北作62度斜钻,钻深147米,再向下直钻41米,后又改45度斜钻,钻深232米
10	大石门与狮子山间	斜孔	向西南作55度斜钻,钻深94.5米
1	狮子山	直斜	先打直孔至132.6米,继向西北作60度斜钻,钻深122米,后又改72度斜钻,钻深142.88米
8	老鼠尾	斜直	先向西北作60度斜钻,钻深26.2米,继作65度斜钻,钻深43.5米,又改直钻,钻深64.7米

资料来源:资源委员会《矿测近讯》第六十五期。

"日铁"根据钻探资料计算大冶铁矿铁矿石储量为4 073万吨,但有一日本人估算铁山矿区矿石储量为3 246万吨,减去民国三十一年(1942年)采去的100多万吨,到民国三十二年(1943年)实存3 146万吨。

四、开采方式

"日铁"采用劫夺式开采,露天采掘和地下采掘同时进行。为了获取大量矿石,不择手段,不讲规律,不问后果,哪里有矿就在哪里采,哪里矿石质量好就在哪里采。在露天采场采矿,只运走矿石,将大量废石堆积在采场两端;在窿道采矿,不用正常的填充法填充,致使窿内空洞累累。

1. 露天采掘

从民国二十八年(1939年)开始,"日铁"沿用原大冶铁矿、象鼻山铁矿的办法分阶段采掘。铁门坎分68.6米水平、47.4米水平两层；龙洞分110.8米水平、72.8米水平两层；象鼻山分上厂(121米水平)、中厂(100米水平)、下厂(77米水平)三层；老鼠尾一层(70米水平)；狮子山分后三层(82米水平)、后二层(110米水平)、前二层(108米水平)、前一层(139米水平)等四层；大石门一层(92米水平)；野鸡坪一层(141米水平)；尖山一层(177米水平)；管山分30米水平、45米水平、55米水平、65米水平四层。全矿露天采掘共分18个工作面，采掘先用人工凿岩或风钻凿岩，然后爆破，将崩落的矿块装入小矿车，沿轻便铁路推至该工作面挂路，用自动引力机卸下，对合乎规定要求的矿石从装矿码头直接装入大矿车，大块矿石经破碎后再装入大矿车，经铁道运往石灰窑江岸码头外运。

狮子山、老鼠尾一带矿质优良，"日铁"强化采掘。为缩短运距，采用露天漏斗法，从老鼠尾70米水平凿一条运输大巷，以二百分之一的坡度通往狮子山地腹，大巷上部分层开凿平巷，凿以溜井，安装漏斗。露天各采场采出的矿石，通过漏斗，倾入运输大巷的小矿车运至装车码头，倾入大矿车运往石灰窑。

2. 窿道采掘

民国二十八年(1939年)，"日铁"恢复露天采场生产的同时，也恢复了坑内生产。民国三十一年(1942年)以前，坑内仅限狮子山一采区，系利用原得道湾平巷向山腹延伸，日产矿石10吨。民国三十二年(1943年)，又在象鼻山、大石门凿开了窿道，采出了少量的矿石。坑内采矿，有的地方采用留矿法，有的则采用充填法，无一定规律。

3. 竖坑采掘

"日铁"在掠夺原有采场矿石资源的同时，在铁山进行了全面钻探。根据钻探获得的资料，设计了东、西、中三条竖井，东竖井位于尖山，中竖井位于得道湾，西竖井位于象鼻山和老鼠尾之间，准备在竖井每隔30米开一平巷，通到矿体。民国三十二年(1943年)竖井工程开工，到民国三十四年(1945年)八月日本投降，东竖井尚未动工，仅开了平洞巷道，中竖井开凿了100米；西竖井开凿了81.5米。中、西两竖井的水平巷道均未动工，竖坑采掘未生产矿石。

五、生产设施

1. 采矿工场

采场装设有空气压缩机、穿孔机(日本长谷川式)、装矿机、卷扬机、直井吊架、蒸汽铲。凿岩设备有手提式凿岩机、卧式凿岩机、朝天式凿岩机。工作面铺有轻便铁道,老铁山共有轻便铁道1 620米,象鼻山共有轻便铁道2 570米。地平以上工作面装设有放矿闸门或挂路。民国三十一年(1942年)前后,狮子山有放矿闸门4个,其他山头未设。同期,象鼻山装有挂路2条,计长326米。狮子山装有挂路1条,长93米。尖山装有挂路6条,计长858米。老铁山装有挂路1条,长54米,还装有50马力斜道卷扬机1部。得道湾装有挂路1条,长43米。全矿区设有老铁山、象鼻山、得道湾、管山等4座装矿码头。象鼻山码头有装卸矿机2台,每台每小时可卸矿石300吨,但未使用。窿道装有排水设施。

2. 选矿工场

民国二十九年(1940年),"日铁"建立了得道湾选矿场,先后安装了两套碎矿设备。采场采出之矿,均由小矿车送至选矿场的储矿仓,经过自动筛分后,其100厘米以上的,卸入摆动式碎矿机破碎至100厘米以下为止。凡原有及轧至100厘米以下的矿石,均用皮带输送机运至碎矿储存仓。皮带输送机旁,列坐女工,用手拣剔石块及含铜较多的矿。"日铁"在得道湾装设之碎矿设备见表A-5、表A-6。

表A-5 得道湾老碎矿设备表

设备名称	数量(台)	型式	工作能力(吨/小时)	技术特征
喂矿漏斗	2		50	6.35毫米寸钢板铆制
碎矿机	2		100	三角皮带传动,碎矿大小1~5寸
矿石运送机	2	皮带式	150	皮带宽600毫米,长220米,齿轮变速传动

续表

设备名称	数量（台）	型式	工作能力（吨/小时）	技术特征
皮带运输卸矿分配机	2	自动式	150	皮带传动

资料来源：资源委员会华中钢铁有限公司档案。

表 A-6　得道湾新碎矿设备表

设备名称	数量（台）	型式	工作能力（吨/小时）	技术特征
喂矿机	2		100	三角皮带传动
碎矿机	2		100	三角皮带传动，碎矿大小1～5寸
矿石运送机	2	皮带式	150	皮带宽600毫米，长100米，倾斜18度，齿轮变速传动
第一段块矿运送机	2	皮带式	75	皮带宽1 000毫米，长70米，齿轮变速传动
第二段块矿运送机	2	皮带式	150	皮带宽600毫米，长120米，齿轮变速传动

资料来源：同上表。

说明：得道湾新碎矿设备安装竣工，未投产，日本投降。

3. 采区修理工场

"日铁"于民国二十八年（1939年）恢复采场生产之后，就建立了采区修理工场。自民国二十八年至民国三十一年（1939—1942年），先后在修理工场安装了空气压缩机、修钻机、空气锤、鼓风机、电气炉、交流电弧熔器、穿孔机钻头修理机、电容接钻杆机、变压器、钻床、车床、龙门刨床、牛头刨床、万能铣床、砂轮机、人力起重天车等大小40多台机修设备。

4. 运道

民国二十七年(1938年)底,"日铁"从长江捞起原汉冶萍大冶厂矿于沦陷前夕沉在长江的钢轨、钢枕,从汉冶萍大冶厂矿驻汉保管处弄到所需图纸资料,立刻着手恢复从铁山至石灰窑江岸的运道。汉冶萍大冶厂矿驻汉保管处派职员冯树协助日本"技师"到汉阳等地搜集铁路器件,解决了"日铁"缺乏器材的困难。运道于民国二十八年(1939年)四月三日通车,全线用38.102 4公斤/米的钢轨铺成。有牵引100吨的火车头7辆,70吨的2辆,40吨的4辆,30吨的3辆。有7吨的货车71辆,15吨的45辆。有40吨的矿车154辆,50吨的16辆,客车7辆。沿线设有铁山、铜鼓地、下陆、李家坊、龚家巷、石灰窑车站。中心站设铜鼓地,该处设有水塔、转盘、车库。

5. 江岸码头与船运

"日铁"占领了自袁家湖至沈家营的所有江岸码头,开始几年仍采用人工挑矿装船。民国三十年(1941年),在石灰窑江边兴建卸矿机2座,全用皮带运送机联络,每台每小时可卸矿石500吨,日可卸矿5 000吨。在石灰窑江岸建野外贮矿场1座,容量为55万吨,建贮矿槽1座,容量为2万吨,在沈家营建贮矿场1座,容量为25万吨。从此,"日铁"一边用人力挑矿装船。一边用卸矿机装船。

"日铁"从石灰窑运矿至日本,采取两种方式,一是用海轮直接装运,一是用拖轮将矿石拖至安徽芜湖中转。"日铁"在芜湖修筑贮矿场1座,容量为30万吨。一般是用拖轮把大冶矿石运至芜湖卸入贮矿场,待海轮到达后,再装海轮运出。"日铁"运矿拖轮及驳船见表A-7、表A-8。

表A-7 "日铁"运矿拖轮一览表

船 名	总重(吨)	容积(米³)	速度(浬/小时)		功率(千瓦)
			最大	普通	
江东丸	182.04	515.681	12.0	10.0	425

续表

船　名	总重(吨)	容积(米³)	速度(浬/小时)		功率(千瓦)
			最大	普通	
江西丸	182.04	515.681	12.0	10.0	425
尖山丸	157.49	446.161	12.0	10.0	447.4
台山丸	178.54	505.789	10.0	9.7	373
庐山丸	178.54	505.789	10.0	9.7	373
海康丸	289.38	819.774	10.0	9.5	388
贺茂丸	217.63	616.510	8.9	8.0	261
龙川丸	72.32	204.865	9.0	8.5	104

资料来源：日本制铁株式会社大冶矿业所技术课报表，系1943年9月以后数字。

表 A-8 "日铁"装矿驳船一览表

船　名	船体大小(米)			总重(吨)
	长	宽	深	
r^2	44.19	8.53	3.35	690
r^3	44.19	8.53	3.35	690
r^5	44.19	8.53	3.35	690
r^6	44.19	8.53	3.35	690
第一鹤丸	44.19	8.53	3.35	690
第二鹤丸	44.19	8.53	3.35	690
第三鹤丸	44.19	8.53	3.35	690
第四鹤丸	44.19	8.53	3.35	690
第五鹤丸	44.19	8.53	3.35	690
第六鹤丸	44.19	8.53	3.35	690
第七鹤丸	44.19	8.53	3.35	690
第八鹤丸	44.19	8.53	3.35	690
第二龙丸	48.00	9.80	3.00	900

续表

船　名	船体大小（米）			总重（吨）
	长	宽	深	
第三龙丸	48.00	9.80	3.00	900
第一松丸	38.10	6.55	2.90	250
第八万才丸	45.00	9.00	3.00	700
第十二万才丸	45.00	9.00	3.00	700

资料来源：同上表。

6. 动力

民国二十八年（1939年），"日铁"修复了原汉冶萍公司大冶铁矿的得道湾发电所，新安装发电机3台，一台为500千瓦，一台为360千瓦，一台为280千瓦，其电压为3 500伏。用高压输电线送往各采区变压，用以开动采区的压风、排水、卷扬、碎矿等设备。

民国三十年（1941年），兴建了特高变电所、象鼻山变电所，得道湾发电所亦不断扩大。

民国三十二年（1943年）六月，袁家湖火力发电所的两台4 200千瓦发电机安装工程竣工，开始发电。袁家湖地区的发电设备随之增加到10台，装机总容量为10 010.45千瓦，发电最高月份达到650 000千瓦小时。

到民国三十三年（1944年）七月一日，袁家湖共安装变电设备112台，总容量为16 491千伏安，其中三相变压器9台，内有6 250千伏安的变压器2台。各工场共安装交流电动机197台，总容量为2 275千瓦。袁家湖的电力除供新厂各工场用电外，还用总长22 243米的高压输电线送至铁山特高变电所，再分送采区。

到民国三十三年（1944年）七月，"日铁"在得道湾发电所共安装发电设备10台，总容量1 346.5千瓦。

在铁山矿区共安装动力用变压器23台，总容量为1 720千伏安，照明变压器32台，总容量为260千伏安，共安装电动机99台，总容量为1 883千瓦。有备用变压器59台，总容量为2 040千伏安，电动机38台，总容量为 735 千瓦。得道湾发电所的发电设备情况见表 A-9，矿区电动机分布见表 A-10，铁山矿区动力用变压器分布情况见表 A-11。

表 A-9　得道湾发电所发电设备表

发电机容量(千瓦)	台数	原动机	电压(伏)	周波	发电机容量(千瓦)	台数	原动机	电压(伏)	周波
500	1	柴油机	3 500	50	20	1	柴油机	220	50
360	1	柴油机	3 500	50	15	1	柴油机	220	50
280	1	柴油机	3 500	50	7.5	1	柴油机	220	50
48	1	柴油机	220	50	2.5	1	柴油机	110	50
112	1	柴油机	220	50	1.5	1	柴油机	110	50

资料来源："日铁"大冶矿业所《电气设备一览表》。

表 A-10　矿区电动机分布表

安装地点	29千瓦以下		30千瓦以上		合　计	
	台数	容量小计	台数	容量小计	台数	总容量(千瓦)
象鼻山	31	292	5	369	36	661
尖山	12	120	9	580	21	700
老铁山			4	152	4	152
修理工场	23	129			23	129
土木建筑	6	47			6	47
动力	7	43	1	150	8	193
铁道	1	1.5			1	1.5

资料来源：同上表。

表 A-11　矿区动力用变压器分布表

安装地点	相别	容量(千伏安)	台数	用途
象鼻山变电所	三相	750	1	附近动力
得道湾发电所	单相	100	3	附近动力

续表

安装地点	相别	容量(千伏安)	台数	用途
象鼻山破碎机	三相	50	1	附近动力
修理工场	单相	30	3	附近动力
西竖坑	单相	30	3	附近动力
制栈所	单相	20	2	附近动力
特高变电所	单相	10	1	所内动力
斜坑	三相	56	1	排水
得道湾压风机房	单相	50	3	压风机电源
修理工场	单相	20	1	熔接机电源
员工宿舍南	单相	5	2	抽水
尖山挂路	单相	5	1	挂路动力
老铁山	三相	150	1	动力

资料来源：同上表。

以上为使用设备，尚有部分安装完竣、未投入运行的设备未计入，如3部500马力(372.85千瓦)压风机等。

7. 修配厂(新厂)

"日铁"大冶矿业所本部设于新厂，在大冶新厂设立了柴油发电所、火力发电所、变电所。火力发电所装有四筒式锅炉2座，每座加热面积为680平方米，气压力为每平方厘米6公斤，蒸汽温度为摄氏400度，蒸发量为每小时20~26吨，蒸汽透平最大能力为4 200千瓦，经济负荷为3 000千瓦。修理工作场设有木模工场、铸造工场、机械加工工场、铁路车辆修理工场、汽车修理工场、冷作兼焊接工场、铜件管子工场、装置工场、氧气工场(每小时可生产35立方米氧气)、制冷工场(每月可生产10吨冰块)，此外，还兴建了小型自来水厂及仓库。

民国三十三年(1944年)冬，"日铁"将新厂原来兴建的1号高炉拆掉，同耐火材料等一并运往石景山钢铁厂，中途被飞机炸毁。2号高炉被拆除了70%，后因日本投降而终止。

六、产量

民国二十七年(1938年)十月至民国二十八年(1939年)九月,"日铁"一边修复矿山山厂工程和运道,一边运出原汉冶萍公司大冶铁矿贮存在石灰窑江边贮矿槽及得道湾、铁山存厂的矿石,未采矿。

民国二十八年(1939年)十月,采区恢复生产,当年采矿77 321吨,以后逐年大幅度增长。民国三十一年(1942年)产量达到1 452 391吨,为光绪十六年(1890年)大冶铁矿开办以来的最高年产量。民国三十一年(1942年)十二月,产矿石174 250吨,为开办以来最高月产量。同年船运矿石1 413 054吨,为船运年最高纪录。同年十月,船运162 370吨,为船运月最高纪录。同年十二月,铁路运矿171 926吨,为铁路运输月最高纪录。民国三十四年(1945年)二月,"日铁"停止运输。三月,"日铁"停止开采。日本侵略军侵占大冶期间,"日铁"累计在大冶铁矿开采矿石5 016 643吨,运出此期间所采矿石4 277 660吨和抗战爆发后汉冶萍公司继续开采而未销售的235 688吨,共计4 513 348吨。又从鄂城运走矿石174 471吨,尚有802 841.5吨矿石堆存石灰窑江岸码头未运出。日本侵略军侵占中国期间,共从中国劫走铁矿石4 630万吨,而从大冶铁矿劫走的矿石占其中的9.74%。"日铁"逐年在大冶铁矿开采矿石和运走矿石数量见图A-3、图A-4。

七、劳动工资

"日铁"大冶矿业所的劳动方法采用中国特有的工头制包工法。此种制度,由工头负责组织作业,少则30人,多则130人。采矿标准,系与矿业所订立合同,露天采矿以吨为单位,窿内采掘以米为标准,搬运以货车一辆载重为标准。采矿工人一月的劳动日为20~25日,上工率为80%,每人每个工班平均采矿0.8吨。江岸运矿工人以400~500人组成一班,每班有大工头1人,中工头1人,小工头数人,分别在工地负责指挥监督。运矿标准系根据装载吨位与贮矿场地的远近而定,每班每小时装载最高量为

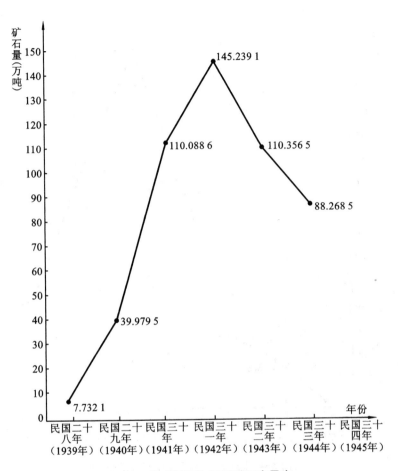

图 A-3 "日铁"逐年开采矿石产量表

180 吨。

"日铁"大冶矿业所的工资形式有 3 种：职员（中国人或日本人）采用月薪制，工资最高的职员每月可拿 200 元左右（日元或储备券，下同），拿最高工资的多为日籍职员，最低的每月拿 40 元左右；技术工人采用日薪制，技术较熟练的工人或领工每日可拿 2 元多，刚进矿的学徒工每日拿 0.8 元，半年以后加到 1 元，一年后加到 1.2 元，一年半加到 1.4 元；采矿、运输工人（"日铁"称为苦力）采用计件工资，按采出矿石数量付钱，采矿工人每人

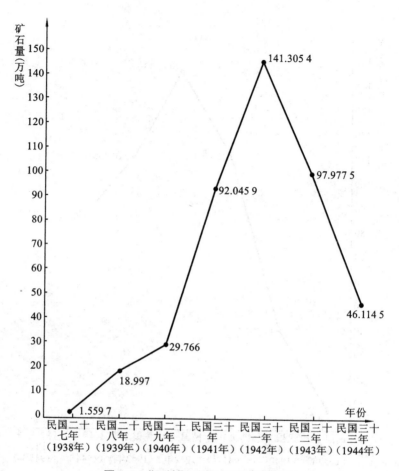

图 A-4 "日铁"逐年运走矿石数量表

每日拿1~2元不等,江岸码头运输工人平均每人每日约可拿2~3元。职员和技术工人的工资每月发放一次,直接发给本人。采矿工人的工资半月发放一次,由工头领取,再发给个人,工头从所管辖工人的工资总额中扣出8%,作为自己的酬劳金。大工头不干活,也很少到采场、码头,采矿、运输工作由中、小工头负责管理。工头工资为月薪,有的中、小工头一边做管理工作,一边干活,可获得双份工资。此外,"日铁"为增加工人的工作效率,还设有奖励金。采矿、运输工人每天上班要带"苦力牌","苦力牌"正面盖有"日铁大冶矿业所"的钢印,背面是31格月考勤表,工人进哨卡出示"苦力牌",负责考勤的人员在当日栏目上盖上字,以示出勤,到发工资时,凭"苦力牌"上的记录到工头处领取。

八、生活设施

民国二十八年到民国三十二年(1939—1943年),"日铁"大冶矿业所先后在铁山建筑土砖住宅37栋,计5 371.60平方米,供中国工人居住,"日铁"称为"苦力宿舍"。兴建青砖平房30栋,面积为14 420.355平方米,供日本籍员工家属居住,"日铁"称"日本人社宅"。民国三十年(1941年),在铁山兴建两层楼职员宿舍(合住式)1栋,面积为837.83平方米,供日籍单身职员居住,又建两层楼工人宿舍1栋(共75间房),面积为2 939平方米,供日籍单身工人居住。在新厂兴建住宅29栋(共436间房),最高为三层,房屋多为"日欧式",以日本住宅形式为主,供日籍职员及部分中国职员居住。在黄思湾等地建筑了一批简易平房,供中国劳工居住。此外,在下陆、石灰窑、沈家营、胜阳港及鄂城西山等处,兴建了一批平房及简易平房(即苦力宿舍)。

民国二十九年(1940年),"日铁"在铁山矿区开办小学2所,一所坐落在得道湾,房屋建筑面积为468.11平方米,入学学生为日籍员工子女及部分中国职员子女;一所坐落在工房村,房屋建筑面积为334.154平方米,"日铁"称为"国民学校"。在新厂开办小学1所,入学学生为日籍员工子女,称为"日本小学"。

民国二十八年至民国三十二年(1939—1943年),"日铁"先后在新厂、铁山、石灰窑、鄂城西山等处,兴建了日用品贩卖所、摔跤场、练武场、浴池、游泳池、畜植场、酿造厂等设施,供日籍员工和少数中国职员享用。此外,还在铁山、新厂设置了物品配给所,每月为"苦力工"配给大米、小麦、食盐等生活物资。

九、事故

"日铁"开采,只抢矿石,不管工人死活,工伤屡屡出现。

民国二十九年(1940年),有一天日本监工逼着一个矿工到象鼻山采场的陡坡上用钢钎撬矿石,突然从上面滚下一块大石头,击中钢钎,钢钎从这个矿工的前胸直穿后背,当即毙命。

民国三十一年(1942年)夏,日军逼着一伙矿工到老铁山掘窿采矿,不让工人按规定对窿洞进行支护,结果造成塌方,砸死工人9名。

民国三十三年(1944年)一月十四日下午,由于"日铁"疯狂采掘,不使用正常的填充法填充,致使狮子山地下采场塌方,当场砸死矿工13人,有一人双腿被砸断,日本人立即将他弄死。

民国三十三年(1944年)二月五日,"日铁"设在狮子山山洞里的大炸药库(里面装着军用炸药和开山炸药2 000余吨),由于炸药多而集中,洞里未装通风设备,里面温度增高而发生爆炸。将正在山上山下、窿里窿外采矿的300余名矿工炸得血肉横飞,全部毙命。许多炸碎的肢体被抛到几百米以外,电杆上、树干上、铁轨上都挂着血淋淋的肉块,日本人亦有20余名被炸毙。事故发生后,日军立即封锁了狮子山,不让死者的家属进去,有些家属后来只得随便拣几块肉和一些碎骨当做亲人的尸体安葬。第二天日本侵略军仍用刺刀逼着矿工上山采矿。

这里记录的只是这个时期事故的一部分,尚有许多事故无从查考。

十、驻矿日本侵略军及其暴行

"日铁"开采是靠日本侵略军的枪炮和刺刀维持的。民国二十七年(1938年)十月,日军侵占石灰窑和铁山之后,遂在石灰窑设宪兵司令部,在铁山设宪兵队、警备队,在袁家湖、石灰窑、李家坊、下陆驻军。新坂垣师团派以林木为头目的百余侵略军常驻铁山,用以镇压广大劳工的反抗。

日军在铁山周围及袁家湖周围、鄂城西山、雷山、下陆等处的山腰、山顶、岔道、路口筑起了大小碉堡,设立了哨卡。民国三十一年(1942年),日军还在铁山矿区、大冶新厂周围、铁路沿线架设电网,通上高压电。工人上下班,日军要一一搜身,无"良民证"者,不得通行。

日本侵略者对工人施行法西斯统治,用"枪杀"、"刀砍"、"活埋"、"背摔"（采用日本柔道,把人背起来往地下摔）、"练刺杀"、"上电刑"、"坐老虎凳"、"狼狗咬"、"烙铁烫"、"装麻袋抛江"、"罚跪"、"灌辣椒水"等各种酷刑,惩治敢于反抗的工人。他们还设置了许多杀人场,其中杀人最多的场地有源华竖井、大冶铁厂一门江边、起卸机江边（现大冶钢厂西总门外）、大冶铁厂七门江边、下陆车站、铁山张可敬山后等处,许多工人在这些地方被公开或秘密杀害。

日本的监工、暗探遍布各厂矿,发现工人有不满情绪或反抗行为,除了当场打骂之外,还向宪兵队告密。宪兵将工人抓去,或灌辣椒水,或上电刑,或罚跪,把人整得半死不活才罢休。

工人上下班,要通过一道又一道关卡,让日军检查、搜身,被检查搜身的工人要摘帽、脱鞋、解开衣扣,并要对检查的日军鞠躬。日本侵略军修复了大冶铁厂在大革命时期被工人砸毁的"工匠门",工人上下班要排成一字长队接受搜检。

民国二十八年（1939年）的一天,盘踞铁山的日本侵略军说丢了一支枪,一下子抓了十几个无辜的群众,进行毒打,矿工刘玉正骂了日军,一个日军竟抓起一块矿石往刘的嘴里塞。因矿石大,残暴的日军竟抡起铁锤砸,将刘的嘴唇砸裂,牙齿敲掉,又用烧得通红的烙铁烫刘的大腿,直到把他活活折磨死。民国三十一年（1942年）初,"日铁"仓库里丢失了一批铜套,日军在"工匠门"对工人严密盘查、观察。刚进厂不久的青工石传胜,通过"工匠门"时看见日军的凶相,吓得变了脸色,日军马上把他拖进宪兵队刑罚室,要石交出铜套的下落,石传胜不知此事,日军便把他绑起来灌辣椒水,灌满肚子之后,用穿着皮鞋的脚在石的肚皮上乱踩,踩得石七窍流血昏死过去,又用凉水把他泼醒,扒光衣服,放在碎玻璃片上滚过来,滚过去,直滚得全身鲜血淋漓,还不放过,又把半死的石传胜拖到三角铁上,让他再跪三角铁。

铁矿有个叫邹君义的泥工,家住矿山附近上邹村。村口有个哨所,是个草棚子,每天夜晚日军都要上邹村的矿工轮流守哨,一天轮到邹君义名下,邹白天劳累了一天,十分疲劳,守哨的时候不知不觉睡着了。半夜,查哨的日军发觉邹在睡觉,便在哨棚外面放了把火,烈焰顿时把邹包围起来,邹惊醒后,已难辨东西南北,爬起来就往外面冲,一下子窜到高压电网上,顿时冒起一团火花,幸亏下班经过的工友们及时抢救,才免于一死,但脸部和双手全被烧坏。日军在铁山刚安设电网时,矿工们对电网的性质不甚了解,一次有个矿工不幸碰到电网上,被电吸住,烧得火花直冒,第二个矿工跑过去伸手拉,又被吸住了,第三个上去,第四个上去,一个个都被吸住了,结果一下子电死了7个。有个矿工的妻子,由于丈夫的工资养不活一家人,不得不每天去挖野菜充饥,有天刚走近电网,哨口的日本兵随手合上电闸,这位工人的妻子立刻被电网沾住,幸好来了两个工人设法搭救,才没有被电烧死,但前胸和乳房均被电烧坏。

工人李松桥有次在新厂拣了一捆废弃的柴火,日本人硬说他是个小偷,把他的衣服扒光,吊起来毒打,打完又放狼狗咬。

十一、工人的反奴役斗争

"日铁"开采期间,强迫大批被俘军人上山服苦役。有次日军点名,用刺刀在一队被俘军人胸前戳戳点点,有人受不了这种对中国人人格的侮辱,当场把日本军痛骂了一顿,日军一刺刀把这人捅死了。全体服苦役的中国军人愤怒地向日军冲去,把在场的日军团团围住,一定要日军偿命。日本兵吓得目瞪口呆,后来"日铁"派代表谈判,答应用棺材厚葬死者,被围困的日军才得解围。

有一天,"日铁"的一列运矿火车在铁山铜鼓地出了事故,一节载重40吨的车皮翻在道旁,切断了运矿铁路。"日铁"的一个头目要起重工刘松甲等人去处理,刘松甲等人刚到现场,一个日本兵便用枪逼着他们,要他们快干,刘松甲等人马上背起起重工具就往回走,日军头目见事不妙,立刻给那个持枪的日军两耳光,把他赶走,并向刘松甲等人赔礼道歉。

民国三十二年(1943年)元月的一天夜晚,两个国民党社会部的特工人员找到"日铁"袁家湖发电所工人郭连才家,要郭设法炸毁"日铁"发电设施,并给郭提供炸药,负责转移其家属,还发放生活费,声言完成任务后,参加行动的人员可到大后方,也可参加地方游击队。早有此心的郭连才欣然接受了任务,当即与其兄郭连甲商量,郭连甲是"日铁"车工,也愿意参加这次行动。兄弟二人说通了发电所值班工人陈金定,随即分头到下陆、铁山秘密串联,在铁山串通了得道湾发电所工人高兴汉,接着将参加这次行动人员的家属全部撤走。元月29日,参加行动的工人分头将黄色炸药装进饭盒里,上面蒙些饭菜,乘上班之机带入机房,偷偷地放在柴油机、发电机底部。翌日凌晨一点多钟,郭连才等人摸入发电所日本人值班室,见两个值班的日军正在睡觉,遂用利斧将其砍死,夺取枪支。为了不连累当班的中国工人,特地把他们反绑起来,嘴里塞上毛巾,让他们既不能动弹,也不能叫喊。一点半钟,郭连才、高兴汉等人在袁家湖、铁山、下陆三个发电所同时点火,炸毁了750马力发电机基础1台,400马力柴油机1台,火车头1个,氧气房1间,掀掉了得道湾发电所的屋顶,打乱了"日铁"的采掘计划。当晚,参加这一行动的人员全部安全转移。

民国三十三年(1944年)"日铁"大冶矿业所火车司机彭玉宝和信号工彭方喜,配合某部抗日游击小分队,于一天夜晚乘警戒的日军不备,巧妙地炸毁了"日铁"4个火车头,使"日铁"的运矿工作一度中断。

同年冬,有一天日本侵略者要拉一列车炸药到铁山,以供矿山开采爆破之需。火车司机陆先应得知这个消息,决定炸掉它,不让"日铁"多采矿石。他利用出车拉矿的机会,先用酒灌醉押运矿石列车的日军,然后用这列满载矿石的列车,去迎撞炸药车,结果在离下陆不远的白达崖地段与装载炸药的列车相撞,使"日铁"的炸药车化为灰烬。

B 华中钢铁有限公司

一、华中钢铁有限公司的成立

民国三十三年(1944年)春,国民政府资源委员会派刘刚等人到美国考察钢铁工业,打算在战后利用汉冶萍公司大冶铁厂基地建设年产100万吨的钢铁厂，并由在美考察员负责与美国麦基公司接洽由该公司代为设计。刘钢和丘玉池参加了该项工作。美国应允借给中国5亿美元作为战后兴办钢铁工业的资金。

民国三十四年（1945年）九月，日本无条件投降，国民政府经济部"湘鄂赣区"特派员李景潞派代表朱若萍、李卓等人接收了日本侵华时期成立的"日本制铁株式会社大冶矿业所"，成立"日铁保管所"。年底，派往美国考察钢铁的人员回到重庆，由于美国借款未落实，资源委员会打算从日本拆迁广畑钢厂或八幡制铁所设备运到大冶建厂。后因驻日的美国麦克阿瑟将军说未安排好，不让去人，终未拆成。

民国三十五年（1946年）二月一日，"日铁保管处"由国民政府资源委员会接管，改称"经济部资源委员会大冶厂矿保管处"，任命刘刚为保管处主任。保管处下设秘书、总务、会计、运输、材料、工务6组。

民国三十五年（1946年）七月十日，保管处扩大，在石灰窑成立"资源委员会华中钢铁有限公司筹备处"。程义法任筹备处主任（未到职）、刘刚任副主任。筹备处下设工程师室、秘书室、总务组、土建组、机电组、采矿组、炼铁组、炼钢组、轧钢组、炼焦组、会计组、工务组、运输组。组下设课。筹备处当时有管理人员7人，技术人员30人，技术工人172人，普通工人225人，其他工人28人，公役警卫266人，合计728人。筹备处主要任务是继续办理接收和移交工作；测绘厂矿地形图、整理厂基、清查物资；开山筑路、修理各种设备及房屋；清查汉冶萍时期的土地等，为建厂扩厂作准备。

民国三十五年（1946年）十一月，筹备处呈准修正组织规程，将材料组改为材料课，改属工务组。将炼铁、炼钢、轧钢、炼焦4组合并为冶炼组。这样，筹备处下设机构正式改为两室8组，即总工程师室和秘书室，总务、会计、工务、冶炼、采矿、机电、运输和土建组。详见图B-1。

民国三十七年（1948年）七月十日，资源委员会华中钢铁有限公司正式在石灰窑成立（简称"华钢"）。郭克悌任总经理（原东北电力局局长，未到职），张松龄任副总经理代行总经理职务，刘刚、丘玉池为协理。公司下

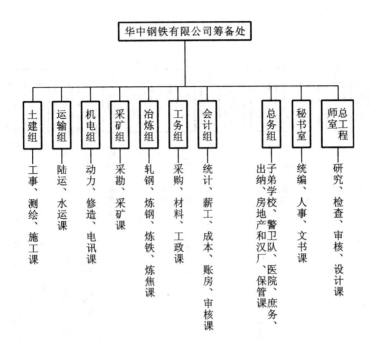

图 B-1 资源委员会华中钢铁有限公司筹备处组织图
民国三十五年(1946年)十一月

设置2室(技术室和秘书室)6处(总务处、业务处、工务处、运输处、会计处和建造工程处)7厂(炼焦厂、炼铁厂、炼钢厂、轧钢厂、动力厂、修造厂和采矿厂)。详见图B-2。"华钢"成立后,湖北省属象鼻山铁矿交给"华钢"经营,成为公司下属采矿厂的一个采矿场。汉冶萍公司原在武汉的房地产(包括汉阳铁厂的财产)也划归"华钢"管理。同时,资源委员会又从鞍山、抚顺、本溪、石景山等处南下的人员中,抽调大批钢铁冶炼技术人员到"华钢"。从"华钢"成立到民国三十八年(1949年)五月,公司共有职工1 395人,其中职员246人,工人876人,警卫人员273人。

为建设新钢铁厂,"华钢"于民国三十六年(1947年)十一月底开办了一所艺徒训练班,招收机械、泥工、木工艺徒40名,培训时间为一年半。向工人传授常识、使用新机械工具的方法和各工种基本课程。"华钢"还设置有员工医院、学校、合作社、消防队、煤球场、碾米厂、食堂等生活和娱乐性

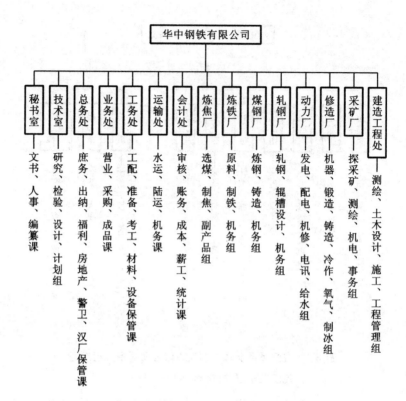

图 B-2　资源委员会华中钢铁有限公司组织图
民国三十七年(1948年)七月

设施。

二、钢铁厂的筹建

民国三十五年(1946年)夏,资源委员会邀请美国麦基公司3位专家,在丘玉池陪同下到石灰窑勘察厂基和收集有关建厂的资料。实地考察一个月后,向资源委员会提出建厂设想,回国后作设计。同年十二月,麦基公司将其设计的年产100万吨钢铁的建厂方案和厂区1∶1 000的平面布置图交给"华钢"筹备处。建厂设计规划分两期实施:第一期工程用5年时间,形成年产50万吨钢锭的生产能力,工程费用约需2亿银元;第二期扩建工程也用5年时间,形成年产100万吨钢锭的生产能力,预计工程费用1

亿银元。主要项目有:1 000立方米高炉2座,容积为150吨的平炉4座,中、薄板轧机1套,冷轧薄板机1套,及型钢、钢丝轧机、无缝钢管轧机和炼焦炉等。

这个10年扩建计划因资金难筹,无法实现,麦基公司又拟定了一个6年三期施工的规划,生产规模仍是年产100万吨。其三期实施步骤为:第一期工程两年时间完成,生产规模为年产焦炭12万吨,生铁10万吨,钢锭5万吨,成品钢材3.8万吨。第二期工程一年半完成,生产规模为年产焦炭20万吨,生铁16.5万吨,钢锭15万吨,成品钢材12万吨。第三期工程两年半完成,生产规模为年产焦炭60万吨,生铁50万吨,钢锭60万吨,成品钢材45万吨。

民国三十六年(1947年)上半年,为实现上述建厂规划,筹备处一方面继续征购土地、修理运输设备、开山填塘、建筑码头,一方面规划建设由下陆至贺胜桥约100公里长的铁路、20公里公路,整理铁山采矿场。同时还拟定向美国订购与到日本拆迁炼焦、炼铁、炼钢、轧钢、动力、采矿等生产机械设备。由于内战影响,借款无着落,兴建100万吨钢铁厂的计划终于落空。

在这种情况下,资源委员会华中钢铁有限公司筹备处又于民国三十七年(1948年)制订了两个建厂计划。一个是缩小规模的年产15万吨钢锭的3年计划,分两期实施,每期一年半。

第一期工程项目:(1)在炼焦厂先建黑田式炼焦炉一组,日产焦炭300吨。建筑器材由石景山炼焦厂迁移一部分,不足部分由公司自己制造。(2)在炼铁厂建高炉1座。利用原被日本人拆卸的汉冶萍公司大冶铁厂日产450吨高炉器材重建,日产生铁300吨。(3)在炼钢厂建容积为30吨的平炉3座,年产钢锭5万吨。(4)在轧钢厂建29英寸(73.66厘米)型钢钢轨轧机1套,并建17英寸(43.18厘米)及24英寸(60.96厘米)钢条轧机、钢丝坯及钢管坯片轧机、拉丝制钉机。(5)建钢皮及镀锌钢皮厂,主要设备拟向外国定购,年产量为1万吨。(6)扩建动力厂,除原有3 000千瓦透平发电机2座外,增设1万千瓦透平发电机2座。(7)扩建修造厂,除延长原有厂房外,增建新厂房1幢。(8)兴建起卸码头与原料场。

第二期工程主要项目:(1)在炼焦厂续建欧特式炼焦炉1组,日产焦炭达到600~700吨。(2)扩建炼铁厂,日产铁达到500吨。(3)在炼钢厂增建容积100吨倾转式平炉3座,达到年产钢锭15万吨。(4)扩建轧钢厂,使年产量达到12万吨。(5)在动力厂再安装1台1万千瓦的透平发电机。

为了实现这个建厂计划,资源委员会决定将石景山炼焦厂器材、海南岛700马力(514.5千瓦)的电机、四川资渝钢厂的轧机、六河沟公司的3吨电炉、青岛泰森式洗净机和鼓风机等运到大冶建厂。

民国三十七年(1948年)二月十七日,筹备处副主任刘刚接到资源委员会主任委员孙越崎命其赴四川资渝钢厂拆迁设备的信后,即派出冶炼组组长汪显带领副工程师肖荃、钟国权等人去四川拆迁10英寸(25.4厘米)、17英寸(43.18厘米)轧钢机和其他设备。六月,资源委员会又指派申伯贤、陈希、喻开晓3人负责组织拆迁华北钢铁公司青岛炼铁厂两座日产250吨高炉的整套设备。同年十一月开工兴建日产30吨铁的小高炉。

这个缩小规模的建厂计划也因经费无来源而未实现。

民国三十七年(1948年)七月,华中钢铁有限公司成立后,在一切建厂计划不能实施、日本赔偿及机器拆迁也得不到的情况下,打算利用已有的人力物力,实现一个临时小规模钢铁生产计划。小规模生产计划主要内容是:年产钢锭3 600吨,轧制钢材2 700吨,冷铸车轮2 400个,制氧气15万升。生产主要产品品种有:12~75毫米圆钢、12公斤以下轻型钢轨、钢丝、鱼尾板、螺丝、道钉、铸钢件等。全部经费为法币566.8亿元。民国三十八年(1949年)一月,公司制定出建安10英寸(25.4厘米)、17英寸(43.18厘米)轧机、1.5吨贝氏炉、3吨电炉(民国三十六年从美国购入)、66立方米高炉、高白氏热风炉和修造厂汽锤的计划。同时扩充生产冷铸车轮的设备和完成炼钢厂房、轧钢厂房。后来,因钢铁紧张,资源委员会又要求华中钢铁有限公司将年产量扩充为生产钢锭1.2万吨,钢制品9 000吨。为此,公司决定增建15吨平炉、600毫米轧机和新建1座年产2 000吨耐火砖的耐火材料厂。

到民国三十八年(1949年)五月,完成66立方米高炉1座,炼钢厂房及容积1.5吨贝氏炉1座,250毫米轧机1台,3吨电炉与430毫米轧机各1座,冷铸车轮开始生产。其他设施仅1.5吨贝氏炉进行过几次试验性炼钢生产。

三、矿山保管

1. 接收象鼻山铁矿

日本侵略军侵占大冶铁矿之后,为掠夺更多的矿产资源,强占了原汉冶萍公司大冶铁矿矿山和湖北省建设厅所属象鼻山铁矿矿山。民国三十四年(1945年),国民政府经济部派员接收"日铁"大冶矿业所时,引起了产权之争。民国三十五年(1946年)五月,湖北省政府为象鼻山官矿接收问题,向经济部报告:"……象鼻山矿既为省产,且为全省教育命脉所系,自不能因抗战胜利而消灭所有权,更不能依照临时办法改为国营,置原有法令事实于不顾,关于本案之严重性,拟请贵处详加酌核。"五月二十日湖北省主席万耀煌致函大冶厂矿保管处,说"象鼻山的接收问题,待经济部批示后办理,但沈家营房屋地亩应先行接收"。八月十三日,湖北省政府呈请行政院准予将象鼻山矿交省收回继续经营。八月二十三日,行政院资源委员会通知湖北省政府:(1)由资源委员会同经济部指派人员组织清理汉冶萍公司资产之机构;(2)日本在汉冶萍产业之上增益部分及以前湖北省象鼻山矿一并划归资源委员会接管。十月三日,行政院处理接收武汉区敌伪产业特派员办公处通知湖北省政府,说象鼻山铁矿已由资源委员会奉命接管,该处之有关省产部分,亦应迅速办理接管手续。十月二十一日,行政院院长宋子文向湖北省政府发出指令说:"查象鼻山铁矿已由经济部依法改变国营矿权,由湘鄂赣区特派员办公处接收,并经本院核定划归资源委员会接管,现在由该会分别筹计,积极进行。至其矿权之转移,自可依法办理手续,所请仍由该省收回继续经营,未便照准,此令。"

湖北省政府建设厅厅长谭岳泉进京接洽象鼻山铁矿矿权转移事宜时,省主席万耀煌提出,湖北省先后投资给象鼻山矿资金1 000万元左右,按战前币值以 3 000 倍计算，约折合 300 亿元，要求资源委员会华中钢铁公司筹备处如数归垫。民国三十六年(1947年)初，华中钢铁公司筹备处派专员朱若萍到湖北省建设厅，会商象鼻山铁矿矿权转移事宜，湖北省政府提出 3 项办法：(1)作价付现。按湖北省投资总额 1 000 万元，并按物价指数互相伸算，折合现款缴付省府。(2)作价作为投资。按本省投资总额及物价指数，折合美金或国币，作为本省对华中钢铁有限公司的投资股本，但以后扩充资本时，本府不再增加。(3)收取砂价。按每月产量，提出四成，议定价格，缴付本府。专员朱若萍回公司筹备处后，一直未作答复。但象鼻山铁矿已并入华中钢铁有限公司采矿厂。

"华钢"接收矿山之后，将矿山设备器材集中，造具清册，进行保管和保养。

2. 矿区

民国三十四年(1945年)九月，国民政府经济部派员接管铁山。直至民国三十八年(1949年)五月，华中钢铁公司采矿厂的矿区范围仅限于管山至老铁山一线，包括管山、尖山、狮子山、象鼻山、龙洞、纱帽翅、铁门坎，总面积为 337 公顷 62 公亩 65 公厘，矿区用地 3 103.297 0 亩。运道及江岸码头划归华中钢铁有限公司运输处管辖。

3. 勘探

民国三十五年(1946年)八月，资源委员会矿产测勘处派马祖望、王宗彝、车树政、赵宗溥到大冶铁矿与华中钢铁公司筹备处合作，利用伏角罗盘仪探测象鼻山至龙洞间，纱帽翅至铁门坎间及管山附近的地磁变化，用以指导钻探工作。马、赵等人估算大冶铁矿储量为 3 385 万吨，属接触矿床。

尖林山磁力线的表示甚为明显，高磁力异常区位于闪长岩内，其横断面南陡而北缓，说明了矿体向北倾斜。可惜马祖望等只根据磁力探矿资料在尖林山设计了 2 个孔位，而没有根据磁力表示来拟定孔位钻孔。反而把钻孔拟定在距接触线以北 40 米的地方，终因未见矿而停钻。

马、赵等人在铁山工作了 21 天，除对矿床进行了一般了解外，还修改了日本人所测 1∶3 000 地形图，填制了 1∶10 000 地质图一幅。

4. 设备与水电系统

民国三十四年(1945年)日本投降时,"日铁"留下的探矿、开采、矿井采矿、选矿、动力、机修等设备颇为齐全。采矿厂主要生产设备见表B-1。

表B-1 采矿厂主要生产设备表

部 分	设备名称	设备能力	单 位	数 量
探矿	试钻机		台	3
	抽水机		台	3
	石油发动机	5.6千瓦	台	1
	石油发动机	11.2千瓦	台	1
开掘矿井	卷扬机		台	4
	吊式抽水机		台	5
采矿	空气压缩机	373千瓦	台	3
	空气压缩机	149千瓦	台	1
	空气压缩机	74.6千瓦	台	2
	空气压缩机	37.3千瓦	台	1
	钻孔机		台	319
	修钻机		台	10
	钻孔机	矿石大爆裂用	台	2
	铲土机		台	2
搬运	斜坡卸矿道		处	9
	小矿车	1吨	辆	138
	小矿车	2吨	辆	200
选矿	碎矿机		套	4
动力	柴油发电机	23.4千瓦 200伏	台	1
	柴油发电机	373千瓦 400伏	台	1
	柴油发电机	298千瓦 3 500伏	台	1
	柴油发电机	373千瓦 3 500伏	台	1
	柴油发电机	559千瓦 3 500伏	台	1
	柴油发电机	119千瓦	台	1

续表

部 分	设备名称	设备能力	单 位	数 量
机修	车床		台	6
	钻床		台	5
	牛头刨		台	1
	砂轮机		台	1
	空气锤		台	1
	电焊机		台	1
	锯木机		台	1
	送风机		台	1
	电钻机		台	1
	压缩空气机		台	1
	铆钉机		台	1

资料来源:严思域《汉冶萍公司大冶厂矿视察报告》,(南京中国第二历史档案馆28全宗,798卷)。

民国三十四年(1945年)日本投降后,得道湾发电所停止发电,采矿厂供电由袁家湖动力厂担负。袁家湖动力厂以66 000伏的电压输送到铁山特高配电室,再由特高配电室分别送往象鼻山配电站、得道湾、铁门坎及住宅区。采矿厂生活用水来自大石门水库,大石门水库容积为330 042立方米,用直径150毫米的铁管将水引下山,送至得道湾、刘庚村、曹家湾及住宅区。

5. 资产

采矿厂的资产,由四个部分组成,一是原汉冶萍公司大冶铁矿的财产,二是原湖北省建设厅象鼻山铁矿的财产,三是"日铁"在矿增益的财产,四是"日铁"财产盘盈部分,总计为法币845 094 546元。详见表B-2。

表 B-2 采矿厂资产表　　　　　　　　　　　　单位:元

财产项目	接收"日铁"财产估价	原汉冶萍财产估价	原象鼻山铁矿财产估价	盘盈"日铁"财产估价	累 计
物料	280 000				280 000

续表

财产项目	接收"日铁"财产估价	原汉冶萍财产估价	原象鼻山铁矿财产估价	盘盈"日铁"财产估价	累 计
房屋及设备	870 800	1 813 070	115 780		2 799 650
仓库栈房房屋		536 690	115 780		652 470
厂内道路	350 000	1 276 380			1 626 380
围墙	520 800				520 800
井洞沟道工程设备	2 022 300			30 000	2 052 300
开筑工程	764 400				764 400
口道工程及设备	459 900				459 900
引水排水工程及设备	630 000				630 900
地下运输工程及设备	168 000				168 000
其他				30 000	30 000
机器及设备	4 353 720	175 000			4 528 720
采矿机器及设备	4 353 720	175 000			4 528 720
运输工程及设备	209 341 825	21 847 385	3 013 920		243 203 130
铁道	2 958 305	18 463 375	446 110		21 867 790
马路		84 000		3 966 000	4 050 000
河塘		690 200		3 786 000	4 476 200
码头	53 200			100 000	153 200
车辆	8 610 000			80 000	8 690 000
起重工程及设备	346 500				346 500

续表

财产项目	接收"日铁"财产估价	原汉冶萍财产估价	原象鼻山铁矿财产估价	盘盈"日铁"财产估价	累 计
其他	197 373 820	2 609 810	2 567 810		202 551 440
杂项设备	174 619 123	238 350			174 857 473
供电设备	153 279 000				153 279 000
修理设备	4 696 300				4 696 300
给水设备	14 552 223	238 350			14 790 573
排水设备	1 892 800				1 892 800
公安设备	3 500				3 500
工具	95 900				95 900
器具	14 000				14 000
其他	85 400				85 400
总计	782 695 536	48 147 610	6 259 400	7 992 000	845 094 546

资料来源：资源委员会华中钢铁公司档案（黄石档案馆2目238卷）。

说明：抗战后的物价指数为战前4 000倍，表中所列财产估价，系根据战后物价比值计算的。

6. 产品销售

"华钢"在矿山从未生产矿石。民国三十四年（1945年）接收"日铁"财产时，从"日铁"手中接过原"日铁"开采、没有来得及运走的矿石802 841.5吨。

民国三十七年（1948年）五月十三日，资源委员会材料供应事务所台湾分所代理华中钢铁有限公司与台湾钢铁机械公司签订合同，将接管"日铁"的矿石出售了4 000吨给台湾钢铁机械公司，每吨价格相当于6.3美元，共得美金25 200元。

同年七月，资源委员会和美商"中国矿产公司"议妥，将大冶积存的铁矿石出售20万吨给美国，每吨价7.9美元。八月开运，到十月共运出矿石150 652吨，后因冬季水枯，海轮不能上驶而停运。华中钢铁有限公司从矿价中分得11万美元。

四、厂警

民国三十四年(1945年)日本投降,国民党陆军第七十一军三十四师驻扎石灰窑、铁山一带,担任守护"日铁"大冶矿业所财产的任务。但因大冶地区散兵游勇较多,秩序混乱,厂矿器材经常被窃,损失严重。民国三十五年(1946年)一月,经经济部"湘鄂赣区"特派员李景潞批准,"日铁大冶保管处"成立厂警队,由曾经在重庆资和钢铁厂担任过厂警队长的李书香任队长。厂警共编4个分队,分驻石灰窑、铁山、下陆等地。到民国三十六年(1947年)底,厂警人数增加到266人,有步枪400支,重机枪4挺,轻机枪11挺,轻掷弹筒3门。

民国三十七年(1948年)七月,华中钢铁有限公司成立后,将厂警队改编为两个中队,一中队驻公司,二中队驻铁山。

"华钢"虽有厂警护厂,但盗窃之风不止,矿山皮带运输机上的皮带、水管、电线、炸药雷管,铁路上的钢轨、鱼尾板等被大量盗走变卖,有的竟用汽车盗运钢轨变卖,厂矿器材损失过半。

C 重要文件及资料

一、张之洞《勘定炼铁厂基筹办厂工暨开采煤铁事宜折》(光绪十六年十一月初六日)

湖广总督兼署湖北提督臣张之洞跪奏:

为勘定炼铁厂基现筹赶办厂工暨开采煤铁事宜,恭折具陈,仰祈圣鉴事。

窃光绪十六年闰二月十八日承准总理海军事务衙门咨:"光绪十六年二月二十九日会同户部具奏,'遵议粤督李瀚章奏请将广东炼铁厂量为移置一折,'粘抄。原奏内称,'查湘、鄂煤铁既经张之洞访知可恃,自应准其将此项机器改运鄂省,择地安设,较为直截简便。第炼铁为造轨之基,其后半价值及营建厂屋之需，自当由部拨每年二百万两内划拨，究用若干，应令先行估定，报明立案'等因，本日奉旨，'依议，钦此。'"咨行到鄂，钦遵办理。即于湖北省城设立铁政局，遴派奏调差委指分湖北补用道蔡锡勇会同在省司道总办局务，陆续访求外省通晓矿学之委员学生，咨调应用。自臣到鄂后，随时将筹办煤铁情形，电请海军衙门核示遵照，叠次复电办理。嗣于七月内承准海署七月二十八日电，开厂地既经勘定，令即举行，由臣自行奏明等因。

伏查设厂炼铁，浚利源而杜外耗，为中国创办之举。工程浩大，端绪纷繁，约以开铁、采煤、造厂为三大端。自上年冬间，叠次承准海军衙门咨电后，即将臣前在粤省访募英、德各国矿师、洋匠、化学教习人等咨调来鄂，丁上年冬腊间陆续到鄂，即经臣派员带同外洋工师赴大冶、兴国等州县，及沿江上下游一带查勘煤铁；并委员分赴湖南及四川边界查访煤窿，于本年春间先后查勘回省。查明大冶县铁山实系产旺质良，取用不竭，距江边黄石港仅五十余里，兴国州产有锰铁，尤为炼钢所必需，适与大冶接界。至炼钢、炼铁，以白煤、石煤为最善，或用油煤炼成焦炭亦可。湖北之荆门、当阳产有白煤，兴山、归州、巴东亦产白煤，为数较少。湖南之宝庆、衡州、永州三府所属各县地方，及接界四川奉节、巫山，江西萍乡所产白煤、石煤、油煤、焦炭，尤为旺盛，均属一水可通。带回煤铁质样，当发交洋匠用化学药料详细化炼，分别等差。大率铁矿每百分，以铁质多至五六十分、内含硫质在二厘以内、磷质在一厘以内者为合用；煤以灰在十分以内、炭质在八十五分及九十分以外者为合用。大冶之铁矿，铁质六十分有奇，湘、鄂各煤合式可用者共有二十余处。

至建厂一节，查大冶开采铁矿，炼铁厂自以附近产铁地方为最善。惟该厂基及储厂、屯煤处所，长三百余丈，宽七十六丈，地宜平原高阜，兼通水运。大冶通江之黄石港地方，现任山东登莱青道盛宣怀曾于光绪三年带同洋矿师郭师敦查勘煤铁，据禀，周历大冶县属，上自黄石港，下至石灰窑，寻觅安炉基地，或狭小，或卑湿，再三相度，仅有黄石港东吴王庙旁尚敷安置。惟地势不高，难免水患，旁有高地一区，又形狭隘，道光二十九年曾被水淹。

复赴樊口，履勘武昌黄冈县属南北两岸上下百余里，据矿师云，南岸多山陇、少平原，北岸多沙洲、少坚土，合观大概，即求如前勘黄石港东基地亦不可得等语，禀鄂有案。查该道所称安炉基地，系拟设出铁四十吨之机炉，已难得地；今所购机炉，每日出铁一百吨，兼有炼钢、造轨及炼熟铁、铸铁货机器，厂地宽广宜加数倍。臣叠派矿师洋匠暨道员徐建寅督率测绘员生前往查勘，该港沿岸平处，皆属被水之区，其高阜仅宽数十丈，断不能设此大厂。据徐建寅禀称，"须将山头开低数丈，仍留山根，高于平地三丈，再将平地填高，始可适用，劳费无算；山麓兼有坟数十冢，碍难施工。"复饬于省城各门外及沿江沌口、金口、青山、金沙洲、沙口一带上下数百里寻觅测量，非属低洼，即多坟墓；否则距水较远，滨江无一广平高燥之处。兹勘得汉阳县大别山下有地一区，原系民田，略有民房，长六百丈，广百余丈，宽绰有余。南枕大别山，东临大江，北滨汉水，东与省城相对，北与汉口相对，气局宏阔，运载合宜。当经督饬局员及学生、洋匠详加考核，佥以为此地恰宜建厂。大率其利便共有数端：荆湘等煤，皆在上游，若下运大冶，虽止多三百余里，上水回船，既无生意，运脚必贵；今设汉阳，懋迁繁盛，商贩争趋，货多值贱，其便一也。钢铁炼成，亦须上运汉口销售，并须运至枪炮厂制造；今炼成发售，如取如携，省重运之费，其便二也。人才难得，通达洋务、谙习机器者尤不易觏，鄂省铁、布、枪炮三厂并开，断无如许之多精通得力委员，分设经理。至西洋工师，绘算各生，尤不敷用。今铁厂、枪炮厂并设一处，矿学、化学各学堂俱附其中，布厂亦在对江，皆可通融任使，其便三也。员司虚浮，匠役懒惰，为中国向有之积习，不可不防，厂距省远，料物短数，煤斤掺杂，百人仅得八十人之用，一日仅作半日之工，出铁不多不精，成本即赔；今设在对江，督察甚易，其便四也。官本二百余万两，常年经费、货价出入亦百余万两，厂在省外，实缺大员无一能到厂者，岁糜巨款，易动浮言；今则督抚司道等皆可亲往察看，百闻不如一见，其便五也。矿渣、煤渣，每年约出三万余吨，除填筑本厂地基外，兼可运往汉口后湖，填筑湖身，汉口城垣可免盛涨冲灌，沿湖民居可免淹浸，其便六也。惟厂外缘汉水之旧堤低薄，须一律加高培厚，以防盛涨。全厂地基关系最重，其生铁炉座基址须填筑丈余，余亦酌量垫高坚筑,并须于沿江沿汉分筑码头,于江岸到厂之路安设铁轨,以便运矿火车。据洋匠估计,此工若在外洋,三年乃成,中国人工易集,自八月初勘定厂基之日起,两年为期,约可开炉造轨。现仍设法竭力赶办,务期早成一日,有一日之益。约计成本运费,将来造成钢轨,总较洋轨为廉。

  现拟一面出示晓谕鄂、湘两省,及邻近出产佳煤地方,令民间广为开采,酌定价值,随时收买济用。采运既多,自可不至居奇。一面派委员暨矿学学生前往湘省复勘,察其窿口形势,运道难易,能否用机器开采,相机酌办。近复于大冶之王三石、明家湾两处地方,探得石煤、油煤,业经试用土法开采。惟深入数层,有无改变,目前购办钻地机器未经运到,尚无把握。如果煤质一色,出产亦旺,堪以熔炼钢铁,即当速购机器,大举开采,益为合算。盖武备所需,及轮船、机器,民间日用,农家工作,无一不取资于铁,而煤之为用尤广,实力开办,可大可久,自强之图,实基于此。臣惟有殚竭愚忱,悉心经画,督饬各员,赶购物料,趱办厂工。一面兴修大冶运道,开采铁矿,并兴国锰铁,以备炉厂安妥,即可炼造。一面筹办运煤、采煤事宜,实事求是,务底于成。一切详细事宜,自当随时电达,咨呈海军衙门商请核示办理。

  查此项工程,需款甚巨。海军衙门上年复奏铁路原折内称,"西国中等炼钢铁炉约需银一百四十余万两,正定、清化分设两炉,约需银二百八十余万两"等语,第就购炉、设厂而言;其修道、运矿、开采煤铁等费,均不在内,原奏言之甚详。今鄂省开设炼钢铁两炉,及抽条、夹板、造轨各机器,询据外洋工师,佥称为上中等机炉,在外国亦称大厂,更兼采铁、炼钢、开煤三事合而为一,复有修运道、筑江堤、设化学矿务学堂、添修理机器厂,皆连类而及,必不可少之费,所需尤多。前海署来电,拟以二百万两拨归湖北,为炼铁之用,深恐不敷,前于三月初十日电达海军衙门在案。现在约估大数,需银二百四十余万两。计户部划拨京饷、暨鄂省本年认筹银五万两,共拨到银一百万两。目前赶办工料,及经始开采煤铁等事,动需巨款,各项经费,均须凑手,始能一气呵成。以后续拨之款,必须源源接济,方免停工待款,转滋靡费。盖此项工程,以厂屋造竣,安就机炉,造成钢轨、铁料为度。用费确有限制,并非永无底止之款。以后常年经费,只需第一年先行筹垫若干;厂内所出之钢轨、铁料,销售得价,收回货本,即是经费。本年三月准北洋大臣李鸿章电称,"拨用鄂轨,随拨随付价,界限乃清"等语,当以所筹甚当,电达海军衙门在案。俟轨价付到以后,即可藉资周转。以后钢轨、铁料销售愈推愈广,循环不穷,无须另耗常款;臣自当随事随时,核实撙节办理。惟续拨之款,必须明年春间拨到,趱办各工,一切始能应手,已咨呈海军衙门商请核办。合无仰恳天恩,饬下户部,即将续拨之款一百万两早为筹定,俾得及时拨给,赶办竣工,实于要需有裨。除将部拨截留京饷等款,另片奏陈,并将机器厂工一切经款,约估大数,报明海军衙门、户部立案外,所有勘定炼铁厂基,现筹赶办竣厂及开采煤铁缘由,理合恭折具奏,伏祈皇上圣鉴训示,谨奏。

朱批:该衙门议奏,钦此。

二、湖广总督张之洞《炼铁全厂告成折》(光绪十九年(1893年)十月二十二日)

窃臣奉旨筹办炼铁事宜,自开办以来,历经随时上陈,并于本年二月内详晰奏陈在案。自三月以后,机器物料陆续运到,臣督饬各员及洋匠,多方激励,极力赶办。所有炼生铁大厂,及机器厂、铸铁厂、打铁厂,业经于三月前完工;其炼贝色麻钢厂、炼熟铁厂,此两大厂均于五月完工;其炼西门士钢厂、造钢轨厂、造铁货厂,此三大厂因补换破碎短数火砖,及未齐机器铁料,运到稍迟,于七八两月先后完工。此外尚有造轨所需之鱼片钩钉厂,其机器本系后订,于五月内始自外洋续行运到,督催赶办,亦于九月中旬完工。统计全厂地面,东西三里余,南北大半里。各厂基自平地起,至铁柱墩及炉座机器诸石墩止,均须填土高一丈一二尺不等。大小十厂,均须连为一处,共应填土九万余方,已于九月中旬,将开炼之日即须施工处所,一律填齐。至各厂基以外,现仍接续补填。其应加开水沟、加培护堤、厂内连贯交通铁路、厂地铺盖铁板各工,随时酌度情形办理。统计炼生铁、炼熟铁、炼贝色麻钢、炼西门士钢、造钢轨、造铁货六大厂,机器、铸铁、打铁、造鱼片钩钉四小厂,以及烟通、火巷、运矿铁桥、铁路各工,江边码头,起矿机器房,现已全行完竣，机器一律安配妥协。

其大冶运道铁路，前已完工，铁山开矿机器，及轧铁矿、轧灰石机炉四座，溜矿码头、驳岸等工，均已造齐。江夏马鞍山煤井横窿两道，均已开通，陆续出煤；大冶王三石煤井二处，石质极坚，暗水太多，工程过巨，其横窿开通，尚需时日。现在亟须开炉试炼。惟马鞍山井工虽成，煤巷尚少，工徒未熟，出煤尚未能多。该处所设之炼焦炭炉，甫经开工，火砖均自外洋运来，破缺短数甚多，电催补添，尚未运到。洗煤机器，及运煤之挂线路机器，屡经电催，约需十一月间方能运到，安设造成亦需时日。自应查照从前奏案，先行购运湘煤与马鞍山所开之煤参用，以应急需。现于汉阳铁厂内另行添设洗煤机、炼焦炭炉，以期早日兴工。至新炉试炼，关系甚巨，配合铁矿灰石煤斤，必须精详慎重；而洗煤、炼焦炭两事，在中国工匠素未经见，若煤质稍杂，洗炼配合稍不得法，即至积灰壅塞风眼，铁汁不能下注，凝堵炉门，全炉损坏，贵州青溪铁炉覆辙可鉴，必须先用外洋焦炭，试炼两月，察其炉座之风力、火力，铁矿之刚柔，徐用内地之煤，较量配用，方为稳慎万全。至煤为全厂之根，必须自开自炼，方能一律适用；而且多出不竭，目前工费虽多，将来庶可经久，实为节省经费、减轻成本之要策。现仍一面督催各煤井工程，并因全厂锅炉、及铁山矿机、运道火车、运矿、运煤轮船，长年需用烟煤，为数甚巨，分饬于大冶县之保安、李士墩、金盆地、柏湾，长阳县之滋邱等处，多开土窿，以资各项杂用。惟外洋开煤，乃极重要而极繁巨之事，系专门大举，每开一大井，钻工、井工、路工等项，动需百万内外，与炼铁另为一事。今湖北兼办开煤数处，而又别无经费，办理实为棘手。惟有竭力统筹，相机腾挪，设法赶办。

目前正在演试机器，修补各项机器零件，俟一切布置周妥，十一月内既拟烧热炉座，约需兼旬方能热透，十二月间即可试炼生铁，接续炼钢、造轨。兹谨将造成汉阳炼铁全厂，及大冶铁山、矿机、运道、水路、码头，暨江夏马鞍山、大冶王三石各煤井工程，仿照西法，于九月下旬照印成图，共为五十六幅，并于图上贴说，恭呈御览。

三、湖北铁政局所置机器、厂屋计各项工程清单

计开：

炼生铁厂

一、熔炼铁矿为生铁大炉　两座。（一切全备。炉高计五十五英尺，炉径三十英尺，每日二十四点钟能熔化生铁一百吨。）

一、高白氏热气炉（带熟铁罩）　六座。（炉高计五十五英尺，炉径计二十英尺，一切闸门，冷、热风管，附件全备。）

一、搧风大机器　三座。

一、储水大铁池　一座。

一、红石墙厂屋　一间。

一、西门士马丁钢（高尔尼师式）锅炉　八座。（每座长计三十五英尺，对径计五英尺半，可用六十磅蒸汽压力，并有煤气制一应俱全。）

一、大砖大烟囱　一座。

一、凝生铁池　全座。

一、添锅炉水之抽水机　二具。

一、两炉中间之平台　全副。

一、化铁炉所用升降笼　全副。

一、煅矿大铁炉　四座。

一、升降笼机器　全副。

一、倒铁矿之小车　十六辆。

一、拉铁渣之短车　十二辆。

一、称二十吨重之机秤　一座。

一、卸煤卸矿铁桥架　全座。

一、称二吨重之机秤　一座。

炼贝色麻钢厂（可制钢轨、钢板、钢条）

一、炼贝色麻钢，每次盛五吨之变化炉　两副。

一、炉房　一所。

一、抽水机器　两对（连储水池，一应俱全）。

一、抽水机器厂　一所。

一、搧风机器　三对。

一、搧风机器房　一所。

一、提钢水力机　全架。

一、大锅炉　十一个。

一、锅炉添水抽水机　一具。

一、大烟囱　一座（高二十一丈五尺）。

一、八吨灌铁起重机　一架。

一、四吨水力起钢模机　一架。

一、熟铁气池　一具（气管俱全）。

一、熔生铁炉　二具。

一、熔炭铁炉　二具。

一、熔铁炉用吹风机　一具。

一、熔铁炉之平台　一座。

一、站台　一座。

一、五吨熔钢勺　二个。

一、炭铁勺连短车　二具。

一、铸钢之模　二十吨。

一、熔铁炉器　二副。

一、起变化炉底之短车　一辆。

一、二十吨重悬行起重机　全副。

一、悬行水力起重机　二副。

一、回火炉　四座。

钢轨厂

一、新式平放轧钢条、铁条之汽机　一对。

一、三十寸粗轧机连轮轴机器　一副。

一、二十八寸粗轧、细轧机连轮轴机器　一副。

一、割熟钢块剪机　一副。

一、移动熟钢块起重机　一架。

一、由粗轧机拉钢块至细轧机用之机器　一具。

一、熟钢锯机器　一具。

一、钢轨凿眼机　一具。

一、钢轨剪机　一具。

一、钢轨钻眼机器　六具。

以上贝色麻厂、钢轨厂合为大厂一所，其间架梁柱、瓦面、门壁皆用铁料造成。

炼西门士马丁精钢厂（可制枪炮利器及一切钢板、钢条）。

一、炼西门士马丁钢（每次十吨之炉）　全座。

一、水柜汽机车头　两具。

一、生铁轧轴　一百吨。

一、新式平放轧机　一对。

一、兰克舍尔式钢锅炉　两座。

一、轧板机上面用拉板片机　全副。

一、粗细轧长条之轧机（连轴三层）　全副。

一、回火炉　四座。

一、割片之剪机　全架。

一、割长条之剪机及汽锯　全副。

一、车轧轴之车床（连汽机）　合（全）副。

一、生铁轧轴（额外预备）　八十吨。

一、汽管、水管　一应俱全。

炼熟铁厂

一、搅炼炉　二十座。

一、熟铁烟囱竖立之锅炉　二十座。

一、添锅炉水之抽水机　二具。

一、生铁轧轴　二十吨。

一、六十亨德威汽锤　两个。

一、十八寸打铁轧机　全具。

一、剪炼成铁条之剪机　全副。

一、打铁轧用竖立汽机　全副。

汽管、水管　一应俱全。

以上西门士钢厂、熟铁厂合为一大所，其间架梁柱、瓦面、门壁皆用铁料造成。

制造厂

一、铸铁房（各种机器全备）。

一、样子房（各种机器全备）。

一、装配房（各种机器全备）。

一、打铁房（各种机器、家具全备）。

一、汽机房（各种机器全备）。

一、锅炉房（大锅炉）　一座。

以上厂屋皆用铁柱、铁瓦、弯纹铁壁、铁门。

造砖瓦厂

一、机器　全副。

一、锅炉　二个。

一、和泥机器　两座。

一、造砖坯机器　两座。

一、造瓦机器　四副。

一、造方砖机器　二副。

一、砖瓦窑　七座。

一、运泥小铁路　一道。

一、泥厂　一所。

一、厂屋器具　一应俱全。

造鱼片钩钉厂

一、制鱼尾片机器　全副。

一、制钩头钉机器　全副。

一、制各式公母螺钉机器　全副。

一、锅炉　二个。

一、厂屋　全所。

制焦炭厂

一、焦炭炉　五十座。

一、夹煤机　全副。

一、研煤机　全副。

一、洗煤机　全副。

一、厂屋　全所。

一、厂内及通江铁路共长　五里。

一、火车头　二辆。

一、运矿运煤铁车共　二十辆。

一、运物料平车　十二辆。

一、起重机器车　二辆。

一、运物料小铁路　一道。

一、运土钢手车　五百五十辆。

一、抽水大机器　三副。

一、江岸斜面起运煤铁码头　一座。

一、码头拉车上下机器　全副。

一、码头机器房　一所。

一、马车大起重车　全副。

一、洋匠住房　六所。

一、局屋七所　数十间。

一、堆货栈房篷厂　数十间。

铁山运道（在大冶县属）

一、自铁山起至石灰窑码头止，长堤一道、铁路五十里。

一、铁路需用器具　全备。

一、沿路铁桥　二十七座。
一、石灰窑局屋　一所。
一、谢家畈局屋　一所。
一、铁山局屋　一所。
一、下陆洋匠住房　一所。
一、铁山洋匠住房　一所。
一、车厂　一处。
一、车站　三处。
一、火车　三辆。
一、运矿车　三十六辆。
一、无上盖停慢机大车　二辆。
一、装运物料停慢机大车　二辆。
一、二等客车停慢机　一辆。
一、修理火车机器厂　一所。
一、修理车辆各项器具　全分。

大冶铁山一座。
白灰石山一座。
一、夹矿石机器　全副。
一、凿矿机器　四架。
一、开矿各项器具　全备。
一、运矿石小铁路　四里。
一、炸药窖　一所。
一、装矿码头　一所。
一、打铁厂　一所。
一、石灰窑运矿码头　一座。
一、码头趸船　一号。
一、铁路电线　五十里（各项机器物料全）。
一、电报房公所　三所。

一、铁路巡丁卡房　二十五间。

大冶王三石煤矿（油煤三片，一厚二十四尺，一厚十四尺，一厚四尺。）

　　一、大煤井　二处。

　　一、小煤井　二处。

　　一、开煤机器　全备。

　　一、凿石压气机　全副。

　　一、金刚石钻地机器　二副。

　　一、抽水大机器　二副。

　　一、抽水小机器　五副。

　　一、起煤机器　二副。

　　一、局屋　一所。

　　一、洋匠房　一所。

　　一、打铁房　一所。

　　一、木工厂　一所。

　　一、储煤堆栈　三所。

　　一、运煤铁路　十里（由煤矿接至铁山，运道路基已购，尚未设轨）。

　　一、运煤铁车　三十辆。

　　一、运煤码头　一所。

　　一、石灰窑卸煤码头　一所。

　　一、卸煤趸船　一所。

大冶明家湾道士袱煤矿（煤二片，一厚四尺，一厚尺许。）

　　一、煤井　二处。

　　一、金刚石钻地机器　全副。

　　一、开煤小机器　四副。

　　一、局屋　四所。

　　一、栈房　二所。

　　一、打铁房　一所。

　　一、木工厂　一所。

江夏县马鞍山煤矿（油煤四片，一厚十二尺，余三片厚各三尺。）

　　一、开煤机器　全副。

　　一、铁板里大井　一处。

　　一、凿石压气机　全副。

　　一、抽水机器　全副。

　　一、起重机器　全副。

　　一、凿石开井压气机器　全副。

　　一、洗煤机器　全副。

　　一、焦炭炉　七十座。

　　一、夹煤、研煤机器　各一副。

　　一、局屋　一所。

　　一、洋匠房　一所。

　　一、储炭堆栈　一所。

　　一、打铁房　一所。

　　一、木工厂　一所。

兴国州锰铁山一座。

　　一、开矿机器　全副。

　　一、运矿小铁路　七里。

　　一、运矿铁车　五十辆。

　　一、倾卸机器车　二辆。

　　一、局屋　一所。

运矿船只

　　一、拖矿大轮船　二艘。

　　一、运矿大驳船　五号。

　　各处添购机器物件尚多，以上仅举其大略，未能一一备载。查铁厂炼粗钢、精钢、生铁、熟铁，一切机器俱全，每年可出生铁三万数千吨，以之炼钢，可得三万吨。钢之价不一：精者每吨值银二、三百金；粗者亦数十金；从少牵算，每吨作价四十两，每年炼成之钢，值价约一百二十万两。

煤矿三处,用西法开采,每日至少可出煤六百吨,以三百吨供各厂之用,余三百吨出售,每吨作价三两,每日得价九百两,每年作三百五十日计算,可得煤价三十一万五千两。

四、湖广总督张奏《湖北铁厂招商承办议定章程以为大局折》
(光绪二十二年六月)

奏为湖北铁厂经费难筹,遵旨招商承办,议定章程,截限交接,以维大局而计久远,恭折仰祈圣鉴事:

窃惟湖北铁厂兼采矿、炼铁、开煤三大端,创地球东半面未有之局,为中国造轨制械永杜漏卮之根。开办以来,巨细万端,而皆非经见,事机屡变,而意计难周,经营积年,心力交困。今厂工早已次第告成,各种铁炉、钢炉,冶炼钢铁,制造轨械,均能精美合用。以至铁山、煤井一切机器、运道,皆已灿然大备。惟是经费难筹,销场未广,支持愈久,用款愈多。当此度支竭蹶,不敢为再请于司农之举,亦更无罗掘于外省之方。再四熟筹,惟有钦遵上年六月十二日谕旨,招商承办之一策。

方今滇、藏、粤、桂、新疆、东三省之外,英、法、俄铁路相逼而来,中国干路已成欲罢不能之势。洋商早见及此,知中国开办铁路需用钢铁必多,就地取材,获利必厚。自上年秋冬以来,则有英之陶秘深、柯第仁、贺士当、法之戴马陀等,皆外洋钢铁大厂之经理人,前后来商,自愿以银五百万两附股合办,先缴一百万两,另附股四百万,加增炉座机器,添开煤井,大举采炼,得利官商均分。盖深知东部洲风气渐开,需用钢铁必多,不仅中国一处而已。而汉阳一厂,经营最先,收效必早,非有真知灼见,孰肯以巨款合办?臣惟今日五洲风会,路械船机无往非铁。西人于炼铁一厂,视为至重至大之事,铁之兴废,国之强弱,贫富系焉。大冶铁矿之旺,甲于天下,实足取用不穷。惟冶铁炼钢,非煤不济;欲添炉座,必添煤井。湖北境内产煤之区,历经试验,灰多磺重,堪作焦炭者甚鲜。即江夏马鞍山自开之煤井,虽可炼焦炭,亦以磺气稍重,必须掺和湘煤,或搭用开平焦炭,方能炼成焦煤。开平之炭,道远价昂,不可久恃;将来必于湘省及沿江各省择地方开煤井数处,方能添炉多炼。洋商力厚气壮,慨然担任,力言此事甚不为难;且外国公使、领事皆屡来婉切询商,坚欲承揽。惟矿务为中国自有之利源,断不能与外人共之。洋商合办之议,不得不作罢论。而华商力微识近,大都望而却步。从前曾招粤商,迄无成议。盖煤铁并举,局势艰难,事理精深,工作险苦。煤矿未可必得,利钝即难逆觇,无怪其视为畏途也。

伏查大冶铁矿,从前本系直隶津海关道盛宣怀督率英国矿师所勘得;就鄂设厂,炼铁造轨之议,又自该道发之;且曾续有承办原议。该道才猷宏达,综核精详,于中国商务、工程、制造各事宜均极熟习;经理招商局多年,著有成效,久为华商所信服。适因奉差在沪,经臣电调来鄂,劝令力任其难,檄饬将湖北铁厂归该道招集商股,于经理,督商妥办。并即督饬司道与盛宣怀酌议章程,截清用款。其大指以嗣后需用厂本,无论多少,悉归商筹。从前用去官本数百万,概由商局承认,陆续分年抽还。惟限期须从宽缓,大率以纾民力、扶官厂为主脑。以中国兴造铁路,必须路厂一气,轨由厂造为要义。俟铁路公司向汉阳厂订购钢轨之日起,即按厂中每出生铁一吨、抽银一两,即将官本数百万抽足还清,以后仍行永远按吨照抽,以为该商局报效之款。该道力顾大局,已于四月十一日将汉阳厂内厂外各种炉座、机器、房屋、地基、存储煤铁物各件,以及凡关涉铁厂之铁山、煤矿、运道、马头、轮驳各船,一律接收。自四月初十日以前,铁厂历年各项用款,共约计银五百数十万两,除历次奏拨外,不敷之款,均系查照奏案,在枪炮局经费及布局息借之款项下移拨应用,并有积欠洋厂华厂及各商号之款,此时因所欠华洋各厂物料价值,及湘煤厂价运费,与夫洋匠薪费,铁厂、铁山、运道、煤井各处工匠员司薪费,以及存厂钢铁煤炭物料价值,兹正在官商交接之际,一时数目未能截清;兼其中多有与枪炮局牵搭分认之款。俟将各件点清,核明截数后,即当将确数行知商局立案。业经与商局议明,无论将来尾数若干,商局均允认还,并续行咨部立案,一面督饬铁政局司道分款详细造报。

溯查福建船政及津沪制造局,开办经费各数百万两,皆无收回之日。铁厂改归商办,用过官款,但期铁路开办,即可按日计吨,常川提缴。现已议定,俟寻获佳煤矿后,除汉阳厂两炉齐开外,必须在大冶之石灰窑一带添设新式生铁大炉四座,计每一炉日出生铁六七十吨;六炉共日出四百余吨,每年可出生铁约十余万吨,即每年可缴官款约十余万两。岁月虽宽,涓滴有著,从前所费数百万不至虚糜,而从此风气日开,造船、造械、造一切机器,次第推广,相率效法,中华开富强之宏规,国家收永远之报效,此则谊正道明之后而功利始见,庶几微臣可藉宽疚责者已。

抑臣更有请者:铁厂一事固在资本之足,熔炼之精,而利益转输,尤在销路之广。目前中国制造之艺尚未能各辟畦径,日出新机。农工器具,土铁足用,制造官局,岁购不多,综计用铁大宗,无如路轨。鄂厂采炼,本专为在中国铁路极大漏卮而设。比将厂造贝色麻钢轨寄交督办津芦铁路胡燏棻,督饬洋人施德林分验,据称炭锰停匀,磷硫分数最少,出产本佳;提炼加净,钢质益纯,施之抵压牵扭诸器,无往不宜。是路轨、船械种种合用,验有明征。中国苦心孤诣,炼成钢铁,不异洋产。万一各省办事人员,以意见为好恶,仍舍其自有而求诸外人,则自强之本意既大相刺谬,厂商之力量亦必不能支。此次华商承办铁厂,臣与盛宣怀坚明要约,以芦汉路轨必归鄂厂定造为断。并恳天恩饬下南北洋大臣、直省各督抚,嗣后凡有官办钢铁料件,一律向鄂厂定购,不得再购外洋之物。盖铁务为将来之大利,而目前数年内承办商人,必先垫不赀之巨本,必使商局有可恃之销路,方能招集众股,筹垫巨款,以待铁利之兴。至中国开创铁厂,专为保守自有权利起见,然非轻其成本,不能与外洋钢铁争衡。故外洋于自产钢铁,运销无不免税,以杜他国钢铁进口分夺本国之利。查中国仿照西法,炼成各种钢铁料件,运售各口,为从前关税之所无。至商厂需用煤斤,系为多炼钢铁出售,逐渐收回官本。所有湖北铁厂自造钢轨,及所出各种钢铁料,并在本省外省自开煤矿,为本厂炼铁炼钢之用;该厂中有官本巨款,与他项商业不同。应请酌照广西丝绸、烟台果酒、江西洋式瓷器,免抽税厘数年成案,量为从优,仰恳天恩敕部免税十年;届时察看本厂如有优利,足可抵制洋铁,再行征税。总之,西法于利国利民之商务,国家必力为保护,使本国商人得自主其权利。臣深惟斯义,不敢不豫陈于圣主之前。仍当督饬该厂,考求采炼,精益求精，以给天下之用，而挽外溢之利；斯区区谋国之微忱，所不敢不勉者也。

所有遵旨招商承办湖北铁厂以惟大局而计久远缘由，理合恭折具陈。并将议定商局承办铁厂章程，照缮清单，恭呈御览。伏乞皇上圣鉴。谨奏。

光绪二十二年六月初七日奉朱批："户部速议。具奏单并发。钦此。"

谨将商局承办湖北铁厂酌拟章程，恭呈御览。

计开：

一、湖北铁厂，遵奉谕旨招商承办。现蒙饬委招集商股，官督商办，自应遵照原奏。官局用款及各项欠款，截至商局承接之日为止，以前用款及各项欠款，均归官局清理报销；以后收支各款，均归商局筹办，以清界限。

一、汉阳铁厂、大冶铁矿、锰矿、兴国锰矿、李士墩、马鞍山煤矿，以及厂内厂外凡关涉铁厂之铁山、煤矿、炼钢炼铁制造修理烧焦各炉座、各机器、轮车路、挂线路、运道、马路、轮驳各船、房屋地基以及存积在厂之钢铁煤炭材料什物各项，皆系官局成本，均于承接之日，由官局交付商局，逐项接收，造册呈报。即以交付实在各项，为接收官局成本根据，俾各商咸知官局成本数目，有所考核。

一、铁厂既归商办，自应招集商股，以固根本。惟目前承接之始，诸事尚无把握。此商欲速见效，未免观望。现拟先招商股银一百万两，仍以一百两为一股。自入本之日起，第一年至第四年按年提息八厘，第五年起提息一分。此为本厂老商，必须永远格外优待。办无成效，额息必不短欠；办有成效，余利加倍多派。嗣后气局丰盛，股票增价，其时推广加股，必先尽老商承认，有旧票呈验，方准其纳入新股，以示鼓励旧商而杜新商趋巧之习。

一、官局截至商局接办日止，所有用款欠款，据官局折开，约计总数五百数十万两；其尾数确数若干，俟截清后再行知照商局，另由官局拨付。商局备还官局已定机器，及耶松购物各欠款银十五万两。非常之局，创办之费本难逆料。内有试开各处烟煤矿，中止停废，以及试办煤厂七年常年经费，积少成多，皆如船政及津沪各制造厂所用之款，无可交代者也。今蒙湖广总督体念华商气馁力薄，铁厂事艰任巨，商办之后，筹措支撑已属万分竭蹶，深恐难于接济，至以前官局用款欠款，商力急切难筹，惟有宽其岁时，免权子母,收得一分,补偿一分,参酌商情局势,总以筹销钢轨为补救要计。拟自路局购办钢轨之日为始,所出生铁售出,每吨提银一两,按年核计,共出生铁若干,共应银若干,汇数呈缴,以还官局用本。其煤与熟铁钢件,应免再提。俟官用清还之后,每吨仍提捐银一两,以申报效。地税均纳在内,并无另外捐款。

一、官局用款,已定炼出生铁每吨提银一两,陆续归缴。如果铁厂铁路一气呵成,所用钢轨各料悉归鄂厂购办,毫无隔阂,则出铁每吨提银一两,自有把握。届时拟请札饬路局铁厂,在于预付轨价之内,分作两次先行提银一百万两,尽先归还急需之官本。此一百万两即在造轨之后应提每吨银一两内扣抵。俟预付银一百万两扣清之后,每吨一两再行按年汇缴。如路轨不能一气,则铁厂危殆可立而待,每吨一两既不能提,自无所谓预付矣。

一、铁厂必须宽筹销路。中国现尚不能成铁舰,不惯用铁屋,不知造机器;民间农具爨器,土铁足敷所用,销铁之处无多。从前立厂本意专为造轨制械而设。本省枪炮厂,各省制造厂所需钢铁,自应悉向鄂厂定购,然亦每年所用无多。现今议造各省铁路,所需钢轨及应用钢铁料件,系属大宗。拟请奏明无论官办商办,必要专向湖北铁厂随时定购。约计两炉出铁,每日夜可炼成钢轨三四华里,每年约可成轨千里。所制之轨,与外洋顶好之轨相同,可派铁路洋员试验压力,自有定评。此为塞漏卮,兴铁厂第一要端。司铁路者,当无不公忠体国,悉用鄂厂钢铁,虽造路数万里,除雇用洋匠辛工外,所费皆在国中,藉使鄂厂立定脚、不歇手,创办之用款数百万,可期逐渐有著,何乐不为?惟目前远运焦炭,多用洋匠,恐钢价比较外洋每吨略贵数两,当为存记。将来长江续开煤矿,大冶添设化铁炉,华匠习炼可用,钢价必能比较外洋更贱,自当如数补还路局。挈长补短,通筹合算,总不使中国轨价昂于外国。万一路局秦越视铁厂,则必大开漏卮,华铁销路阻塞,断难支持;与设铁厂之本意相背,关系国计甚大;商人无力挽回,应请准其停工,发还商本,或仍归官办,或即奏请停止,官款亦即停缴,以免赔累。

一、大冶铁矿各种钢铁可炼,取之不竭。所惜马鞍山煤矿直层不能多取，磺重不合化炼，必须派矿师在长江一带另寻上等煤矿，俾与铁厂相为配合。鄂厂利钝之源，在此一著。应请奏明，如湖北本省无相宜之煤矿，准在湖南、江西、安徽、江苏四省沿江沿河之处，随时禀明派员勘寻开采，以成利国利民之大政。

一、中国费巨款开铁厂，专为保守自有权利起见。然欲与外洋钢铁争衡，非轻成本不能抵制。故欧洲于自产钢铁，运销无不免税，以杜他国钢铁进口分夺本国之利。所有湖北铁厂自造钢轨，及所出各种钢铁料，并在本省或外省自开煤矿，为本厂炼铁炼钢之用，应请奏明免税十年，届时察看本厂如有优利足可抵制洋铁，再行征税。

一、铁厂目前支持局面，必须将化铁炉两座齐开，添购各项机器，将来推广必须另开大煤矿一处，并就大冶添造生铁炉数座，方能大举保本获利，否则万无转圜之法。现在公款难筹，自应续招商股二三百万两。如一时商股不及，应请准由商局不拘华商洋商，随时息借，以应急需；即以铁厂作保，商借商还。庶可及早推广，商本不致断缺；而从前官本亦不致毫无着落。

一、铁厂奉委商办之后，用人理财，筹划布置，机炉应否添设，款项如何筹措，委员司事华洋工匠人等如何撤留，及应办一切事宜，悉照轮船、电报各公司章程，遵照湖广总督札饬，均由督办一手经理，酌量妥办；但随时择要禀报湖广总督查考。

一、汉阳总厂拟派总办一员，联络上下官商之情，稽查华洋员匠之弊。并派总董三员，一司银钱，一司制造，一司收发。其余各执事均择要选派。大冶铁矿、马鞍山煤矿各派一员一董，互相钤制。悉除官场习气，皆须切实保人。其紧要之缺派定后，仍随时详报。三年后如有成效，应请准照漠河金矿之例，分别异常寻常劳绩，择优酌保数员，以示鼓励。如有查出重咎，有职者详参降革，无职者送官惩治，庶几赏罚惟明。

一、铁厂收支银钱，采炼钢铁，出售货物，查照轮船商局章程，按月由驻局总办将清账送与督办查核，按年由督办复核，转送湖广总督查核；并刊刻详细账略，布告众商，准有股各商随时到局稽查察看。

一、督办应由有股众商公举，湖广总督奏派。总办及委员应由督办禀派。办事商董、查账商董应由众商公举。司事应由总办及驻局商董公举。庶几相连指臂,互为句稽。所有情荐,恐致乱群,应如西例,概不收用。并无干修挂名,以昭核实。

一、汉阳铁厂滨临襄河,堤工实为全局保障。且有枪炮厂在内,关系官民休戚甚重。所有大修经费,请归善后局开支。炮厂、铁厂近在咫尺,如果目睹险工,当随时禀报,即由善后局派员修理。所有堤外地基租税,仍应归公,备作襄堤岁修之款。其不敷之费,由铁厂七成,炮厂三成开支,总期大局无虞。

一、汉阳、大冶及马鞍山三处厂局,向派营勇驻劄弹压。嗣后仍请照章办理,由铁厂酌给赏犒。并请通饬有矿各州县营讯,照常保护;洋矿师所到之处,必须地方官尽力保护,以免滋生事端。商局接办以后,遇有关涉地方事件,遵札咨会铁政局司道知照,以便量为协助。

一、铁厂归商承办,万一遇有兵革水火灾异之事,机炉一切无法搬移,应照西例,各听天命,无从保险。

五、户部复奏《湖北铁厂招商承办折》(光绪二十二年六月)

户部谨奏,为遵旨速议具奏恭折,仰祈圣鉴事。

据湖广总督张之洞奏,湖北铁厂经费难筹,招商承办,议定章程,截限交接以维大局而计久远一折,光绪二十二年六月初七日奉朱批:"户部速议。具奏单并发。钦此。"由军机处抄交前来。(以下省略抄录张之洞奏折原文部分)

臣等查湖北铁政一厂为中国制造之权舆,亦为外人观听之所系,督臣张之洞由两广移官两湖,奏明以粤省炼铁厂机器改运鄂省,原欲抵制购买外洋钢铁以收我自有之利权,设厂以来,该督竭力经营,苦心调护,前后请拨巨款,臣部无不一力赞成,匪特以之开拓始基,实亦所以扶持大局也。无如发端虽大而收效甚迟;用意虽深而程功未密,是以公家未收炼铁之益而已受设厂之累。上年该督奏称请由明年筹拨该厂的款。经臣部议令该督查明该厂自开炼之后,究竟垫用经费若干,实出各项钢铁若干,销售获价若干,应垫拨来年经费若干以及制炼之为楛为良、价值之或高或下一并奏明报部。该督迄未声复。此次该督奏陈则谓所炼钢铁制成轨械均精美合用。现以经费难筹,遵照上年六月谕旨招商承办,责成直隶津海关道盛宣怀招集商股一手经理,自系为权衡时势,急图补救起见。臣等公同商酌,所请将铁政改归商局承办之处应即照准,惟原奏声称从前用去官本概由商局承认,分年抽还,每炉出生铁一吨,抽银一两,六炉计日出生铁四百余吨,每年可出十余万吨,即每年可缴官款十余万两一节。查出铁之数虽可预期,而炼铁之工,殊难臆断。湖北铁厂不患无铁而患无煤,设使铁产丰盈而煤矿仍难寻获,则提炼不净,钢质不纯,安能强各省必向鄂厂购求,即官本仍归无着,应令该督责成该道督率商人加工精制,必使所出钢铁与外洋无异,庶销路畅而利权可保。

又原奏声称铁厂历年各项用款当官商交接之际,一时未能截清,俟核明后即将确数行知商局立案,一面督饬司道分款详细造报一节。查该厂自开设以来部拨经费银二百万两,又奏拨鄂省盐课、厘金银三十万两,嗣因添设炉座两次,借拨盐粮道库银四十万两并由枪炮局常年经费内借拨银一百数十万两,织布局借拨银三十四万余两及江南筹防局借拨银五十万两,淮盐票商捐拨充银五十万两,此有奏报可凭者也。此外有无挪借通融之款,未据分晰报部。现在官商交接应令该督迅饬该局司道将历年用过确数详细造报以为将来商局按吨筹银,归款之款。自归商办以后,每年出铁若干,归还官本若干,还清官本后每年按吨报效若干亦应分年造具收支清册报部。

又原奏内称鄂厂采炼原为杜中国铁路漏卮而设,华商承办铁厂以卢汉铁路必向鄂厂定购为断,并请饬下南北洋大臣及各直省、各督抚凡官办钢铁料件一律向鄂厂定购,不得再购外洋之物一节。查芦汉铁路现由该督与王文韶督率兴办。鄂厂所造铁轨是否合用,不难躬亲查验,如果钢质较外洋为佳,钢价较外洋更贱,该督既确有把握,即北洋大臣亦无不乐从。至各省需用钢铁若如原单所称工美价良,自必向鄂厂购用,万无秦越相视之理。应请旨饬下南北洋大臣及各省督抚和衷共济。维持鄂厂即所以开濬利源,于大局实有裨益。

又原奏内称中国仿照西法炼成各种钢铁料件运售出口为从来关税之所无,请酌照广西丝绸、烟台果酒、江西洋式瓷器免抽税厘成案,从优免税十年一节。查商办铁厂专为自保利权,必成本稍轻,运销始畅。该督奏请仿照丝绸、果酒、洋瓷各案暂免税厘,原应照准,惟查本年五月据总理衙门奏准通行折内声称,凡机器制造货物,不论华商、洋商统计每值百两征银十两,此后无论运往何处概免税厘等因,行知各省遵照在案。该厂现在招商承办铁务,即为商局,自应遵照总理衙门奏案办理。将来各省果能购运畅销,应俟办有成效再由该督详细奏明核办。

此外,清单所开各节,如铁厂添设炉座,派用商董司事一切事宜,或称仿照轮船、电报公司章程,或称参用西例,应由该道督率商人妥为经理,分别具报。

抑臣等更有请者,洋商包揽之议既作罢论,现招华商某股承办,自不准暗搀洋股兼用洋商致与抵制洋铁之议相背,该督尤当严饬该道划清界限,考究来历,毋得影射率混。至商务之兴,必以能自树立为主,良工待贾决不求助于人。倘因炼铁不精以致销路不畅,惟该道是问,即该督亦不能辞其咎也。

所有臣等遵旨速议具奏各缘由,理合恭折具陈。伏乞皇上圣鉴。谨奏。

光绪二十二年六月十二日具奏。

本日奉旨:依议。钦此。

六、商办汉冶萍煤铁厂矿有限公司推广加股详细章程

第一章 宗 旨

第一节 谨遵钦颁商律定名为汉冶萍煤铁厂矿有限公司,呈部注册,奏给关防,永资信守。

附说:鄂督张部堂原奏大冶铁矿,本为盛宣怀所勘得,汉阳铁厂于光绪二十二年奏准由盛宣怀招商承办;萍乡煤矿于光绪二十四年奏准商办;现

在奏明合并汉冶萍为一大公司，以资推广而垂久远。

第二节　本公司遵照原奏，以采矿、炼铁、开煤三大端为中国制造永杜漏卮之根基。所办营业如左：

甲．开采铁矿、煤矿及化炼钢铁炉内所需各矿质，如锰、镁、矽、铝等类；

乙．烧炼焦炭、火砖、细棉土；

丙．化铁炼钢；

丁．制造轨料各项机器；

戊．凡营运煤焦钢铁一切之事，如购地、筑码头、建栈房、设轮船、造支路等事。

附说：大冶之铁，萍乡之煤，皆绵亘数十里之远，曾奏明萍乡县境援照开平不准另立煤矿公司，土窿采出之煤，应尽厂局照时价收买，不准先令他商争售，庶济厂用而杜流弊。大冶、兴国亦经大府厉禁他人开采，盖别矿纯乎营业，而此项采矿炼铁，虽属商办，仍关国际，故请国家保护之力尤宜加厚。

第三节　本公司除以上营业之外，不得兼办别事，致紊定章，如有连类而及，实见有利无害之事，亦须开股东特别会议，以决可否。

第四节　本公司于汉口、上海设总公司。其余各处如需添设办事处，随时议定。

第五节　从前官办铁厂用银五百六十万两，除已缴过银一百万两，现在奏咨仍照光绪二十二年湖广张督部堂奏案，接续办理。

附说：原奏福建船政及津沪制造局开办经费各数百万两，皆无收回之日。铁厂改归商办，用过官款，但期铁路开办，即可按日计吨，常川提缴，议定所出生铁每吨提银一两，按年核计共出生铁若干，共应提银若干，汇数呈缴，将官本抽足还清以后，仍行永远按吨照抽，以为该商报效之款等语，奉旨依议钦此，自应遵照，接续办理。

第二章　股　本

第六节　凡附本公司股份者，无论官商士庶，当守本公司呈部核定之章程。

第七节　凡附本公司股份者,无论官商士庶,均认为股东一律看待,其应得各项利益亦无等差。

第八节　本公司专集华股自办,不收外国人股份。

第九节　本公司合老股新股共招股分银圆二千万元,分作四十万股,每股银圆五十元。

第十节　本公司最先创始股本银圆三百万元为头等优先股。

附说:汉阳大冶铁厂铁矿原收股份库平银一百万两,萍乡煤矿原收股份库平银一百万两,奏明老商创办艰难,必须永远格外优待,额息不欠,余利加派,嗣后推广加股,必须尽老商承认,以示鼓励等因,奉旨依议钦此,刊明股票。上年七月公议,将汉冶萍煤铁厂矿合并一公司,并统改银圆股票,以昭划一。此项库平银二百万两,计合成银圆三百万元。一律换给头等优先股票。

第十一节　本公司加收推广本银圆七百万元为二等优先股。

附说:原奏推广加股先尽老商承认,上年七月公议,先尽老商承认二百万元,已于本年二月二十日注册之前如数收足,并已填给优先股收据,此系创始之后推广加股,应作为二等优先股,并推广加至七百万元为额,一律填给二等优先股票。

第十二节　本公司额定股本二千万元,除头等、二等优先股合共一千万元外,续收股本银圆一千万元,是为普通股。

附说:此项普通股已有农工商部公股一百六十四万元;老商息股银七十九万五千余两,合成银圆一百十九万二千余元,俟二等优先足额,即接续加招,以足普通股一千万元之数。

第十三节　本公司不论优先普通,长年官息八厘,均于次年三月给发。

第十四节　除官息及各项开支外,尚有盈余,是为红利,作三十成开派。以二成提作公积,四成提作办事出力人酬劳,一成五为最先创始头等优先股三百万元之报酬,一成五为推广加股二等优先股七百万元之报酬,其余二十一成不论优先普通按股均派。

第十五节　头二等优先股报酬，自有红利之年起派至第十五年为限，限满以后，即将特别报酬取消，所有红利照二十四成按股均派。

第十六节　普通股年息红利与头二等优先股同，惟头二等优先股所得十五年之报酬，普通股不得一体分享。

附说：如将来公司推广于额定股二千万元以外，再行续招新股，则此所集普通股，届时亦应照优待之例，在红利内公议，另提若干成作为报酬。

第十七节　凡向汉口总公司、上海总公司附股者，一经缴银，即可填给股票息单。各省各埠本公司先即有收据，分托妥人经理，以便就近附股，当付收据，随时知照汉口总公司分填股票息单，寄经理处次第换给。

第十八节　本公司股票面页，载股东姓名、籍贯、号数、股数、圆数及年月日加本公司图记，再由总协理签名盖印为凭。

第十九节　凡买本公司股票者，每股五十元，须一次缴足。

第二十节　本公司一俟开会议妥，即先选举权理董事，分任查账招股，所收股银由总协理及权理董事酌举汉沪就近附股多数之股东，至少三人，公同经理，以重股本。

第二十一节　股票遇有抵押因而纠葛者，本公司惟票载及册载姓名之人是认，受抵押者，亦惟票载姓名之人是问。

第二十二节　凡有转买股票之人来本公司报明姓名、籍贯，请注册过户换给新股票者，所执旧股票上必须有让出人署名签字，本公司方可照换股票。

第二十三节　凡遗失股票息单，应由遗失人将号数先登上海、汉口各报，须三分以上详细声明；满三个月，邀同妥保，向本公司申请，方准换给。

第二十四节　股票息单遗失、转卖、分开、合并，或更名号，须换给股票息单者，应由该股东按缴本公司所定相当之费。

第三章　股　东　会

第二十五节　本公司股东会分定期会与临时会两种。

第二十六节　本公司股东会，或在上海、或在汉口，均可由董事局预期酌定。

第二十七节　股东定期大会一年一次,在每年三月发给利息之前,由办事员将前一年盈亏及收支账略报告交董事局总协理,宣布其账略,先由查账人核对无讹,签名为据。

第二十八节　临时会须由总协理及董事或查账人,认为本公司紧要事件,或由本公司已集股份之二以上之股东说明事由,请求开会,总协理及董事即预备召集,不得逾一个月。

第二十九节　凡在定期会之月内,不再开临时会。

第三十节　股东会之会期、会场、并所议事件,距会期二十日前,凡整股在一百股以上者,皆用函告,其余不及函布,登报通知。会议时不得旁涉他事。

第三十一节　股东会召开时,由股东临时公举议长一人,议决后即销除议长之名。

第三十二节　股东会有集股本四分之一以上,并股东人数十分之一以上到会者,均议决事件。

第三十三节　到会之股东如不满前节两项之定数,其会议事件不得为决议。惟本公司可将会议之意告知各股东,限一月之内再集第二次股东会。至第二次开会时,不论到会股东及股本之多寡,得议决之。

第三十四节　凡一股以上之股东到会时,均有发议及选举他股东为董事、查账人之权。

第三十五节　本公司以五十股为一议决权,余准五十之数递加,惟一人至多不得过二十五议决权。

第三十六节　有议决权之股东,因有事故不能到会,可发表意见先期函知本公司,其应有之议决权数与到会同。

第三十七节　有不满五十股之股东,得联合其股数至满五十,即有一议决权,可委托有议决权之他股东,其委托书亦须会议前一日缴本公司。

第三十八节　有议决权之股东,而并受他股东之委托,合计亦不得逾二十五议决权。

第三十九节　股东会以议决权过半数者为议决,如可否同数,议长决之。然议长自己之议决权如故。

第四十节　股东会有未能议决事件,议长得延长会期,以三日为限。

第四十一节　会议之事由,均记载于股东会议事录,由议长及董事二人签名盖印存本公司。

第四章　名　誉　员

第四十二节　名誉员无定数,由总协理函请,得复函允者,均奉为名誉员。

第四十三节　名誉员不支薪水,但于本公司著有真实助力,本公司自应酬劳申谢。

第四十四节　名誉员如到厂矿公司,皆从优接待。

第四十五节　名誉员虽无股份,遇有本公司得失利钝,可随时函知董事会,以备考核。

第五章　董事　查账人

第四十六节　本公司原有汉厂董事八人,萍矿董事十一人登明老股票上,时隔年久,除病故辞退外,时有更易。现在权理董事未经举定,特由总理领衔,与现在办事员董李维格、杨学沂、林志熙、卢洪昶、王锡绶、王勋、张赞埠、顾润章、金忠谠九人列名遵例公司,具呈咨部注册。

第四十七节　注册之后,应公举权理董事九人,查账二人,先将老公司账目会查清楚签字,即行会议,续招新股。

第四十八节　本公司续招新股,悉由权理董事妥筹办理。

第四十九节　续招新股一千五百万元,全行足数,即由新旧股东公举董事十一人,查账二人。

第五十节　沪汉之外,各省埠股份较多之处,应可由股东就地公举分董事一二人,于总公司会议之时,亦可到会议事,其座位在总公司董事十一人之次。

第五十一节　董事限有本公司股份五百股以上,查账人亦限一百股以上,均于股东中选举之。

第五十二节　董事须常川到本公司与总协理会议随时应办事件。

第五十三节　董事有为本公司职员者,其董事之任务即应解除。

第五十四节　查账人之任务,系监查本公司股份、银钱及厂矿出货、售货、材料、工程,各项月结年结各表各册是否符合。

第五十五节　查账人必得查明账据符合,方能签名,否则揭告股东会,议决办理。

第五十六节　董事、查账人之薪水,股东会议决之。

第五十七节　董事、查账人不能兼任,查账人并不得兼本公司之职员。

第五十八节　董事任期限二年,查账人任期限一年,任满仍可续举。

第五十九节　董事任满续举时,用抽签法预留前任董事四人。

第六十节　董事、查账人缺员时,股东临时会补举之,补举者续补原缺者之任期。

第六十一节　董事缺员未逾四人,查账只缺一人,可缓至下届定期会补举。

第六十二节　董事、查账人如有失去第五十一节之资格及倒户、犯法等事故,即退任。

第六章　总　协　理

第六十三节　本公司现在奏明督办改为总理,并添派两协理,不另设董事长。

第六十四节　总协理会同董事议决事务。

第六十五节　总协理之任期,由股东会议决,呈部查照。

第七章　办　事　员

第六十六节　汉口总公司管理银钱正副二人,上海总公司管理银钱一人,应由董事局在于股份极大之内公举录用,一年为一任,任满仍可续举。

第六十七节　汉口总公司管理文牍档册正副二人,上海总公司管理文牍档册一人,应由总协理公举。

第六十八节　汉口总公司管理商务正副二人,上海总公司管理商务一人,应由董事局会举,专管购办厂矿应用一切物料,销售钢铁煤焦,凡各埠批发分销处用人行事,均归调度。

第六十九节　汉阳铁厂总办一人,大冶铁矿总办一人,萍乡煤矿总办一人,商务员汉萍各一人,应由董事局公举。所有厂矿内用人行事,总办得有全权。此项文凭一年一换。

第七十节　以上商务总办,驻厂驻矿总办薪水公费,由董事局议定。所有该处管理银钱一人,稽核一人,由董事局选派,余归总办派用,仍报明董事局。

第七十一节　以上如有重大事件,总办不欲担承,以及权柄文凭以外之事,随时报告董事局会议,报告到后,至多不得逾十日必须议决,事急者随到随决。

第七十二节　以上各总办均有重大责成,宜资熟手,如有不能称职,查明实在,不拘任限,即由董事局会议另行择人更替。

第七十三节　总办而兼董事局员者,遇董事局议事,可到会与议,以备顾问,惟无议决权。

第八章　预　算

第七十四节　大冶孕铁之富,数百年采取不竭,就浮面之铁测算,年采一百万吨足供一百年。尚有武昌、九江铁矿可资辅助。萍乡煤山之煤,年采一百万吨足供五百年。

第七十五节　大冶铁质一百分内含铁六七十分之多,现在自用之外,日本制铁所每年订购十万吨,以资搭用。而汉厂所炼生铁已销通日本及美洲矣。萍乡煤质含灰在十一分之内,毫无磺质,正合炼铁之用,汉厂初用开平、日本焦煤,需用两吨方能炼成生铁一吨,现在萍焦,只一吨有零便可炼成生铁一吨,现在自用之外,日本制铁所亦来订购。

第七十六节 汉阳铁厂现有化铁炉两座,明年可成新化铁炉一座,后年再成一座。现有马丁炉三座,并已添造二座,尚应添足十座。萍乡煤矿现有大小洗煤机两座,炼焦炉四座,共计一百九十四格;并又添造大洗煤机一座,炼焦炉一座,计六十格。

第七十七节 预算汉阳铁厂三十四年份,每日出生铁二百五十吨(现日出二百吨,俟清灰炉成,可出二百五十吨),三百日计共出生铁七万五千吨,其中以六万吨炼钢(每日出二百吨,只算八折),约可售马丁钢四万八千吨,约以一万五千吨售生铁。

第七十八节 预算萍乡煤矿三十四年份,每日出生煤一千五百吨(本可出三千吨,因昭山铁路未成,轮船难运),三百日计共出生煤四十五万吨,其中以三十万吨炼焦炭,约可售焦炭十五万吨(每日出五百吨,约五折成焦),约以十五万吨售块煤。

第七十九节 预算汉阳铁厂三十五年份,每日出生铁五百吨(第三大炉已成,连前三座),三百日计共出生铁十五万吨(每吨成本约十五两),其中以十二万吨炼钢,约可售马丁钢九万六千吨(拟加马丁钢炉二座,连前五座),约以三万吨售生铁。

第八十节 预算萍乡煤矿三十五年份,每日出生煤三千吨(其时昭山铁路已通,可以尽运),三百日计共出生煤九十万吨,其中约以六十万吨炼焦炭,可售焦炭三十万吨(其时第三化铁大炉需焦加倍,日本亦可销通),约以三十万吨售块煤。

第八十一节 新添股本先以归还必不可缓之债欠,并以扩充必不可少之工程,全在董事局通筹预算,于一年之内筹备完善。

第九章 会 计

第八十二节 本公司账目自光绪二十二年四月接办之日起,截至光绪三十三年十二月止,每月有月总,分存汉厂、萍矿。每年终有总结存于总公司,以备股东查看。三十四年以后每年终一总结,凡属股东均各印送一分。所有汉冶萍三处及各埠所置产业、所订营业及存欠,各项合同、契据,均存总公司,悉归查账人查核,董事局经管。

第八十三节　本公司收支账目,光绪三十三年八月底止,汉阳铁厂(大冶铁矿在内)共用商本银一千二十万余两,萍乡煤矿(轮船驳船在内),共用商本银七百四十七万余两,其自九月初一起,十二月底止,俟结清后,再行布告。

第八十四节　本公司该款除老商股本及预支矿价,预支轨价之外,均属债欠,应俟招足股份,由董事局议定归还各欠,赎回各项产业契据,悉归董事局存执。

第八十五节　汉冶厂矿老股截至三十三年止,已给息股库平银二十九万五千余两,萍矿已给息股库平银五十万两,均发有股票息折,各自分执。现在新商议拟改给公债票,老商议欲全数发还现银,自应仍然照原给息股一律换给普通股票,以昭平允。

第八十六节　汉厂冶矿萍矿以及转运轮驳,共有账目四宗,按月按年各结账表,送总公司汇算盈亏,所入之款,除去商本额息及各项支销,册有盈余,即为红利,作三十成开派,载第二章第十四节。

第十章　附　　则

第八十七节　以上各节其中应办事件,本公司须分别另订详章。

第八十八节　此系暂定章程,以后遇有更改,必须股东会议决,一面呈部查核。

光绪三十四年三月
武进盛宣怀
吴县李维格　谨识

章程附件:

窃维汉冶萍煤铁厂矿宣怀等承办十余年,备尝艰苦,幸告厥成。现因归并扩充,会同湖广督部堂奏明,照例注册,二月十一日钦奉谕旨,著责成盛宣怀加招华股,认真经理,以广成效,余依议,钦此。宣怀既责无旁贷,自应遵旨,以加招华股为己任。去年十月,沪汉名誉员有集招巨款之议,而本年二月李一琴部郎接有沪电,谓已全体解散。夫以十数年辛苦经营之成局,事虽艰巨,宣怀等不能不坚忍保持到底,而百千万之巨资本,难期于旦夕,自当循序渐进,择要扩充,特是无规矩不能成方圆,无步骤不能造极诣,本公司同志遵照历次奏案,钦颁商律,并参考中外商例,拟就商办,暂定章程八十八条,只候有股诸君公同议决,即为办事规模,俟再次第修改。自来立法虽善,必须行法有人。宣怀等驾钝浅见,何敢自诩识途,惟念时局艰难,厂矿得有今日之不易,万不能轻心忽略,袖手坐视,败已成之事绩,阻将来之实业。海内达官巨商,通人志士,谂知西国富强之所由来,必与宣怀等具有同心,群策群力,互相维持,以成就一完全商办公司。惟集思乃能广益,用布大端,请俯赐裁正,亲署冰衔书阅掷还本公司,一俟开会议妥,即当刷印章程,选举权理董事,先行查账,再行招股。不论老商新商,大股小股,零整不拘,贵于实在,聚公共之财力,开煤铁之利源,中国幸甚,倘承指教,无任跂祷,光绪三十四年三月盛宣怀等谨识。

七、汉冶萍煤铁厂矿股份有限公司修正章程

第一章　总　　纲

第一条　本公司系由汉阳铁厂、大冶铁矿、萍乡煤矿合并而成,定名曰:"汉冶萍煤铁厂矿股份有限公司"。依照公司法股份有限公司之规定,股东之责任,以缴清其股款为限。

第二条　本公司之营业范围如下:

一、开采铁矿、煤矿及冶炼所需之镁、铝、锰、矽等矿。

二、化铁、炼钢及以钢铁制造一切建筑材料,农工用具。

三、烧炼焦炭、砖瓦及水泥等物。

四、矿产及制品之运销。

五、其他与有关系之副业。

第三条　本公司之采矿业务,应依照矿业法办理。其他属于矿业所需之敷设铁道、开浚河流、建筑码头、航行轮舶、装置电信等事,各应依照现行法令办理。

第四条　本公司总事务所设于上海市区内。

第五条　本公司之公告，登载于总事务所所在地之日报二种以上。

第二章　股　份

第六条　本公司资本总额定为银币二千万元，分为四十万股，每股五十元，全数收足。前项资本现在为止，共实收足三十七万三千三百二十五股，收足银元一千八百六十六万六千二百五十元。

第七条　股票概用记名式，由董事长及其他董事四人以上签印发行之，执有股票者，以本国人为限，否则无效。

第八条　股票分头等优先、二等优先及普通股三种。

第九条　股东本人及其因用团体堂号名义而推定之代表人，均应将姓名、住所及印鉴报告本公司存查，遇有变更时亦同，否则因而发生损失，本公司不负责任。

第十条　股份转让时，应由授受双方报请本公司核明过户，在过户未竣前，本公司仍认原股东为股东。

第十一条　用团体堂号名义者变更代表人时，应由股东本人及新推定之代表人，向本公司声明，其因继承关系申请变更户名者，应提出相当证据，本公司认为必要时，并得令其觅具妥保。

第十二条　股票污损或须分合时，得向本公司申请掉换，但污损程度至不易辨识时，本公司得令登报公告或兼令觅具妥保。

第十三条　股票遗失或毁灭时，应即报告本公司挂失，并自行公告三日以上，自公告日起，经过二个月别无纠葛，方得觅具妥保，补领股票。

第十四条　股份过户或变更户名及代表人，每次应纳手续费银币伍角，掉换或补领股票，每张应纳手续费银币壹圆及其应贴之印花税费。

第十五条　股东常会以前一个月内，临时会以前十五日内，停止股份过户。

第三章　股 东 会

第十六条　本公司股东常会于每年决算后六个月内，由董事会召集之,临时会由董事会或监察人认为必要时,或有股份总数二十分之一以上之股东提出理由,联名请求时召集之。

第十七条　股东会之召集地点,以本公司总事务所所在地为限,常会之日期、场所及议题,应于一个月前通知各股东,并行公告。临时会应于十五日前通知及公告。

第十八条　股东应于会期前持股票至本公司总事务所,验取赴会证,于开会前五日内,至会所所在地之总事务所报到,换取入场券,方得出席。

第十九条　股东得出具委托书委托他股东为代表,但代表人连其本人所有之表决权,至多以全体股东表决权总数五分之一为限。

第二十条　股东表决权及选举权,按股数分别规定如下:

一、一股至十股,每一股为一权。

二、十一股至百股,每三股为两权,零数不计。

三、百零一股至三百股,每三股为一权,零数不计。

四、三百零一股至五百股,每四股为一权,零数不计。

五、五百股以上,每五股为一权,零数不计。

第二十一条　股东会之主席由董事长任之,但临时会之由股东请求召集者,其主席得由股东公推股东一人任之。

第二十二条　股东会之决议,除公司法有特别规定者外,以股份总数过半数之股东出席,出席股东表决权过半数之同意行之,可否同数时,取决于主席。

第二十三条　股东会之表决,除投票外,得用其他方法,但股东十人以上反对用其他方法,或用其他方法之表决当场认为尚有疑义时,应改用投票方法表决之。

第二十四条　股东会之开会期间,遇有必要时,得由主席之决定,或出席股东表决权三分之一以上之表决,由主席宣告延长之,但总计至多不得过三日。

第二十五条　股东会决议录,应由主席签印,连同股东签到簿及代表出席者之委托书,交由董事会保存于本公司。

第四章 职 员

第二十六条 本公司设董事十一人,监察四人,均由股东会用双记名连举法投票选举之。但董事至少应有股份三百股,监察人至少应有股份一百股,方得应选。董事就任后,应将其当选资格之股票,交由监察人于公司中保存之。

第二十七条 董事任期三年,监察人任期一年,连选均得连任,任期内缺额达三分之一时,应即召集股东临时会补选之,以补足原任之任期,如未及补选,董会认为必要时,得以原选次多数之被选人代行职务。

第二十八条 董事组织董事会,设于本公司总事务所内,至少每一个月开会一次,议决本公司重要事务。

第二十九条 董事会之决议,以全体董事过半数出席,出席董事过半数同意行之。可否同数时,取决于主席。

第三十条 董事应互选董事长一人,常务董事二人,执行全部业务,董事长对外代表本公司,常务董事常驻公司,辅助董事长执行业务。董事长有事故时,由常务董事互推一人代理之。

第三十一条 监察人各得单独行使监察权,除依法执行职务外,并得列席董事会议,陈述意见,但无表决权。

第三十二条 董事长、常务董事之公费,由董事会定之,但应征得监察人之同意。

第五章 会 计

第三十三条 本公司之账略,每月月终应月结一次,每年六月终应决算一次,每年年终应总决算一次,总决算期之账略应由董事会依法造具各种表册,送交监察人查核,出具报告书后,一并提交股东常会请求承认。

第三十四条 总决算时,于总收入中除去总支出及各项折旧准备与劳工奖励金后,如有盈余,应先提存公积金十分之一,次提股息,按年六厘,其余以三百分率就下列各款分派之:

一、股东红利，二百分；

二、董事长、常务董事及董事、监察人报酬十五分；

三、办事人员酬劳三十分；

四、劳工恤养金十五分；

五、头等优先股特别红利十五分；

六、二等优先股特别红利十五分；

七、特别公积金十分。

第三十五条　分派盈余于股东常会议决通过后行之。股息及股东红利按照停止过户日之股东名簿分派。

第六章　附　　则

第三十六条　本公司一切办事规章，由董事会另定之。

第三十七条　本章程未尽事宜，悉照《公司法》、《矿业法》各规定办理，如须变更，应经股东会依法议决，并呈报主管官署备案。

（注：民国二十三年七月二十三日汉冶萍煤铁厂矿有限公司第二次临时股东大会修改通过）

章程附件一：

快邮代电

南京实业部陈部长勋鉴：敝公司修改章程业于六月三十日召集临时股东大会，经众逐条讨论修正通过。贵代表必已报告，惟是日到会不足法定人数，依法得为假决议。并将假决议通知于一个月内再行召集第二次大会提议决定。兹订于七月二十三日下午三时，仍假西藏路宁波同乡会开第二次临时股东会，应请大部委派代表莅会为祷。汉冶萍公司董事会叩。巧。

中华民国二十二年七月十八日
汉冶萍煤铁厂矿有限公司（印）

章程附件二：

为呈报事：窃职奉派出席汉冶萍煤铁厂矿股份有限公司召集二次临时股东大会，遵即如期前往，参加该会。此次开会，系将前次拟定修正章程内

第二十条、第二十六条条文加以修改。除由该公司另行呈报外，理合将开会情形并检同该章程印本，具文呈报。伏乞鉴核。谨呈

部长陈

次长郭

次长刘

　　计附呈汉冶萍煤铁厂矿股份有限公司章程一件。

职黄金涛①谨呈（印）

七月二十六日

八、李维格向盛宣怀报告赴英添购设备（光绪三十年十二月十二日）

　　窃司员荷蒙信任，奏派出洋考查铁政，采办机炉，选雇洋匠，为振兴汉阳铁厂之图。当于本年二月二十三日启程，由美而欧，迨事毕回华，于十月二十一日到沪，计阅8月。兹将出洋以来，通筹办法，缕晰上陈，仰祈钧鉴。

　　甲、生料。铁厂命根，全在铁石焦炭，故司员将所有生料，带往外洋考验，倘生料不合化炼，则旧厂必须停止，断无扩充之理；如果合用，承炼成钢铁，本轻质佳，可期与欧美争胜，然后放手做去。此司员进退行止，全视生料为断。

　　伦敦钢铁业名人荟萃。司员到英，即踵访专家，以考验带往生料，得史戴德者，为一国之望，会同检点各样，由史详慎化验之，得大冶铁石、白石，萍乡焦炭，并皆佳妙，铁石含铁60％～65％分，而焦炭则等于英国最上之品，其原文说帖，已早呈钧鉴矣。查英国克利夫伦铁石，含铁28％分，厂矿相连，每吨需价4先令，而远运之日斯班尼牙铁石，含50％分，需14.5先令。德国老来因铁石，含33％～37％分，离矿远者，需14马克。以大冶之石之价相比，胜者自在我操。日本国家铁厂（名铸铁所，明治二十九年开办）购我冶石每吨日金3元，运脚4元，加以驳力杂费，每吨到厂约需7元

---

① 黄金涛系实业部矿业司司长。

50钱,视我就地取材,成本之轻重何如,而彼国家尚毅然为之,可以见当今铁政之重要矣。惟我萍焦之价,倍于英德,应从核减耳。

至于大冶、萍乡蕴藏之富,前年据总矿师赖伦说帖云:大冶浮面可采之矿石,约计一百兆吨,以每年采自三十万吨算,可供三百年之用。萍乡平巷浅井可得之煤,约计五百兆吨,年采一兆吨,可供五百年之用。司员在洋时,举以告人,皆以天富中国为贺。

乙、钢质。炼钢有酸法碱法之别,酸法不能去铁中之磷,惟碱法能之。汉厂贝色麻系酸法,而大冶矿石所炼之铁,含磷过多,以致沪宁铁路公司化炼轨样后,不肯收用。谓其含磷多,而含碳少,磷多则脆,碳少则软。卜聂炼钢,减少含碳分数,使其柔软,以免断裂,然柔则不经磨擦,软易走样,其应用若干年者,不及此年数,即须更换,此汉厂具轨之所以不合用也。汉厂鱼尾板等钢,系马丁碱法炼成,沪宁公司称为上品。司员博访周谘,并从史戴德之议。决定废弃贝色麻而改用马丁碱法,成效昭著,似无疑义。且改用马丁碱法后,现所剔除之磷重矿石,均可取用,亦一大有裨益处也。

丙、销路。中国铁路,正当发轨之始,各路合同,即有订购料件须先尽汉厂之条。将来即轨件一项,已非汉阳一厂所能供应。至于外销船料等件,亦属一大利源。即以上海耶松一厂而论,该厂常存造船钢铁料件值数十万金,因电洋订购,非两三月不能到华,而此数十万搁本利息甚属不资。且存料之尺寸,非必用所需之尺寸,剪裁之余,难免靡费。若汉厂能造此项船料,一电订购,应用甚速,尺寸亦可照拉,耶松如此,他可类推。

湖北铁政,苟中国以全力大举,不但东方销路在我掌握,并可运销于美国西滨太平洋各省。盖美之煤铁矿、铁厂均在东省,东西远隔万余里,铁路运脚,每吨约需美金10元;而英国恃美太平洋各省粮食,运粮而往,带铁而回,每吨只需运脚14先令(合美金3元半,此系中数,有低至8先令,而高至20先令者),虽有进口税每吨4元,而尚较自东徂西,车运为贱。美国松木,为中东各国进口大宗,运木船只,缺乏回载。司员道出旧金山时,运木轮船公司,极欲揽载我之钢铁,每吨运脚美金3元(12先令)。查外洋商务之所以能愈推愈广者,在多中取利,国中邻近,仍不能尽销,则宁加水脚,求售于海外。美国溢出钢铁，运销于欧洲者，其价反视本国尚贱（美铁厂尽在东省，与欧洲仅隔一海，水运远贱于陆，故舍已之西省，而反以欧洲为溢货之市场），盖贱售得现，犹胜于搁本搁利也。惟汉厂贝钢，磷重碳轻，颇贻口实；非有取信于人之道，销路虽广，仍恐无人过问。

司员早年即闻英国有钢铁船料公估局，英厂所造钢铁船料，均由公估局派人到厂掣验，合用然后打戳，听售与船厂，船成后，造法用料均称合格，公估局始为注册列号发给文凭，船商持凭方能保险，一一勾勒，无可逃免。司员预为地步，汉厂钢铁，计非公估局派人来华验看不可，故在伦敦时，辗转设法商请，幸已邀允。将来有此局员驻验，声价可与洋商齐高，人之购料者，但有公估局员戳记，即不问其来自何厂矣。

运销外国之货，往某国者，即宜选派某国素有声望巨商专销若干年，使其有利可图，方能得其实力，开通销路。至于上海宜择洋商之素与耶松等船厂有往来者，经理专销洋厂之货，另由汉厂自设批发所，即附在该洋商之行内，经理专销华人之货，华洋价目划一，明昭信实。若经手歧杂，一人一价，则混淆紊乱，主顾无所适从，非招揽之道也。

丁、新机炉。生料、钢质、销路三要端，考核已定。于是遂筹及新机炉之事，专注炼造碱法马丁钢、船料、桥料、屋料等货。旧厂向只炼造贝色麻钢轨，除贝炉之外，仅有容积10吨之碱法马丁炉1座，轨轮1副，条板虽亦有轴，具体而微，尺寸略大之件即不能拉造，且马丁钢亦不敷远甚，仅勉供贝轨之附件而已。现所购办者系：

碱法马丁炉2座，每座容积80吨（旧炉1座容积10吨）。

调和铁汁炉1座，容积150吨（旧无）。

挂梁电力起重机4架，1架起重50吨，1架30吨，2架50吨（旧无）。

挂梁水力压顶钢坯出筒机1副（旧无）。

煤气地坑1座（旧无）。

挂梁电力吊取钢坯出地坑机1副（旧无）。

轧坯轴1副，径40寸，能轧钢坯至20寸见方（旧无专轴，借用32寸之轨轴，轧坯仅12寸见方）。

坯轴汽机,实马力7 554匹(旧即轨轴汽机,实马力3 630匹)。

条轴1副,径32寸,能轧工字钢梁至18寸深,7寸宽(旧轴径最大者20寸,最小者12寸)。

条轴汽机,实马力11 708匹(旧以轨轴汽机3 630匹为力最大,此多8 000余匹)。板轴1副,径30寸,能轧钢板至375方尺(旧轴22寸,仅能轧至39方尺)。

板轴汽机1副,实马力7 554匹。

此外电力运送钢坯机、发电机、电力、水力剪锯机、电灯机等,名目繁多,另造详细清册呈报。

此次购办机炉,全得英人顾问工师彭脱之力。该工师在江南制造局供职20年,局内钢厂机炉,系其自往外洋订购,始终一手经理,阅历甚深。此次偕同出洋,遍观美英德名厂司员,见不到之处殊多,全恃该工师以补不足,用能采取众长,自开清单,招英、德、美专门名厂十数家投标,复与同在外洋之萍矿总矿师赖伦及聘定之新工师,投标之各厂家,一再讨论辩难,然后分别定断。其正项机轴,司员订立合同,始行启程回华。附属各件及尚在绘图之碱法马丁钢炉(德国名家所绘),留交彭脱代定。以上机炉运保到汉,约共需英金163 146镑,其详细价值,当列入另造机炉名目清册之内。此次所定正项附件,系向英德美9厂分购,该厂等互相竞争,开价至无可再低,而司员等照此最低之价,复行磋减,又值钢铁奇贱之年,节省尤巨。彭脱、赖伦办事,则实心实力,操守则一丝不苟,数月奔驰,舟车甚劳,无彼2人,司员断不能到此精核处也。机炉明年夏令均可到齐。合同各备3分,一交彭脱,一存汉厂,一呈钧鉴。俟其寄齐,再行汇呈。

戊、新工师。聘定新工师4人,一生铁炉、钢厂、一轧轴厂、一修理机器厂,均赖伦及前工师吕柏帮同物色而来。合同3年,第一年后,彼此可退,每月薪水50镑。1年之后,省工省料,多出货物,加酬劳费,每年100镑至200镑,2人年内可到,2人年初来华。原议此新工师4人,归总办及总矿师赖伦节制,现赖伦因矿事紧要,不能兼顾,其势只得另聘有资望可信任之总工师1人来华统制,否则华总办内外事繁,又无此中专门学问,必致小省而大亏。盖薪水有限,而工程货物出入甚巨也。前生铁炉工师吕柏,天资敏捷,笃学深思,办事亦有血性,回洋以后,阅历更多,现在德国一著名大厂充生铁炉总工师,近为该厂建1日夜出铁500吨之大炉,为司员所目见,该工师确系总核之才,驾驭华洋师匠,可期胜任愉快。吕柏闻我所办机炉精良,甚愿来华赞成此举,月薪200镑,第一年后,如彼此不合,亦可辞退。新工师德人、吕柏、荷兰人,与总矿师赖伦均极融洽,可免从前厂矿洋人之嫌隙,新工师所以用德人者即此意也。吕柏熟悉德法英3国语言文字,将来与铁路各公司交接必大有裨益。

己、新机炉择地。萍乡铁矿难恃,又须接展铁路40里,需款过巨。即就近在大冶另起炉灶,亦非目前力量所能办,款项有限,惟有凑现成局面,仍就汉阳布置,步步为营,俟销路畅旺,再在大冶推广。此次借款出洋原为挽救汉厂起见,汉厂独立则不足,盖现有机轴,力小式旧,且皆一机数轴,费料费工,除钢轨及附属之件外,能造花色既少而小,以之为官局,而有常年经费则可,以之为商厂,而全靠自养则不可。设厂犹如设肆,货色备者少,而不备者多,主顾不来。旧轴所造钢板,船厂不购,以其短窄,多黄窝钉人工。其他船料、桥料、屋料等大件,无一能造。要知中国本无铁政,此系开从来未有之创局,前创后因,难易不同,凡事必经历磨折,然后知所弃取。然若以新机炉辅之,则尚可为,以旧机略加添改,专造小件,而腾出新机专造大件(外洋用轨,年重一年,英已用至每码百磅,中国路轨,难免改重,欲造百磅之轨,惟新机能之),可得相互为用之益。

庚、出货。现在生铁炉两座,日夜出铁110余吨。拟加大总风管,加多炉膛进风管,开用新风机,添造热风炉,日夜出铁至少150吨,多可200吨。即以150吨计,月得4 500吨,造成钢货折耗剪截以7折计,月得铁路料、船料、桥料、屋料等货3 150吨。尽新旧机轴之力,日夜可造钢货约1 000吨。俟款项周转稍灵,销路畅旺,拟在大冶添设生铁炉,尽收东方钢铁之利,以不负此天富之蕴藏。

辛、成本。在英时,另延名家哲美斯(曾由英国派往美国考查异同),核估出货成本,其说帖亦已早呈钧鉴。所有生料价目,均照萍冶目前之数

开示,其余一切,悉本英国常数,以汉厂靡费甚大,不足为凭。据估:

生铁,每吨需本 2 镑 9 先令 1 便士 4;

(按哲氏以两炉月出 6 000 吨计算,渠意现有之两炉加大风力,日夜出铁 200 吨至 220 吨甚易,若照司员从稳估计,月出 4 500 吨,则成本尚须加大,而生铁捐、利息、折旧亦未在内。)

钢坯,(碱法马丁)每吨需本 3 镑 15 先令 3 便士 6;

钢轨,每吨需本 5 镑 1 先令 1 便士;

钢板,每吨需本 6 镑 14 先令 7 便士;

工字三角圆扁等钢条,每吨需本 5 镑 17 先令。

以上核估工料细数,均详于哲美斯说帖之内。哲云:铁石须碎为小块,焦炭含水不得过 2% 等语。司员按铁石碎小,尚易为力,至欲焦炭须不为船户偷盗掺水,则非轮驳得力不为功。

壬、赢余。查汉厂近年所售芦汉铁路贝轨及附属零件各价,除庚子轨价,每吨英金 8 镑 10 先令,本年宁沪铁路所购英轨,每吨 5 镑,涨跌悬殊,不足凭准外;其光绪二十七至二十九年三年轨件之价,开列于后:

二十七年每吨

贝轨,156 佛郎 25 生丁,合英金 6 镑 5 先令;

鱼尾板,190 佛郎,合英金 7 镑 13 先令;

垫板,202 佛郎 50 生丁,合英金 8 镑 2 先令。

二十八年每吨

贝轨,160 佛郎,合英金 6 镑 8 先令;

鱼尾板,193 佛郎 75 生丁,合英金 7 镑 16 先令;

垫板,206 佛郎 25 生丁,合英金 8 镑 5 先令。

二十九年每吨

贝轨,161 佛郎,合英金 6 镑 9 先令;

鱼尾板,187 佛郎,合英金 7 镑 10 先令;

垫板,187 佛郎,合英金 7 镑 10 先令。

3 年通扯中数如下:

贝轨,每吨英金6镑7先令4便士;

鱼尾板,每吨英金7镑13先令;

垫板,每吨英金7镑19先令。

再以三项通扯,其中数,系每吨英金7镑6先令5便士。

上海瑞镕船厂开来二十七至三十年该厂所购外洋运来钢板等货价目,开列于下:

光绪二十七年每吨规元(运送到厂)

钢板,61两零4分;

三角等钢条,69两1钱5分;

圆扁等钢条,54两2钱4分;

窝钉,81两1钱7分。

光绪二十八年

钢板,62两8钱1分;

三角等钢条,70两8钱8分;

圆扁等钢条,58两4钱;

窝钉,91两9钱。

光绪二十九年

钢板,61两2钱3分;

三角等钢条,67两7钱2分;

圆扁等钢条,65两3钱9分;

窝钉,103两4钱2分。

光绪三十年

钢板,60两3钱3分;

三角等钢条,68两1钱4分;

圆扁等钢条,71两7钱3分;

窝钉,75两4钱2分。

除窝钉件小,销钢有限不计外,以4年通扯,成本各项中数如下:

钢板,每吨规元61两3钱5分;

三角等钢条,每吨规元63两9钱7分;

圆扁等钢条,每吨规元62两4钱4分。

再以三项通扯,其中数系每吨规元62两5钱8分。以哲美斯核估,三项出货成本,扯中之数比较,芦汉铁路及瑞镕船厂,实购轨件板条等价扯中之数如下:

哲美斯核估碱法马丁钢货成本:

钢轨,每吨5镑1先令1便士;

钢板,每吨6镑14先令7便士;

工字三角圆扁等钢条,每吨5镑17先令。

以上三项成本通扯中数,每吨5镑17先令。惟生铁系照月出6 000吨之成本核算,每吨2镑9先令74便士。今以月出4 500吨计之,拟每吨加生铁成本3先令,三项通扯,应作6镑。芦汉轨件之价,二十七、二十八、二十九三年中数,7镑6先令5便士,则每吨毛利1镑6先令5便士。月造钢货3 150吨,每年以11个月出货,计34 650吨,共余毛利45 755镑,每镑作汉口洋例银7两5钱,合银343 162.5两。除生铁捐每吨银1两,每年49 500两(月出生铁4 500吨,以11个月算),新机炉本银200万两,常年6厘计息(照日本借款之息)银12万两,钢铁煤焦材料搁本银100万两,常年利息1分,银10万两,折旧以30年为期,每年折银66 000余两,总共余银335 500两,净结余利银7 662.5两(以汉口交货而论,则驳力尚不在内)。又以每吨成本6镑,比较瑞镕船厂开来钢板等价,通扯中数,每吨规元62两5钱8分,每年11个月出货34 650吨,共计成本207 900镑,每镑作规元7两5钱,合元1 559 250两。售出,每吨规元62两5钱8分,共34 650吨,售元2 168 397两。除生铁捐49 500两,厂本银息12万两,搁本银息10万两,出运水脚、保险远近通扯,每吨4两(预备运往香港、日本等处),共138 600两,折旧66 000两,总共余元474 100两。成本元1 559 250两。共余元2 033 350两。照售元2 168 397两,净结余利元135 047两。

若果如哲美斯之言,旧炉改良,两炉月出生铁6 000吨(以理论断确有其道),造成钢货7折,计4 200吨,每年11个月,出货46 200吨,每吨通扯成本 5 镑 17 先令,作银 44 两,照芦汉轨件扯价 7 镑 6 先令 5 便士,作银 55 两;又照瑞镕开来钢板等货扯价 62 两 5 钱 8 分;再将两价通扯中数 58 两 7 钱 9 分,每吨应余毛利 14 两 7 钱 9 分。以每年售货 46 200 吨算,共余毛利 683 298 两。除生铁捐 66 000 两,厂本息 12 万两,搁本息 10 万两,折旧 66 000 两,共余 536 800 两。净结余利 146 498 两。

照上核计赢余并不为巨,所以然者,焦价昂而用之多也。欲获巨利,非在大冶添设 1 生铁大炉不可,悉照最新之法,日夜出铁 300 吨,约估成本如下:

焦炭 1.25 吨(每吨作价银 9 两)	11 两 2 钱 5 分
矿石 1 吨半	1 两 5 钱
白石半吨	2 钱 5 分
厂本息	5 钱
搁本息	5 钱
折旧	2 钱 5 分
人工	1 两
生铁捐	1 两
有余不尽	1 两

共银 17 两 2 钱 5 分。售银 20 两。每年 11 个月,出铁 99 000 吨,净余银 272 250 两。炼造钢货利愈厚,尽汉厂新旧机轴之力日夜约可造货 1 000 吨。

癸、款项。新机炉运保到汉,前已言之,约需英金 163 146 镑。在洋时电禀约需 250 000 镑者,系连生铁炉在内。嗣因款项不敷,生铁炉拟暂缓定购。至基脚装配约需 40 000 镑(此系悬拟之数,土工颇有出入),改良旧机炉约需 20 000 镑,约共需英金 223 146 镑,日本借款 300 万元,约合英金 30 万镑,除上开 223 146 镑外,约余 76 854 镑,作银 60 万两。新机炉出货在光绪三十二年夏秋之间,打通销路至速 1 年。此两三年内,必须多备用款,仅此 60 万两深恐不能周转,设若青黄不接,则全功尽弃,惟宫保(盛宣怀)预筹之。

子、旧厂目前办法。贝色麻钢既不合用,马丁炉日夜仅出钢 20 余吨,断无开钢厂之理,除生铁炉外,即应一律停工遣散。此外,7 厂可停者亦停,以仅供生铁炉修理为度。新机炉未开工之前,专售生铁,跌价广销,虽未必出入相抵,而亏亦不致过巨。所惜者,早年于外洋市面隔绝,且纽于本利,未将南洋各处生铁销路打通,临渴掘井,一时恐不易畅销耳。

丑、责任。此次订购机炉,选用工师,均司员一手经理,久荷知遇,欲委以总办厂务,司员现已无可诿辞。惟旧厂积累,则自系前人之责,司员一概不能接认,兹特坚明要约于前,惟宫保谅之。

寅、事权。用人行政,须有专一全权,宫保既予之,则或有所设施,或有人请求,事无巨细,均须饬由司员议复,再定从违,以免纷歧之病。总办人可撤换,而事权不可不一。惟出入重大,拟请时派专员到厂调查账据,不先通知。非谓宫保不信任,亦办事宜然耳。

卯、焦炭。庚子辛丑之间,萍矿与汉厂订立煤焦价合同,以 3 年为期(是否 3 年记不甚清),生煤每吨洋例银 5.5 两,焦炭 11 两,似系宫保所断。其时汉厂售轨,每吨 8 镑 10 先令,而今年轨价 5 镑,外洋焦价视钢铁昂贱为涨跌,以前今之轨价比例核减,则萍矿本重,势不能支。兹持平酌拟,汉厂用焦每吨 10 两,将来大冶设炉后,汉冶一律 9 两,此价目也。至收焦付款,亦须照汉厂实用吨数酌定限止。以目前而论,拟月付焦价 6 000 吨,煤价 2 000 吨,其余收数,另登一册,作为代萍收存之数,若尽收仅付,是汉厂为萍矿任搁本之累,厂力如何能胜?

辰、免税。英属坎拿大(北美洲之北)无铁政,国家鼓励商人开设,出铁 1 吨,津贴金圆 1 圆。日本商轮行驶扬子江,国家年贴 30 万元,行驶湘鄂苏沪,保其官利,外洋国家资助商业者,不一而足。汉厂本系官办,商人辞不获命,勉承艰巨,当今非钢铁不足立国,商人困苦竭蹶,保此铁政,尤应得国家之体恤,拟请暂免生铁捐 5 年,其进出口税及厘金,拟请永远豁免。

巳、总结。汉厂必有大发达之一日,惟目前 3 年,必须上下扶持,方克度过此艰危之境。

九、萍乡煤矿总办张赞宸向盛宣怀报告该矿开办的经过

谨将萍乡机器煤矿,光绪二十四年开办起,截至三十年十一月止,该存款目,及工程产业大致情形,开呈钧鉴。

股本来源和收支情况

款项该存项下。先后股本库平银100万两。

查首次入股为创始老股,计汉阳铁厂20万两,招商局15万两,铁路总公司15万两,香记等户10万两,共60万两。二次入股为续招老股,电报局22万两,招商局8万两,香记等户10万两,共40万两。二共库平银如上数。

该付息股,库平银50万两。

查前奉督办宪盛谕,创始老股60万两,每股派给息股60两,共36万两。续招老股40万两,每股派给息股35两,共14万两,二共库平银如上数。自分给息股之后,截至光绪三十三年十二月底止,不再派利,于息折内盖戳注明。

礼和洋行借款,除已陆续归还外,尚欠库平银779 281.484两。

查前奉督办宪札开,于光绪二十五年二月二十八日,即西历1899年4月8号,订借德商礼和洋行德银400万马克,长年7厘起息。现交德银100万马克,礼和扣佣5厘,其余300万马克无扣,仍暂存礼和,以备代购萍矿各种机器料物之用。已用则照长年7厘计息,未用则缴萍矿4厘回息,自西历1900年正月1号起,至1911年正月1号止,分作23批摊还,本息清讫。等因。

现在截至西历1905年正月1号止,共11批,本息均已如数付清。尚有12批,除将来息款应按年开支外,计结欠本款,德银240万马克;照此次第11批还款马克之价,共合规元854 092.507两,折合库平银如上数。惟马克价时有上下,不能以此作为将来准数。

汉冶萍驻沪总局库平银1 531 798.33两。

查应结汉冶萍驻沪总局,规元 1 678 850.097 两,折合库平银如上数。

招商局库平银 203 218.92 两。

查招商局首次入股,库平银 15 万两之外,尚应结规元 310 407.947 两。除奉督办宪行知,二次又入股库平银 8 万两,申规元 87 680 两外,尚该还规元 222 727.947 两,折合库平银如上数。

(以下是借入款项——编者)

通商汉行往来,库平银 95 429.46 两。

协成号往来,库平银 36 068.2 两。

道胜行往来,库平银 131 971.44 两。

仁太庄往来,库平银 34 431.242 两。

元大庄往来,库平银 131 310.22 两。

惠怡厚庄往来,库平银 83 900 两。

大仓行往来,库平银 262 639.7 两。

万丰隆庄往来,库平银 33 399.13 两。

豫康庄往来,库平银 4 259.6 两。

和丰庄往来,库平银 19 096.2 两。

载昌记往来,库平银 9 370.1 两。

庆安庄往来,库平银 3 744.29 两。

顺记号往来,库平银 6 775.5 两。

福记往来,库平银 5 034.5 两。

升记往来,库平银 4 685.1 两。

张凯记往来,库平银 1 885.26 两。

萍乡官钱号,库平银 120 000 两。

归并各商井厂分期付价,尚欠库平银 81 000 两。

以上共计结该库平银 5 079 298 676 两。

存汉阳铁厂结欠,库平银 785 784.71 两。

存汉冶萍驻沪总局抵还礼和洋行本息,库平银 95 900 两。

存大冶铁矿局,库平银 2 968 264 两。

存马鞍山矿局,库平银 12 494 058 两。

存萍乡官钱号资本湘平银 1 万两,合库平银 9 538.344 两。

存萍乡官钱号五届盈余,库平银 49 095.824 两。

存上海、南京、安庆、汉口、武昌等处,售出生煤焦炭尚未收回价款,库平银 39 635.5 两。

存萍乡矿运醴陵、湘潭、武汉在途生煤焦炭,约值库平银 201 400 两。

存萍乡总局及各井厂并醴陵、湘潭、岳州、汉阳等外局备用经费,及挑力水脚等款,现银钱洋 3 项,共合库平银 38 961 两。

共计结存库平银 1 235 777.7 两。

以上该存两抵,实结该库平银 3 843 520.976 两。

查萍矿开办之初,并未领有资本,起首用款,即皆贷之庄号。及二十五年,始借礼和洋行德银 400 万马克,除 3/4 仍暂存礼和,以备代购机器料物之用外;仅只现银 30 余万两。以还前欠,尚有不敷,而一年两期,转瞬即届应还息本之日率,又由息借,以为应付。至所收股本,乃二十五年以后事,且系陆续零交,指作还款,不能应时济用,势不得不辗转挪移,以为扯东补西之计。借本还息,则息银即变本银;庄号月结,越滚越多;再加以马克吃亏,以故 7 年之间,所付庄号及礼和息银、并老商股息,共已有 150 余万两之巨。

上项结该库平银 3 843 520.976 两,除去此项息款 150 余万两外;计开:机矿平巷 3 条,直井 1 口,矿轨、煤车、电车、钢缆、起重、打风、抽水、钻石各机俱全;又矿山基地,及总局与各厂栈房屋、大小机器制造厂、大小洗煤机、洋式炼焦炉、造火砖厂、电气灯、德律风一切矿内矿外工程;又天滋山、紫家冲、小冲、黄家源、铁炉冲、善竹岭、张公塘、高坑、锡坑、南木坑、坝善冲、五陂下、太平山周围一带数十里内土矿、山地、炉厂;又湖南小花石煤矿机器产业;上洙岭铁矿、白茅锰矿、盆头岭锑矿、白竺铝矿;又各外局基地、房栈、轮驳各船,实用库平银 234 万余两,均有历年出入流水账暨各厂栈外局报册存查。所有开办机矿前后情形,以及上项所述详细办法,敢为缕晰陈之。

萍乡煤矿创立的起源

谨按采办萍煤,始于光绪十八年九月。欧阳令柄荣奉湖广督宪张,檄委赴萍设局,收买商厂油煤,运济铁厂锅炉之用。二十二年四月,督办宪盛(宣怀),按办铁厂,改由广太福商号承办。并令就萍设炉,试炼焦炭,议定每月办运煤焦额数。乃迟之又久,未能照合同办理,遂复派员赴萍设局。改为官商分办。至二十三年夏秋间,广太福亏折过重,商力不支,将所置产业,如煤井、焦厂、轮驳各船、一切生财,悉数归并官局。所亏之款,由局认给,于是,萍煤复归官局自行采运。时汉厂生铁炉开炼已久,所需焦炭初购之于英、比等国,以价值过贵,挽用宝庆白煤,火力不足,几致铁液融结不流,炉座受损。湖北所开王三石煤矿,以水势过大,辍于半途。马鞍山虽经见煤,购置洗煤机、洋炼焦炉,而煤质内含磺过重,炼出焦炭,非挽用开平焦不能以炼贝铁。开平一号块焦,每吨正价连杂费、麻袋、装工、水脚,需银十六七两,道远价昂,且不能随时运济。恒以焦炭缺乏,停炉以待;而化铁炉又苦不能多停,停则损坏。

湖广督宪张,分委各员,遍历湘、鄂及邻近各省著名产煤之区,寻勘煤矿,比较化验,惟萍煤灰少,磷磺俱轻,于炼焦化铁最为相宜。乃始则就铁厂添设洗煤机、洋炼焦炉,将欧阳令运到油煤于铁厂及马鞍山分别试炼,均以船户掺杂过重,难以炼焦。继而广太福商号就萍试炼,复由官局分督各商井厂,仿造外国圈式高炉,及开平、河南等土炉,事经年余,炼出焦炭,多属生熟参半,质地泡松,仍不能一律合用。赞宸(张赞宸自称)二十三年六月内奉差到萍,周历县治东南一带,凡产煤之山必逐井考验,均属脉旺质佳,迥非他处所可比。及因专就炉座考较,并预杜商厂居奇之渐,由局自购土井采炼,以为之倡,创为平底炉法,督率官商各井厂悉心试炼,逐节讲求,驯至焦炭出炉坚光切响,巨细成条;化验则灰磷矿质俱轻,到厂炼铁果合炼钢之用。二十四年三月内,蒙湖广督宪张、督办宪盛,会同奏准,仿用西法购机大举开采,并派赞宸总办其事。

吞并土窑，实行垄断开采

因先度地开窿于县治东南，距城14里之安源地方，陆续购得田山1 300余亩，开直井一口，上平巷及东西平巷各一处，凡开煤、炼焦应用机器、厂屋、炉座等，均经择要购办；一面造筑萍安铁路14里，由安源直达宋家坊水次，俾煤焦机器物料出入俱获利便。萍民向以开煤为生，各山土井林立，密如蜂房，甚至数丈之内并开两井，窿内挖穿，则灌水薰烟，持械聚众，以致酿成巨案。因曾奏奉谕旨，不准多开小窿。乃先将逼近安源之各商井，酌给优价收回，以重民生；而遵功令。此外尚有商井、商厂数十家，煤质极佳，合炼焦炭，乃为设保合公庄，举派董事，严定开井界限，立章程，以整齐之焦炭，由局收买；按照灰磷轻重，分别价值等差，遇事秉公办理。但机土各矿，并官商各厂，以及船户挑脚丁夫等不下万数人，工价水脚等项日需现钱甚多，皆刻不可缓之款。山僻难得，率须购之长沙、湘潭等处，道远运艰，深处应付不及，别滋事故，因而禀设矿局官钱号，多备现钱。凡汇款兑换，由号经理，刊印各种钱洋花票，并仿照苏州钱业行使竹筹，每支100文，商民均极称便。

二十八年冬，因萍、醴尚未通车，存焦过多，搁本甚巨，饬官商各井厂暂行停炼。商厂所存煤焦，听其另外出售，如无水脚，矿局可为雇船垫款代运。乃商厂以各家存货俱多，急切难得销路，且井搁不开，必即倒坏，若仍雇工抽水、修路，则又经费难筹；经公庄董事到局再四恳求，情愿将井厂一律归并矿局。时值款项支绌，本属无可为力，因查所称各节确系实在情形，曲体商艰，凡牌号向列公庄之井厂，准给优价收买；其开在二十四年以前、不愿归并者听之，遂于二十九年七月内立据成交。矿局开办6年，至此始得事权归一。

先是二十七年五月内，蒙前两江督宪刘（坤一），前江西抚宪李，钦遵二十四年三月二十八日上谕，会同督办宪盛，出示申禁。查照湖南奏定矿务章程，大矿以机器开采者，四至依脉10里内，无论何人之业，均不准另开窿口；小矿以人力开采者，四至依脉3里内，无论何人之业，均不准另开窿口；

如有违禁私开,或将废井重复开挖,希冀扰乱矿章者,由地方官严拿治罪,并分行县局遵照在案。至是各商井厂归并到局,由绅商出县公禀,自归并后,无论矿局开挖与否,其井口四至三里内,俱应遵照矿章;无论何人之业,俱不得阑入境内另开窿口。当经据情移县委员会查,将来经归并之井,造具清册,准其挖卖烧煤,自烧枯块,不准砌炉炼焦,并不准私炼粗炭,致滋弊混等情;由县立案示禁。

当地人民反对垄断

溯当创办伊始,地方风气未开,矿路并兴,事甚棘手;加之外来匪类造言煽惑,希图于中取事,一时民气颇为不靖。二十七、二十八两年内,竟连为粘贴伪示。幸一以镇定处之,联络正绅,剀切开导,并由本矿巡警处先后拿获会匪头目两名,送县讯实详办;而于矿内外所需工役,又复多用萍人,使贫民共霑矿利,乃始信机器开矿之大有造于地方也。

施 工 计 划

查萍煤以安源为最旺,地势亦最低。原测盆式大槽在其东南紫家冲地方,由安源山脚开入,恰与槽路相当,故开东平巷专为进取此项盆煤,并取安源二号大槽中段之煤。但正路开通紫家冲,必须穿过重山,其中石质极坚,施工不易,经在山崖断裂之处下面打钻。忽上面崖塌石崩,崩坍而下,压毙工人,壅塞正路,非沿路砖砌坚固甕圈,上施钢梁,不敢前进。安源系属斜式煤层,以东平巷挖取上段以前各土井未曾挖尽之煤,并开放废井积水,以免危险。直井西平巷,则挖取中下段从前各土井未曾挖见之煤。此两井一横一直,紧相毗连;直井前相距6法尺处又开一小吊井,深10法尺,井底与西平巷正路通连,直井起出煤车,皆即放入小吊井内,由西平巷推出,凡三平巷所取之煤,以东平巷为总出路。直井所取之煤,则以西平巷为总出路。如在东、西两平巷正路下取得之煤,不便挽之使上,则在两正路旁各开一斜坡,路下通直井之第一层横巷内,煤车放下,亦即由直井吊起,放至西平巷出。以故各井上下旁通,均经铺设小铁路。煤车出东西两平巷,各过铁桥,可直送至大小洗煤台内,一经洗净,从煤仓放入斗式铁车,其仓下复有小铁路沿各段板桥接通一二三号洋式焦炉,每一炉顶有圆洞门三,其车系活底挽车,就炉捩机,底脱煤即自入炉内。洋炼焦炉均在第一层山坡上,将坡切直,修砌长石驳岸一道,下接火车,分路焦炭出炉,即可装车起运。炉后系第二层山坡,亦照前式砌高石驳岸,就驳岸上下建造煤栈60间,前高后低,石驳岸恰在前檐之内,上铺小铁轨,均由两平巷口分路至此,以为屯储生煤之地。如运清煤机中剔净之块煤,则机前有门,恰当火车分路,承以车厢,出机即落厢内,满则起运。

凡此钩心斗角者,皆为省工求速起见。工费虽巨,煤焦出数愈多,则所摊成本愈少。计自二十四年起,结至三十年十一月底,萍矿共已运到汉阳铁厂焦炭321 000余吨,生煤191 000余吨。即就焦价1项计之,每吨洋例银11两,较之以前购用开平焦,每吨连运费一切开销需银十六七两者,实已为铁厂省银一百六七十万;若购用洋焦,则更不止此数矣。兹将现在矿内外已成工程,及每日所出煤焦数目,分列如下:

矿 内 工 程

1. 安源煤槽已见者有9槽。曰老槽,厚1尺;列碧槽,厚4.5尺;曰一号大槽,厚6尺;曰三夹槽,厚3尺;曰二号大槽,厚4尺;曰大底板槽,厚2尺;曰小底板槽,厚1尺;曰三号大槽,厚6尺;曰小槽,厚1尺。其紫家冲盆式大槽,厚一、二丈不等;小坑、黄家源等处,均系挖此槽路。

2. 直井。现已开深117法尺。距井口下60法尺,开第一层横巷;再下50法尺,开第二层横巷;此层动工未久,现只30余法尺。第一层横巷,分中左右3路开进。中巷取二号大槽煤,已开900余法尺。左巷取一号大槽煤,右巷取三号大槽煤,均已开有200余法尺。

3. 西平巷正路。现已开进1 200法尺有零,取一、二号大槽煤。分路支巷十有一条,长各100法尺;正路及分路旁,各开有斜坡路一条;分通直井第一层之中巷。左巷长约120法尺。

4. 东平巷正路。现已开进1 600余法尺,取三号大槽煤。分路一条,长 80 法尺,通西平巷。其正路旁亦有斜坡路一条,下通直井第一层之右巷,较西平巷加长。

5. 上平巷内。并开正路两条,中隔 10 法尺,现在各已开进 1 200 法尺。每开 50 法尺处,开横巷一条。两正路旁亦各开有斜坡路,下通西平巷,长均 70 法尺。凡山面各废井存煤积水多已开通,井口留作风井,直井西平巷均恃上平巷为畅风路。矿区工程,以开通东平巷内正路,直入紫家冲盆式大槽为最要,亦最难。现用洋匠以器钻石,每日可打进 2 法尺至 3 法尺不等,据矿师云:约再过 18 个月可以开通。

煤 焦 产 额

1. 直井,现在每日出生煤 300 余吨。
2. 上、东、西 3 平巷,每日出生煤 300 吨至 400 吨。
3. 一二号洋式炼焦炉,现在每日炼焦 60 余吨。
4. 三号洋式炼焦炉方始升火,至来年二月内每日可炼焦炭 100 吨。
5. 机矿土炉 50 座,现在每月炼焦 3 000 余吨。

机矿所炼焦数外,尚有各土井厂,每月额炼焦炭 5 000 吨。合并计算,每月共有焦炭 13 000 吨;明年醴株通车,必可按月悉数运出。据矿师云:未通紫家冲以前,机矿日出生煤,再过 3 个月,可加到 800 余吨,逐渐递加至 1 000 吨止。俟通紫家冲以后,但须多备矿车,即 2 000 吨外亦可做到。

矿 外 设 备

1. 总局 1 所(电报房内)。
2. 直井吊车房 1 座,并大小起重机 3,钢缆俱全。
3. 直井大小钢起重架、并两层铁棚 1 座,矿内小铁路并矿车 500 部。
4. 5~6 寸双筒大抽水机 3 部,铁管并小抽水机 20 余部。
5. 直井锅炉房 1 座,并兰克轩锅炉 5 个,每个 100 匹马力,8 个空气压力。

6. 电机房及打风机房各 1 座,电气打风马力机各 2 部,发电机 3 部,并电气拖重机 9 部,大小电灯俱全。

7. 电光堆料房 1 所。

8. 直井办公房 1 所。

9. 医院 1 所。

10. 机矿及收支、稽核、化学等处办公房共一排,全矿德律风总机器房在内。

11. 机矿及收支、稽核、化学等处员司住房两排,在直井吊车房后。

12. 窿工器具材料房 1 所。

13. 修理窿工器具打铁房 1 所。

14. 修理矿车棚一大间。

15. 东平巷总门 1 座。

16. 东平巷华洋员司办公室及住房各一排。

17. 窿工洗浴房并水柜。

18. 窿工餐宿处 1 大所。

19. 小洗煤台 1 座,洗煤机、铁桥、水池、炭仓俱全。

20. 大洗煤台 1 座,洗煤机、清煤机、铁桥、铁棚、水池、炭仓俱全。

21. 煤栈楼,上下各 60 间,并栈内石砌驳岸一道。

22. 造砖厂 1 座,造火砖机器、锅炉、抽水机俱全。

23. 烧火砖窑两大座。

24. 一号洋式炼焦炉 24 座。

25. 二号洋式炼焦炉 30 座。

26. 三号洋式炼焦炉 60 座。

27. 出炭机 3 座,横直铁路俱全。

28. 各号洋式炼焦炉、顶煤车、铁路全,并砖脚钢梁木桥 4 座。

29. 各号洋式炼焦炉前砖坪水管,并石砌长驳岸一道。

30. 制造处机器打铁翻砂等厂共一大所(厂内大小车、钻、刨床、起重机、水力机、熔铁、熔铜、打铁、打铜等炉,各种翻砂、打铁、打铜器具,并锅炉、抽水机、皮带轮轴,以及机器应用各器具俱全)。

31. 木厂1所(木模木匠应用各器具俱全)。
32. 机器材料栈楼房1所。
33. 材料处办公房1所。
34. 收发煤务处员司办公及住房共1所。
35. 煤务处小工房1所。
36. 洋员住房3所。
37. 洋匠住房2所。
38. 在矿员司住房4所。
39. 机器匠住房1所。
40. 工匠住房4所。
41. 巡警处营房2所。
42. 旧收发栈司友并公庄绅商办公住房,及官药局共1所。
43. 石砌驳岸大水沟一道计长600法尺。
44. 土炼焦炉50座。
45. 旧炸药库1座。
46. 各锅炉房水池两口。

机矿而外,所有萍乡东南,天滋山、紫家冲、小坑、龙家冲、黄家源、铁炉冲、善竹岭、张公塘、高坑、锡坑、南木坑、坝善坑、五陂下、太平山一带,周围数十里内,煤井归本局管。业除已停外,现开土井并附于后:

土井:

1. 天滋山　发顺井
2. 紫家冲　通顺井
3. 小坑　福顺井　合顺井　金顺井
4. 龙家冲　太顺井　恒顺井　盛顺井　同顺井
5. 黄家源　谦顺井
6. 高坑　仁顺井　森顺井　信顺井　泰顺井

计共14井,皆属煤旺质佳。所炼焦炭系用人工洗过,灰磷之数,平均计算,灰不过 15 分,磷不过 0.06,此于机矿外并置土井采炼之情形也。尚有本矿及外局所置产业,并轮驳各船,应一并分列后:

轮驳:

1. 深水轮船,萍富、萍强、祥临、振源等大小 4 号。
2. 浅水轮船,萍元、萍亨、萍利、萍贞等 4 号。
3. 钢驳船 4 号,每号装煤焦 400 吨。
4. 大木驳船 3 号,每号装煤焦 300 余吨。
5. 小木驳船 17 号(内装煤焦 100 吨者两号,余均装 30 吨至 50～60 吨)。

产业:

1. 购置安源矿基田山 1 300 余亩。
2. 购置湘潭转运局局屋 1 所。
3. 购置湘潭转运局杨梅洲栈基 20 余亩,并华洋员司办公房两所。
4. 购置岳州稽查并转运局城陵矶栈基 70 余亩,并填土自 2 尺余至七八尺高不等。
5. 租赁湖北省城外复兴洲栈基 20 余亩(自光绪二十九年正月租赁日起,以 30 年为期)。
6. 购置汉口栈基 68 亩。
7. 小花石煤矿并机器基地、房屋生财(该矿在湖南长沙府湘潭县城西南 120 里,滨临湘江,前经湖南矿务总局购机开挖,旋即停止。前湘南抚宪俞,以湘绅恐利权外溢,愿归并与萍矿执业,于光绪二十七年十一月二十四日成交)。
8. 购置萍乡上洙岭(即仙居岭)铁矿山(该山在萍小西路距城 60 里,距湘东轨道 40 里。矿师赖伦履勘,据称,铁苗甚旺,以萍煤熔炼必可合用,有英国化学师史戴德化验单附后)。
9. 购置萍乡白茅锰矿山(该山在萍城西南 50 里,屡经矿师赖伦勘验,佥称质佳产富,有英国化学师史戴德化验单附后)。
10. 购置萍乡盆头岭锑矿山(该山在萍北路,距城 60 里,与醴陵县交界。矿师赖伦履勘,锑苗质佳)。

11. 购置萍乡白竺铅矿山(该山在萍城西南 100 里,经矿师赖伦勘验,矿苗甚旺)。

以上系全矿历年办法,并矿内外已成工程,购置机器、房屋、轮驳、产业大致情形。

十、大冶购运矿石预借矿价正合同及附件

大冶购运矿石预借矿价正合同

1904 年 1 月 15 日

光绪二十九年十一月二十八日

明治三十七年一月十五日上海

一、督办湖北汉阳铁厂之大冶矿局,订借日本兴业银行日本金钱三百万元,以三十年为期,年息六厘。正合同画押之日,先交金钱一百万元,以后每三个月交金钱一百万元,计合同签字后六个月交清,利息照每次收到之日计算。

二、以大冶之得道湾矿山(附图),大冶矿局现有及将来接展之运矿铁路及矿山吊车并车辆、房屋、修理机器厂(此系现在下陆之修理厂)为该借款担保之项。此项担保在该限期内不得或让,或卖,或租与他国之官商,即欲另作第二次借款之担保,应先尽日本。

三、聘用日本矿师,在取矿之山,归督办大臣节制,俟督办大臣聘用不论何国之总矿师时,该日本矿师即应遵从督办大臣之命令,归总矿师调度。

四、此次借款,言明以制铁所按年所购矿石价值给还本息,不还现款。惟查大冶矿山概系直形,并非平槽,以后采挖愈深,工费愈多,是以十年期满,须另议价值。其可以浮面浅挖之处,大冶矿局必须设法浅挖,以免两面吃亏。总以后十年挖矿之深浅难易,比较前十年,又须考查英国铁价涨跌,折中会定矿价。倘会议不定,即应彼此各请公证人一人,秉公定价。倘此两人有意见不合之处,即由此两人公请一人断定,彼此即应照办,不得再有

异议。

五、照光绪二十六年原订合同改为每年收买头等矿石七万吨，不得再少，以敷全款之息及带还本项，并订明至多不过十万吨。如需于额定七万吨之外添购一万吨至三万吨，应按其数多寡，于一年至少四个月前，由制铁所长官与督办大臣彼此商量定夺。

头等矿石价目，每吨日本金钱三元，订定十年期限，期满，查照第四款办理。

二等矿石，照光绪二十六年八月原合同第五款办理。如火车运道实来不及，彼此商缓日期。订明二等矿石每吨日本金钱二元二角。

六、正合同签字日起，所有光绪二十五年二月又二十六年八月所订矿石合同展期三十年。除购用日煤毋庸照办，矿石价值概照本合同之外，其余未经续议条款悉照原合同办理。

光绪二十六年八月初五日所订矿价，至明治三十八年八月二十九日为止，是日以后，即照新订合同价值，头等每吨日本金钱三元，二等每吨日本金钱二元二角，照办十年。

七、借款合同期限，既订明三十年，则每年应还本项，便以金钱十万元为度。（如每年制铁所收运矿石吨数价值仅敷还息，则先尽还息，是年应还本项，便迟至下一年归还。）又如制铁所收运矿石价值，除抵还借款利息外，尚有多余，大冶矿局即将此多余之数，尽数抵还本项，利随本减。

倘本项逐渐减少，计算不到三十年便可还清，则大冶矿局暂停数年还本，以符合三十年期限；此暂停还本数年内，矿价抵息外多余之数，制铁所付交现款。三十年期满，本项如有尾数未清，大冶矿局自应照数清结，注销合同。然制铁所应允竭力多运，以便在合同限期内本利全数清讫，俾符原约。

八、制铁所不得在大冶或华境内设炉、设厂，将所购矿石熔炼钢铁。

九、制铁所每次将应付矿价径交日本兴业银行，即取该银行收条，交到大冶矿局，作为已收还之款抵算。

十、议定制铁所雇来不拘何船装矿时，带运煤斤之水脚，制铁所应努力使照日本他公司寻常运煤水脚相等。

以上正合同连附件三件，各缮三分，日本制铁所、湖北汉阳铁厂之冶矿局、日本兴业银行各执一分为凭。大清国太子少保前工部左郎督办湖北铁厂盛宣怀、大日本国制铁所代表人小田切万寿之助，株式会社日本兴业银行理事井上辰九郎，大日本国钦命驻沪领事小田切万寿之助。

光绪二十九年十一月二十八日

明治三十七年一月十五日

订于上海

附件一：铁路督办盛大臣致日领小田切函

敬启者：本日签订大冶借款正合同第五款订明，每年售与制铁所矿石至多十万吨。倘将来大冶矿局除供给自用外，尚有余力可以多售，则于所订十万吨之外，再售两万吨。应届时彼此先期商定。特缮本函，作为合同附件，请贵总领事一并存照。敬颂日祉。

附件二：日总领事小田切致盛督办函

敬启者：本日签订大冶借款正合同第十款订明，制铁所装矿轮船带运煤斤之水脚，所以力争必须与日本他公司运煤水脚相等者，因虑水脚跌贱，侵碍贵大臣兼辖萍乡煤矿之利，是以制铁所应允努力使令运矿轮船带运煤斤不得比他公司便宜。特缮本函作为合同附件，即请贵大臣一并存照。敬颂日祉。

附件三：日总领事小田切致盛督办函

敬启者：大冶购运矿石预借矿价正合同第五条内开："照光绪二十六年原订合同，改为每年收买头等矿石七万吨，不得再少，以敷全款之息，并代还本项。"云云。本总领事应亟加声明：光绪二十六年八月初五日所订合同直至明治三十八年八月二十九日为止，是以每年收买头等矿石至少七万吨之约，须至明治三十八年八月二十九日以后方能照办。其前约未经届满之上一年,即光绪三十年,制铁所应允至少之数,收买头等矿石六万吨,请贵大臣查照为要!特缮本函作为合同附件。敬颂日祉。

十一、资源委员会、工商部会呈行政院文(中华民国三十七年九月十七日,资业钢字一二四六六号,京矿字七四七一一号)

　　查汉冶萍煤铁厂矿公司原系前清张之洞创设,自改商办后,因主事者专图私利,百弊丛生,未得政府核准举借巨额日债,资产悉数抵押,长期售日铁砂,并设日籍顾问,一切行政悉听指挥,几成为日人掠夺我国防资源之代理机构。抗战起后,该公司委托日本制铁所管理采掘矿砂运往日本,制造军火,杀我军民,该公司原任总经理盛恩颐并充任敌华中矿业公司之监察人,为敌作伥,昭然若揭。胜利后,本会鉴于以上事实,认为该公司实有由政府彻底清理之必要,经于三十五年六月二十六日呈请钧院,准由本会会同本部组织清理汉冶萍公司资产之机构加以整理清算,经奉钧院三十五年七月八日节京叁字第四六二二号指令,准予照办,嗣即由本部、会派定人员组织汉冶萍煤铁厂矿公司资产清理委员会,于三十六年四月二十三日由该会呈经本部、会转呈钧院核定。(一)该公司一切资产自即日起不得为任何处分,并将所有资产及一切契据簿册点交该会接管清理。(二)自抗战起至接管日止,对其资产如有处分、移动应逐案详细报告,俾并案清理,并经钧院另电该公司遵照办理,应即由该会遵照院令派员赴沪接管,讵知该公司盛恩颐蔑视法令,一味拖延,多方阻挠政府整理,爰由该会以其接收方式两项:(一)由钧院再令该公司盛恩颐限文到十五日内将各项簿据送至南京该会;(二)如逾期不交,由该会将该公司上海办事处及各地有关产业径行接管,并登报公告,限期各股东来京至该会登记。又清理办法三项:(一)该公司原欠日债,依照钧院收复区厂敌伪产业处理办法第四条第四项"敌伪产业之负债应就各该资产总值范围以内分别清偿,其欠日伪之负债,照偿还中央政府"之规定,债权应为国有,故建迁所有充作抵押品之该公司全部资产,应请钧院准予提交资源委员会华中钢铁公司接管;(二)资产负债原有价值之清算,应按二十六年上半年物价折算折旧,亦按年扣除;(三)该公司债务超过资产,实际上业已破产,应予解散,但所有未附逆之股东,仍由政府承认其合法权益,经由本部、会呈奉钧院三十七年一月十四日七外字第三〇八一号指令及三月六日七外字第一〇八八七号训令略开:(一)接收方法可由清理委员会经向该公司洽接清理,如该公司延不点交,可由该委员会径行接管;(二)清理办法三项准予照办各在案,遵即饬由清理委员会派员赴沪,经于本年二月十六日会同监交人本部及本会代表,将所有该公司各项账册、簿据、档卷、地契全部由该公司盛恩颐及襄理赵兴昌逐一点交清理委员会接收,谨将移交清册检呈一份,敬请鉴核备查,关于清理办法,并经遵示饬知清理委员会切实遵办,兹据该委员会呈复,谨转陈如次:

(一)汉冶萍公司自前清光绪二十九年至民国十六年,未经政府核准及股东会之通过,原经理人盛宣怀恩颐父子擅借日债,丧失国权,所有厂矿资产,竟全部抵押,前后结欠日本兴业银行、横滨正金银行等债款三千八百余万日元及上海规元银二百五十万两,截至民国二十六年止,应付利息二千四百余万日元及上海规元银一百六十余万两尚不在内,又在经济部接收伪实业部档卷内查明,该盛恩颐在抗战期中,曾充任敌伪组织之华中矿业公司为发起人及监察人,复在汉冶萍公司移交卷中查得民国二十七年八月一日及八月二十六日盛在日本与日本制铁会社中井社长、中松常董等会谈笔录,其中议定:(一)此际由日铁、正金、汉冶萍三方协议,根据约款,委由日铁代行觉为最良方法;(二)至于将来应如何办理,则一有机会,即作中日合办亦可。最后中松言:"大冶占领后,愿立能运出存矿,开工采掘,务望彼时与我方以充分援助。"盛答:"通力合作,事不难为也。"是则盛恩颐在抗战期内通谋敌国,出卖本国资源,事实昭然。

(二)依据上述汉冶萍公司对日负债共达三千八百余万日元及上海规元银三百五十万两,截至民国二十六年止,利息复达二千四百余万日元及上海规元银一百六十余万两,而该公司原有股本仅国币一千八百七十余万元,同时上项对日债务系以该公司全部厂矿资产作为抵押,是则该公司事实上业已破产。

(三)汉冶萍公司账册所列该公司股本,截至民国二十六年抗战起时为止,发出股票共为三十七万四千二百六十三股,每股五十元计,为国币一千八百七十一万三千一百五十元,民国二十一年,该公司曾举办登记,实际登记只仅有二十一万一千一百八十五股,清理委员会曾依据呈准办法,在京、鄂、汉、穗、津及长沙、南昌各地登报公告,自三十七年五月五日起,至六月三十日止,凭股票办理股权登记,除原有工商部官股二万九千五百零四股外,登记者计十三万六千零五十股,已达二十一年登记股数百分之七十八以上。

(四)抗战初期,该公司一部分资产,汉阳铁厂及大冶铁矿一部分之设备、器材曾由政府征用,迁移四川建立大渡口钢铁厂,目前仍在继续经营,又萍乡煤矿仅存基地,并经设立国营矿业,权由资源委员会赣西煤矿局接管经营。

综上所陈,(一)汉冶萍公司前经理人盛恩颐附敌有据,且该公司全部资产业已抵押与日本银行,其剩余资产远不足以抵偿其负债,所有抵押品自应由接收债权之政府予以接收,拟请行政院准予明令将该公司全部厂矿资产,拨交资源委员会华中钢铁公司承受,积极运用,以利工矿生产。该汉冶萍公司事实上早已破产,其名称应即撤销,至汉阳铁厂及大冶铁矿一部分器材,已于战时作为建设大渡口钢铁厂之用,萍乡煤矿已由资源委员会赣西煤矿局接管经营,均请准予照旧案办理。(二)该公司前经理人盛恩颐战前既擅举日债,丧失国权,战时复勾结敌寇,担任伪职,其本人名下之股份,自应全部没收。但其余未附逆股东,似仍应遵照行政院三十七年三月六日令内规定,承认其合法权益,兹拟就已登记而未附逆之股东,许其以原有股份参加资源委员会公平规定价格,收回其股票,此次股权登记逾期未办者,仍由新公司登报赓续办理。(三)该公司所欠日本正金银行上海规元银二百五十万两之抵押品,为该公司汉阳地契八十七通、汉口地契二通及浦东地契一通,已由上海中国银行接收,移交苏浙皖区敌伪产业清理处保管上项契据,并请准予令知该清理处转交资源委员会一并接收。

查汉冶萍煤铁厂矿公司资产清理委员会,对于该公司之资产业已清理完竣,所拟办法三点亦属切实可行,拟请鉴准照办,理合检具移交清册一份,计十册,盛恩颐、中松会谈笔录一册,一并呈请。

再该清理委员会任务业已告竣,并拟俟奉钧院批示后,即行令饬结束,如有未了事项,由华中钢铁公司赓续办理,是否可行,仰祈指示!祇遵

谨呈!

院长翁

工商部部长
资源委员会委员长

十二、汉冶萍煤铁厂矿公司资产清理委员会公告(公字第四号)

本会奉令接收汉冶萍煤铁厂矿公司进行清理,迭经公告在案。查该公司在战前擅借巨额日债,将全部厂矿资产抵押于日本,胜利后,此项债权收归国有,所有该公司提供抵押之资产,概由政府接收拨交资源委员会华中钢铁公司承受运用,汉冶萍公司名义应即撤销。凡已登记而未附逆之股东,承认其合法权益,以原有股份参加华中钢铁公司,如不愿参加者,由资源委员会规定价格收回股票。经层奉行政院三十七年九月二十九日七外字第四三二五四号指令,准予照办等因,奉此,自应遵办。本会即日结束所有换发股票及未了事项,由华中钢铁公司赓续办理,特此公告。

中华民国三十七年十一月

十三、中国的采矿业和钢铁工业(欧仁·吕柏著,慕峰涛译,摘录)

1. 汉阳铁厂

公元1888年,当张之洞总督为了其祖国的利益,要把他那关于建设采矿业和冶金业的计划付诸实行时,他找到英国米德尔斯伯勒(Middlesbrough)的谛塞得公司(Teesid Co.)订购了和贵州省所订设备大致相同的冶金设备,所作的改进仅仅是把某些特定设备的生产能力翻了一番。根据当时的考虑,这个厂在投产初期的主要任务,是为当时正准备修建的铁路提供材料。

这些设备在一位业务经理、一个安装师和一位设计师的指导下运到广州。

张之洞总督正是在这段时间来到扬子江畔的武昌上任的。在钢铁厂的设备运抵时,这位老先生优先考虑的是如何利用这个机会给扬子江畔带来一些新东西和新气象。他终于得以在汉口门前播下了他的冶金工业的种子。

张之洞手下的采矿工程师们在勘探了湖北、湖南两省之后,根据磁铁矿和煤炭的贮藏情况,提出钢铁厂设在湖北省大冶县较为有利的意见。在这之后,人们又正式向张之洞总督提出了把钢铁厂直接设在铁矿边上的建议。

然而,这位老先生出于对其手下的官员们的诚实和可靠程度的不信任,为了能亲自控制整个工程的建设和工厂的资金支出,不顾专家顾问的反对意见,毅然下令把这个钢铁厂建在汉阳。也就是说建设在龟山脚下一片完全被汉水淹没了的稻田上。

从地理位置和地形的角度来看,几乎找不到比这更差的建筑工地了。因为除了铁矿石和燃料要从很远的地方运来之外,这里的地层由于汉水和扬子江洪水多年来的侵袭,已逐渐变成了一片沼泽,这对于工厂基础来说是非常不利的。

因此,不得不把钢铁厂所需的整个地面,垫高 3.7 米。另外还修了一条高 3.7 米的环厂大堤,以便在某种程度上使工厂免遭洪水之灾。由于这个地方渗水性很好,这一措施所起的防护作用甚小。

此外,整个工厂的基础不得不建在打桩和很厚的混凝土上。

这种极差的自然条件,使整个工程预算的一大半资金耗费在上述必要的前期工程上了。

张之洞鉴于贵州清溪铁厂的反面经验,不愿再冒第二次风险把整个工厂的命运交给他手下那些学识只有半桶水和可怜的科技知识的学生们,因此他聘任了一些有经验的外国职员。

但他把这批外国职员的人数控制在最小的限度上,他还开办了一所学校,让一些年轻的、求知欲极强的中国青年接受西方的科技教育,学习今后独立管理这些设备所必需的理论和实践知识。在这所学校里除了数学、物理、化学等基础课程外,还开设了冶金学、采矿学和机械学等科技专业课,以及为了学习这些课程所必学的语言课,如英语、德语或法语。

在国家还有足够的钱财时,这一切顺利地进行着,然而仅过了几年,从欧洲来的工程师和教授们就因缺少经费被解聘了。

这一切的结果只能是一个失败的结局,那些在学业上半途而废的学生们所能学到的东西,就像一个在厨房里刚转了一圈的厨师学徒一样,自负和狂妄以及刚学到的片言只语只能使他们的脑袋更笨,根本无法去适应社会,但在这些学生中还是有些例外地学得好的学生,这都是些极有毅力的人。

在钢铁厂刚开始建设时,张之洞派了一批18岁的年轻人到欧洲去,在设在比利时塞兰(Seraing)的科克里尔公司接受操作工和工长的岗位培训。

这一措施收效甚微,因为这些自负而又懒散的先生们,在工厂里几乎无一例外地被作为无用的人给驱逐了。当他们最后认识到要勤奋工作而不作懒鬼时,经过细心挑选,这批被派出的人员中,最终有一部分人随着时间的推移,成为可靠而又能干的工人。

这个由张之洞总督建立的钢铁厂设在湖北省汉阳县,位于东经114°21′,北纬30°32′的汉江和扬子江交汇处。

这个钢铁厂沿着位于汉江右岸和扬子江左岸的一座小山纵向展开。这座山名为龟山,高约150米,山顶有一座古老的佛教花塔。

在与之相对的汉江左岸和扬子江左岸就是那有名的内地通商口岸——汉口。而长江右岸则是总督府所在地武昌。这里离扬子江入海口的距离约为900海里。

上述三镇属于中国居民密度最大的地区之一。

每天进出汉口港的船只数量也多得无法统计。

这个钢铁厂的原名为总督府汉阳铁厂,现改名为汉阳钢铁厂。这个厂沿汉江展开,长度约2 000米,宽约140至180米。

这个钢铁厂的本部由下列车间组成:

1. 码头和卸货厂；
2. 附带化验室的高炉车间；
3. 搅炼熟铁设备；
4. 马丁炉车间；
5. 贝氏转炉车间；
6. 轧钢车间；
7. 带浇铸间的修理车间；
8. 铁矿石和煤堆场。

工厂的管理权在中方总经理手上，在技术方面则聘任一位外国的总经理协助管理。在各个具体车间里，技术上均有一名外国经理负责，在这些外国经理之下，都分别雇佣了必要数量的外国工长。

整个工厂的全体外国职员人数在最高时，即1895年至1897年期间曾达到35人，现在已降为6人。除了外国职员外，这个厂的其他职员和工人均为中国人。工厂管理中的购销商务权完全在中国人手中，他们那种不按规章的混乱的管理方法，把工厂一天一天地越来越深地拖进了废墟中去。

中方第一任总经理是蔡道台，他是一个很聪明能干和勤勉的人，但精力已耗尽。他是至今为止，历任总经理中唯一的一个懂得如何履行其职务的人。

总督交付给他的过量的工作，使他过早地逝世。其后钢铁厂就由盛道台任总经理。蔡道台的逝世，使总督失去了一位最聪明、最正直的幕僚。

在蔡道台之后，接任总经理的各位先生们，只想着如何去满足他们自己的私人利益。工厂的兴衰对他们来说，就像宇宙中最遥远的恒星距地球那样遥远。

当时中外双方经理经常变动，以及双方持久地意见不统一，只能给工厂的发展带来灾难。但在中国官员们最终成了工厂唯一的主人和发号施令者以后，其结果同样使工厂不管在商务还是在技术上重新陷入到从工厂一成立就碰到的那种不幸的境地里。

当时西方强国正试图让其政治和商业利益在中国找到坚固的立足点，

因此当时外国的外交代表们都有控制正在增长的中国工业的任务。基于这一原因,从1890年至1900年为了外交利益,这个工厂的外方总经理曾先后由英国人手中到比利时人手中,德国人手中,美国人手中,最后又回到比利时人手中。

科克里尔公司派到中国的人员,不顾一切困难,时刻关心这一年轻的工业的成长,他们的努力使工厂得以正常生产。这既符合中方的利益,也符合外方的利益,恰恰正是他们的这种做法保护了比利时王国的利益。正是这一点,使建设京汉铁路的谈判有利于比利时和法国财团。

如果没有在汉阳所做出的成绩,主管铁路建设的中国官员绝不可能做出对比利时王国有利的决定。比利时王国的利益就是一句空话,比利时王国的利益也绝不可能在这个王国内得到今天这样的发展。为了在汉阳取得成绩,在工厂试车阶段的艰苦工作中有些可怜鬼不得不付出艰辛的劳动,他们中的有些人现只能在那冰冷的墓穴中抽泣了。

汉阳铁厂生产情况(略)

2. 湖北省大冶县的铁矿蕴藏情况

由锡根(Siegen)公司派驻大冶铁矿担任经理的采矿工程师赖伦(Leinung)先生,十分热情地向我提供了详细记载大冶铁矿石和煤蕴藏量的笔记本。

下面简短地按其位置和大小来叙述几座铁山。

1. 铁山,是一座长约700米的平直的小山包,比铁路约高75米。正如其名字所表明的一样,中国人早就知道它的价值,事实上该山山脚下堆积的大量的矿渣证明这里曾有过古老的冶金企业。

这些矿渣堆料本身价值并不低,汉阳钢铁厂曾把这些矿渣堆料用于高炉炼铁。

中国人对这座山价值上的了解,使欧洲人可以放心地在汉阳钢铁厂试生产阶段使用这里的铁矿石。

这里的铁矿是露天开采的,开采的矿石用轨道运到装载站,矿石在装车前用破碎机打成碎石块。

由于铁山的矿石含磷量高（平均在 0.1%），不适应铁厂使用。后来在龙洞发现适用的铁矿石，从而停止铁山开采，并把采矿设备运到龙洞去开采。以后经过对各种不同铁矿的开采，人们从经验中得出不能期待从铁山采出合适的铁矿石的结论。因为它所露出的铁矿石都是和闪长岩很接近的矿石，而那些远离闪长岩的好矿石，早已被中国人的祖先采完了。并用劣质的铁矿石堆料进行回填。看来中国人的祖先早就从实践中认识到了这里矿藏的情况。

以后，人们在其他几处地方的观察，也证明了中国人的祖先仅仅是对质量好的铁矿石进行了开采。这种情况也说明了（即使不明显），由于要进行必要的清理工作，因此加大了开采费用。

2. 纱帽翅，是连接在西南方向龙洞支脉的一座圆锥形小山，高度约 180 米（从铁路的水平线算起）。

从纱帽翅到龙洞的长度约为 700 米。

从 1895 年起，采矿场就搬迁到这里。

矿层的高度约 120 米，是经过多次露天开采形成的。由 780 米长、斜度为 110 米的斜面把山顶和铁山原来的开采工作面连接在一起。而铁山采场通过一个长 60 米、斜度为 10 米的倾斜面与装载站连接。再从装载站用自动翻斗直接将铁矿石装到火车上。

由于需要水平运输矿石的距离仅为 150 米，所以开采费用极低。每吨装到火车中的铁矿石的平均成本仅有 500 文。（500 文＝1 马克。1896—1898 年）

3. 象鼻山，它和龙洞之间由一条长 850 米的岩石隔开。但它和龙洞的横脉是在同一走向上，是长 425 米、高 150 米的山脊。与下面所提到的山之间仅被一条狭窄的山谷隔开。

4. 狮子山是蕴藏量最丰富的，矿层走向为东南向，它在巨大而陡峭的山壁上露头。矿石基本上没有被开采过，所以为我们提供了许多露天开采点，这两座山被一条狭窄的由水蚀成的山谷隔断。在这条山谷的两边的陡壁上都有 10～20 米高的铁矿石层露头。

在山谷的后面,另有一山谷。在这第二条山谷前面伸展着一块滚压出来的场地,场地上有许多大小可供小型冶炼厂用的矿块。说明这两座山原来是连在一起的,不知经过多少年代才冲出这条山谷。

在这两座狮子山中,第一座山长 850 米(山谷至山谷间的距离),高 160 米;第二座山长 675 米,高 195 米。

一条前不久所铺设到新黄生(Hsinghunghsin)的铁路,和把采矿场迁到狮子山的决策,为人们提供了大量优质的铁矿石。

管山,是一座长 300 米、高 85 米的圆锥形的山,它直接坐落在大冶铁路边上,离终点站石灰窑 19.3 公里处。

5. 下陆的铁山是一座长约 350 米、高 46 米的长形小山,距石灰窑车站 14.5 公里处,它离铁路仅 750 米。

下陆以下的其他山脉就没有什么铁矿了。

下面是上述各山铁矿石的平均值分析表:

单位:%

山　名	二氧化硅	三氧化二铝	铁	锰	磷	硫	铜	磁性率
铁山	3.10	0.66	66.07	0.191	0.123	0.107	0.068	1.02
纱帽翅	4.65	1.58	63.0	0.223	0.079	0.114	0.081	2.84
象鼻山	7.20	1.88	61.45	0.254	0.051	0.088	0.049	2.48
狮子山Ⅰ	4.04	1.36	61.11	0.403	0.065	0.125	0.306	
狮子山Ⅱ	4.90	1.15	63.70	0.318	0.084	0.144	0.256	
管山	7.50	1.16	60.09	0.339	0.334	0.082	0.192	4.80
下陆区的山	14.60	4.93	50.25	0.272	0.025	0.093	0.216	4.86

从这个表中,可以看出不同矿山的铁矿石的成分基本上没有大的区别。

值得注意的是,随着开采加深,含铜量也随着增大。

关于这条矿脉的铁矿蕴藏量,几乎是不可能得出,因为人们至今还没有推断出它的深度。只能大致地计算一下在山谷底脚以上的铁矿石的数量。如以上述数据中提出的长度、高度和厚度为依据，假设铁矿石矿脉走道每立方米重量为5吨，则可得出下列近似的数量：

1. 铁山　　　　9 843 750 吨
2. 纱帽翅　　 23 625 000 吨
3. 象鼻山　　 11 953 125 吨
4. 狮子山Ⅰ　 25 500 000 吨
5. 狮子山Ⅱ　 24 679 685 吨
6. 管山　　　　4 781 250 吨
7. 下陆区的山　3 018 750 吨

总计　　　　103 401 560 吨

要开采谷底以上的这些铁矿石的困难并不大，只需要进行大量的清理工作，并把废土石运走。

假如采剥比为2:1的话（情况大致如此），则每吨铁矿石的开采成本不会高于1两。

在这个成本里还应减去作为高炉辅料石灰石的成本或烧成石灰后所带来的利润。

1894年普鲁士只生产了4 012 466吨铁矿石，就可以知道，上面所计算出的铁矿石蕴藏量这个数字的意义了。

在1899年至1900年，盛道台和位于八幡的日本制铁所签订给日本供应一定数量含磷低的铁矿石合同后，人们不得不离开铁山，并把采场移到矿石含量较纯的狮子山去。

1898年赖伦先生担任萍乡煤矿经理，由来自波鸿（Bochum）的采矿工程师菲力蒲先生接任管理铁矿生产，尽管有许多困难，但仍取得令人满意的成绩。

在与日本人所签的铁矿石合同中，所规定的长江边交货价格为3美元。尽管这个价格原本可以订得对中国人更有利些，但这个合同毕竟帮助了盛道台克服其赤字。

3. 汉阳铁厂二期工程

1900年后，汉阳钢铁厂材料的质量情况日益下降，鉴于这种情况，当时的工厂主盛先生出于企业的长远利益，派中方总经理李维格博士到美国和欧洲进行技术考察。李先生在此行中，注意收集同行们的经验和建议，并在此基础上,深入地探寻汉阳钢铁厂将来在技术和经济上的出路。

李博士考察所得出的结论是:一是要相应地扩大汉阳钢铁厂的生产能力;二是要引进碱性的马丁炉生产工艺,以取代现有的贝氏酸性炉生产工艺。

在新设备的选址问题上,还是按张之洞的意图设在汉阳老厂区内,而未能采取反对派们的意见直接设在大冶。由于老厂区的位置有限,所以只能在拆除了搅炼熟铁炉群的老场地上,扩建相应尺寸的碱性马丁炉。对轧钢厂则主要是进行一些必要的改动和扩建,使其能生产小型型钢和商业上通用的钢制品。此外,人们还一度计划要在长江边上的大冶铁矿附近,重新建造一座现代化的、日产量为 500 吨的钢厂。遗憾的是由于建设新厂的困难很多,无法实现这一计划。那些购置来的不成套的设备只好在老厂区内挤位置安装使用。在扩建过程中除老高炉继续生产外,所有其他设备都停产了一个较长的时期。

在 1911 年,人们终于克服了各种困难,把整个厂的扩建工作完成。当人们正准备全力生产,把产品投入市场之时,在 10 月 10 日爆发了辛亥革命的武昌起义。很快这场革命就席卷了全国。

铁厂改造后的生产线(略)

4. 汉阳钢铁厂的职员、工人和工资

我们大致把钢铁厂和其所属矿山的职员和工人分为以下几类:

一、清朝的大小官员或大小职员;

二、"文士"受过高等教育的本国居民;

三、技术较好的工人和必要的工长;

四、苦力或是作牛马的挑夫。

第一类人是经理、车间主任,掌握工厂与官方交往。这些职务是由高官的亲属和亲信担任的,这些职务是他们用钱买下来的,作为个人发财的途径。

所有稍好一些的职位都被一群寄生虫掌握着,他们除了制造矛盾,把简单的事情搞得复杂起来外,绝大多数人简直就是拿着钢铁厂的工资,一

天到晚白混24小时的懒汉。

我们看来，清朝官员和工厂的高级职员其实就是一帮受过高等教育的懒汉。而在中国人的眼里，他们却成为聪明的显贵人物，他们除破坏所有的工程和在外国人的图纸上乱打叉叉，损坏外国人在中国的利益和形象外，什么事不想也不会做。

这是他们本性决定的必然结果，因为在中国凡是外国影响所及的地方，所有寄生虫性的经济活动都在减少。只要能真正合理地进行工作，不对工人实行牟取暴利性的盘剥，那么清朝官员所推行的建立在牟取暴利基础上的经济就必然会被清除。此外，人们还可以看到另外一种情况，不管在什么地方只要是由清朝官员担任管理工作，则他们所在的工厂和企业就根本无法发展。反之，如这个清朝官员只是担任较低的职位，并且由一些充满活力，认真负责的外国人担任经理进行领导，对工厂和企业进行严格的监督，那么工厂和企业就会发展。如果我们这些外国人，不得不在第一种环境里工作并且又要保护本公司的利益的话，摆在我们面前的只有两条出路：

1. 对企业的福利和发展不管不问。用这种方法，只需要心安理得地把每月的高薪装进自己的口袋里，听任中国人任意去对工厂进行管理和牟取暴利。如果这个外国人只是为了在中国过得舒服的话，这是一种最佳的方法。但令人遗憾的是这种方法或多或少地会违背一个正直人的良心，那么对这些正直的人就只有第二条路可走了。

2. 要善于克制自己，用铁一般的毅力和独立性向整个社会做必要的让步。同时又要谨慎地把这种毅力和独立性限制在一定的范围内，完全抛开个人得失。用这种方法肯定能成功的，只是始终要把自己放在战场上，随时注意在任何时候都不要让社会所能允许的范围多走一步。

这样做，幸运女神必然会在你履行自己的义务和进行工作时站在你的身边，同时你所取得的成绩又必然会令反对派哑口无言。

要这样做，则需要人们对当地的语言有着深厚扎实的知识，不用当地翻译即可直接与处于高位的企业主对话和谈判。在绝大多数情况下，当地那些未受过训练的翻译,常常很难准确地把外国人的建议和思路翻译出来。另外,有些翻译由于自身的利益往往从另外的方面去说明你的建议,在大多数情况下给人们带来很多难以说明的困难。

加上我们所使用的许多翻译,特别是陪同职位显赫的大人物的翻译,往往很会利用那美好的地位,尽量地为自己谋利。于是中国上层官员被中国的传统方式方法哄骗了,那些参加谈判的外国人的命运也是一样。只有那些深谙外交手腕的人才能获得胜利,即不停地摆动叮当作响的钱袋并将其掏空。当然在这些翻译中也有例外,遗憾的是这种例外的翻译在中国太少了。比上述人员再低一等的小官小吏们,实际上就是上面所讲的那一层人缩小了的翻版。他们为了能逐渐地跻身于更高一级的职位,不惜采取一切手段。

那些受过教育、读过书的中国人和在科举制度中通过考试的"举人",总要浮在整个社会之上的尊严和名声里。在他们眼里那些应列入野蛮人之列的外国人,既不值得他们多看一眼,更不值得受他们尊敬。

这帮盲目自大的"举人",绝大多数对于来自西方的东西存在着看不起的心理。

在中国国民中,较好的是工人,如钳工、机师、安装工、锻工和手工业中的各种师傅。他们通过和外国人长时间的交往,通过自己的努力和工作逐渐接近并习惯了外国人的风俗习惯。他们并不一概地仇视所有的外国人,从总体上来说他们大多属于有学问、有本领和勤劳的人,只要好好地领导,往往能取得很好的成就。

在汉阳钢铁厂的那些勤奋肯干的工人,大多来自广东、福建、安徽和江西省。

商人、买主和船主构成了一个特殊的阶层,他们中有的定居,有的到处周游,几乎各地都有他们的代表。

此外,中国还有一个伟大的阶层,即农民。

苦力是由中国社会里那些被称作两条腿的牲口的最低阶层组成的,用来干全部重活和粗活。可以说,他们是完全无意识地去干活,就像牲口一样度完其生命了事,他们不但被当做奴隶对待,而且连中国人的同情都得不到。

这些苦力往往住在肮脏的茅草棚和竹棚里,他们真可谓是上无片瓦,下无立足之地,是名副其实的一无所有。他们常常带着老婆、孩子和猪狗一道睡在街上或垃圾堆里。

在汉阳钢铁厂和所属矿山的苦力队伍中,招募来的这种人大约占三分之二,大多来自湖北、湖南和江西。他们大多是能服从、自觉自愿的好人,有些甚至是有一技之长的好工人,只要能好好地对待他们,正确地引导,切实地按劳付酬,他们还是一支很能干和可靠的工人队伍,只要清朝官员不伤害他们。

从总体上来说,中国工人是听话、勤奋、知足、自愿和有耐力的,只要能正确合理地引导和管理,是可以取得很大的成绩的。但是这一定要消除那些阴险狡诈和贪得无厌的清朝官员的强制性的影响,以及利用迷信手段煽动起来的排外情绪才行,尽管这是一种很遗憾而又不明智的伎俩。

各个阶层的人民和工人,各个行业、某些地区或省的居民都有秘密结社。这种结社往往分布到整个中国,这是人民为了生存组成的一种相互支持的社团。

由于这种原因,我们不得不对在钢铁厂工作的工人实行按地区编组劳动,因为要把不同派系和不同省份的工人混合编组进行工作,会给工作带来很大的困难,如不同地区的方言就是一种语言上的障碍。

在中国,官员、工长、工人和苦力们的工资标准,并不是按其产品的成本制订的。相反,工资订得特别低。在中国,产品是根据所订出的工资,来确定如何做出好的生意并获得多少红利而订的。

下面我们举例说明在高炉工作的有关人员的工资和薪俸。

高 炉 工 人

一级、二级和三级炉前工	月薪 20~35 美元
隶属于熔炼工的苦力	月薪 6~10 美元

设备操作工	月薪 15~20 美元
充当熟练工的苦力	月薪 6~10 美元
炉顶加料工	月薪 14~20 美元
充当熟练工的苦力	月薪 6~8 美元
监工	月薪 20~25 美元
搬运铁矿石和焦炭的工人	月薪 4~6 美元
称料工长	月薪 10~12 美元
浇铸工	月薪 6~8 美元
挑铁水包的小工	月薪 5~6 美元
机械技师	月薪 40~50 美元
各种机械工	月薪 15~35 美元
锻工	月薪 15~20 美元
钳工	月薪 15~25 美元
锅炉工	月薪 15~20 美元
锅炉小工	月薪 5~15 美元
普通苦力	月薪 4 美元
泥瓦工和木工	月薪 5~8 美元
泥瓦短工（按天记）	月薪 160 文
首席翻译	月薪 100~150 美元
普通翻译	月薪 15~20 美元
绘图工	月薪 15~30 美元
办公室职员	月薪 6~10 美元

1 美元＝2 马克

1898 年高炉车间工资总额为每月 2 626 两,其中 1 175 两是付给欧洲职员的。中国职工仅得 1 451 两,职员和工人总人数为 200 至 250 人。(当时 1 两＝3 马克)

值得注意的是从 1890 年至今,工资总额是一直上升的,随着工业的发展,工人们的要求也变了,过去那种对工人较为有利的工资关系也被修改了。

如果中国人真心要走发展和进步之路,工业生产又能在中国站住脚跟,那么就等于在市场上为各国树立了一个危险的竞争对手。

D 外国地名、工厂、人物名录

二　画

丁格兰(F. R. Tegengrecn)　北京政府农商部技师,著有《中国铁矿志》

卜聂　汉阳铁厂钢厂工程师

八幡制铁所　即日本官办制铁所,于1897年2月选定九州福冈县远贺郡八幡町为厂址,6月动工,1901年2月投产,亦称若松制铁所

三　画

下关　亦称马关,曾供应汉阳铁厂焦炭

大岛道太郎　1914年1月至1921年10月任公司工程顾问兼大冶铁厂总工程师

门司大　汉阳铁厂炼铁匠

小田团次郎　1920年10月任公司工程襄办,抗战期间大冶沦陷后,改任日本制铁株式会社大冶矿业所职员

山县初男　1927年至1933年任日本制铁所大冶出张所所长

卫根　汉阳铁厂轧轨匠

马太　汉阳铁厂贝塞麦炉匠

马克斯　德国人,马鞍山煤矿总矿师

马克德　汉阳铁厂外文秘书

四　画

贝塞麦(Henry Bessemer)　英国人首创酸性底吹转炉炼钢法,于

1856年获得专利。但这种炼钢法不能除去对钢有害的元素磷和硫。曾译贝色麻、贝赛麻。

化淡梅　汉阳铁厂炼熟铁匠

巴庚生(Parkinson)　现译帕金森,矿师

五　画

本达士　汉阳铁厂东码头

史麦耳　汉阳铁厂化学师

史戴德(J. E. Soad)　英国化学家,亦译为梭德

白乃富(Emils Braive)　比利时人,1892年至1896年任汉阳铁厂总工程师

礼和洋行(Carlowitz Co.)　德商卡洛维兹办的洋行

司毛　汉阳铁厂化学匠

司脱兰格　汉阳铁厂炼焦匠

尼·连斯(Nicolas Lentz)　汉阳铁厂高炉匠目

弗·连斯(Francois Lentz)　汉阳铁厂高炉工匠

六　画

西门子-马丁炼钢法(Simens-Martin Process),或称平炉炼钢法(Open-hearth Process)　西门子,德国人,于19世纪60年代提出这种炼钢法。1864年皮埃尔·马丁与埃米尔·马丁首先使用这种装置炼钢。其产品较贝塞麦转炉钢优越。一般称马丁钢,或平炉钢

西泽公雄　日本人,1900年至1927年任日本制铁所大冶出张所所长

吉川雄辅　1923年12月为公司会计顾问

亚曼纳　英国人,汉冶萍公司沪栈总管

列德干利公司(Riter Conly Co.)　美国制造公司

麦基公司　美国专业设计公司

吕柏(Eugen Ruppert)　卢森堡人,1894年至1898年任汉阳铁厂高

炉工程师,1905年至1912年任汉阳铁厂总工程师。曾译卢柏

江口良吉　日本人,于1933年5月任会计顾问部员

池田茂幸　1914年3月至1915年9月为公司会计顾问

米德尔斯伯勒(Middlesbrough)　英国东岸港口,钢铁工业中心

约翰生(Johnson)　英国人,汉阳铁厂设计师、绘图师,现译约翰逊,曾译为庄生

七　画

村田素一郎　1928年1月至1933年12月任公司工程顾问兼工务所长

克于表司　汉阳铁厂医生

李希德　大冶火车工匠

时维礼(Peter Sheidtweiler)　铁路工程师

阿本茨(Peter Abends)　汉阳铁厂高炉工匠

阿林伯路　汉阳铁厂熟铁匠目

八　画

拉夫　汉阳铁厂马丁钢厂匠目

林毛纳　汉阳铁厂贝塞麦钢厂开车匠

孟司特　汉阳铁厂冲天炉工匠

松冈辨次郎　日本人,1934年任日本制铁所大冶出张所所长

帕特勃克　马鞍山煤矿矿师

服部渐　日本人,1922年1月至1927年11月任公司工程顾问

波拉　汉阳铁厂轧轨首匠,亦译作波剌或波律

波鸿(Bochum)　德国中西部鲁尔区城市

波多野养作　日本人,1927年6月至1933年3月任公司会计顾问部员

九　画

查化尼　汉阳铁厂熟铁匠

查美伦　汉阳铁厂马丁钢厂工匠

哈里森(Harrison)　英国人,汉阳铁厂红砖厂技师

科纳　马鞍山煤矿矿师

科克里尔(Soc. John Cockerill)　位于比利时塞兰的钢铁厂,亦译郭格里厂

派克(Francis Park)　英国人,湖北开采煤铁总局矿师郭师敦助手

哀劈郎子　汉阳铁厂高炉匠目

骆丙生(Robinson)　英国人,汉阳铁厂化验师,现译为鲁宾逊

贺伯生(Henery Hobson)　1892年前为汉阳铁厂总工程师,现译为霍布森

十　画

都板　汉阳铁厂铁货轧匠

格腊纳司　汉阳铁厂马丁钢厂工匠

浦尼　汉阳铁厂熟铁匠目

郭师敦(Andrew White Crookston)　1877年至1879年为湖北开采煤铁总局雇聘的英国矿师

高木陆郎　又名高木洁,字翠峰,日本人,公司驻日本商务代表、驻日本事务所所长

十一画

菲利浦(H. Philipp)　1898年大冶铁矿工程师

笠原实太郎　日本人,1915年10月至1923年10月公司会计顾问

谛塞德公司(Tee Side Co.)　位于英国米德尔斯伯勒的公司

十 二 画

堪纳地(Kennedy)　美国人,1897年至1898年汉阳铁厂总工程师

彭脱(Thomas Bunt)　公司机器设备采购负责人

辜桑士　汉阳铁厂第一烘钢匠

森口喜之助　日本人,1929年1月工务所技师

斯瓜滋　汉阳铁厂矿师

十 三 画

赖伦(Gustavus Leinung)　德国人,大冶铁矿工程师,萍乡煤矿总工程师

雷改习奇　汉阳铁厂化学匠

锡根(Siegen)　德国中部城市,有冶金、采矿工业

锡罗巴　大冶铁矿矿师

福克　德国人,萍乡煤矿驻德采办机器、材料员

简德特　汉阳铁厂熟铁匠

十 四 画

嘉兰德治　汉阳铁厂铁货厂轧匠

谭克(Peter Danks)　英国人,湖北开采煤铁总局矿师郭师敦助手

十 五 画

德培(Gust Toppe)　德国人,1896年至1897年汉阳铁厂总工程师

德拉克(Nicalas Delage)　汉阳铁厂高炉工匠

德里斯　汉阳铁厂第二烘钢匠

德罗亚意　汉阳铁厂汽管火砖匠

德阁特　汉阳铁厂开车匠

十 八 画

藤田径定　日本人,1914年3月至1919年1月公司工程襄办

E　有关计量单位换算表

原计量单位	折合法定计量单位	原计量单位	折合法定计量单位
1分	0.32厘米	1平方英尺	0.0929平方米
1寸	0.032米	1立方英尺	0.02832立方米
1尺	0.32米	1码	0.9144米
1丈	3.2米	1担	60公斤
1里	576米＝0.576公里	1磅	0.4536公斤
1方里	0.3317平方公里	1吨	1016公斤
1英分	3.175毫米	1市亩	666.66平方米
1英寸	0.0254米	1公亩	100平方米
1英里	1.6093公里	1公厘	1平方米
1英尺	0.3048米	1亩	614.4平方米
1平方英寸	6.45平方厘米	1分	61.44平方米
1英吨/平方英寸	157.488公斤/平方厘米＝1.57488公斤/平方毫米	1方	10.24平方米
1磅/平方英寸	0.0703公斤/平方厘米	1方土石	3.28立方米
1马力	0.7457千瓦		

资料来源:《辞海》、赵德馨等撰《中国近代度量衡与货币制度的演变及折算》(《湖北方志》1988年4、5期)。

说明:本表原计量单位系书中所采用的清末营造尺、英制单位。

F 通用货币换算表

一、银元每元与银两、制钱换算表

年　　别	银两(两)	制钱(文)	年　　别	银两(两)	制钱(文)
光绪元年(1875年)	0.72	1 267	光绪二十年(1894年)	0.72	1 075
光绪二年(1876年)	0.72	1 228	光绪二十一年(1895年)	0.72	1 187
光绪三年(1877年)	0.72	1 195	光绪二十二年(1896年)	0.72	982
光绪四年(1878年)	0.72	1 139	光绪二十三年(1897年)	0.72	982
光绪五年(1879年)	0.72	1 155	光绪二十四年(1898年)	0.72	930
光绪六年(1880年)	0.72	1 178	光绪二十五年(1899年)	0.72	945
光绪七年(1881年)	0.72	1 205	光绪二十六年(1900年)	0.72	946
光绪八年(1882年)	0.72	1 201	光绪二十七年(1901年)	0.72	962
光绪九年(1883年)	0.72	1 201	光绪二十八年(1902年)	0.72	958
光绪十年(1884年)	0.72	1 176	光绪二十九年(1903年)	0.72	911
光绪十一年(1885年)	0.72	1 176	光绪三十年(1904年)	0.72	883
光绪十二年(1886年)	0.72	1 174	光绪三十一年(1905年)	0.72	785
光绪十三年(1887年)	0.72	1 102	光绪三十二年(1906年)	0.72	998
光绪十四年(1888年)	0.72	1 126	光绪三十三年(1907年)	0.72	1 069～1 212
光绪十五年(1889年)	0.72	1 129	光绪三十四年(1908年)	0.72	
光绪十六年(1890年)	0.72	1 060	宣统元年(1909年)	0.72	1 150
光绪十七年(1891年)	0.72	1 066	宣统二年(1910年)	0.72	
光绪十八年(1892年)	0.72	1 106	宣统三年(1911年)	0.72	
光绪十九年(1893年)	0.72	1 106			

资料来源:根据《中国货币史》"清代制钱市价表"折算。

二、银两与银元换算表(民国二十二年废两改元以前)

单位:元/每两

银 两	银 元	银 两	银 元
海关两	1.558	库平两	1.315 755 1~1.5
规元两	1.398 563 7	洋例两	1.324 633 6~1.409 9
行化两	1.483 809 5		

资料来源:赵德馨、黄磊、陶良虎《中国近代度量衡与货币制度的演变及折算》。

说明:1 海关两=1.114 上海规元两=1.050 天津行化两=1.087 5 汉口洋例两

参考资料要目

1. 汉冶萍公司档案[A]. 湖北省档案馆藏.
2. 洋务运动档案[A]. 中国第一历史档案馆藏.
3. 清政府外务部档案[A]. 中国第一历史档案馆藏.
4. 汉冶萍公司档案(汉冶萍整理委员会和资源委员会接管汉冶萍部分)[A]. 中国第二历史档案馆藏.
5. 钢铁厂迁建委员会档案[A]. 重庆档案馆藏.
6. 张之洞. 张文襄公全集[M]. 北京:文华斋,1928.
7. 许同莘. 张文襄公年谱[M]. 上海:商务印书馆,1944(民国三十三年).
8. 张继煦. 张文襄公治鄂记[M]. 湖北通志馆,1949.
9. 盛宣怀. 愚斋存稿[M]. 刻本. 1939.
10. 孙毓棠. 中国近代工业史资料第一辑[M]. 北京:三联书店,1961.
11. 汪敬虞. 中国近代工业史资料第二辑[M]. 北京:三联书店,1961.
12. 陈真. 中国近代工业史资料第三辑[M]. 北京:三联书店,1961.
13. 戴逸,林言椒. 清代人物传稿[M]. 沈阳:辽宁人民出版社,1984.
14. 全汉升. 汉冶萍公司史略[M]. 香港:香港中文大学,1972.
15. "中研院"近代史研究所. 矿务档[M]. 台北:"中研院"近代史研究所,1960.
16. 北京大学历史系近代史教研室. 盛宣怀未刊信稿[M]. 北京:中华书局,1960.
17. 顾琅. 中国十大矿厂调查记[M]. 上海:商务印书馆,1916(民国五年).
18. 陈旭麓,顾延龙,汪熙. 辛亥革命前后(盛宣怀档案资料选辑之一)[M]. 上海:上海人民出版社,1979.
19. 陈旭麓,顾延龙,汪熙. 湖北开采煤铁总局荆门矿务总局(盛宣怀档案资料选辑之二)[M].上海:上海人民出版社,1981.
20. 陈旭麓,顾延龙,汪熙.汉冶萍公司(盛宣怀档案资料选辑之四)[M]. 上海:上海人民出版社,1984.
21. 饶杰吾.中国经济评论(湖北之矿业)[M].1936.
22. 李寿铨.药石轩日记[M].抄本.
23. 武汉大学经济系.旧中国汉冶萍公司与日本关系史料选辑[M].上海:上海人民出版社,1985.
24. 章鸿钊.古矿录[M].北京:地质出版社,1954.
25. 丁格兰.中国铁矿志[M].地质调查所,1923(民国十二年).
26. 东方杂志[J].上海:商务印书馆.
27. 魏宗莲督纂,刘荣诰校正,胡焕宗编辑.湖北全省实业志[M].湖北实业厅,1920(民国九年).
28. 邹韬奋.韬奋文集(第一卷)[M].北京:三联书店,1956.
29. 华中现势(日文资料).
30. 白唐龙辛.扬子江沿岸(日文资料).
31. (日)水野幸吉.汉口[M].刘鸿枢,等,译.上海:昌明公司,1908(清光绪三十四年).
32. 潘康时,等.湖北公矿局十六年度报告书[M].武昌永盛印书馆.
33. 凌鸿勋.中国铁路志[M].台北:畅流半月刊,1954.
34. 丁文江,翁文灏.中国矿业纪要[M].地质调查所,1921(民国十年).
35. 谢家荣.第二次中国矿业纪要[M].地质调查所,1926(民国十五年).
36. 侯德封.第三次中国矿业纪要[M].地质调查所,1929(民国十八年).
37. 侯德封.第四次中国矿业纪要[M].地质调查所,1932(民国二十一年).
38. 侯德封.第五次中国矿业纪要[M].地质调查所,1935(民国二十四年).
39. 矿业周报[N].地质调查所,1930—1935(民国十九年至二十四年).
40. 矿冶[M].中国矿冶工程学会.

41. 地质汇报[M].地质调查所,1936(民国二十五年).
42. 杨承熺修,张仲炘纂.湖北通志[M].上海:商务印书馆,1934(民国二十三年).
43. 大冶县志[M].刻本.明嘉靖年间,清康熙、同治、光绪年间.
44. 蔡冠洛.清代七百名人传[M].北京:中国书店,1984.
45. 清朝野史大观[M].上海:上海书店,1981.
46. 徐珂.清稗类钞[M].北京:中华书局,1984.
47. 杨大金.现代中国实业志[M].上海:商务印书馆,1928(民国十七年).
48. 清理汉冶萍公司之提案[N].民国十六年五月《民国日报》.
49. 株萍旅行指南[M].株萍铁路管理局,1920.
50. 萍乡安源煤矿调查报告(江西省政府经济委员会丛刊)[M].1935.
51. 江西省政协,萍乡市政协.萍乡煤炭发展史略[M].1987.
52. 陶弘景.古今刀剑录[M].北京:中华书局,1997.
53. 长沙市革命纪念地办公室,安源路矿工人运动纪念馆.安源路矿工人运动史料[M].长沙:湖南人民出版社,1980.
54. 张氏宗谱(新洲县)[Z].刻版.
55. 李氏重修宗谱(大冶县)[Z].刻版.
56. 顾延龙编.叶景葵杂著[M].上海:上海古籍出版社,1986.
57. 李厚生.张謇传记[M].上海:上海书店,1985.
58. 资源委员会矿产测勘处.矿测近讯[N].国民政府《资源委员会公报》.
59. 国民政府.经济部公报[N].
60. 王铁崖.中外旧约章汇编[M].北京:三联书店,1959.
61. 中国大百科全书(矿冶)[M].北京:中国大百科全书出版社,1984.
62. 胡绳.从鸦片战争到五四运动[M].北京:人民出版社,1981.
63. 夏湘蓉,王根元.中国地质学会史[M].北京:地质出版社,1982.
64. 张影辉,孔祥征.五四运动在武汉史料选辑[M].武汉:湖北人民出版社,1982.
65. 赵尔巽,等.清史稿[M].北京:中华书局,1977.

66. 严中平,等.中国近代经济史统计资料选辑[M].北京:科学出版社,1955.
67. 王芸生.六十年来中国与日本(第六卷)[M].天津:天津大公报社,1932.
68. 日本防卫研究所战史室.中国事变陆军作战史[M].田琪之,译.北京:中华书局,1979.
69. 吕柏.环球旅游.
70. 陶士儒修,刘湘煃纂.汉阳府志[M].刻本.1747(清乾隆十二年).抄本.民国.

编 后 记

《汉冶萍公司志》是在各单位编纂厂矿志、广征博采历史资料的基础上，由湖北省冶金工业总公司冶金志编纂委员会组织编纂的。1988年初开始撰写，1989年初完成第一稿。接着又查对资料进行修改补充，于同年5月底完成修改稿，打印送审。7月以后又进行一次全面修改，始付诸出版。

本志撰写人员分工：概述（陆少琳），汉阳铁厂（吴德金），大冶铁矿（马景源），萍乡煤矿（马景源），大冶铁厂（胡晖、盛铁牛），汉阳运输所（吴德金），附属厂矿与合资企业（马景源），管理体制与主要管理方式（陆少琳），劳动工资（马景源），股本、产业、盈亏、债务（陆少琳），教育、生活设施及福利待遇（马景源），日本对汉冶萍公司的控制（陆少琳），汉冶萍公司与中央政府和湖北、江西地方政府的关系（马景源），工人运动（马景源），抗战初期厂矿拆迁（马景源），资源委员会接管汉冶萍公司总事务所（马景源），人物（马景源、陆少琳、胡晖），大事记（陆少琳），日本制铁株式会社大冶矿业所（马景源），华中钢铁有限公司（胡晖、胡厚福、马景源）。参加本志编撰的人员还有孙昌智、陶爱民、高锡成、卢大钦、唐艺锦、赵凤琴、王爱虹。

编纂《汉冶萍公司志》是冶金战线职工和汉冶萍公司历史研究人员的共同心愿。在编纂过程中，大冶钢厂、武汉钢铁公司、武钢大冶铁矿给予了人力物力的大力支持，萍乡矿务局提供了有关历史资料。这是一部凝结着集体智慧的书。

由于汉冶萍公司是一家在中国历史上已经消亡的企业，档案资料散布全国各地和海外，许多事实无从查考，本书所列纲目内容仅限我们所掌握的史料，还有许多经营管理活动我们未曾提及，有待今后进一步发掘。因编撰人员水平有限，书中也会出现不少错漏和不妥之处，请冶金战线广大职工和研究汉冶萍公司历史的专家指正。

编　者
1989年9月

修 订 后 记

《汉冶萍公司志》1990年5月由华中理工大学出版社(现华中科技大学出版社)出版。该书按不同专题,从厂矿建设、管理体制与管理方式、股本资产盈亏债务、劳动工资福利、与中央政府和地方政府的关系、日本对公司的控制、工人运动、抗战初期厂矿拆迁及最后消亡等多个角度,反映了中国近代钢铁工业引进技术和发展水平及外国资本侵入对民族工业的扼杀过程。书中从1890年铁厂筹办一直写到1948年汉冶萍公司正式退出历史舞台,是时限上最完整的一部汉冶萍史著,也是研究中国近代冶金工业发展的资料书,出版后受到学界和相关研究者的一致好评。

《荆楚文库》编委会将《汉冶萍公司志》收入《荆楚文库》,华中科技大学出版社根据《荆楚文库》编委会的要求,在湖北省冶金行业协会的支持下,对《汉冶萍公司志》修订重版。在修订过程中,尽量保持图书原貌,只对少量明显欠当处进行了修正。所列参考资料中,有些信息因年代久远难以查考,暂付阙如。

2016年12月